闽西永定
客家方言虚词研究
Minxi Yongding Kejia Fangyan Xuci Yanjiu

李小华 著

·广州·

图书在版编目（CIP）数据

闽西永定客家方言虚词研究/李小华著.—广州：华南理工大学出版社，2014.6

ISBN 978-7-5623-4361-5

Ⅰ. ①闽… Ⅱ. ①李… Ⅲ. ①客家话－虚词－方言研究－永定县 Ⅳ. ①H176

中国版本图书馆 CIP 数据核字（2014）第 199524 号

闽西永定客家方言虚词研究
李小华　著

出 版 人：	韩中伟
出版发行：	华南理工大学出版社
	（广州五山华南理工大学 17 号楼，邮编 510640）
	http://www.scutpress.com.cn　　E-mail: scutc13@scut.edu.cn
	营销部电话：020-87113487　87111048（传真）
责任编辑：	吴兆强
印 刷 者：	广东省农垦总局印刷厂
开　　本：	880mm×1230mm　1/32　印张：14　字数：376 千
版　　次：	2014 年 6 月第 1 版　2014 年 6 月第 1 次印刷
印　　数：	1～1000 册
定　　价：	50.00 元

版权所有　盗版必究　　印装差错　负责调换

华南理工大学中央高校基本科研业务费后期资助项目
（2013HQ02）

教育部人文社会科学规划项目
（10YJA740052）

序

《闽西永定客家方言虚词研究》是一个方言学者研究其母语的著作,作者李小华系闽西永定客家人。

一个人的母语方言,自然只是一个地点方言,本书写的只是一个地点方言,而且只写这个方言的语法,也并非全部语法,只是其中的虚词。这是所谓"解剖一只麻雀"之作,而且并非全面的解剖,只解剖其某个重要的部位,例如麻雀的五脏六腑什么的。

搞科学研究的,都知道分析个案也就是"解剖一只麻雀"是一种重要的研究方法。把一个自成系统的地点方言当作一只麻雀来解剖,可以洞幽烛微,进行深入细密的考察;也便于封闭起来,作穷尽性的列举,揭示其间的种种关系,完整地揭示其系统性。地点方言的调查研究是方言研究的基础,缺乏这种研究,我们很难把宏观的题目做得扎实。

汉语的地点方言,无论是大都市还是小山村的方言,其语音、词汇、语法都是自足的,任何地点方言都是一个完整的系统,都有独特的研究价值。有了尽量多的地点方言的深入研究，进一步的比较研究、纵向的历史研究、重要理论问题的研究就会有扎实的基础。大量地点方言的研究，对于客家方言来说尤其需要。客家方言的地理分布在汉语方言中非常特别，除了闽、粤、湘、赣四省相邻的一大片地带的连成一片，其余是在八个省的广大地域中呈广泛播散性分布。相比于地域上相连成片（少数或偶有隔断）的其他方言而言，客家方言受姐妹方言甚或少数民族语言的包围最为严重，所受影响特别复杂。客家方言就在如此分散的情况下如何保持共同的特征，又因交际上的隔绝及姐妹方言的影响而产生差异。要了解客家方言的全貌，解释各地异同的原因，探究其中所涉及的理论问题，大量地点方言的调查研究是必不可少的。

而研究地点方言，先从自己的母语开始，是很值得提倡的做法。自己的母语最熟悉，最有语感，最容易发现线索进而顺藤摸瓜，有可能并用"自省"和调查两种手段来获得语料，对细微的语音、语义差别很敏感……，利用这些得天独厚的条件，写成的论著，起码语料可靠，形式、意义、用法等等的描述不会离谱，别人参考引用都可以比较放心。语法方面的研究，先从自己的母语入手，更是一开始的"正道"。语法材料较难发现，收集齐全更难；语法成分的意义较虚不容易说准说清楚；虚词的用法、句法的规律等常常要靠类推来考察……这些都需要良好的语感,只有自己的母语最有条件。把自己的母语这只麻雀解剖透了,以后分析其他方言的语法时就有了经验,又在普通话之外多了一个参照系,可以避免把一些骗人骗自己的结论弄到文章里。

如此说来,本书专写作者母语方言的虚词,有其科学价值毋庸多言。至于价值有多大,还要看具体内容,这个只能由读者来评判。其衡量的标准,主要是看它对客家方言、汉语方言、汉语语法、汉语语法史等的研究有没有贡献,有多大的用处,因为我们研究的目的,并不以知道永定话的虚词是什么样子为终极。

本书专写作者母语方言的虚词,对于客家话以至整个汉语方言的研究来说,充其量只是一片"豹斑"。古人拿"窥豹"说事时颇为自相矛盾,一会儿说"管中窥豹",是讥讽人视野狭窄,只知局部不知全貌;一会儿说"窥一斑而知全豹",却又肯定从局部细节可以推知宏观的情况。二者表面上好像互打嘴巴,实则不违辩证法。看你是否具备条件来转化。

即以本书而言,作者在解剖永定客家话虚词这只麻雀的时候,是尽量把它放在汉语的大千世界里来观察,以避免"一孔之见"的。比如在描写虚词的时候,把相关的句式（例如处置句、被动句、疑问句、补语句等等）也引出来一并探讨，这就把研究内容从虚词扩展到语法的其他方面，不完全"只见一斑"了。还有，书中常常把现代共同语、姐妹方言或近代汉语的同类虚词拉进来，和永定的作比较，已显示永定客话个性和共性的所在，或据以探究某些虚词的来源、历史演变的轨迹、演变的机制等，这是作者竭力想要从一个豹斑推知更广更远的东西。而读本书的同仁，或许会结合自己的研究，动用自己的知识背景，从书中的永定方言虚词，看到更多有用的东西，这是另一个角度的"窥一斑而知全豹"。若如此，则此书的使用价值得以充分利用，也不枉了作者几年的辛苦，幸甚！

　　是为序。

施其生

2014年6月于中山大学寓所

目 录

绪 论 1
 第一节 永定县概况 1
 第二节 永定客家方言概貌 4
 第三节 客家方言语法研究现状 9
 第四节 研究目的、内容和方法 12
 第五节 语料来源和体例说明 14

第一章 介 词 17
 第一节 永定客家方言的介词体系 18
 第二节 表对象、工具、依凭类介词及其来源 20
 第三节 表时空、原因、目的类介词及其来源 30
 第四节 介词"比、过、分、将、将把、拿₂"与相关
      句式 43
 第五节 介词"在"与"到"的语义功能及语源关系 63

第二章 副 词 74
 第一节 永定客家方言的副词体系 75
 第二节 程度、范围副词 78
 第三节 时间、频度副词 95
 第四节 情状、体貌、语气副词 110
 第五节 否定副词的语义功能 134

第三章　连词 151
第一节　永定客家方言的连词体系 152
第二节　联合连词的语义功能 154
第三节　偏正连词的语义功能 166

第四章　结构助词 176
第一节　定语标记、转指标记及其来源 179
第二节　状语标记与状态词标记 185
第三节　比况结构标记 193
第四节　补语标记"去"及其探源 197
第五节　补语标记"来""倒"及"倒"字溯源 215

第五章　体貌助词 227
第一节　实现体助词"欸""来" 230
第二节　持续体助词"倒"及相关形式 248
第三节　经历体和重行貌助词"过" 255
第四节　刚然貌助词"啊" 260
第五节　尝试貌和反复貌助词"下欸" 263

第六章　语气助词 266
第一节　相关概念与界定 266
第二节　陈述语气助词 271
第三节　感叹语气助词 282
第四节　祈使语气助词 286
第五节　假设语气助词 291
第六节　疑问句及其句末语气助词 298

第七章　专题研究..................................321
　第一节　介词"得"的语义功能及相关问题....................321
　第二节　"得"字结构及其性质讨论........................335
　第三节　汉语能性"得"字后置试析........................368
　第四节　情态标记"可多"及其语法化......................387

结　语..409

附　录..413
　附录一　主要发音合作人及语料调查人情况..................413
　附录二　永定（湖坑）客家方言音系......................414

后　记..417

参考文献..420

绪 论

第一节 永定县概况

一、地理历史概况

永定县位于福建省西南部，博平岭山脉西麓，东经116°25′至117°05′，北纬24°23′至25°05′。东与本省南靖县、平和县接壤，南和广东省大埔县、梅州市相连，西与本省上杭县交界，北和本省龙岩市毗邻。

晋太康三年（282年），永定治地属晋安郡新罗县，上隶扬州，唐武德元年（618年），隶属建州，开元二十四年（736年），开福抚二州山洞置汀州，辖新罗、长汀、黄连三县，永定治地属汀州新罗县。从明洪武元年（1368年）至清代，永定一直隶属汀州府，天顺六年（1462年），正式定名为永定。

永定建县至今，境域几经变迁，迄2000年底，县境东起抚市乡联中村东坑的清风凹，西止洪山乡尚径村上田梓的岐登寨，东西宽68公里；南起湖山乡杨山村三溪的金星崇，北止虎岗乡灌洋村赤岩头的小溪崇，南北长80公里，全县总面积2223平方公里。

县辖凤城、坎市、下洋、湖雷、高陂、抚市、湖坑、培丰、龙潭、峰市10个镇和城郊、仙师、洪山、湖山、岐岭、古竹、西溪、堂堡、合溪、金砂、虎岗、大溪、陈东、高头 14 个乡。至 2000 年底,全县共有 24 个乡(镇),下辖 276 个村(居)委会,其中村委会 259 个,居委会 17 个,3443 个村(居)民小组。

在地形地貌上,永定县属福建省山地丘陵的一部分,是典型的中低山丘陵地貌县,串珠状河谷盆地和山间盆地沿永定河、金丰溪、黄潭河以及汀江下游两岸散布。博平岭山脉和玳瑁山山脉分别从东北龙岩适中及小池向本县坎市与虎岗入境后,向南、东南和西南方向倾斜、延伸,层峦叠嶂,丘陵起伏,其中有许多风光秀丽的名山胜地。

永定县物产资源丰富,已探明的矿产有无烟煤、铁、钴、钼、铅、锰、锌、钨、锡、硫铁、稀土元素、耐火粘土、石墨、石灰石等 36 种。有 110 个矿产地,其中金属矿产地 60 处,非金属矿产地 58 处,无烟煤、石灰石、耐火粘土储量大,为本县主要开采利用的矿产。

二、人口文化概况

永定县总人口约 46 万人。人口的民族构成以汉族为主。随着改革开放的不断深入,因通婚、务工、经商等迁入县内的少数民族人口逐渐增多。据 2000 年第五次人口普查统计,全县少数民族有 632 人,占常住人口的 1.5‰。少数民族有蒙古族、畲族等 18 个,其中畲族、土家族、苗族人口居前三位,分别超过 100 人。畲族主要分布于洪山乡、培丰镇、凤城镇、龙潭镇、坎市镇、峰市镇;土家族主要分布于峰市镇、龙潭镇、仙师乡、城郊乡、凤城镇、洪山乡;苗族主要分布于龙潭镇、抚市镇、坎市镇。

永定县虽地处山区,但具有深厚的文化底蕴,民间文艺异彩纷呈。山歌谣谚独具特色，其中，客家山歌是流传悠久且极为广泛的民间口头文学，早在明代以前已在农村广为流行，一般七言三韵四句，用方言押韵，流畅明快，通俗易懂，随口而出，和韵成歌，成为民间表达思想感情的重要形式。民间故事则大多是以口头叙述的方式流传下来，经加工提炼，增添许多神奇色彩，有神话、传说、故事三种，时间久远，内容丰富。此外，还有在民间流传的许多幽默而寓意深刻的歇后语、谜语、联语等，这些都是民间最普及的传统文学。

音乐曲艺也流行全县，如锣鼓吹，又称"中军班"或"鼓吹班"，以唢呐为主，配以大鼓、大锣、钟、钹、梆子、云板等打击乐器，辅以少量弦乐，形成专业的民间乐队。佛曲、道曲为佛教寺僧及道教道士在寺院或民间超度亡灵时吹奏，由木鱼、鼓、钟、磬、铙钹等打击乐器组成。民间也还有口含树叶，吹奏山歌和各种曲调的"树叶吹"艺人，其声调婉转悠扬，清新悦耳。明末清初，始有汉剧、木偶戏传入永定县，全县共有汉剧、木偶、潮剧等3个剧种。龙灯舞则是永定民间传统舞蹈及灯彩之一，起源于明代，流行于永定县各村，是春节及元宵普遍流行的一种灯彩形式。还有竹板歌，以前称"乞食歌"，大多为乞丐上门乞讨的一种曲艺形式，在永定县广为流行。各种民间工艺也是永定人聪明才智的结晶，雕刻艺术在永定非常盛行，有木雕、根雕等形式，雕刻的作品多为佛像、木偶或民间土楼建筑。

历史悠久的永定，文物颇多，从已发现的古文化遗址和采集的实物标本可看出，新石器时代，永定已有越族先民生存、开拓，唐代汉人入居永定以后，中原文化促进了当时永定经济、文化的发展。1987年5月在下洋镇东山村东面山上，发现地表散布少量新石器时代遗物，有完整陶罐、陶纺轮、红色软陶片、灰色印纹硬陶片等。宋代以来的历史古迹、寺观庙宇、塔、桥、石刻、玉器、金属器、雕刻等均有遗存，如"文天祥设垒抗元遗址""太平军壁诗遗迹""彭坑清代窑址"。

独具特色的永定土楼,更是闻名中外。各种土楼造型各异,有方形、圆形、混合形和多边形四大类,具有安全防卫、防风抗震、抵暑御寒、调节阴阳和婚、丧、喜、庆、宗族议事、接待宾客、举办大型娱乐活动等功能。永定土楼是先民集体力量和智慧的结晶,不仅成为县民主要的民居形式,还有极高的观赏和学术研究价值。它以鲜明的民族文化色彩、独特的地方风格,以及"大、奇、特、美"等特点,吸引了中外专家、学者、游客前来参观、考察,从而驰名中外。[①]

第二节 永定客家方言概貌

闽西地处闽粤赣三省交界处,方言非常丰富复杂,除了闽南和客家两大方言外,还有似闽似客的龙岩万安话、永定孔夫话,畲族人说的客家话及武平军家话等。当然,闽西作为客家方言的重要地带之一,客家方言处于强势地位,以长汀话为代表。永定县属纯客县,县内通行客家话,邻近的县市中,除龙岩、漳平两市(部分地方也说客家话)归属闽南方言外,其余长汀、连城、武平、上杭四县的绝大部分人口也以客家方言为母语。永定客家方言大致分为三个片:城关片,包括凤城、城郊、金砂、西溪、仙师、峰市、洪山、湖雷、堂堡、合溪等乡镇;坎市片,包括坎市、高陂、虎岗、抚市等乡镇,以及龙岩市的红坊镇联合、龙星、中联3个村和龙门镇五星村大部分;下洋片,包括下洋、湖坑、岐岭、湖山、古竹、大溪等乡镇。

笔者出生并成长于永定县湖坑镇。湖坑是世界文化遗产——

[①] 有关人文地理概况参考了福建省情资料库的永定县志部分。

福建（永定）土楼所在重点乡镇、省级历史文化镇、全国首批特色景观旅游名镇，是永定土楼旅游的重要枢纽和集散中心，被列为龙岩市新农村建设"四大明珠"之一——"客家土楼明珠"所在地。

湖坑镇位于县境东南部，东与古竹乡、高头乡、南靖县的书洋乡相连，东南与平和县的芦溪乡接壤，西与大溪乡毗邻，北与陈东乡相靠。面积 96.1 平方公里，乡政府驻地湖坑村，距县城 37 公里，2011 年末辖区总人口 23954 人。本书的语料（包括语音系统①）主要以湖坑话为基础。

一、语音、词汇概貌

1. 声母（包括零声母在内，共 17 个）

p 杯背布八	p^h 批婆倍怕	m 马磨米膜	f 夫红粉法	v 乌闻碗屋
t 多掸到答	t^h 拖图吐达			l 拿来怒乐
ts 租做节卒	ts^h 村祠出绝		s 苏薯洗雪	z 阴延厌页
k 家狗鸽夹	k^h 区其技级	ŋ 咬年硬日	h 下行女学	
ø 恩吴矮恶				

说明：
（1）不区分 n、l，泥母字一般读作 l，统一记作 l。
（2）在细音前，ŋ 的实际音值稍靠前。
（3）ts、ts^h、s 和 tɕ、tɕ^h、ɕ 在非细音和细音前呈互补分布，统一记作 ts、ts^h、s，但和细音韵母相拼时实际读作 tɕ、tɕ^h、ɕ。
（4）z 在齐齿呼韵母前，有些人不拼 z，即在齐齿呼前常直接读作零声母韵。

---

① 本书的语音系统是由作者在 2003 年至 2004 年间田野调查的基础上整理而成，其间也多次就某些语音请教过一些师友；后 2014 年庄初升教授也就永定湖坑语音做了田野调查，二者所概括的声母、韵母存在一些差异，对于存异的部分，严修鸿教授亦有自己的语感和看法，所以，此书后面也附上庄初升教授的语音系统，以供查阅和参考。

2. 韵母（共40个）

a 花华打夜	ə 夫湖补户	ai 歪排太坏	ei 杯梅嘴味
oi 哀埃爱	au 包吵靠闹	əu 偷头走豆	ou 摸无保道
an 班盘反换	en 兵民永任	ɛn 冰朋凳定	
aŋ 淡男斩硬	oŋ 风农总用	ɔŋ 帮忙厂项	
i 飞为体地	ia 些斜借谢	iəu 标邮友旧	iou 揉茄
iɛn 冤园远选	iaŋ 领晴井命	ioŋ 胸穷拱共	iɔŋ 枪墙响想
ua 瓜卦夸	uai 乖怪快	uei 灰来菜害	uan 暖寒汉汗
uən 蚊门粉论	uaŋ 梗		
aʔ 法塔白石	ɛʔ 北得贼叶	əʔ 笔汁十入	ɔʔ 桌角学药
aiʔ 袜发滑辣	iaʔ 壁迹逆席	iɛʔ 八血绝月	iɔʔ 削脚弱略
iəuʔ 六曲局玉	uʔ 木福服熟	uaiʔ 刷刮脱噘	ueiʔ 出国物术

说明：
（1）en在平声音节中读音稍倾向于后鼻音。
（2）入声韵均带一个喉塞音。
（3）有些韵母与声母的拼合能力很弱，只有为数极少的几个音，如韵母uaŋ、oi、iou。

3. 声调（6个）

调类	例字	调类	例字
阴平 33	马加肤乌资初	阳平 24	查牙词时台肥
阳上去 21	话妇路市大万	阴入 2	客吓笔日抹缺
阴上去[①]52	化假富兔齿脑	阳入 5	白直什月弱族

[①] 李如龙先生在《两种少见的声调演变模式》（1992）一文中曾讨论过汉语方言上声和去声合流的问题，指出福建平和县九峰镇上坪村客家话的古清声母上声字和去声字读为同调，而全浊声母上声字除部分混入阴平外，其余和古浊声母去声字也读为同调，李先生把前者称为"阴仄"，后者称为"阳仄"。永定客家话的上声字和去声字也存在同样的合流现象，但考虑到仄声除了上声、去声外，还包括入声，所以，本文分别称作"阴上去"调和"阳上去"调（这一说法参考了庄初升教授的意见）。

永定客家话的声韵系统已相对简化，声母才 17 个，韵母也只有 40 个，声母的主要特点是 n、l 不分，古泥母字也读作 l，ts、tsʰ、s 和 tɕ、tɕʰ、ɕ 在非细音和细音前呈互补分布，没有舌尖后音，因此，本方言区人说普通话遇声母是 tʂ、tʂʰ、ʂ 音时都说成 ts、tsʰ、s，这是当地人正音的难点之一。韵母方面，四呼不齐，没有撮口音；有些韵母只和少数声母相拼，如 oi 只有零声母的几个字，iou 只和 ts、kʰ、ŋ 相拼，也只有几个字，uaŋ 目前只发现和 k 相拼的"梗"字；还存在一些带喉塞音的入声韵。在声调上，平声、入声依声母的清浊分阴平、阳平和阴入、阳入，加上上声和去声，共有六个调类，但古上声字的读音比较复杂，由于语音的演变，阴上和阴去合流，造成部分字音混同，如"起"为古阴上字，今读作上声；而"去"为阴去字，今也读作上声，"倒"和"到"、"死"和"四"也一样，声、韵、调完全相同。此外，在闽西客家方言的代表点长汀，连读变调比较丰富，也存在轻声音节，而永定湖坑客家话没有系统的连读变调现象，也不存在轻声音节，仅有少数词语在快读时发生合音的现象，如"你阿娓/叔/哥/姐"中的"你阿"本音是 hen²¹ a³³，但常说成 ha²⁴，"天光日（明天）"本音 tʰiɛn³³ kɔŋ³³ ŋeʔ²，"天光"一般也读作 tʰiɔŋ³³。

与普通话相比，永定客家话的单音节词较多，反映了汉语从单音向双音化发展的方向，如"靓—漂亮、惜—疼爱、识—懂得、健—健康、勇—勇敢、蛮—野蛮"，同时，也保留了较丰富的古语词，如"侪（用于指人）、晡（用于指时间）、面（脸）、镬（锅）、食（吃）、行（走）、饥（饿）、乌（黑）"。词汇方面的另一特色是有一部分合成词的构词语素与普通话相同或对应，但顺序却相反，如"鸡公—公鸡、鸡嫲—母鸡、菜花—花菜、欢喜—喜欢、闹热—热闹、尘灰—灰尘、人客—客人"；此外，对于海外传来的事物或华侨，指称时常带上"洋、番"等语素，如

"番火（火柴）、番薯（红薯）、番豆（花生）、番茄（西红柿）、番蜡（肥皂）、番片（海外）、番婆（女性华侨）、番客（男性华侨）、洋油（煤油）、洋钉（铁钉）、洋灰（水泥）"，这些反映了客家人对事物特有的认知心理和情感基础。

二、语法概貌

在构词方面，永定话的词缀比较丰富，常见的前缀有"阿、老"等，可用在姓名或亲属称谓前，如"阿水、阿叔、老李、老妹"；常见的后缀是"欸"，如"桌欸、筷欸、篮欸、刀欸、桃欸、梨欸、细人欸"，还有具有性别指向的后缀"公、牯、嫲"，"公、牯"主要用于指男性或雄性动物，"嫲"主要用于指女性或雌性动物，如"鸡公、鸡嫲、猪牯、猪嫲"。

重叠是永定客家方言重要的语法手段，从名词、动词、形容词、量词到副词都可重叠；其中，形容词的重叠形式最为丰富，主要有 AA 式，如"高高、香香"，ABAB 式，如"白净白净、酸甜酸甜"，AABB 式，如"红红赤赤（大吉大利）、开开心心"，AAB 式，如"像像样、简简单"，带中缀 AXAB 式，如"古里古怪、白里白煤（常指食物煮得没有色香味）"，带重叠后缀的 AXX 式，如"矮壁壁（非常矮）、肥咚咚（非常胖）"，重叠后可表达不同的语义程度和感情色彩。

虚词也是重要的语法形式，总的说来，永定客家方言的虚词在数量上比普通话多，用法也比普通话灵活，通常一个虚词可表达多种语法功能。其中，助词的功能尤其丰富，比如，普通话只有一个补语标记"得"，而永定话却有"得、去、来、得来、倒"五种形式；表达体貌的助词也不同于普通话，如实现体助词"欸、来"，持续体助词"倒"等；语气助词较丰富，而且地域色彩浓郁，许多语气助词在语音形式和语法功能上与普通话有着较大的差异，有的能分布于不同的句式中，兼表几种不同的语气或情态义。永定客家方言的副词数量较大且有特色，如否定副词有"唔、无、莫、盲、盲有、唔前、盲呛、唔使"等。介词虽多数与普通话有着相似的语法特征和来源，但也有特异之处，如表比较、被动、处置的语法标记与普通话不同。不过，与普通话相比，永定话的连词不是很丰富，普通话需要用连词的地方，永定话经常可以不用，但有些在形式或语义功能上也表现出一定的地方特色。

永定客家方言的句法结构与普通话大致相同，如都有双宾结构、连谓结构、兼语式等，但也有一些不同的地方，比如，述补结构比普通话灵活多样，可由"得、去、来、得来、倒"多个补语标记构成，表能性的述补格也形式繁多，宾补的次序相对自由。在句式上，永定客家方言也有一些特殊的表现，如"过"字差比句与普通话的"比"字差比句基本语序不同，表处置的方式也比普通话灵活，可用介词"将""将把""拿""得"构成处置式；再如，带宾式 VP-neg-VP 型反复问，永定话多用 V-neg-VO 式，有时可用 VO-neg-VO 式，但一般不用 VO-neg-V 式，另，VP-neg-VP型反复问又有"VP唔 VP""VP无 VP""有无 VP"和"VP-pos-neg"四种表达方式，而 VP-neg 型反复问则有"VP盲有""VP盲""VP唔""VP无"等形式。

第三节　客家方言语法研究现状

客家方言较早得到国内外一些专家学者的关注，从清代开始就有人做了初步的探究，但只是到了新中国成立后，客家方言才进入全面系统的研究阶段。经过国内外众多学者 200 多年来的不懈努力，客家方言的研究虽取得了较丰硕的成果，但较之闽、粤、吴等方言的研究,还是显得滞后了些。另一方面,就客家方言内部的语音、词汇、语法三要素来说,存在与其他方言类似的情形,即语音的研究较丰厚,词汇次之,而语法的研究最为薄弱。

真正的客家方言语法研究大概始于20世纪50年代,现已出版了几部较有影响的语法专著,如《客语语法》(罗肇锦1984)、《客家方言语法研究》(何耿镛1993)、《连城客家话语法研究》(项梦冰1997)、《梅县方言语法论稿》(林立芳1997),这些论著对客家方言的语法做了较为系统深入的考察,成绩显著,但毕竟数量有限。还有部分客家方言语法研究散见于一些方言志、某地客家方言研究专著中,如《梅县客家方言志》(谢永昌1994)、《闽西客家方言》(蓝小玲1999)、《江西客家方言概况》(刘纶鑫2001)、《中山客家话研究》(甘甲才2003)、《武平方言研究》(林清书2004)、《上杭客家话研究》(邱锡凤2012)。不过,更能多角度、多层面地反映各地客家方言语法特征的是那些为数较多的单篇论文,这些论文或发表于各类学术期刊,或收入各届客家方言研讨会论文集、中国东南部方言比较研究丛书中。这些论文对客家方言语法的探讨主要表现在以下几个方面:

(1) 客家方言语法特点摘要。目的在于对客家话中一些不同于普通话的语法现象做一些综合的、举要性的介绍,如《客家话的几个语法特点》(李作南1957)、《客家方言里的一些语法现象》(凌慈房1957)、《永定客家话语法特点撮要》(熊金丰1986)、《客家方言的词汇和语法特点》(黄雪贞1994)等。

(2) 客家方言实词考察。主要考察实词的形态和构词上的特点,如《平远话的名词构词法》(林雨新1957)、《五华方言形容词的几种形态》(李作南1981)、《永定(下洋)方言形容词的子尾》(黄雪贞1982)、《长汀客话动词与形容词的构形法》(蓝小玲1984)、《客家话名词后缀的音变和义变》(刘玄恩1985)、

《长汀方言的代词》（饶长溶 1989）、《江西上犹社溪方言的"子"尾》（刘纶鑫 1991）、《惠东多祝客家话名量词、数词的"A打A"重叠式》（陈延河 1991）、《梅县话形容词词缀》（林立芳 1992）、《广东省惠东客家方言的语缀》（周日健 1994）、《客家方言人称代词单数"领格"的语源》（严修鸿 1999）、《客家方言几个与动物有关的古语词本字考辨》（温美姬 2007）、《成都客家方言基本词汇的演变方式初探》（兰玉英 2011）、《缅甸仰光客家话"一"的特殊用法》（陈晓锦 2012）。

（3）客家方言虚词探讨。多体现为对个别介词、副词或助词语法特征的描写，有的探讨其虚化的过程或相关的体貌等问题，如《永定（下洋）方言"得"字的用法》（黄雪贞 1986）、《长汀客话的时间副词》（蓝小玲 1986）、《长汀方言助词"嚟"和"唎"》（饶长溶 1996）、《福建长汀方言动词的体貌》（饶长溶 1996）、《广东惠东客家方言动态助词"过"》（陈延河 1998）、《连城方言的介词"着"》（项梦冰 2000）、《石城（龙岗）方言的介词》（曾毅平 2000）、《长汀话与普通话不同的几个虚化词》（罗美珍 2000）、《客家话里表示"暂时VP吧""先VP再说"的句末形式"正"》（柯理思 2002）、《兴宁市客家话特殊的程度副词》（饶秉才 2002）、《一百多年前新界客家方言的体标记"开"和"里"》（庄初升 2007）等。

（4）客家方言句式研究。主要是挖掘客家方言中的特殊句式或探讨与普通话同类但表达方式不同的句式，如《连城（新泉）话的反复问句》（项梦冰 1990）、《关于"有"字句和"靠"字句》（何耿镛 1993）、《客家方言的一种反复问句》（谢留文 1995）、《梅县方言的"同"字句》（林立芳 1997）、《长汀话的"拿"字句》（饶长溶 2000）、《广东丰顺客家方言的差比句》（黄婷婷 2009）等。

纵观 50 多年来客家方言的语法研究，主要存在以下几个特

点:

（1）单从论著的数量上看，对实词的研究明显多于对虚词和句式的研究，尤其集中于实词构词法方面的探讨，虚词和句式的研究显得单薄。

（2）在研究的深入程度方面，也体现出对实词的探讨甚于对虚词和句式的探讨，有些虚词及相关的语法现象，只是被简略地提及，未得到深入的考察。

（3）关于虚词和句式的文章大多出现于最近一二十年，反映了虚词和句式的研究虽起步稍晚于实词，却是近年来研究的热点，也是方言语法研究的总体趋势。

（4）在研究方法上，重于共时的单点方言内部的描写，轻于共时的比较和历时的探源，将客家方言与普通话、其他方言、少数民族语言进行比较或探讨语法化过程的论著不多。

第四节 研究目的、内容和方法

一、研究目的

永定客家方言作为一个独立自足的语言系统，同样具备语音、词汇和语法三个层面，但基于上述对客家方言研究现状的认识，本书拟集中讨论其语法系统中的虚词部分。目的在于：通过对永定客家方言虚词的研究，能够较全面深入地了解永定客家方言的虚词面貌及其所体现的语法体系，促进客家方言语法的研究；通过与其他方言、普通话、古汉语的比较，发现其中的共性和差异，挖掘永定客家方言的特色之处，并寻找某些语法现象的来源和演变的轨迹;此外,据徐通锵①,"复杂的汉语方言是汉语历史发展的空间分布,无论语音、语义还是语汇和语法,都隐含有很多活的历史发展线索,如能将它们与丰富的汉语书面文献资料相结合,定可以在语言的描写研究、历史研究和理论研究等方面做出积极的贡献,丰富普通语言学",又"虚字在汉语语法结构中占有重要的地位,既是形成某种结构的重要标志,也与时、态的表现形式密切相关",所以,方言语法,尤其是方言虚词的探讨对汉语共时和历时的研究也具有重要的意义,可以为汉语的研究提供丰富的历史佐证,以此推动汉语语法系统的研究。

二、研究内容

本书对永定客家方言的介词、副词、连词、助词四大类虚词进行了全面的梳理,逐个描写和分析其语法意义和功能,兼及探讨一些语法成分的来源和虚化过程。除绪论和结语外,主体部分共分七章,第一、第二、第三章分别对永定客家方言的介词、副词、连词进行分类考察,分析各个词的语义功能,也探讨部分副词、介词的来源。第四章是结构助词,主要讨论定语标记、转指标记、状态词标记和各个补语标记及其探源。第五章是体貌助词,讨论各种体貌的表现形式,如实现体助词"欸""来"、持续体助词"倒"、经历体和重行貌助词"过"等。第六章是语气助词,逐个描写陈述、感叹、祈使、假设和疑问语气助词的语法功能。第七章是专题讨论,分析介词"得"的语义功能及相关问题,讨论"得"字结构及其性质,对能性"得"字后置做出尝试性的解释,最后分析情态标记"可多"的语法化过程。

---

① 引自中国高校人文社会科学信息网"'九·五'期间语言学研究概况"。

三、研究方法

本书研究永定客家方言虚词的方法，主要是立足本方言语法系统，突出方言特色，然后关照方言内外的语言事实，试图放在整个汉语系统中进行考察。具体的方法有如下几点：

（1）穷尽考察。虚词本是一个封闭的类，为了突出方言特色，剔除与普通话相同的成分，数量有限，这样就有可能对本方言内的虚词进行一个个穷尽性的研究。

（2）具体描写。方言语法的研究还是一个新兴的领域，其研究的程度还不如普通话语法那么深入，加之方言及其虚词自身的特点，因此进行准确细致的描写仍是本书的主要方法。

（3）多方比较。在准确描写的基础上进行方言之间、方言与普通话之间或方言与古汉语的比较，即普—方—古大三角比较。

（4）综合分析。虚词用法多样复杂，同一个词常兼有几类词的用法，且同类词不同成员之间的语法功能往往互相交叉，这就需要从不同角度、不同层面进行多元分析论证才能较全面准确地揭示。

第五节 语料来源和体例说明

一、语料来源

本书的语料主要来源于著者本人及所做的田野调查，且以永定湖坑镇的客家话为基础。著者从小在永定湖坑镇生活，虽然中学期间曾离开过家乡到龙岩读书，但寒、暑假均回乡度假，和家人团聚,能说一口地道的永定客家话。本书是在博士论文的基础上修改而来的,读博期间,逢假期必回家乡调查或核实语料,毕业后为修改此书,继续做实地的母语调查,每次调查之前先查阅、收集相关的资料,进行内省,然后拟定调查大纲。具体调查的方式有根据大纲核查、现场录音和自然交谈等;平时也非常注意语料收集,一想起某个有特色的语法现象,马上记录下来,也常常通过电话与家人、老乡交流。另外,还利用一些历史文献资料,主要是查阅用客家方言记录的各种客话读本,如客家谚语、山歌、民谣、读物等,也包括当地方言志。

二、体例说明

(1) 本书方言语料尽量采用本字标写,一些本字不明的方言词,如果已有约定俗成的书写形式,就直接采用方言俗字,本字不明又没有俗字可写的,就用同音字或训读字代替,若无合适的字可写,则用"□"表示,并注明读音;读音统一采用国际音标,调值用数字表示,标在音节的右上方,如□ts^{h}en^{24}、□kia^{33}。

(2) 方言例句不每字标音,用括号注明与普通话对应的意思;集中的例句用(1)、(2)……标明序号,行文讨论中所举的例句、从其他论著中转引或亲自调查得来的有关其他方言或古汉语方面的例句不标序号,用符号"丨"隔开时,普通话注释的语句末尾不再标句号。

(3) 例句前若附有符号"*",表示无此说法或不合乎语法,"?"则表示有疑问或不太明确的说法;不合语法或有疑问的例句的注释文字加注括号。

(4) 斜杠"/"表示两可的情形,括号"()"内的文字表示可自由隐现或随文注释、说明的成分,或是对词语、例句的注解。

（5）分属不同词类或具有不同语义功能而用同形且同音字标写的，未必是同一个字或有同一来源，有些是因本字未明，而语音形式又完全相同，暂且采用同一字形标写，各章之间相对独立，不另标 1、2 以示区别；但若出现在同一章节内，就标上数字 1、2 以示区别，如定语标记"呃$_1$"、转指标记"呃$_2$"。

（6）因具有不同的语义功能而用下标数字 1、2 区别的词，在不发生混淆的情况下，所举的方言例句不再一一下标 1、2；但如果在一个例句中同时出现，所指的那个词用下画线标明，如"佢呃脚跌断<u>呃</u>"，"<u>呃</u>"是该句所要说明的陈述语气助词。

（7）脚注以页为单位，不以章节为分界，每页出现的脚注用序号①、②、③……表示。

（8）来源于同一参考文献的，后文再出现时只注明作者、年份和页码。

第一章 介 词

　　介词是虚词系统中的一类，通常置于名词、代词或某些短语前组成介词结构[①]，用以修饰谓词性词语，在句中主要充任状语或补语。在来源上，一部分沿用于古汉语介词，但多数是由动词逐渐虚化演变而成，许多介词至今仍有同形的动词并存于一个共时系统中。[②]

　　由于介词和动词的关系十分密切，存在大量的动、介兼类现象，因此就有一个如何划界的问题。[③]综合来看，区分的标准可参照如下几条[④]：

　　（1）动词可以作谓语或谓语中心，介词不能。

　　（2）动词可以单独成句或单独回答问题，介词不能。

　　（3）动词可以没有宾语，或者宾语可以提前；介词必须有宾语，宾语不能提前。

　　（4）动词一般可以后附"着、了、过"表示动态，介词一般不能，或者即使后附"着、了、过"，也不表示动态。

　　（5）动词可以重叠，介词不能。

　　（6）动词可以用肯定否定并列形式提问，介词不能。

[①] 介词后通常带体词性成分，但有时也带谓词性成分，如"坐比站好"，尽管介词后的谓词性成分已有所体词化，但仍从属于谓词，所以，我们将介词与其后跟从的成分（不管是体词还是谓词）统称为"介词结构"或"介词短语"；若行文中出现"介宾短语"或"介宾结构"，那么是特指介词后跟从的是体词性成分。

[②] 李如龙、张双庆《中国东南部方言比较研究丛书（第五辑）——介词》，暨南大学出版社2000年，第1页。

[③] 介词与连词也常有纠葛，关于两者的区分，参见《连词》一章。

[④] 陈昌来《介词与介引功能》，安徽教育出版社2002年，第14-15页。

（7）动词词义实在，介词词义虚灵。

第一节　永定客家方言的介词体系

永定客家方言的介词与普通话有着相似的语法特征和来源，根据语义功能的不同，可分为表对象的介词、表时空的介词、表原因目的的介词和表工具依凭的介词，共四大类（因表时间与空间的介词常相关联，为了便于分析和讨论，这里将表时间、处所、方向、时机等介词合为"时空"一类）。

根据上述介词的界定及其与动词、连词等的划界，我们对永定客家方言的介词进行了全面的梳理，不重复计（一个介词能表达多种语义功能的，只算一个）共有39个。[①]

若与普通话做个粗略的比照，可得如表1-1所示一览表[②]：

表1-1　永定客家方言的介词

类别	介引功能	永定客家方言的介词		普通话特有的常用介词
		永定话特有的介词	永定话与普通话共有的介词	
对象	1.施事	分		被、叫、让、给
	2.受事	将把、得	将、拿	把
	3.所对	得	对	朝、向
	4.所为	得	替	为、给

[①] 明显是来源于普通话或其他方言且又很少在本方言使用的介词不在此列。

[②] 因有些介词语义功能繁复，如"得"，所以，同一词形具有不同用法的，不一一区分；但在下文讨论时，若分属不同类别的，标上数字以示区别，如"对₁""对₂"等。

续上表

类别	介引功能	永定客家方言的介词		普通话特有的常用介词
		永定话特有的介词	永定话与普通话共有的介词	
对象	5. 关涉			对、对于、关于、至于
	6. 索取	□tsʰen²⁴、得	问	向
	7. 接受	分		给
	8. 协同	得	同	和、跟、与
	9. 比较	过、得	比	比较、与、和
	10. 包括	佮	连	
	11. 排除	除撒		除、除了、除开、除去
时空	12. 处所	到、当作	在、当	
	13. 方向	对、对对	顺	顺着、往、朝、朝着、向、向着
	14. 起始	藤	自、从、自从	打、由
	15. 经由	藤	打、从、沿	经、经过、沿着
	16. 距离		离、距离	距
	17. 范围	到		在
	18. 时刻	到	等	等到
	19. 时机	赶		趁、趁着
原因目的	20. 原因		因为	由于、因
	21. 目的			为、为了、为着
工具依凭	22. 具			用、拿
	23. 依凭	拿	按、按照、照	依、据、依据、根据、凭

以下分节就介词的语义功能、来源、语法化及相关句式等问题做一番探讨。

第二节　表对象、工具、依凭类介词及其来源

各类介词多数与普通话不同（有些即使书写形式相同，语法功能也不完全一致），因此，本章依类逐个考察永定客家方言介词的语义功能及其来源（有些放在专题中讨论），但着重描写和分析更具方言特色的成分。

一、表示对象的介词

（一）替 t^hei^{52}

1）与普通话一样，"替"也可作动词和介词，作动词时主要表"替代"义。作介词时用于引入动作行为的所为者，如：

（1）替阿娓做下事，莫就顾嬲。（替妈干点活，别只顾着玩。）

（2）佢唔讲，你替佢讲。（他不说，你替他说。）

（3）一家人都替佢担心得会死。（一家人都替他担心死了。）

（4）你以为替蛮做事嚄，替自家做啰。（你以为替谁干活啊，是替你自己干。）

2）"替"介引所为者应是从其"替代"义引申而来。据马贝加的考察，唐代时"替"由"替代"义转而表"所为者"，如[①]：

蜡烛有心还惜别，替人垂泪到天明。（杜牧：赠别，杜牧全集，53）

不把万枝银烛照，淡云微月替人愁。（范成大：寄题石湖海棠两首，范石湖集，354）

[①] 引自马贝加《近代汉语介词研究》，中华书局 2002 年，第 239-240 页。

(二) □tsʰen²⁴、问

1. □tsʰen²⁴

1) 用于引进动作行为所涉及的受索者,类似于"向"或"问",所修饰的谓词成分多是表"获取"义的动词。如:

(5) 阿强昨日来□tsʰen²⁴你拿一本书嚟?(阿强昨天是不是来向你要一本书?)

(6) 你□tsʰen²⁴佢借米肯定无哋。(你向她借米肯定借不到的。)

(7) □tsʰen²⁴俚□kʰa?⁵钱无用,钱在俚子欸手项。(向我要钱没用,钱在我儿子手上。)

(8) 俚□tsʰen²⁴你阿嫂讨滴白菜籽。(我向你嫂子要点白菜籽。)

2) "□tsʰen²⁴"也是动、介兼类词,用作动词时,意思是"寻找",如"你甲欸□tsʰen²⁴嘛个?(你在找什么?)——我□tsʰen²⁴一本语文书。(我在找一本语文书)"。在表达"寻找"义时,地道的永定话不说"找"或"寻",都说"□tsʰen²⁴",因而,初步推测"□tsʰen²⁴"的本字可能是"找"或"寻";又鉴于"寻"和"找"处于不同的历史层次中,"寻"出现于古代,"找"则多用于现代,且"寻"在语音上与"□tsʰen²⁴"相符,都是邪母、平声、侵韵,所以,"寻"是"□tsʰen²⁴"本字①的可能性更大。

古代汉语的"寻"未见报道有介引对象的功能,而永定话的介词"□tsʰen²⁴"应是从其动词"□tsʰen²⁴"发展而来:先是用于单谓带宾结构中,"□tsʰen²⁴"主要表示"寻找",后来出现在

---

① 虽然此处推测本字可能是"寻",但在本书中还是用□tsʰen²⁴表示(包括动、介用法)。

双谓带宾结构中,"□tsʰen²⁴"的义核发生偏移,由直接"寻找"人或物,转而"向某人"求索人或物。

2. 问 muən⁵²

1)永定话"问"作动词时也主要表"询问",如"问路、问一件事",作介词时与"□tsʰen²⁴"相同,用于引进动作行为的受索者,所修饰的谓词成分也多是"获取"义动词。与"□tsʰen²⁴"相比,介词"问"的使用频率更高,运用更加自如,凡是介词"□tsʰen²⁴"出现的地方都可用"问"来替换。如上例(5)至例(8)可换说为:

(5)′阿强昨日来问你拿一本书嘞?

(6)′你问佢借米肯定无吔。

(7)′问偃□kʰaʔ⁵钱无用,钱在偃子欻手项。

(8)′问你阿嫂讨滴白菜籽。

2)"问"的介词用法应是从其"询问"义的动词用法演变而来的,近代汉语中已出现。如据马贝加,唐代时"问"已见用于引进言谈的对象,如[①]:

为问东州故人道,江淹已拟惠休书。(《全唐诗》3219页)

阿婆问儿言说,索得个屈期丑物入来,与我作底。(《敦煌变文集》858页)

而用于引进受索者最早出现于唐五代,宋代时用例增多,如[②]:

宰相琼、崇奏曰:"陛下何不问叶净能求雨?"(叶能净诗,《敦》,222)

问龙乞水归洗眼,欲看细字销残年。(苏轼:游径山,苏轼诗集,713)

问他讨禅,被他恣意相薄。(朱子语类,2973)

[①] 引自马贝加(2002:187)。

[②] 引自马贝加(2002:246)。

到现代，只有介引受索者的用法被继承下来，以致在现代汉语中，"问"成了一个动、介兼类词。

（三）对₁ tei⁵²

1)"对₁"与普通话的介词"对"相当，但倾向于表示对待。如：

（9）佢对工作好负责任。（他对工作很负责任。）

（10）你这个人对蛮都几热情。（你这人对谁都很热情。）

（11）大家都对佢阿娓几好。（大家都对他妈妈很好。）

（12）你莫常在对细人欸发脾气。（你别经常对小孩发脾气。）

普通话的介词"对"除了表对待外，还用于介引动作行为的所对者，如"他对我点点头""你对他说了吗？"，对于这类说法，永定话常用另一介词"得"来表达（见本书相关章节）。但另一方面，永定话"对₁"与其他成分的结合面比普通话的"对"宽，有些"对＋NP＋VP"在普通话中不能说，永定话中却较常见。如：

（13）你对桌头发火做嘛。（你冲着桌子发火干嘛。）

（14）咹样忤逆吔子欸，你会对佢死噢。（大意：如此不孝的儿子，你会被他而气死。）

（15）你硬硬爱嫁佢，以后莫对佢哭啊。（大意：你偏要嫁给他，以后别为他哭啊。）

而且，像例（14）和例（15）之类的说法，语义上已有所引申，表面上是介引动作的所对者，其实是介引动作的缘起者或所为者。

2)据蒋冀骋和吴福祥的考察，介词"对"大约萌芽于汉代，至六朝时出现完全虚化的介词"对"，唐代以后，介词"对"的用例日渐增多，并开始用于表示对待，如"问曰：'对圣人不敢繁词，何者为道？'"（《祖堂集》卷三）。①

（四）连、佮

1. 连 lien²⁴

1)"连"作介词，主要用于介引动作行为的连带者。如：

（16）这蕃薯唔使扒皮，可以连皮一下食。（这红薯不用剥皮，可以连皮一起吃。）

（17）连篮欸一下分佢拿去。（连篮子一起被他拿走了。）

（18）连细欸一下买去，就可便宜分你。（连小的一起买去，就更便宜给你。）

（19）连佢哋话，一共十个人。（算上他，一共十个人。）

这种用法的"连"常和表示"一起"义的"一下"共现，有时也和"带"或"佮"配合着使用。如：

（20）连皮带核一下吞下去。（连皮带核一起吞下去。）

（21）连皮佮壳正一百斤。（连皮带壳才一百斤。）

也用于突出强调连带的对象，"连"后常有"都"呼应。如：

（22）佢病去几重，连水都唔会食欸。（他病得很重，连水都不能喝了。）

（23）你莫讲人，你连佢都当唔得！（你别说别人，你连她都不如。）

（24）连校长都唔识，你读嘛个书？（连校长都不认识，你读什么书？）

2)据蒋冀骋、吴福祥，"连"用作表示包括（即介引连带者）的介词当不晚于唐代，是从其"连同；连带"义的动词虚化而来的；宋代后，又出现了表强调的用法，分别转引两例如下②：

---

① 蒋冀骋，吴福祥《近代汉语纲要》，湖南教育出版社 1997 年，第 474-475 页。

② 参见蒋冀骋，吴福祥（1997:496-498）。

若数西山得道者，连予便是三十人。（施肩吾《西山静中吟》）

元连项赤，叩头伏罪。（《朝野佥载》110页）

若能读书，就中却有商量，只他连这个也无，所以无进处。（《朱子语类辑略》卷五）

连大众都有深思。（《董西厢》233页）[①]

以后，两种用法一直承袭下来，成为现代汉语介词"连"的两个基本语法功能。

2. 佮 ka?²

1）介词"佮"与"连"相似，但仅用于引进连带者，不用于表强调；而且，与其他成分的结合面较窄——后面一般只跟单音节的指物名词，也不如"连"常用。如：

（25）你佮皮食下去啊？（你连皮一起吃下去呀？）

（26）佮核吞下去都唔怕。（连核一起吞下去都不要紧。）

（27）㓾鸡拔毛时爱注意，莫佮皮一下□luai²¹ 欱。（杀鸡脱毛时要小心，别连皮一起脱了。）

有时，在"连带"义上还强调所涉及对象的全部。如：

（28）佮镬食，省使洗一个碗。（就着锅吃，省洗一个碗。）

（29）全部佮镬熟。（全部一锅煮。）

（30）佮篮来，便宜滴欱！（大意：整篮全部买来，便宜点儿！）

上例（28）的意思是说就用那个锅，且把锅里的东西全吃了，并不是说连锅一起吃下去，同样，例（29）和例（30）也是强调锅里的东西全部一起煮或篮里的东西全部一起买，而不着眼于"连带"锅或篮，像这类说法一般不用"连"来表达。

2）"佮"是个古语词，近代以后逐渐消失，现代汉语已完全不用，却在永定话中遗留下来，而且可推测，就是介词"佮"的

[①] 前两例表包括，后两例表强调。

本字。

"佮",《广韵》:"古沓切,入声、合韵、见母",在永定话中读作kaʔ²,声、韵、调皆相合。语义上也相同,据《说文》:"佮,合也,从人,合声",意思是"相合;聚合;通力合作",如王筠《说文释例》:"是合佮义同音异。通力合作,合药及俗语合伙,皆合之音异也。今无复用佮者"。《玉篇·人部》亦云:"佮,合取也"。

"佮"在永定话中可用作动词和介词,意思都是"相合;加合;聚合",介词用法如上例。动词用法如:

(31)全部佮全一下去。(全部合在一块。)

(32)佮起来可多,可好看相。(合起来更多,看起来更像样。)

(33)男女妇佮到一下去,莫男作男,女作女。(男女合在一块,别男归男,女归女。)

有些词语因常和动词"佮"一起使用,渐渐形成固定的组合或凝固成词,"佮"成为其中的构词成分,如"子佮女(子女)、黄泥佮(黄土泥巴混合而成的土质)、交佮(结交)"等。从中也可见,介词"佮"应是从动词"佮"演变而来。

(五)同 $t^hoŋ^{24}$

1)在永定话中,介词"同"主要用于引进动作行为的协同(包括交涉)者。如:

(34)你天光日同别侪一下来。(你明天和别人一起来。)

(35)偓同佢共一辆车去吔。(我和他同坐一辆车去的。)

(36)偓同老婆商量下欸。(我和老婆商量一下。)

(37)你帮偓同佢讲下欸。(你帮我跟他说说。)

在普通话中,介词"同"除了用于引进协同、交涉者外,还可引进动作行为的所对者、关涉者和比较者,如"我同他告别了""你同他是什么关系?""同你相比,他聪明多了",而这些说法在永定话中一般都用另一介词"得"来表示。

2)"同"是现代汉语很常用的一个介词,马贝加对其来源和语法化有较深入的探讨,认为"同"在唐代时已从动词虚化为介词。① 但据蒋冀骋和吴福祥,"同"虚化为介词后,在整个近代汉语史上并不多见,而与其同义的介词"和""与""共"则较多见;从历史文献和现代方言特征看,"同"一直多用于南方方言中,因而可能带着南方方言的色彩,而"和""与""跟"则流行于北方一带。② 如今,普通话可以用介词"和""跟""同""与"引入协同者、所对者、关涉者或比较者,而与此相当的说法,地道的永定话一般用"同"或"得",不用"和""与"或"跟"。

(六)除撒 tsʰə²⁴pʰiɛʔ²

1)普通话表示排除义的介词有"除、除了、除去、除开",永定话只用"除撒",但语法功能相当,一是用于引进排除者,即排除特殊,强调一致。如:

(38)除撒你,其他人都去欵。(除了你,其他人都去了。)

(39)除撒衫裤,其他东西都唔使带。(除了衣服,其他东西都不用带。)

(40)除撒初一、十五,其他日欵都做得。(除了初一或十五,其他时候都可以。)

二是用于引入已知者,即排除已知,补充其他。如:

(41)除撒猪肉,还有几多其他好食吧。(除了猪肉,还有很多其他好吃的。)

(42)除撒阿丽,还有两个人。(除了阿丽,还有两个人。)

---

① 马贝加(2002:204)。
② 蒋冀骋,吴福祥(1997:488-491)。

(43) 除撒这，偃还爱做其他事。(除了这，我还要干其他活。)

2) 现代汉语介词"除"源于动词"除"的"除去"义，后又出现"除却""除了"等说法。永定话的介词"除撒"也是来源于动词的虚化，但存在两种可能的途径：一是与近代汉语"除"类介词的语法化一致，先由动词"除"虚化为介词"除"，然后发生双音化，"除"后附上词尾"撒"；二是动词"除"和"撒"先组合成动词性结构"除撒"，然后语法化为介词"除撒"。

从永定话的构词特征和"撒"的语义看，第二种可能性更大。因为：古代动词"撒"有一义项为"舍弃；丢弃"，如唐白居易《咏家酿》："酿糯岂劳炊范黍，撒篘何假漉陶巾？"，宋陈德武《沁园春·舟中夜雨》："怎撒下，这两字相思，万里虚名"[①]。在永定话中，或许因使用频繁，"撒"的词义发生了虚化，引申为表"掉""完"等，且主要用为动结式中的补语成分，如"食撒、卖撒、拿撒、偷撒、扔撒"等。与此相应，"除撒"也是一个动补结构，如"禾项吔虫爱除撒佢（稻子上的虫要除掉）"，由此进一步语法化为介词"除撒"。另一方面，就"撒"而言，在永定话中一般只充当动结式补语，没有用于构词词尾的用法，据此可见，介词"除撒"应是由动结式"除撒"演变而来。

二、表示工具依凭的介词

用、拿₁、按、按照、照这几个是工具凭借类介词，"用"主要表工具，"拿₁"既表工具，也表依凭，"按、按照、照"表依凭。

[①] 此古汉语资料参考《汉语大词典》，汉语大词典出版社 1997 年，第 3739 页。

1. 用 zoŋ²¹

介词"用"与普通话相同,主要表示动作行为所凭借的工具。如:

用碗食、用桶装、用毛笔写、用车拉、用嘴食、用脚踏、用刀割、用锯欸(锯子)锯、用风扇吹。

2. 拿₁ la³³

"拿₁"有两种介引功能,一是和"用"一样,用于介引工具,但一般要和"来"一起组成"拿 NP 来 VP"格式,如上"用 NP＋VP"结构都可换成"拿 NP 来 VP"表达。如:

拿碗来食、拿桶来装、拿毛笔来写、拿车来拉、拿嘴来食、拿脚来踏、拿刀来割、拿锯欸(锯子)来锯、拿风扇来吹。

二是用于介引某种事理或依据,相当于"照;按照;依",这是永定话"拿₁"特有的引申用法,不见于普通话中。如:

(44)拿你讲係唔□mei²¹ 咹样?(照你看是不是这样?)

(45)拿俺讲就唔使亲自去。(依我看就不用亲自去。)

(46)这拿书项吔话来讲,就唔实事求是。(这要按书上说的,就是不实事求是。)

(47)拿你讲唔□mou⁵² 吔东西,拿别侪讲几好。(你认为不好的东西,别人看来却很好。)

3. 按 uan⁵²、照 tsiəu⁵²、按照 uan⁵²tsiəu⁵²

"按""照""按照"的用法与普通话基本相同,都表示依凭的标准、道理、条件、规律等,常叮自由换用,只是"照"有模仿的意思,而"按""按照"没有模仿的意思,但"照"不能跟表期限、时间或其他界限的词语组合;另在永定话中,"照""按"后不能附加"着","照"也不表示方向。如:

(48)按/照/按照道理唔□mei²¹ 咹样。(按理不是这样。)

(49)按/照/按照一斤五角钱来算。(按一斤五角钱算。)

(50)按/照/按照偃看就无问题。(依我看没问题。)

（51）按/照/按照规定的高度就唔合格。（按规定的高度就不合格。）

（52）按时睡目。（按时睡觉。）

（53）照讲就唔怕。（按说应该不要紧。）

从来源上看，"用、拿₁、按、照"都源于古代汉语，如据马贝加，表工具的介词"用"在上古时期就已形成，"拿₁"则产生于近代，表依凭的介词"按"在南北朝之际也已定型，"照"的大量出现是在宋代。①只有"按照"在古代典籍中还找不到介词的用例，估计是形成于现代汉语，动因是复音化趋势的影响，加上"按"与"照"的语义功能相同，所以，容易同义连用，最后凝固成一个新的依凭类介词。而永定话的"用、拿₁、按、按照、照"又是受共同语影响而来，都是与普通话共有的成分，所以，用法也与普通话非常接近。

第三节 表时空、原因、目的类介词及其来源

一、表示时空的介词

（一）从、沿、打、顺、自、自从、藤

1. 从 ts^{h}ion^{24}

时空介词"从"基本与普通话相同，常用于引进时间（起始点）、变化、范围和处所（始发处）。如：

（1）从今日放起，你到甲欸上班。（从今天起，你到那儿上

---

① 马贝加（2002:267-291）。

班。)

(2) 从细到大，你都无管过俚。(从小到大，你都没管过我。)

(3) 这张报纸你从头看到尾。(这张报纸你从头看到尾。)

(4) 俚堵堵从田项转来。(我刚从田里回来。)

普通话"从"还常用于表示经由的路线或场所，如"从大路来""从大厅穿过"，永定话也可用"从"表达这种经由处，但地道的说法是用另一介词"藤"来表达。

2. 沿 ɲien^{24}

"沿"在普通话和永定话中都主要用于介引经由的路线或场所。如：

(5) 沿田塍行，莫踏倒菜欸。(沿田边走，别踩着菜了。)

(6) 沿细路去，可能猎得倒佢。(沿小路去，可能追得到他。)

(7) 沿行过哋路再□ts^{h}en^{24}一遍，可能□ts^{h}en^{24}得倒。(沿走过的路再找一遍，可能找得到。)

3. 打 ta^{52}

普通话的"打"，不仅能介引处所、时间和范围的起点，也能介引经由的路线或场所，但永定话的"打"多用于介引经由的路线或场所。如：

(8) 俚看佢打这滴过。(我看她打这儿过。)

(9) 打大门入，有人会去接你。(打大门进来，有人会去接你。)

(10) 你打哪条路来，俚做嘛无看倒你？(你打哪条路来的，我怎么没见着你？)

有时，也用于介引始发处。如：

(11) ——你打哪儿来？(你打哪儿来？)

　　——俚打县项来。(我打县里来。)

4. 顺 suən^{21}

与普通话相似,"顺"作介词时也表"顺应"之义,但侧重于表示沿着某一方向。如:

(12)你顺偃手指吔地方望过去,望倒盲有?(你朝我手指的方向看过去,看到了没有?)

(13)划船顺水行可快。(划船时顺流划更快。)

(14)倒树时爱顺风倒。(砍树时要顺着风向砍。)

普通话中,介词"顺"和"沿"后都能附加"着",但永定话不行,只说"沿""顺",不说"沿着""顺着"。

5. 自 ts^{h}ə^{21}

"自"的介引功能与普通话相同,但用于指始发处时,普通话的"自+宾"既能用在谓词前,也能用在谓词后,而永定话的"自+宾"只能用在谓词前,不能用在谓词后。如:

(15)自偓自家吔房间开始扫。(从我自己的屋子开始扫。)

(16)自这滴挖下去。(从这儿挖下去。)

(17)桃欸自□tu?^{2}项开始红。(桃子从顶端开始红。)

用于介引时间的起始点。如:

(18)自出世到□kia^{33},佢无食过牛奶。(从出生到现在,他没喝过牛奶。)

(19)佢自读大学以后就无转过屋下。(他自从上大学后就没回过家。)

(20)自生婢讨来以后,屋下竟来竟像样欸。(自从媳妇娶进门后,家里越来越像样了。)

"自"与"从"在介引始发处和起始点时是一样的,只是"自"的书面色彩较浓,"从"较为口语化,因而运用也较广。

6. 自从 ts^{h}ə^{21}ts^{h}ioŋ^{24}

"自从"与普通话一样,表示过去的时间起点。如:

(21)自从你来以后,家项就无安生过。(自从你来了以后,家里就没安稳过。)

(22)自从三月来,就无落过雨。(自从三月份后,就没下过雨。)

(23)自从出世,㑥就住到这滴。(自从出生,我就住在这儿。)

7. 藤 $t^h\varepsilon n^{24}$

介词"藤"可介引动作行为的始发处和经由处。如:

(24)藤你这欸开始,另外排一队。(从你这儿起,另外排一队。)

(25)水藤甲欸出来咃。(水是从那儿出来的。)

(26)㑥看佢藤甲欸过。(我看他从那儿过。)

(27)藤大路去,莫藤细路去。(从大路走,别从小路走。)

从"从""自""沿""打""藤"的使用来看,"从"的义域较宽,可用于表示时间、变化、范围、始发处和经由处,"自""沿""打"和"藤"的使用范围较窄,"自"表示处所和时间的起始,"打""藤"主要表示始发处和经由处,而"沿"一般仅用于表经由处。另在表达经由处时,"沿""从"和"打"都不如"藤"地道和常见,这是因为"沿""从""打",包括"自""自从"都是受普通话或北方方言影响而来,只有"藤"才为本方言所固有。关于这点,也可从最初来源得以证实,"从""沿""打""自""自从""顺"都是从古代沿用下来的介词,而"藤"在汉语史上找不到踪迹,属于方言内部自创的成分。

"藤"的本字未明,暂写作此。我们猜测,"藤"的介词用法是从其动词义演变而成的。永定话中有一个同音形式的动词$t^h\varepsilon n^{24}$,表示"跟随;跟从"之义,如"藤倒佢来,莫跌撒啰(大意:跟着他,别走丢了)|你莫直藤㑥,藤你阿娓去!(你别一直跟着我,跟你妈去!)|佢去藤佢姐丈学木匠欸(他跟随他姐夫学做木工了)";后来,或许因语义上相通,又经常出现在

相似的句法环境中,$t^hɛn^{24}$逐渐虚化,由表"跟随;跟从"的动词引申为功能与"从"相当的介词,用于表起点和经由。

(二)离、距离

1. 离 li^{24}

1)在永定话中,"离"作介词时,主要表示时间或空间相距的远近。表时间距离,如:

(28)离甲上时都几久啰。(离那时候已经很久了。)

(29)离八月半还无几日欸。(离中秋节没几天了。)

(30)离开车还有一个钟头。(离开车还有一个小时。)

表空间距离,如:

(31)这滴离你学校远唔远?(这儿离你学校远不远?)

(32)离食堂无两步脚。(离食堂没几步路。)

(33)偓外家离这欸几近。(我娘家离这儿很近。)

2)在普通话中,"离"主要作动词,表示"分离;离开""距离",但表"距离"义的动词"离"已引申出介词的功能。介词"离"后可带体词性或谓词性成分,组成介词结构,除了与永定话一样用以介引时空距离外,还可用于介引目的,如"我们的工作离实际需要还差得远|我的成绩离老师的要求还有距离",因此,普通话表"距离"义的"离"是一个动、介兼类词。

永定话的"离"也可以作动词,但作动词时,没有普通话所具有的"缺少"义,一般仅用于表"分离;离开",如"佢两侪早竟离欸(他两人早就离婚了)|从小就无离过家(从小就没离开过家)",而与普通话相当的表"距离"义的动词"离"已完全演变为介词"离"。理由是:永定话"离"表"距离"义时,既不能单独作谓语,不能像普通话那样带上助词"了"或"着",也不能构成类似"离得/不了"述补格,如普通话可说"你说的

和我说的离了有十万八千里｜这里和石家庄离着有五百多里地｜你们家跟他们家离不了多远儿"①，永定话均无此对应的说法。以此可见，永定话表"距离"义的"离"比普通话更虚，已是一个纯粹的介词成分。其演化关系可用图表示如下：

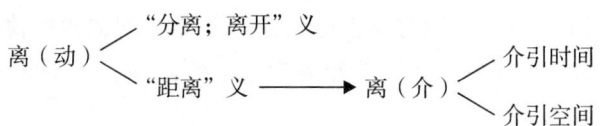

2. 距离 ki⁵²li²⁴

1）在永定话中，介词"距离"的用法与"离"相同，也表示时间和空间相距的远近，上例（28）至例（33）中的"离"都可换成"距离"；但"离"比"距离"的虚化程度更高，且更口语化，运用也更简便自如。

2）虽然在永定话和普通话中，介词"距离"都是来源于动词"距离"，但语法化的表现恰好与"离"相反，表现在：在普通话中，"距离"已完全虚化为介词，不存在动词的用法，比如，不能单独作谓语，不能像动词"离"那样后带"了、着"，也不能组成"距离得/不了"结构等；而在永定话中，尽管"距离"也不能带体貌助词"欸"或"倒"，也没有类似"距离得/唔了"的述补结构，但可单独作谓语，后多带数量（名）宾语，如"两边距离五尺（两边相距五尺）｜这滴到甲滴距离三□pʰə⁵²路（这里到那里相距三公里）"，所以说，永定话的"距离"还是一个动、介兼用词，不过，介词的用法占优势地位。

（三）等 tɛn⁵²

1）介词"等"用于介引时间，后面常跟表时间的名词性词

---

① "离"的普通话例句引自孟琮等《汉语动词用法词典》，商务印书馆 1999 年，第 235 页。

语，意思是等到某时或某时之后再实行某一动作行为。如：

（34）这事（等）天光日正讲。（这事明天再说。）

（35）你（等）十点钟正打电话来。（你十点钟再打电话来。）

（36）（等）食饭时节正得佢讲。（吃饭的时候再跟他说。）

（37）佢子欸（等）明年就考大学欸。（他儿子明年就考大学了。）

也可跟随谓词性词语，表示等到某个情况实现之后再实现另一情况。如：

（38）（等）睡醒欸正喊佢。（等睡醒了再叫他。）

（39）菜（等）熟欸正熘起来。（等菜熟了再起锅。）

（40）（等）天晴正来炙谷。（等天晴了再晒谷子。）

（41）（等）大家讲成欸你正讲。（等大家说完了你再说。）

2）普通话的"等"主要作动词和助词，据《现代汉语八百词》、《汉语动词用法词典》，动词"等"包含"等待；等候"和"等到"两个义项。[①]但我们认为，在普通话中"等"表"等到"义时，不能单独充当谓语，也不能构成"等得/不了"述补结构[②]，其后须跟从名词性或谓词性的宾语，况且，"等"还可省略，如"（等）晚上再说｜（等）发生事故了再检修可就晚了"[③]，由此可见，"等"的"等到"义已经虚化，应该看成一个介词，而不再是表"等到"义的动词，介引功能与永定话相同。

3）永定话与普通话相似，"等"也可作动词，基本意思也是"等待；等候"，表"等到"义的"等"也已虚化成介词，句中的"等"可省略。但介词"等"的运用比普通话广，如上例

[①] 吕叔湘《现代汉语八百词》，商务印书馆 1999 年，第 166 页；孟琮等（1999:94）。

[②] "等得/不了"是指能/不能等待，其中的"等"是表"等待"。

[③] 引自孟琮等（1999:94）。

（34）至例（37）中，例（34）和例（36）换说成普通话后可以加"等"，而例（35）和例（37）换说成普通话后则一般不能加"等"。如：

（34）'这事等明天再说。

（35）'*你等十点钟再打电话来。

（36）'等吃饭的时候再跟他说。

（37）'*他儿子等明年就考大学了。

4）"等"作介词也存在于其他方言，如金华汤溪方言"等"作介词时，读作nai$^{534-52}$，用以引进未来的时间和施事者①；江西石城方言"等"作介词时，读作təu^{31}，可介引动作行为的施事者和接受者，如"水牛等贼牯偷走（水牛被贼偷了）｜到来广州呃时打个电话等㑀（到了广州的话打个电话给我）"②。与金华汤溪方言和江西石城方言相比，永定话介词"等"的虚化程度较低，语法功能也较少，只能用于介引时间，不能用于介引施事者或接受者，语音上也不发生任何变化。介词"等"的虚化过程如下图所示：

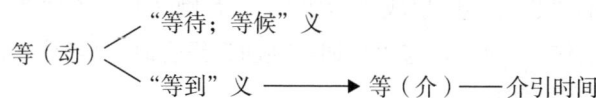

（四）当、当作

1. 当 toŋ^{33}

介词"当"在永定话中主要是介引动作行为或事件发生的处所，其后跟随名词性宾语。如：

---

① 曹志耘《金华汤溪方言的介词》，《中国东南部方言比较研究丛书（第五辑）——介词》，暨南大学出版社 2000 年，第 67 页。

② 参见曾毅平《石城（龙岗）方言的介词》，《中国东南部方言比较研究丛书（第五辑）——介词》，暨南大学出版社 2000 年，第 223-224 页；曾文中说该词本字未明，暂写作"等"，我们认为，从金华汤溪方言和永定客家方言来看，本字应该就是"等"。

（42）唔□mei²¹讲你几会变魔术，当场变分大家望。（不是说你很会变魔术嘛，当场变给大家看看。）

（43）当当心揢下去，保证无事。（在正中间敲下去，保证没事。）

（44）𠊎无做亏心事，当厅讲都唔怕。（我没做亏心事，当天说都不怕。）

（45）当佢的面，你讲清楚！（当他的面，你说清楚！）

"当"介引处所时，有时隐含着时间或方向的意思，如例（42）"当场"包括"就在某个时刻和场合"，例（43）"当当心"也含有"对着正中间"之义。

2. 当作 $toŋ^{33}tsɔʔ^{2}$

"当作"相当于普通话的"当着"，语法功能与"当"一样，也只能用以介引处所。但与其他词语的结合面比"当"窄，一般仅用于"当作＋代词＋吔面"结构中，而"当"既可出现在"代词＋吔面"之前，也可与其他词语组合，如上例（42）至例（44）的"当"不能换成"当作"，只有例（45）的"当"可替换为"当作"。而且，与"代词＋吔面"组合时，"当作"的语气比"当"强。如：

（46）佢当作大家吔面讲冇话。（他当着大家的面说谎。）

（47）你当作你阿叔阿娘吔面发誓！（你当着你爸妈的面发誓！）

（48）莫当作别侪吔面打开来望！（别当着别人的面打开来看！）

在普通话中，"当"作介词时除了可以引进处所外，还可引进时间，这些用法都传承于古汉语的介词"当"。据马贝加考察，表示空间方位的介词"当"于汉代之前就已出现，其所引用例如[①]：

[①] 马贝加（2002:85）。

遇高唐之孤叔无孙,当其马前曰……(《吕氏春秋·离俗》)

越以三军潜涉,当吴中军而鼓之,吴师大乱。(《左传·哀公17年》)

后世不断发展沿用,在使用中又附加了"着",永定客家话则用"作",构成介词"当作"。

(五)对$_2$、对对

1. 对$_2$ tei^{52}

介词"对"在永定话中还有一个独特的用法——用于介引空间方位,但多表示动作所指向的方向,大致相当于"对准;朝着"。如:

(49)大石牯对佢头顶掊下来。(大石头对准他头顶砸下来。)

(50)对佢心肝头□tsei^{24}一下。(朝他胸口打一拳。)

(51)偃得佢面对面碰倒。(我和她迎面碰见。)

(52)两个人都对街住。(两个人都朝街住。)

有时,偏向于表示处所,一般指某一中心位置。如:

(53)行路莫对当心行,会挡倒人。(走路别在路中间走,会挡住别人。)

(54)对当心凿一个窿。(在正中间凿一个孔。)

2. 对对 tei^{52}tei^{52}

"对对"的用法与"对$_2$"相似,但结合面较窄,且有强调的意味,表示就朝着某一方向或就在某一位置,如上几例除了例(51)和例(52)外,都可换成"对对"。如:

(49)′大石牯对对佢头顶掊下来。

(50)′对对佢心肝头□tuei^{24}一下。

(53)′行路莫对对当心行,会挡倒人。

(54)′对对当心凿一个窿。

在永定话中,"对"作动词时与普通话相似,包含的语义较丰富,可表达"对待;对付""朝;向;面对""投合;适合"等;介词"对$_2$"应是从其中的"朝;向;面对"这一动词义引申而来,然后,又为了突出强调某一方位,而以叠加的形式出现,最终形成了"对对"这一介词说法。

(六)赶 kuan^{52}

1)"赶"作介词时,用法与普通话的"趁"相当,主要用于介引某种时机;但普通话的"趁"能说"趁着",后面可跟名词性、谓词性或小句宾语,而永定话的"赶"后不能跟"着",其后多带谓词性或小句宾语,一般不带名词性的宾语。如:

(55)出门爱赶早去。(出门要趁早去。)

(56)赶烧食下去。(趁热喝下去。)

(57)赶晴去斫滴柴转来。(趁天晴去砍点柴回来。)

(58)赶有力多做滴欸事。(趁有劲多干点儿活。)

(59)赶俚□kia^{33}还会替手,你绑绑恭一个细人欸来。(趁我现在还能帮忙,你赶紧生一个小孩。)

2)普通话表时机的介词"趁",在近代汉语中已出现。据马贝加,较早的用例见于唐代,是由动词"趁"的"追逐;追赶"义发展而来的;不过,"趁"最初可能是一个方言词,大概在南北朝时期进入了当时的通语,且直至唐代,都是主要用为"追逐;追赶"义的动词,唐代后才逐渐由表"追逐;追赶"义的动词演变为表时机的介词。[①]此后一直沿用下来,不仅留存于普通话,也运用于许多方言中,如闽语平和方言"趁早好去死(趁早去死好了)|趁少岁着加读(一些)册(趁年

[①] 马贝加(2002:159-163)。

轻得多读些书)"①；另，长沙方言②、黑龙江方言③等也都用"趁"表时机。

3) 表达同样的语法功能，普通话及有些方言用"趁"，永定话则用"赶"，不过，从文献史料来看，"赶"也有其自身的来源，与"趁"并无直接的承继关系。

"赶（趕）"，用作动词，表示"追逐；追赶"，据《正字通·走部》："趕，追逐也"，如唐张鷟《朝野佥载》卷二："庄走出被赶，斫射未死，走得脱来，愿王哀之"。④后由表"追逐；追赶"的动词引申为表时机的介词，最早见于元曲，明清小说中屡见用例。⑤

可见，在近代汉语中，"趁"和"赶"都用作表时机的介词，且都由表"追逐；追赶"义的动词演化而来，只是"趁"的语法化时间早于"赶"。如今，在"趁"与"赶"之间，普通话选用"趁"，不再用"赶"；而永定话则择取了"赶"。

二、表示原因目的的介词

1. 因为 $zen^{33}vi^{21}$

"因为"的用法与普通话相同，作介词时主要表示原因，带体词性宾语，"因为+宾语"可位于主语前或主语后。如：

（60）因为细人欸，佢食几多苦。（因为孩子，他吃了很多苦。）

---

① 庄初升《闽语平和方言的介词》，《中国东南部方言比较研究丛书（第五辑）——介词》，暨南大学出版社2000年，第147页。
② 张小克《长沙方言的介词》，《方言》2002年第4期。
③ 聂志平《黑龙江方言口语中的介词》，《佳木斯大学社会科学学报》2003年第2期。
④ 参见《汉语大字典》（缩印本）(1993:1453)。
⑤ 马贝加（2002:163）。

(61) 偃因为佢分人讲去半死。（大意：我因为他被人说了很多。）

(62) 因为别侪嘅事得罪人划唔着。（因为别人的事得罪人划不来。）

2. 为 vi²¹、为了 vi²¹liəu⁵²、为着 vi²¹tsʰɔ⁵

在永定话中，表示目的的介词有"为""为了""为着"，这三个词经常可以换用，但相对而言，"为"的使用较不自由，"为了"似乎较文气，"为着"的说法则更地道些，出现的频率也较高，能用"为""为了"的地方，几乎都能替换成"为着"。如：

(63) 为/为了/为着佢嘅事县项偃都唔知行几多欸。（为了他的事县里我都不知跑了多少趟。）

(64) 做楼就为/为了/为着子欸早滴讨个人来。（盖楼就为了让儿子早点娶个媳妇。）

(65) 做生做死就为/为了/为着一餐饭。（大意：累死累活就为了吃一顿饭。）

(66) 为这为甲，还係为/为了/为着子倿女。（为这为那，最终还是为了子女。）

(67) 为/为了/为着子女啰，唔兜佢老婆早都走撒啰。（就是为了子女，否则他老婆早就跑掉了。）

(68) 为了/为着细人欸读书，佢无日无夜做事。（为了能让小孩读书，他没日没夜地干活。）

偶尔，"为"也可用于介引所为者，这时，不能换成"为了"或"为着"，但这种情况很少见。如：

(69) 佢登登为外家做事。（她经常替娘家干活。）

(70) 偃为佢做嘛个欸，你讲啊！（大意：我帮她做了什么了，你说啊！）

从以上四个表原因目的的介词的使用可以看出：一方面，原因与目的这两个语义范畴常常相通，用"因为"表达原因时，其实也隐含了目的的成分，而用"为""为了""为着"表达目时，也多少带着某种缘由的因素；另一方面，由于这四个介词都沿袭于古代汉语，而永定话的"因为""为""为了""为着"又是受共同语影响而来，所以，各个词的用法与普通话很相似，只是比较简单些，如"为"很少用于表所为，"为""为了""因为"不能用于构成类似"为……而……""为了……而……""为……起见""因为……而……"等结构。

第四节　介词"比、过、分、将、将把、拿₂"与相关句式

介词的基本功能是组成介词结构以修饰谓词性成分，在句中主要作状语或补语，在此基础上，有些介词还是某类句式的主要表达手段和形式标志，如在现代汉语普通话中，介词"比"是比较句的主要表达手段和形式标记，介词"被、叫、让、给"是被动句的主要表达手段和形式标记，"将、把"等则是处置句的主要表达手段和形式标记。永定客家方言的介词也能构成一些相应的句式，如"比、过、得₁①、分、将、将把、拿₂"的主要功能就是用于构成比较句、被动句或处置句，成为这些句式的形式标记和表达手段，以下即讨论介词"比、过、分、将、将把、拿₂"所表达的相关句式。

一、"比""过"与比较句式

关于比较句，以往多存在定义过宽的弊病，甚至不分比较

---

① 介词"得"的语义功能繁多，放在后面专题中讨论。

和比拟,如今,随着研究的深入,也越来越趋向于作较严格的界定。我们赞同丁声树、李蓝等的观点[①],严格区分比较和比拟,认为,比较句就是表示事物、性状、程度之间的高下、同异或差别,且由一定的比较参项构成的句子;并由此而分为两类,比较事物、性状同异的,称为平比句,比较性质、程度差别、高低的,称为差比句,差比句中又包括所谓的极比句(如,"三人中,他最高")和渐进句(如,"一个比一个大")。这里主要分析与介词"比、过"相关的差比句(用介词"得"表达的平比句放在相关章节考察)。

介词"比",读作pi^{52},"过"读作kou^{52},在永定话中主要用于介引比较者,构成比较句式。"比""过"所构成的比较句式属差比句,据李蓝的考察,汉语存在八类差比句型。[②]永定客家方言占了两类——"比"字差比句和"过"字差比句,其中,"比"字差比句与普通话基本相同,"过"字差比句则属方言特有。若参照李蓝提出的四个比较参项"SJ——比较主体,ST——比较基准,M——比较标记,A——比较结果"[③],永定话"比"字差比句也可表达为:SJ+M+ST+A,如"阿哥比老弟高";"过"字差比句可表达为:SJ+A+M+ST,如"阿哥高过老弟"。

(一)"比"字差比句

1)在"比"字差比句中,SJ 多由名词、代词或名词性词组充当。如:

(1)桃欸比李欸好食。(桃子比李子好吃。)

[①] 丁声树等《现代汉语语法讲话》,商务印书馆 1961 年,第 108-109 页;李蓝《现代汉语差比句的语序类型》,《方言》2003 年第 3 期。
[②] 李蓝(2003)。
[③] 此处说明,比较主体是与比较基准相对的成分,不一定就是句子的主语,如"走路快总比慢好"这句话,句子的主语是"走路",但比较主体是"快",与比较基准"慢"相对。

（2）你比倨矮。（你比我矮。）

（3）这比甲好。（这比那好。）

（4）倨哋比你哋大。（我的比你的大。）

（5）自家哋细人欸浪般都比别侪哋好。（自己的孩子怎么也比别人的好。）

也可由动词、形容词、谓词性词组或小句构成。如：

（6）眠当然比坐自然。（躺着当然比坐着舒服。）

（7）快总比慢好。（快总比慢好。）

（8）撑死总比饿死好。（撑死总比饿死好。）

（9）恭子肯定比恭女赢。（生男孩肯定比生女孩好。）

（10）倨做嘛个事情都比别侪慢。（她做什么事情都比别人慢。）

2）与普通话"比"字差比句一样，若是两个不同对象之间进行比较，ST 与 SJ 的词类或结构一般是对应的或同形的，即 SJ 属哪类词或哪种结构形式，ST 也属哪类词或哪种结构形式；但具体所指是异质的，即所比较的人、事物、动作、性质等是不同的，甚至是相对或相反的，如例（6）和例（7），"眠"与"坐"都是单个的动词，但属相对的动作，"快"与"慢"都是单个的形容词，但属相反的性质。不过，有时因 ST 的结构成分有所省略，ST 与 SJ 的结构形式也就不完全对应，如例（5），完整的 ST 结构应是"别侪哋细人欸"，但"别侪"后一般不再说出"细人欸"。

若是同一对象前后不同时期进行比较，ST 仅限于表时间的词语。如：

（11）倨哋头牙毛比以前可白欸。（她的头发比以前更白了。）

（12）倨阿爹哋病比昨日可好欸。（我爷爷的病比昨天稍好些了。）

（13）你□kia^{33}比嘛个时节都好看。（你现在比任何时候都好看。）

（14）今年比旧年寒。（今年比去年冷。）

在这种"比"字句中，有时形式上 SJ 也能与 ST 对应，如例（14）的"今年"与"旧年"；但有时不对应，主要是因为 SJ 在句中被省略了，而直接以"比＋ST"的形式出现，"比＋ST"在句中作状语，如例（11）、例（12），与"以前""昨日"对应的 SJ 应是"□kia^{33}（现在）""今日"，但在句中被省略了。

3）比较结构如果由"一＋量＋比＋一＋量"构成，则用于表示程度的累进。如：

（15）肚屎一日比一日大欸。（肚子一天比一天大了。）

（16）一个比一个瘦，个个都几瘦。（一个比一个瘦，个个都很瘦。）

（17）一场比一场打得好。（一场比一场打得好。）

（18）做吔屋一座比一座高。（盖的楼一栋比一栋高。）

在这类比较句中，SJ 与 ST 形式上完全相同，但所指的具体对象不同，有程度上的差别，一般是 ST 的程度比 SJ 高。

4）"比"字标记前可以出现强调范围、语气等的副词，如上例（5）至例（10）中的"浪般""都""当然""总""肯定"，这些副词还可连用，如例（5）中的"浪般都"。

此外，虽然"比"字句多用于表常然或已然的句子中，但有时也可用于表未然或猜测的句子，这时，"比"之前可出现助动词"会""可能"或语气副词"肯定""一定"等。如：

（19）佢天光日会比今日可早来无？（他明天会比今天更早来吗？）

（20）女欸可能比子欸有出息。（女儿可能比儿子有出息。）

（21）下只月肯定会比这只月寒。（下个月肯定会比这个月冷。）

(22) 这次一定会比上次做得可好。(这次一定会比上次做得更好。)

5)"比"字差比句的比较结果通常由形容词性词语构成,如上例中的"高、好、大、好看、可白、可好",很少由单个的动词构成,动词前后总需有别的成分以构成动词性词组,如上例中的"打得好""做得还可好"。再如：

(23) 俚比你可喜欢。(我比你更喜欢。)

(24) 老王比佢可会招呼客人。(老王比他更会招呼客人。)

谓词性词语后也可带数量成分,以构成比较结果。如：

(25) 这头树比甲头高兜欻。(这棵树比那棵高一些。)

(26) 你阿娓比佢细一岁。(你妈妈比她小一岁。)

(27) 这丘田比甲丘田大口kia^{52}倍。(这块田比那块田大几倍。)

(28) 今日比昨日少行两趟。(今天比昨天少跑两趟。)

6)"比"字差比句的基本否定形式,是在比较标记前添加否定副词"无"。如：

(1)′ 桃欻无比李欻好食。

(9)′ 恭子肯定无比恭女赢。

(14)′ 今年无比旧年寒。

(24)′ 老王无比佢可会招呼客人。

但不是每个具体的"比"字句都有相应的否定形式,有些句子由于受所表达的语义、词语搭配等方面的限制,而没有直接对应的否定句。

由"一＋量＋比＋一＋量"构成的"比"字句,换成否定形式时,否定副词"无"不是放在比较标记之前,而是放在"一＋量＋比＋一＋量"结构之前。如：

(15)′ 肚屎无一日比一日大。

(17)′ 无一场比一场打得好。

比较结果中含有数量成分的"比"字句,若转换成否定形式,一般不能再出现表数量的成分。此外,除了由"无+一+量+比+一+量"构成的否定"比"字句外,其他形式的否定"比"字句中的比较标记常可省略,而直接用"SJ+无+ST+A"来表达,这种否定式的比较结果中也不能再出现程度副词"可"或数量成分。

但在语义上,有没有比较标记的否定式是有区别的,SJ+无+比+ST+A 否定式可表达两种语义:一是 SJ 不如 ST,二是 SJ 跟 ST 一样;而 SJ+无+ST+A 否定式只表达一种语义,即 SJ 不如 ST;而且,在词语的组配上也各遵循一定的习惯,如 SJ+无+比+ST+A 否定式的比较结果中常出现副词"可",而 SJ+无+ST+A 否定式的比较结果则多用代词"唉",如"厓吔无比你吔可大(我的没比你的更大)｜厓吔无你吔唉大(我的没你的这么大)"。

(二)"过"字差比句

1)"过"字差比句的比较主体主要由代词或名词性词组构成。如:

(29)佢可能高过厓。(他可能比我高。)

(30)这个快过甲个。(这个比那个快。)

(31)厓吔浪般都大过你吔。(我的怎么都比你的大。)

有时,也可由谓词性词语或小句构成。如:

(32)坐车当然快过行路。(坐车当然比走路快。)

(33)做工肯定赢过种田,这唔使讲吔。(做工肯定比种田好,这是不用说的。)

(34)佢做嘛个事情都快过别侪。(她做什么事情都比别人快。)

2)比较基准 ST 的结构形式也与 SJ 对应,也可构成"一+量

＋A＋过＋一＋量"比较结构,用于表示程度的累进。如:

（35）日日食啤酒,肚笋一日大过一日。（天天喝啤酒,肚子一天比一天大。）

（36）佢恭哋细人欻一个高过一个,个个都几高。（她生的孩子一个比一个高,个个都很高。）

（37）一篮重过一篮,篮篮都几重。（一篮比一篮重,每篮都很重。）

3）"过"字差比句的比较结果主要由单音节的性质形容词构成,如上例中的"高""快""大"等,双音节的性质形容词、动词及谓词性词组一般不用作"过"字比较句的比较结果。

4）充当比较结果的形容词前也可出现表示范围、语气等的副词或表可能、猜测等的助动词,如"浪般""都""当然""总""肯定""可能""会"等。

5）"过"字差比句的否定形式,通常是在比较结果前添加否定副词"无",以构成SJ＋无＋A＋M＋ST句式,但有些句子由于受所表达的语义或词语搭配等方面的限制,也没有直接对应的否定形式。以上部分例句转换成否定形式,如"佢可能无高过佢｜这个无快过甲个"。

"一＋量＋A＋过＋一＋量"比较结构很少使用否定形式,如果用了否定式,一般也是将"无"置于整个结构之前,而不是置于比较结果之前。如:

（38）日欻无一年好过一年。（日子没一年比一年好。）

（39）无一个大过一个。（没一个比一个大。）

（三）"比"字差比句与"过"字差比句

介词"比"和"过"都可用于构成差比句式,两种句式所表达的语义也基本相同,但总的说来,"过"字差比句不如"比"字差比句常见,且使用范围相对狭窄;另外,在句法结构上也存在以下不同：

1）基本语序不同。"比"字差比句的基本结构形式是 SJ+M+ST+A，比较结果位于介词结构 M+ST 之后；而"过"字差比句的基本结构形式是 SJ+A+M+ST，比较结果位于介词结构 M+ST 之前。

2）介词结构充当的句法功能不同。在"比"字句中，介词结构"比+ST"一般放在谓词性词语前作状语；在"过"字句中，介词结构"过+ST"则通常放在形容词之后作补语。

3）"过"字句的比较结果主要由单音节的性质形容词充当，且通常是无标记项[①]；而"比"字句的比较结果相对较自由，可以由形容词、动词性词组或形容词性词组构成，虽然多数也是用无标记项来表达，但有时也可用有标记项，如例（4）"佢吔比你吔大"，也可说成"佢吔比你吔细"，若换成"过"字句，则说"佢吔大过你吔"，一般不说"佢吔细过你吔"。

4）"比"字句的比较结果可带数量成分，"过"字句的比较结果一般不带数量成分，有时在比较基准后可附加数量成分，如"你高过佢一头（你比他高一头）"，但一般很少这样说，多说成"你高佢一头"或"你比佢高一头"。

二、"分"与被动句式

在汉语里，表示被动意义的句子有两类，一类是没有任何标志的，形式上与主动句没有什么差别，一般叫作意义上的被动句；另一类是含有表示被动意义的介词"被""叫""让""给"等的句子，这类句子一般以"被"字为代表，叫作"被"字句。永定客家方言表示被动的句子也可分为两类——无标记的被动句

[①] 关于有标记和无标记理论参见结构助词相关章节。

（意义被动句）和有标记的被动句，无标记被动句的句法结构与普通话相同：受事者放在主语的位置上，谓语放在其后，如果出现施事者，施事者要位于受事者之后，如"地下扫伶俐欸（地板扫干净了）｜倕昨日买吔糖蛮食撤欸（我昨天买的糖谁吃掉了）"。这里主要讨论由介词"分"作标记的被动句。

（一）"分"的介引功能

"分"在永定客家话中读作puən^{33}，有时也说pi^{33}，作介词时有两种功用，一是用于介引接受者，二是用于介引施事者。用于介引接受者时，主要是引进动作交付或传递的对象，与普通话的介词"给"相当，但不能放在动词的前面，只能放在动词性词语的后面。如：

（40）佢每只月交分佢阿娓一百块钱。（他每个月交给他妈一百元。）

（41）甲本书传分倕。（那本书递给我。）

（42）这件衫佢买分倕吔。（这件衣服他买给我的。）

（43）东西小王拿分主任欸，你放心！（东西小王拿给主任了，你放心！）

（44）你爱走吔话，锁匙留分倕。（你要走的话，钥匙留给我。）

以下主要分析"分"介引施事的情形，并着重描写"分"字被动句的句法结构特征。

（二）"分"字被动句

"分"字句与普通话的"被"字句相当，就是谓语动词前有由"分"构成的介词结构充当的状语，且一般说来，句中的主语是谓语动词的受事，介词"分"的宾语则是施事。如果以 SJ 代表受事主语，ST 代表施事宾语，P 代表谓语部分，"分"字被动句的基本结构可表示为：SJ＋分＋ST＋P。

主语 SJ 多由表示人或事物的名词、代词或名词性词组充当。如：

（45）鸡嫲分偓刞撒欸。（母鸡被我杀了。）

（46）佢分阿叔打欸。（他被爸爸打了。）

（47）桌项吔钱分蛮拿去欸？（桌上的钱被谁拿走了?）

（48）嘛个都分佢□tʰei²¹净欸。（什么都被他搬光了。）

SJ 表示的受事是定指的人或物，如例（45），主语"鸡嫲"前虽无表示确定的词语，但这"鸡嫲"是定指的，而不是任何一个"鸡嫲"，再如例（48），"嘛个"看似表任指，其实也是定指的，是说话人指定范围内的所有东西。

与普通话的"被"字句一样，SJ 有时也可能不是受事，而是当事。如：

（49）佢分人偷去两千块钱。（他被人偷走了两千元钱。）

（50）屋下分人弄去乱七八糟。（家里被人搞得乱七八糟。）

在普通话的"被"字句中，有时"被"后面的施事宾语可以省略，"被"直接放在谓语动词前表被动；但在永定客家话的"分"字句中，"分"后的施事宾语 ST 必须出现，如普通话可说"他被打了"，但永定话不能说"佢分打欸"。因此，尽管 ST 表示的施事有时不必具体指明，只用"人"或疑问代词"蛮"等表示，但不能被省略。

与普通话的"被"字句一样，永定话"分"字句的被动标记前也可出现表示否定、时间、猜测、可能等的副词或助动词修饰语。如：

（51）阿九叔昨日分人喊去莳田欸。（阿九叔昨天被人叫去插秧了。）

（52）佢从来无分人骂过，分你骂佢浪会食得消。（她从来没被人骂过，被你骂她怎么受得了。）

（53）你莫分人骗喔。（你别被人骗了。）

（54）你阿叔可能分人请去食饭欸。（你父亲可能被别人请去吃饭了。）

"分"字句谓语 P 的构成与普通话"被"字句相似，构成 P 的基本成分是具有动作意义的及物动词，如"打""偷""拿"等，而不能是"有""是""病""成为"等非动作动词，且一般也不能由单个的动词构成，动词后总有别的成分。主要表现为：

1）谓语动词后带体貌助词"欸""过"，如上例（46）、例（52），又如：

（55）佢分人打欸。（他被人打了。）

（56）柜项哋钱分人动过。（柜里的钱被人动过。）

2）谓语动词后附加各种补语成分，如结果补语、趋向补语、状态补语、程度补语等，补语后还可出现体貌助词，如上例（45）、例（47）、例（48）、例（50），又如：

（57）佢哋东西通通分俚扔出去。（他的东西全部被我扔出去。）

（58）甲个老伙分人送入医院去欸。（那个老头被人送进医院去了。）

（59）你害偓分人骂去无命。（你害我被人骂得半死。）

（60）书分细人欸撕去□tsiəu^{24}烂。（书被小孩撕得粉碎。）

3）谓语动词后跟从各种形式的宾语，包括数量类准宾语，如例（49），再如：

（61）偓哋衫唔知几时分人烧一个窿。（我的衣服不知什么时候被人烧了一个洞。）

（62）佢常在分人喊癫鬼。（他经常被人叫疯子。）

（63）菜分牛踏撒几多。（菜被牛踩烂很多。）

（64）佢每只月都分人请七八趟。（他每个月都被人请去七八次。）

此外，在普通话"被"字句中，介词"被"字之前若已有副词或助动词充当的状语，谓语动词后可不必再出现助词、补语或宾语成分；但在永定话"分"字句中，不管"分"之前是否已有状语成分，谓语动词后仍需带助词、补语或宾语，如例（51）至例（54），"分"之前都有副词或助动词修饰语，但谓语动词后还是要附加一些成分，至少要带上某个语气助词，如例（53）。

三、"将""将把""拿₂"与处置句式

处置句是汉语很有特色的一种句式，无论在形式上还是内容上，都有区别于其他句式（如一般的动宾句）的一些特征。关于处置，王力认为，凡用助动词把目的位提到叙述词的前面，以表示一种处置者，叫作处置式。[①]稍后又说，处置式，就形式上说，它是用一个介词性的动词"把"字把宾语提到动词的前面；就意义上说，它的主要作用在于表示一种有目的的行为，一种处置。[②]在此，我们对处置采用比较宽泛的理解（包括致使），处置的语义可表述为"某一对象因动作而发生变化或产生某种结果、联系等"。

在永定客家话中，表处置的句子常常用一般的主谓句来表达，如，"门关转去（把门关上）｜碗洗净佢（把碗洗干净）"，这种句式没有明显的形式标志，处置义的获得主要凭借词义、语气或语境。当然，永定话也存在有标记的处置句，与无标记的处置句相比，有标记处置句一般都有强调处置的意味。

在现代汉语普通话中，表处置的标记多用"把""将"，也可用"拿"；在永定话中，表处置的标记主要有"将""将把"

[①] 王力《中国现代语法》，商务印书馆1985年，第87页。
[②] 王力《汉语史稿》，中华书局1980年，第410页。

"拿₂""得"("得"字处置式在相关章节中讨论),一般不单独用"把"作处置标记,这些有标记处置句,可用结构式"A+处置标记+B+C"来表达。

1."将"字处置句

"将"读作tsioŋ³³,作介词时,与普通话的用法相似,一是用于少数成语、熟语中,相当于"用;拿",如"将心比心、恩将仇报";二是用于介引受事,以表处置,这是介词"将"的主要功用。

1)"将"字是永定话中地道的,也是最常用的处置标记,相当于普通话的"把"字。普通话也有"将"字处置句,但主要用于书面语,口语中主要用"把"字句。在永定话的"将"字句中,标记"将"之前的成分A多由体词性词语充当,极少由谓词性词语构成。如:

(65)佢将䪨钱用撒欸。(他把你的钱用掉了。)

(66)成家人将这钱拿分你管。(全家人把这钱交给你管。)

(67)佢俩公婆将你扔分倨,就唔理欸。(他两夫妻把你扔给我,就不管了。)

(68)倨两下半就将细人欸哄好欸。(我一下子就把小孩哄好了。)

(69)佢装神弄鬼将大家都吓得半死。(她装神弄鬼把大家都吓得半死。)

2)与普通话处置式一样,"将"字介引的对象B一般是定指的,也就是对谈话双方来说,都是已知的、明确的人或物,如上例中的"你""大家""这钱"等,都是谈话双方确知的对象;但有时"将"字介引的对象并没有定指的特征。如:

(70)你将嘛个扔出去?(你把什么扔出去了?)

(71)为着这件事,佢将蛮都骂到□kaʔ²。(这了这件事,她把谁都骂了一通。)

上例中的"嘛个""蛮"都是疑问代词,无定指可言,可见,一般来说,"将"字介引的对象是定指的,但也有例外的情形。

3)同样,"将"字处置句中 C 的中心成分一般是具有处置意义的动作动词,但不能是单个的光杆动词,其前后常需有别的成分,如状语、补语、宾语、体貌助词等,或将动词构成重叠式,这些都起着完句的作用。中心动词后带补语的,如上例的"扔出去""吓得半死"等;C 中含状语、宾语、体貌成分、动词重叠式的,如:

(72)莫将𠊎得别侪比。(别把我跟别人比。)

(73)爱将佢当作你阿娓。(要把她当作你妈。)

(74)将门关倒。(把门关了。)

(75)将细人欸口lɛʔ⁵倒来。(抱着小孩。)

(76)你将手口zaʔ⁵口zaʔ⁵欸,𠊎就看得倒你。(你把手挥一挥,我就能看见你。)

在普通话中,"把"字句的补语在一定语境下可以省略,形成诸如"瞧把你累得丨看把你打得"这样的句式,永定话中没有类似的说法;但却有另一较特殊的句式,即在谓语部分 C 的末尾出现一个由代词"佢"充当的宾语,不过,这个宾语是虚假的,并无特指的对象,主要是起强调处置的作用,通常位于动结式或动词与体貌成分的组合之后,且多用于祈使句中。如:

(77)将佢打死佢!(把它打死!)

(78)将事情口mɛʔ²好佢。(把事情做好了。)

(79)将门关倒佢!(把门关了!)

此外,与普通话相同,作为状语的否定副词、助动词一般只位于"将"的前面,而不置于"将"后动词前。如:

(80)𠊎无将菜食成。(我没把菜吃光。)

(81)佢可能将你的东西拿走欸。(他可能把你的东西拿走

了。)

2. "将把"处置句

永定话还可"将""把"连用,一起表达处置义,这是很有特色的一种句法现象。语音上,"将把"读作"tsioŋ^{33}pa^{52}",分别与单字音相同;功能上,"将把"只用作介词,在处置句中介引受事。

与"将"字处置式相比,总的说来,"将把"处置式出现的频率较低,与其他词语的结合能力也较弱。因此,虽然在句法结构上"将把"句中 A、B、C 各部分的构成与"将"字句相同,但并不是所有的"将"字句都能换成"将把"句,如在上例(65)至例(81)中,只有部分可以换成"将把"句,但所有的"将把"句都可省略其中的"把",换成"将"字句。

究其原因,主要是由于两个处置标记连用,客观上有突出处置义的作用,而人们只有在需要的时候才这样说,一般情况下只需用一个处置标记来表达,因而,"将"字句的运用较为自由而广泛;另一方面,也正因为"将把"起强调的作用,所以,对句子的结构成分要求较高,比如,句中动词的处置性需更强,像表状态、心理之类的动词较少运用于"将把"句中,而且,"将把"句中介引的对象需比较明确,像疑问代词这样的非定指成分较少充任被介引的对象。此外,相对而言,"将把"句的结构比较简单,一般不用于较复杂的句子中。

3. "拿$_2$"字处置句

介词"拿"也可用于表依凭工具(见本章第二节),为了与此区别开来,表处置的"拿"记为"拿$_2$"。"拿$_2$"也读作la^{33},表处置时,与普通话的用法几乎相同,使用范围很窄,谓语部分限于与"当、没办法、怎么样、开玩笑"等相当的一些动词性词语。如:

(82)拿偓当细人欸,你以为偓还细啊?(拿我当小孩,你以为我还小啊?)

（83）真真拿细人欸无办法。（实在拿小孩没办法。）

（84）□kia^{52}你拿佢浪般办噢?（那你拿他怎么办呢?）

（85）莫拿倕作好欸！（别拿我开玩笑！）

由此可见，在永定客家话中，"将"是使用最广的处置标记，"将把"连用在于强调处置义，与"将"字相比，使用上较受限制，而"拿$_2$"（和下文讨论的"得"）都只能运用于一定的范围，有一定的句法格式，或对句法成分有一定的要求，这些不同的处置标记，丰富了方言的处置表达式。

四、各个介词的来源和语法化

本节所讨论的表比较、被动或处置的介词——"比、过、分、将、将把、拿$_2$"，有的沿袭于古汉语介词，有的来自方言内部的创新。

1）据蒋冀骋、吴福祥，"比"用于比较，从先秦至六朝都不鲜见，不过，当时还是个表"比较""比拟"的动词，唐代时，表"比较""比拟"义的动词"比"开始虚化，但用作介词的"比"还极少，至宋代，明确用作介词的"比"才有所增加，元明时期得以广泛使用，转引数例如下[①]：

月比日大，故缓。（《朱子语类辑略》卷一）

问："如此说，则是日比天行迟了一度，月比天行迟了十三度有奇。"（同上）

我念知这几日相思滋味，却元来比别离情更增十倍。（元杂剧《西厢记》四本三折）

永定客家方言的比较标记"比"和现代汉语一样，都承继于

[①] 蒋冀骋，吴福祥（1997:499-500）。

古代汉语的介词"比"。

2)"过"在中古至近代的汉语中也曾用于构成比较句,但现代汉语已基本不用了,只在一些方言中保留下来,且有一定程度的发展,如客家话、粤语。

李晓云认为,介词"过"表比较出现于魏晋之时,主要用在"形容词+过"这样的句式中[①];又据李讷、石毓智,唐宋时期,不仅"过"可介引比较者,"如""似"等也可介引比较的对象[②],如[③]:

虽为小物,耿介过人。(《世说新语·规箴》)

生廉追伯夷,直过史鱼,执心坚白。(《三国裴注·辛毗杨阜高堂隆传》)

木寺远于日,新诗高似云。(姚合《赠供奉僧次融》)

贫于杨子两三倍,老过荣公六七年。(白居易《送刘五司马赴任硖州兼寄崔使君》)

日是阳,如何反行得迟如月?(《朱子语类辑略》)

这一时期,表比较的介词"过""如""似"与"于"共存,但"过"的用例相对较少,元代以后,"过"基本消失,"于""如""似"也渐渐走向衰微。[④]到了现代,这些比较标记都被后来发展起来的介词"比"所取代,不再活跃于人们的口语交际之中。

那么,比较标记"过"在中古是如何产生的呢?我们认为,首先,动词"过"本有"超过"义,如《论语·公冶长》:"由也好勇过我,无所取材",而"过"作比较标记都是用于差比句

[①] 李晓云《"形容词+过"句式刍议》,《青海民族学院学报》2005年第1期。

[②] 李讷,石毓智《汉语比较句嬗变的动因》,《世界汉语教学》1998年第3期。

[③] 以下五例引自李晓云(2005)。

[④] 李讷,石毓智(1998)。

中，语义上相通,"过"有可能从"超过"义动词虚化为表差比的介词。语言类型学研究也表明,由"超过"义动词句发展为差比句,是世界语言差比句中比较常见的一种类型。①其次,据李讷、石毓智、马贝加的考察,汉语中最古老的比较标记是"于",其中,由"形+于+名"构成的比较格式从上古一直沿用至唐代,到宋代后才开始衰落②,如③:

复曰:"师少于我,斗士倍我。"(《左传·僖公 15 年》)

人固有一死,或重于泰山,或轻于鸿毛。(司马迁《报任少卿书》)

而"过"字差比句在结构上与此相同,以此推知,由于语言使用中的类推作用,出现了比较标记词更替的现象——以"过"代"于",从而产生了介引比较对象的介词"过"。④

3)"分"作被动标记在汉语史上找不到源头,应是方言内部发展起来的一个表被动的介词。

在永定客家话中,"分"可作动词和介词,介词用法如前文所言,作动词时,主要表达"给予"义,如"佢分俚几多钱(他给我很多钱)|佢分你盲有?(他给了你没有)"。据石毓智,在近代汉语中,"给予"义动词曾向被动标记演化,如元明时期的

---

① 张赪《从汉语比较句看历时演变与共时地理分布的关系》,《语文研究》2005 年第 1 期。
② 李讷,石毓智(1998);马贝加(2002:252)。
③ 此两例引自马贝加(2002:252)。
④ 关于"过"在汉语史上是否真正发展为比较标记(介词)有不同的看法,如张赪(2005)认为,唐代表"超过"义的"过"动词句曾向着差比句方向有一定程度的发展,但最终没有成熟起来,即"超过"义动词"过"没有真正虚化为表差比的介词"过"。但据李讷,石毓智(1998)的考察,"过"在古代有时可取代差比介词"于"的功能,"形+过"后还可出现数量结构,最典型的例子,如上文所举的"贫于杨子两三倍,老过荣公六七年",所以,我们认为,"过"在古代曾是一个比较标记,只是用例较少,使用时间也不长,现代客家方言、粤方言将其继承了下来,并扩大了使用的范围。

"把"作"把与"用时,也具有被动的用法,如"这明明是天赐我两个横财,不取了他的,倒把别人取了去?"(《杀狗劝夫》),但最典型的"给予"动词"给",直到清末才发展出被动用法,如"就是天也是给气运使唤着"(《儿女英雄传》第三回)。①

另外,从整个汉语方言来看,被动标记的词语来源主要有三类:"使令""给予"和"遭遇",其中"给予"义又最具优势②,可见,汉语有从"给予"义动词向被动标记演化的历史和趋向,这就为客家方言表"给予"的动词"分"向被动标记转化提供了条件。

另一方面,汉语从先秦起即存在被动句式,最早时采用"于"字后置式,如《左传·成公二年》:"郤克伤于矢",后来有"见/为"前置式,如《论语·子罕》:"不为酒困",汉代以后,"被"字逐渐取得了优势地位,成为沿用至今的主要被动标记。③

这样,"分"字被动句的形成又具备了句式上的基础,最后,客家方言用"分"来构成被动句式,体现了方言自身对被动标记词的选择取向。④

---

① 石毓智《被动式标记的语法化认知基础》,《民族语文》2005年第3期。
② 参见石毓智(2005)。
③ 何洪峰《试论汉语被动标记产生的语法动因》,《语言研究》2004年第4期。
④ 关于汉语方言被动标记词的来源,施其生(2000:157-159)也认为,汉语方言用于引进施事的介词大多由表示给予的动词虚化而来,且大多同时也可以引进接受者,但不同方言表示给予的动词却不一定来自古汉语的同一个词,语源不同的成分在不同的方言里不约而同地走了同样的演变路线,形成了很有趣的平行现象。施先生同时指出,汕头方言的"分"也有动、介用法,作动词时可表示"给予""容许",作介词时可用于引进接受者和施事者;并从汕头方言的事实出发,得出介引施事者的"分"来源于表"容许"义的动词"分",而介引接受者的"分"则从表"给予"义的动词"分"虚化而来。

4) 在汉语史上,"将"比"把"更早演化为处置介词,早在汉代时"将"就有了表处置的用法,而"把"则到唐代时才演化出处置的功能。[1]至于"将"字处置式的产生,何亚南认为,"将"兼具"移位"和"握持"义是"将"字处置式产生的语义基础,"将"字连动句的广泛运用则为其提供了句式来源;而"把"字作为动词,意义较为单纯,大多仅表"握持"义,与"将"相比,它不能引发人们移位的联想,因此,当"将"获得"握持"义并进入合适的句式时,就比"把"字更容易语法化为处置介词。[2]

另一处置介词"拿"的产生与"把""捉"有关,因"拿"与"把;捉"义相近,"把""捉"进入处置结构后,"拿"也就跟随着产生处置的用法。[3]据于红岩的考察,"拿"字用作处置介词始于元代,在徐沁君《新校元刊杂剧三十种》中出现了以下两例:

张千,你拿那老子高高的吊起!放下问事帘来,我问这老子!(《岳孔目借铁拐李还魂》第1折)

(正末唱)只他那粉壁低,水瓮小。拿他在当街里拷。(同上)

于认为,最初,"拿"字处置句产生于北方,明代在北方有一定的发展,但清代中叶又渐趋衰微;而在南方,明代发展较快,到清代末其发展超过了北方。[4]如今,现代汉语和方言中的"拿"字处置式,是对近代汉语"拿"字处置式的继承和发展。

所以说,永定客家方言的"将""拿$_2$"处置式均来源于古代汉语,但古代汉语和现代汉语还有一个常用的"把"字处置式,

---

[1] 参见马贝加(2002:228—232)。
[2] 何亚南《汉语处置式探源》,《南京师大学报》2001年第5期。
[3] 参见马贝加(2002:234)。
[4] 于红岩《浅析"拿"字处置式》,《语文研究》2001年第3期。

在地道的永定话中则很少使用，而产生另一变式用法，即"将""把"连用，由此形成了特有的"将把"处置式，用于突出强调处置义。

第五节　介词"在"与"到"的语义功能及语源关系

与普通话或其他方言相比，永定客家方言的"在 tsʰuei³³""到 tou⁵²"各有独特的表现形式和语义功能。在这一节里，主要考察永定客家方言介词"在""到"的语义功能，分析两者的用法差异，同时，与普通话的"在"和"到"做个比较，并略论永定话中介词"到"的性质、来源等问题。

一、介词"在"的语义功能和语法化

1. 普通话"在"的语义功能

普通话"在"作介词时，能跟时间、处所、方位等词语组合，构成的"在"字介词结构（以下介词结构可用"介＋NP"表示，NP 指代体词性成分）既可置于谓词或主语前作状语，也可放在动词后作补语，具体说来，可表达如下几种语义功能①：

1）表示时间。指一般动作发生的时间，"在＋NP"放在谓词或主语前，如"专车在下午三点半到达｜在当时，问题还不严重"；指出现、消失以及某些不明显的动作发生的时间，"在＋NP"位于动词后，如"生在一八九九年｜时间定在后天上午｜参

---

① 参见吕叔湘《现代汉语八百词》（1999：645-647），例句也引自该书，作为与永定话介词"在""到"比较的依据。

观改在星期四"。

2）表示处所。主要指动作发生或事物存在的处所,"在＋NP"位于谓词或主语前,如"在高空飞翔｜养蚕在南方很普遍｜在休息室里,大家谈得很高兴";指出生、产生、居留等处所,"在＋NP"可放在动词前或后,如"在广东生长｜在老张家里发生了一件事｜出生在北京｜住在东城";表示动作到达的处所,"在＋NP"放在动词之后,如"掉在地上｜一枪打在马肚子上｜平躺在床上"。

3）表示范围。"在＋NP"可用在谓词或主语前,也可用在动词之后,如"他在学习上很努力｜室温保持在二十四到二十六度之间"。

4）表示条件。构成"在＋动名词短语＋下"格式,放在动词或主语前,如"在大家的帮助下,小周的进步很快"。

5）表示行为的主体,如"这种生活在他已经十分习惯了｜在我看来,问题不难解决"。

2. 永定话"在"的语义功能

与普通话的介词"在"相比,永定话的介词"在"语义功能较少,使用范围较窄,不能用于表示范围、条件或行为的主体,有时可用于表示时间,但主要是用于表示处所。

1）"在"表示事件发生的时间时,一般不跟具体的时间词语组合,多与"甲上时（那时候）、以前……时节"等表示过去的时间词语组合。如:

（1）在甲上时,大家饭都无来食,还会读书。（在那时候,大家饭都没得吃,哪还有书读。）

（2）这病要是在以前,早竟无医欸。（这病要是在以前,早就没治了。）

（3）俚在屋下吔时节做过农事。（我在老家的时候干过农活。）

(4) 这电影佢在广州读书时看过。(这电影他在广州读书时看过。)

2)"在"表示处所时,也只能表示动作发生或事物存在以及出生、产生、居留等处所,不能用来表示动作达到的处所,而且,"在+NP"介词结构一般只放在谓词之前。表示动作发生或事物存在处所,如:

(5) 佢在路项捡倒十块钱。(我在路上捡到十元钱。)

(6) 几多人在操场打球。(很多人在操场上打球。)

(7) 你无在这上背写清楚吔话,到时有得吵。(你如果没在这上面写清楚,到时会发生争吵。)

(8) 这东西在俺甲欻到处都係。(这东西在咱那儿到处都是。)

(9) 这种树在佢屋下几多。(这种树在我老家很多。)

(10) 佢自家在房间嬲得几好,你莫去弄佢。(他自个儿在屋里玩得很好,你别去惹他。)

表示出生、产生、居留等处所,如:

(11) 佢老妹在城项出世吔。(我妹妹是在城里出生的。)

(12) 这种草药在田头田尾看得倒。(这种草药在田头田尾可以找到。)

(13) 甲个人在农村大吔,唔使讲识得这。(那个人是在农村长大的,当然懂得这个。)

(14) 佢登登在大子屋下住。(他经常在大儿子家里住。)

只有表示居住地时,"在+NP"结构有时才可放在动词之后,如:

(15) 佢住在东片,俺住在西片。(他住在东边,我住在西边。)

另外,"在"表示处所时,经常和持续体助词"倒"共现,组合成"在+NP+V+倒"结构。如:

（16）倨看好多车在路项排倒。（我看很多车在路上停着。）

（17）蕃薯在镬头下放倒，爱食自家竟□kʰaʔ⁵。（红薯在锅里放着，要吃自己随便拿。）

（18）佢就日日在床项眠倒。（她就天天在床上躺着。）

3. "在"的语法化

在普通话中，"在"除了有以上的介词用法外，还有动词和副词用法。作动词时，"在"具有以下三个义项：① 存在；② 人和事物存在的处所、位置；③ 在于，决定于；作副词时，用在动词之前表示动作的进行，是一个进行体标记。[①]作动词、介词和副词的"在"语音形式都相同，语义和用法上也紧密相关，体现了一个虚化的过程——从动词"在"引申出介词"在"，再由此虚化为体副词"在"，词汇意义越来越虚，语法化程度越来越高。

同样，永定客家方言的"在"除了作介词外，也可用作动词，语音形式也都是 tsʰuei³³，但并没有像普通话那样发展出一个独立的体副词"在"。在永定客家方言中，"在"必须和处所词"甲欸/这欸"组合在一起，但语义上发生了一定程度的虚化——由纯介词结构演变为凝固式的副词（或称"准副词"），"在甲欸/这欸"置于动词之前，用以表示动作行为或情况在持续或进行（详见相关章节）。可见，虽然普通话的"在"也未彻底实现"处所动词>处所介词>体标记（体助词）"这样一个语法化过程[②]，但与永定客家方言的"在"比起来，语法化程度更高些。

[①] 参见吕叔湘（1999：645）。

[②] 高增霞《处所动词、处所介词和未完成体标记——体标记"在"和"着"语法化的类型学研究》，《中国社会科学院研究生院学报》2005年第4期。

二、介词"到"的语义功能

从前文可看出,普通话介词"在"所具有的许多语义功能,永定客家方言的介词"在"都不具备;那么,遇到那些普通话用介词"在"来表达的说法时,永定话是如何表达的呢?调查的结果显示:永定话或者无需用任何介词,直接用适当的句法结构表示;或者用另一介词"到"来表达。

在永定客家方言中,介词"到"的语义功能并不少于介词"在",且可与普通话介词"在"的部分用法对应,用于表示时间、处所和范围,但也不用于表示条件或行为的主体等。

1)"到"表示时间时,使用上不是很自由,一般不能用来指动作发生的时间,多是指安排、决定、改变等时间,而且"到+NP"介词结构只能位于动词之后。如:

(19)开学叽时间定到九月一号。(开学的时间定在九月一号。)

(20)讨生婢叽日欸定到国庆节。(娶媳妇的日子定在国庆节。)

(21)开会改到天光日。(开会改在明天。)

(22)这事放到以后正讲。(这事以后再说。)

(23)你调动叽事最好安排到六月份来办。(你调动的事最好安排在六月份办。)

2)"到"表示处所时,不能用于指动作发生、事物存在、出生、产生等处所,只能用于指动作达到(并持续下去)的处所或居住地,"到+NP"也只能置于动词之后。如:

(24)你叽荷包跌到地下欸。(你的钱包掉在地上了。)

(25)分人一枪打到肚屎项。(被人一枪打在肚子上。)

(26)俚叽书包先放到你这欸。(我的书包先放在你这儿。)

(27)佢就直坐到床项,唔睡。(她就一直坐在床上,不睡觉。)

（28）新写嘅对联挂到门项。（新写的对联挂在门上。）

（29）甲家人住到河对面。（那家人住在河对面。）

3)"到"有时可表示范围,"到+NP"介词结构也只能位于动词之后。如：

（30）你爱控制到 130 斤左右，唔□mou[52] 忒肥欸。（你要控制在 130 斤左右，不要太胖了。）

（31）温度保持到 20 度最合适。（温度保持在 20 度最合适。）

（32）这墙大概 1 米到 2 米高。（这墙大约 1 米到 2 米高。）

三、介词"到"与"在"的比较

据以上"在""到"的表现看，两者在具体用法上存在许多差异，若比照普通话介词"在"的语义功能，则会发现：

1）虽然永定客家方言的介词"在""到"都不能用于表示条件或行为的主体，但在普通话介词"在"所表达的时间、处所和范围方面，永定话的"在""到"却大致呈互补分布。如表 1-2 所示。

表 1-2

介词	语义功能											
	时间			处所						范围	条件	主体
	发生	安排	改变	发生	存在	出生	产生	居住	到达			
普通话"在"	+	+	+	+	+	+	+	+	+	+	+	+
永定话"在"	+	-	-	+	+	+	+	+	-	-	-	-
永定话"到"	-	+	+	-	-	-	-	-	+	+	-	-

2）在永定话内部，介词"在"和"到"都可表示时间、处所，但具体的所指不同，如同是表处所，"在"用于指动作发生、事物存在或出生、产生等处所，"到"则表示动作到达的处所；而且两类介词结构的句法位置也不相同，也呈互补分布——"在+NP"放在动词之前，"到+NP"放在动词之后，试比较：

在	到
a 在地下跳	a′ 跳到地下
b 在凳项坐	b′ 坐到凳项

这两组结构中的"在""到"都可译成普通话的介词"在"，但语义上稍有不同，如 a 意思是"跳"这一动作发生在"地上"，且"跳"的动作还在持续，而 a′ 是指"跳"这一动作的终点落在"地上"，且就此停住；同理，b 指"坐"这一动作在"凳子上"持续，而 b′ 指"坐"这一动作的终点落在"凳子上"，且就此停住。

此外，同是表达居住的处所，"在+NP"介词结构既可放在动词之前，也可放在动词之后，如例（14）、例（15），而"到+NP"只能置于动词之后，如例（29）；但在表达居住地这一点上，"V+在+NP""在+NP+V"与"V+到+NP"三者在语义上基本无别。

四、"到"的性质、语源分析

1. 关于普通话的"到"

关于普通话中的"到"，当句中无其他谓语中心且处于体词性成分前时，一般看作是动词或趋向动词，这点没有疑问；但当处于谓词之后时，"到"的归属则存有争议。

这类谓词后的"到",吕叔湘[①]、朱德熙[②]等看成是作补语成分的动词,认为"V/A+到"是述补结构,其后可带处所宾语、时间宾语、普通名词宾语或谓词性宾语等。李晓琪则将"V+到"结构分为两类:如果"到"属前,就和前面的动词构成述补结构,"到"是动词;如果"到"属后,就和后面的词语组成介词结构,"到"是介词。[③]尤其当"V+到"后带的是处所词语(L)时,分歧的观点就更多了,据郭熙的归纳,如有以下这些观点:"'到'是介词或次动词,'到L'是V的补语;'到'是助词,附着在V上,然后和后面的L构成动宾关系;'到'是词尾、体标记等"。[④]就"到"的性质问题,施其生也曾表明过他的看法[⑤],认为:"到"及其后附的体词性成分如果位于动词之前,"到"肯定是介词;如果位于动词之后,则存在两种情况——若"到"后可以加体标记"了",则"到"可以称作准动词,若"到"后不能加体标记"了",语义功能又与介词基本相同,这个"到"可以叫作准介词。施先生也说,动词虚化为介词的特点是:动词前的虚化得快,介词后的虚化得慢;所以,"在""到""给"放在动词后,属于动词虚化为介词的中间状态。

我们赞同施先生等人的观点,对于普通话谓词后"到"的性质,应作具体的分析,不能一概而论,一律认定为是动词或是介词,或是其他语言成分。同时,我们也认为,普通话谓词后的"到"应分为两类:一类仍属动词,是述补结构中的补语成分,如"好容易走到了│他回到了家乡│你快点赶到我家里来";一类是处于虚化中的介词(或称准介词),如"他一直把我送到村

[①] 吕叔湘(1999:151-152)。
[②] 朱德熙《语法讲义》,商务印书馆1982年,第130-131页。
[③] 李晓琪《说说动词"到"》,《汉语学习》1982年第1期。
[④] 郭熙《语言与语言研究论稿》,浙江大学出版社1987年,第56页。
[⑤] 施先生在授课时提过这样的观点。

口｜等到明年暑假我再来看你｜找到天亮还没有找着李强"。后一类"到"多出现于时间或处所词语前，而之所以称其为准介词，是因为尽管"到"的动词义已有所弱化，语义上接近于普通话表动作到达处所的"在"，如，"跳在水里｜掉在地上｜平躺在床上"[①]这几个结构中的"在"都可换成"到"，但又有细微的差别，"到"的"趋向；位移"义更加明显。可见，"到"尚未完全虚化为介词，正处于虚化的状态中，称为准介词更恰当些。

2. 永定客家方言"到"的性质和语源关系

在本书的相关章节中，讨论了永定客家方言"到"和"倒"的读音、本字和来源问题，大致的内容是：在永定话中，因"到"和"倒"完全同音，都读作 tou^{52}，而 tou^{52} 这一语音形式可兼作结果补语、能性补语、持续体标记和补语标记，所以，导致了这些语言成分的本字不明；通过与周边其他方言的比较，并考察"到""倒"在汉语史上的使用情形，初步确定了永定客家方言作结果补语、能性补语和持续体标记的"tou^{52}"应写作"倒"；补语标记"tou^{52}"则倾向于写作"到"，但这些最初都来源于动词"到"的语法化。

这里，又遇到了同样的问题——作介词的 tou^{52} 应写作"到"还是"倒"？来源于什么？我们认为应写作"到"，而且也是来源于动词"到"的语法化。

首先，看邻近客家方言的表现情况。据调查，在周边的客家方言中，未见有用"倒"作介词的，如在上杭、武平、大埔客家话[②]中，谓词后与普通话"在"相当的介词都用"啊"，如"我看见他躺在床上｜有一个人坐在那儿｜别站在那儿"这几句话中的"在"，上杭、武平、大埔客家话都用"啊"来表示。长汀客家话

[①] 这段话的普通话例句摘自《现代汉语八百词》（吕叔湘 1999:151-152、646）

[②] 何耿镛《客家方言语法研究》，厦门大学出版社 1993 年，第 26 页。

的介词"在"可放在谓词前,也可放在谓词后,如"一手都系泥又□poŋ³³在身项(一手都是泥又擦在身上)｜囥在壁橱咧咧(藏在壁橱里了)"。① 据项梦冰,在连城客家话"VP+着+NP"结构中,"着"相当于普通话的"在",如"放着桌上｜挂着墙上｜字写着黑板上"。② "到"放在谓词后作介词的,目前笔者仅发现宁化客家方言有这种用法,如"一滴滴事佢抵会揞到腹里(一丁点的事他都藏在心里)｜射到树上嗻凿系箭(射在树杆上的原来是箭)"。③尽管如此,毕竟是客家方言"到"用作介词的一个有力证据。

其次,"到"在谓词后作介词也不是客家方言所独有,据郭熙的考察,在北京话里,"放到桌子上｜坐到椅子上"可以写成"放在桌子上｜坐在椅子上",其中,"到""在"可以互换,而且都读作 tə⁰⁴;虽然郭先生在文中未断定"在""到"是一个语素的两个变体,还是两个不同的语素,但至少说明北京话中动词后的"到"也可用作介词。

第三,如前所言,永定客家方言用作结果补语、能性补语、持续体标记的语言成分虽在形式上可写作"倒",但和补语标记"到"一样,源头都是动词"到",因此,从语义功能的相关性看,介词"到"应具有相同的来源。而且,由动词"到"引申出介词"到"不仅有语义的基础,还有合适的句法环境,从上述普通话"到"的表现就可看出"到"的虚化轨迹。

所以,我们认为,永定话的介词"到"也是从表"到达"义的动词"到"虚化而来的,并且,这种虚化很可能始于"到+处

---

① 蓝小玲《闽西客家方言》,厦门大学出版社 1999 年,第 236-237 页。
② 项梦冰《连城方言的介词"着"》,《中国东南部方言比较研究丛书(第五辑)——介词》,暨南大学出版社 2000 年,第 187-188 页。
③ 张桃《宁化客家方言语法研究》,厦门大学博士学位论文 2004 年,第 125 页。
④ 郭熙《"放到桌子上""放在桌子上""放桌子上"》,《中国语文》1986 年第 1 期。

所词语"这类结构。因为,如果"到+处所词语"之前没有出现其他作谓语中心的动词,"到"无疑是句子的核心动词,如果其前出现了另一动词而组成"V+到+处所词语"结构,语义中心就开始发生偏移,义核由"到"移至 V,"到"的语义也开始虚化;另一方面,"到"的语义虚化程度也与 V 有一定的关系,如果 V 是具有"持续"义的动词,如"坐、躺、站、放、挂"等,"到"就更容易向表处所的介词演变;然后,"到"又由介引处所扩展到介引时间或范围。

可见,永定客家方言的"到"比普通话的"到"虚化程度更高,在"V+到"结构中,普通话的"到"最多只能算作准介词,而永定话的"到"可看作是一个纯粹的介词。这点从两者的比较也可说明,如在上述引例中,永定话的"到"有相当于普通话介词"在"的部分功能,"V+到"可以转换成普通话的"V+在";而且,凭本地人的语感,有些"V+到"在语义上完全与"V+在"相同,如"坐到凳项",就是"坐在凳子上"的意思。

第二章 副 词

副词是主要用来修饰、限制动词或形容词,以说明动作行为或性质状态所涉及的范围、时间、程度、频率、肯否等情况的一类词。副词的基本语法功能是充任状语,有的可以作补语,一般不能单独回答问题,也不受其他词类的修饰。

尽管副词的句法功能相对单一,但由于一些常用副词使用频率很高,用法丰富多样,而且内部各成员在组配方式、语法意义、语义指向、语用特点、篇章特征等方面都有显著的差异,以致副词一直是汉语中争议最多的一类词,就连范围、数目、分类等这样的基本问题也还未取得十分一致的意见。[1]如张亚军,吕叔湘《现代汉语八百词》(1999)收副词 210 个,景士俊《现代汉语虚词》(1980)收副词 348 个,北大中文系《现代汉语虚词例释》(1982)收副词 466 个,陆俭明、马真《现代汉语虚词散论》(1985)认为现代汉语副词有 500 多个,大概不会超过 600 个;张谊生则从宽界定,得出现代汉语副词总共在一千个左右。[2]在分类上也有各家的看法,如黄伯荣,廖序东《现代汉语》(1991)将副词分为 6 类,吕叔湘《现代汉语八百词》(1999)则分为八类,赵元任《汉语口语语法》(2001)共分九类。[3]

目前,对副词的确定比较倾向于以句法功能为依据,以所表

---

[1] 张谊生《现代汉语副词研究》,学林出版社 2000 年,第 3 页。
[2] 张亚军《副词与限定描状功能》,安徽教育出版社 2002 年,第 41-42 页。
[3] 参考张亚军(2002:43)。

意义为基础,并且经过多方的探讨,也有了一些区分副词与较易产生纠葛的形容词、时间名词、连词、助动词、代词等的原则和标准①,这些为方言副词的研究提供了借鉴。

第一节 永定客家方言的副词体系

综合参照现代汉语副词的界定和分类,根据本方言的特点,将永定客家方言的副词分为八类——程度副词、范围副词、时间副词、频度副词、否定副词、体貌副词、情状副词和语气副词;在各类成员的认定方面,原则上排除边界模糊的对象,只着重考察普遍认可为副词的成分,一些不能单独使用的副词性构词成分②也不在讨论之列。

本书先将永定客家方言的副词与普通话的同类副词进行比较,从而把每类副词分成三组:第一组,形式和语义功能与普通话基本相同;第二组,形式上与普通话稍微有异,但语义功能基本相同;第三组,方言特色副词。对于第一组副词只列出词目,第二组也只标注出与普通话对应的形式,不拟讨论;仅重点描写和分析第三组——方言特色副词。

现将各类副词列如表 2-1、表 2-2 所示(其中否定和体貌两类没有与普通话对应的成分)。

---

① 张谊生(2000:10)。
② 客家话有一些单音节或双音节成分仅位于单音节形容词之前,表达一种高程度的语义,如以下划线的成分:<u>滴</u>苦、<u>巴</u>粗、<u>寡</u>瘦、<u>娃</u>光、<u>碌</u>滑、<u>扒</u>白、<u>掷</u>紧、<u>律</u>乌、<u>笔</u>溜直、<u>蓬</u>之臭、<u>□kaʔ⁵</u>之衰、<u>寡</u>之瘦(见"状态词标记"一节)。有些人将此类成分归入程度副词,我们认为,这些成分不能独立使用,每个成分都只能修饰个别的形容词,因此不能算是一个独立的程度副词,只能看作副词性的构词成分。

表 2-1 永定客家方言的副词

副词类别	形式和语义功能与普通话基本相同的副词	形式与普通话稍异而用法基本相同的副词
程度副词	最、更、更加、越、比较、稍微、多少、多多少少、太、过于、很、非常、相当、十分、够、大、还、特别、足足、死	有滴/有滴欸（有点儿）、有兜/有兜欸（有些）
范围副词	都$_1$、全部、最多、最少、至少、一律、通通、一共、总共、单单、唯独、就$_1$、另外、起码、大致	唔止（不止）、大概数（大概）、大约莫（大约）
时间副词	刚、刚刚、已经、都$_2$、早、就$_2$、马上、回头、原先、一时、一直、永远、从来、随时、时时、起先、原来、早早、先、始终	平常时（平时）
频度副词	又、再、再三、还、久久、经常	常在（经常）、有时节（有时）
情状副词	亲自、互相、特地、赶紧、亲口、顺口、随口、一手、亲手、顺手、随手、一心、有意、存心、无心、随意、顺便、随便、尽量、当众、当面、当场、照样、大力、偷偷、白、白白	尽力量（尽力）、突然间（突然）
语气副词	到底、偏偏、索性、就$_3$、就要、难怪、反正、何必、明明、倒、确实、当然、自然、还、实在、大概、总算、似乎、好像、千万、一定、根本、本来、原来、肯定、毕竟	还係（还是）、横直（横竖）、顶好（最好）

表 2-2 永定客家方言副词

副词类别	方言特色副词
程度副词	差唔多、傲蛮欸、竟$_1$、越是、越者、加至、可、忒、忒过、第一、好、几、尽$_1$
范围副词	全旁、成下、作下、尽下、一总伙、乍下、打秋、作伙、一下、同下、共下、正$_1$、净净
时间副词	堵堵$_1$、堵堵好、刚刚好、恰恰（好）、随尾、连边、一向来、一柳来、一律来、盲得时、浪得时、永再世、正$_2$、竟$_2$、登时、暗暗
频度副词	登登、捡兜、□taʔ⁵□taʔ⁵、罕得、罕罕（欸）、略略欸、久不久、时唔时、下把时、密密（欸）、各、再各
情状副词	死死$_1$、尽命、佮命、佮死命、一下手、两下半、绑绑、乱乱、专工、直直、绑直、顺舍、舍$_1$、枉、挑挑、挑公、尽$_2$、竟$_3$、凑、凑□mian⁵²、浪省
体貌副词	（在）这欸、（在）甲欸、（一）直、竟$_4$
语气副词	敢敢、死死$_2$、浪般、硬硬、生死、稳定、总係、係、真正、舍$_2$、木真、佮本、限事、真真、正经、正$_3$、争滴欸、堵堵$_2$、将盲、将问、敢、敢怕、敢係
否定副词	唔、无、莫、盲、盲有、盲连、盲前、唔前、唔连、盲呛、唔试

第二节 程度、范围副词

一、程度副词

差唔多、傲蛮欹、竟₁、越是、越者、加至、可、忒、忒过、第一、好、几、尽₁。

王力曾把程度副词分为绝对程度副词和相对程度副词两大类,认为"凡无所比较,但泛言程度者,叫绝对的程度副词","凡有所比较者,叫作相对的程度副词"。① 而程度副词作为被修饰词的量性特征标记,两大类内部又各有量级的差别,还可进行从极量、高量、中量到低量的下位划分。② 据此,如果对以上 13 个方言特色程度副词作一个层级的分类,可得到如表 2-3 所示分类序列表。

表 2-3 程度副词分类序列表

类别	极量	高量	中量	低量
绝对	忒、忒过	好、几、尽₁	傲蛮欹	—
相对	第一	竟₁、可、越是、越者、加至	差唔多	—

1. 差唔多 $ts^h aŋ^{33} en^{33} tou^{33}$

"差唔多"与普通话的"差不多"一样,是一个形、副兼类词,但语义功能比"差不多"丰富,如用作形容词时,还含有"不错;还可以"的意思,常受程度副词"好"的修饰,"好+

---

① 王力《中国现代语法》,商务印书馆 1985 年,第 131-132 页。
② 蔺璜,郭姝慧《程度副词的范围特点与分类》,《山西大学学报》2003 年第 4 期。

差唔多"组合后相当于"很不错",如"这个人哋手路好差唔多(这个人的手艺很不错)""这件衫看起来好差唔多(这件衣服看起来很不错)"。作副词时,与普通话的"差不多"[①]有些不同,可表示接近于某一程度,大致相当于中量级的程度副词。

1)"差唔多"修饰动词性词语 VP 时,如果"差唔多+VP"属于谓语部分,"差唔多"则作状语。如:

(1)𠊎差唔多食饱欸。(我差不多饱了。)

(2)田项哋禾都差唔多炙死欸。(田里的稻子都快晒死了。)

(3)细人欸差唔多会行欸。(小孩差不多会走路了。)

如果"差唔多+VP"作补语成分,这时"差唔多"是补语的一部分,若称 VP 为补语中心,"差唔多"则是补语中心前的修饰语;补语标记常用"去",不用"得"。如:

(4)佢分人打去差唔多会死撒欸。(他被人打得快要死了。)

(5)这菜日日食,食去差唔多都会呕欸。(这菜天天吃,吃得快要吐了。)

(6)𠊎等佢等去差唔多会发火欸,佢正来。(我等她等得快要发火了,她才来。)

2)"差唔多"修饰形容词性词语 AP(一般是性质形容词)时,句法功能与修饰动词性词语时一样,也是如果 AP 是谓语或补语中心,"差唔多"则作状语或补语中心前的修饰语。作状语,如:

(7)这座房差唔多新。(大意:这栋楼还算新。)

[①] 与普通话的"差不多"相似,"差唔多"也可表示"相差很少;接近"之意,也可出现于表比较的结构或用于修饰数量(名)成分,如"两兄弟差唔多高(两兄弟差不多高)""满女都差唔多八岁欸(最小的女儿也差不多八岁了)",但这里主要讨论"差唔多"作为程度副词的特殊功用。

(8) 佢差唔多老实。(他比较老实。)

(9) 这箱欸差唔多重。(这箱子不算很重。)

作补语中心前的修饰语时,补语标记多用"得",而少用"去"。如:

(10) 甲座楼做得差唔多好。(大意:那栋楼盖得还可以。)

(11) 这布剪得差唔多齐。(大意:这布剪得还比较齐。)

(12) 骨头煨得差唔多烂。(大意:骨头炖得比较烂。)

2. 傲蛮欸 $au^{52}man^{24}ei^{21}$

"傲蛮欸"也是个形、副兼类词,作形容词时,意思是"不错;还可以",能充当谓语中心或补语;作副词时,表示处于中等或稍高的程度,用法与"差唔多"相似。

1) 用于修饰动词性词语 VP,VP 多是"V+得"结构,是谓语中心,"傲蛮欸"则作状语。如:

(13) 这糖粄傲蛮欸食得。(大意:这年糕吃起来还可以。)

(14) 昨日吥电影傲蛮欸看得。(大意:昨天的电影还比较好看。)

(15) 偓子欸傲蛮欸会读书。(大意:我儿子读书还不错。)

2) 用于修饰形容词性词语 AP(一般也是性质形容词)时,AP 也可作谓语或补语中心,"傲蛮欸"则是状语或补语中心前的修饰成分。作状语,如:

(16) 佢编吥索麻傲蛮欸壮。(大意:他做的麻绳还有点儿结实。)

(17) 偓细女傲蛮欸聪明。(我小女儿还有点儿聪明。)

(18) 新生婢傲蛮欸勤力发狠。(大意:新媳妇还算勤劳肯干。)

作补语中心前的修饰成分,如:

(19) 佢两个女都生得傲蛮欸高大。(她两个女儿都长得有点儿高大。)

（20）这字写得傲蛮欸靓。（这字写得还可以。）

（21）公路开得傲蛮欸阔。（公路修得还比较宽。）

3）"傲蛮欸"与"差唔多"有以下几点不同：其一，虽然在程度上两者都处于中量层级，但感觉上"傲蛮欸"比"差唔多"略高一点；其二，附加色彩义方面"差唔多"倾向于中性，"傲蛮欸"则偏向于褒义；其三，"傲蛮欸"的使用相对较窄，修饰动词性词语时不能充当补语中心前的修饰语。

3. 竟$_1$ ken^{52}

"竟$_1$"语义上相当于"越"，表示一种程度的变化。

1）用于"竟A竟B"结构中，表示程度上B随A的变化而变化。如：

（22）咹客气，□ka^{52}竟食竟有啊！（这么客气，祝你越来越富有！）

（23）自家哋老婆竟看竟好看。（自己的老婆越看越好看。）

（24）这件事倷竟想竟想笑。（这件事我越想越想笑。）

有时，在"竟A"与"竟B"之间可插入别的成分。如：

（25）这东西竟食肚屎竟饥。（这东西越吃，肚子越饿。）

（26）莫想佢，竟想□mei^{33}会竟伤心。（别想它，越想就会越伤心。）

2）也可构成"竟来竟……"格式，表示程度随时间的推移而变化。如：

（27）事情竟来竟复杂欸。（事情越来越复杂了。）

（28）目珠竟来竟望唔清楚欸。（眼睛越来越看不清楚了。）

（29）日欸一长，就竟来竟想屋下欸。（时间长了，就越来越想家了。）

3）有时两个"竟A竟B"或"竟来竟……"连续出现，有对比或强调等作用。如：

（30）人大家竟过竟好，你□mei^{33}竟过竟穷。（人家越过越好,你却越过越穷。)

(31)偓让佢,佢就竟讲竟爱,竟讲竟爱欸。(我让着他,他就越说越来劲,越说越来劲了。)

(32)细妹欸就会竟来竟正扮,唔会竟来竟歪。(女孩子只会越来越漂亮,不会越来越丑。)

4)受普通话的影响,永定客家话也用"越"表示这种程度上的变化,但"竟₁"是地道的方言词;而且,在客家话中"越"的使用范围较窄,许多用"竟₁"的地方不能用"越"来替换。至于"竟₁"的用法内部,在"竟 A 竟 B"结构中,A、B多是单个的动词或形容词,而在"竟来竟……"格式中,第二个"竟"后的成分较自由,可以是比较复杂的谓词性词语。

4. 越是 viɛʔ⁵sə²¹

1)"越是"意即"更加",可单用一个"越是"来组句,多表示与以前相比现在程度提高了。如:

(33)以前无去,□kia³³ 越是唔想去欸。(以前没去,现在更加不想去了。)

(34)结婚前竟无感情,□kia³³ 越是冷淡。(结婚前就没感情,现在更是冷淡了。)

(35)两个人本来就好,□kia³³ 越是好欸。(两个人本来就要好,现在更是要好了。)

2)更多时候是以"越是 A 越是 B"的形式出现,表示 B 的程度随 A 的变化而发生变化。如:

(36)越是无钱嘅人,越是大方。(越是没钱的人,越是大方。)

(37)偓越是讨厌佢,佢就越是爱藤偓。(我越讨厌他,他越喜欢跟着我。)

(38)你越是怕,越是考唔好。(你越怕,越考不好。)

3)普通话中也有"越是"的说法,但不如客家话用得普遍。

"越是"与"越""竟₁"相比,用法上有些差异:"越""竟₁"一般不单用,"越是"可以单用;同是并列结构,"竟 A 竟 B"中A、B 的成分多较简单,而在"越是 A 越是 B"中的 A、B 可以是比较复杂的结构;此外,"越是"的语气比"越""竟₁"更强。

5. 越者 viɛʔ⁵zə⁵²

"越者"也表示程度进一步增加,单用时与"越是"基本相同,如上例(33)至例(35)的"越是"均可换成"越者";但并列形式有点不同:"越者"很少用"越者 A 越者 B"格式,多采用"越 A 越者 B"结构,且并列成分的主语一般不能相同。如:

(39)你越讲佢,佢越者唔听你哋话。(你越说他,他越不听你的话。)

(40)大人越纵容,细人欸越者风神。(大人越纵容,小孩就越神气。)

(41)越多人反对,佢越者爱咹样做。(越多人反对,他越要这样做。)

6. 加至 ka³³zə⁵²

"加至"也主要用于表程度提高,但只能单用,不能构成并列式。如:

(42)为着细人欸读书,佢加至发狠。(为了让小孩读书,他更加勤苦。)

(43)人家看唔起俺,俺加至爱做好分人望喔,莫分人看衰!(人家看不起咱,咱更是要做好了让人看,别被人瞧不起!)

(44)从甲以后,佢加至唔喜欢转屋下欸。(从那以后,他更加不喜欢回家了。)

(45)人家本来就唔想你去,你得人咹样讲,□ka⁵²□mei³³加至惨。(人家本来就不想让你去,你这样跟人家说,那不更糟嘛。)

从上可见,"越是""越者""加至"三个程度副词的语义基本相同,都用于强调程度更高,但用法上有稍许差异,且"越者"和"加至"的使用频率较低。

7. 可 k^hou^{52}

"可"是客家方言一个十分常用的程度副词,相当于"更",专用于比较,表达程度的增加。

1)用于修饰动语性词语。如:

(46)细人欸大欸,可识得性欸。(孩子大了,更懂事了。)

(47)佢女欸可会行路欸。(我女儿更会走路了。)

(48)佢可爱大女,佢爷欸可爱细女。(我更疼大女儿,她父亲更疼小女儿。)

2)用于修饰形容词性词语。如:

(49)佢比以前可肥欸。(她比以前更胖了。)

(50)佢阿婆吔背可无咹直欸。(我奶奶的背没那么直了。)

(51)得城项比,佢当然可唔甘愿去农村。(与城里相比,她当然更不乐意去农村。)

"可"修饰形容词而组成的偏正结构也能出现在补语成分中。如:

(52)□kia^{33} 路几阔,车可以开得可□kia^{21} 欸。(现在路很宽,车子可以开得更快了。)

(53)病可好欸,食得可多欸。(病好些了,吃得更多了。)

8. 忒 $t^hiɛʔ^2$ / 忒过 $t^hiɛʔ^2 kou^{52}$

"忒"相当于"太;过于",表示程度过了头,多用于表达贬抑或消极的语义。

1)在句中常修饰单音节或双音节的性质形容词。如:

(54)这鞋忒细,佢着唔入。(这鞋子太小,我穿不进去。)

(55)做人唔□mou^{52} 忒老实。(人不能太老实了。)

(56)你忒安乐欸,正会无事□ts^hen^{24} 事做。(你是太清闲了，才会没事找事干。）

2）也用于修饰动词性词语，但一般不作单个动词的修饰成分。如：

（57）你忒相信佢欸，分佢骗还唔知收。（你太相信他了，被他骗了还不知道。）

（58）老人家忒好念，就讨人厌。（老人家太爱念叨，就讨人嫌。）

（59）佢就忒想读大学，正会□puei?² 癫。（他就是太想上大学了，才会得精神病。）

3）"忒"作程度副词来源于近代汉语，在唐代时就已出现用例[①]。如：

又是樽前眉峰皱，是人惊怪，冤我忒擱就。（黄庭坚《归田乐引》407 页）

如《精义》诸老先生说，非不好，只是说得忒宽。（《朱子语类》卷二一）

忒昏沉，忒慕古，忒猖狂，不问是谁便从窝穰。（董解元《西厢记》卷四）

"忒"还可和表"非常；很"的"煞"组合成"忒煞"，仍然表示程度很高。如：

雪窦第三四句忒煞伤慈，为人一时说破。（《碧岩录》卷一）

陈少南要废《鲁颂》，忒煞轻率。（《朱子语类》卷二三）

客家话的"忒"后也可附加一个"过"，说成"忒过"，两者的语义功能基本相同，只是"忒过"的语气更强，可以突出程度上过高。实际语言中以说"忒"为多，这样更简便自然。

[①] 本章古代汉语的资料若无特别注明，除了作者查检的外，多引自李文泽《宋代语言研究》（2001）、赵克诚《近代汉语语法》（1987）、蒋冀骋，吴福祥《近代汉语纲要》（1997）、雷文治《近代汉语虚词词典》（2002），不另一一指出。

9. 第一 $t^hi^{21}zə^{21}$

"第一"在永定客家话中既是序数词,也是程度副词。作程度副词时,表示某方面胜过同类中的其他对象,相当于"最"。

1)常用来修饰形容词或动词性词语。如:

(60)蛮对你第一好?(谁对你最好?)

(61)佢老妹在班项算第一靓吔。(他妹妹在班上算是最漂亮的。)

(62)细人欸嘛个事情第一重要?当然系读书,其他事情唔□mai^{52}管。(小孩子什么事情最重要?当然是读书,其他事情不用管。)

(63)你第一会食饭!(你最能吃饭!)

(64)咹多子女当中,佢第一孝顺爷娘。(这么多子女当中,他最孝顺父母。)

(65)全部人中就你第一想嫁人!(全部人中就你最想嫁人!)

2)"第一"的程度副词功能应是从序数词用法发展而来。"第"原表"次序;次第",后用在数词前面,表示顺序,"第一"即排在最前面的次序,如《汉书·贾谊传》:'文帝初立,闻河南守吴公治平为天下第一'";由于语义相关,以致从表"最前面"的次序义引申出"最高"的程度义,而语义的泛化又引发了功能的扩展,于是,由序数词"第一"产生了程度副词"第一"。这种语法化的过程至迟应在唐宋之时已完成,在近代文献中能找到一些"第一"用作表最高程度副词的用例。如:

连昌约略无多柳,第一是难听夜雨。(宋·张炎《月下笛》)

在村第一欺良善,没尊卑不近道理。(金·无名氏《刘知远诸宫调·知远走慕家庄沙陀村入舍》)

出家人第不可贪酒,你如何夜来吃得大醉?(《水浒全传》第四回

10. 好 hɔʔ²

"好"在客家话中可作动词、形容词和副词,作动词时读作"hau²¹",作形容词时读作"hou⁵²",动词、形容词的用法与普通话相同,这里主要讨论其副词的用法。

1)"好"作副词时读作"hɔʔ²",主要用于形容词之前,表程度之深。如:

（66）倨昨日好暗才转屋下。（我昨天很晚才回家。）

（67）你来好久啦?（你来很久啦?）

（68）这妹欸好正扮。（这姑娘很漂亮。）

2）也可位于动词性词语之前,但与普通话的"好副＋VP"用法不同,后面不再出现动量成分。如:

（69）这张刀好难切。（这把刀很难切东西。）

（70）这东西倨□tsʰəʔ⁵ 着好唔□mou⁵² 食。（这东西我觉得很不好吃。）

（71）□kia³³ 欸钱好难赚。（现在钱很难赚。）

3）有时为了突出强调,说成"hɔʔ⁵",多含有感叹的意味。如:

（72）你好大方,嘛个都拿分人。（你很大方呀,什么都拿来送人。）

（73）佢吔头牙毛好乌嚯!（她的头发好黑呀!）

（74）□ka⁵² 疾得好透嚯。（那多痛啊。）

4）副词"好"和形容词"好"常常连用,而且,"好副 好形"结构前还可受其他副词的修饰。如:

（75）佢打吔羊毛衫实在好好着!（她打的毛衣真的很好穿!）

（76）这地方无好好嬲。（这地方不怎么好玩。）

（77）佢吔日欸真真好好过!（她的日子过得真是不错!）

5）"好"用作副词,表示程度很深,也在唐宋时期就已出现，在文献中屡见用例。如：

这汉大痴，好不自知！(《敦煌变文集》250页)

苍天苍天，好不大丈夫。(《碧岩录》卷一)

僧斋擗掠得好清虚，有蒲团禅几经案瓦香炉。(董解元《西厢记》卷一)

听见到丈人家去，你好喜欢也。(康进之《李逵负荆》第三折)

我心中好不自在。(马致远《汉宫秋》第二折)

那里走将两口儿叫化的来，倒好面善。(张国宾《合汗衫》第四折)

11. 几 ki^{52}

"几"可作疑问代词和程度副词，作疑问代词时，读作"ki^{21}"，用于询问程度，相当于普通话的"多"，如"几大（多大）""几远（多远）"；作副词时，读作"ki^{52}"，表示程度很高，意思如同"很；非常；十分"。

1) 主要用于修饰形容词或动词性词语。如：

(78) 佢唉多姐妹都几高。(她几姐妹都很高。)

(79) 厅下挤倒几多人。(厅里挤了很多人。)

(80) 偃几想去北京嬲下欸。(我很想去北京玩玩。)

(81) 唉样吧机会，拿俺讲□mei^{33} 几难得吧。(这么好的机会，我们认为是很难得的。)

(82) 佢几会犁田。(他很会犁田。)

"几+A"前还可受否定词"无"的修饰。如：

(83) 房间无几阔欸。(房间没多宽。)

(84) 堵堵走无几久欸。(刚刚走没多久。)

2) 副词"几"和"好"所表达的程度义相当，用法也很相似，两者通常可以互换而不改原义，但也存在以下几点不同：

① 在测度问句中，一般不用"几"来表达高程度的语义，

而多用"好",如上例(67),一般不说成"你来几久啦?"。

② 在含有感叹语气的句子中也多用"好",不用"几",如上例(73),不能说成"佢哋头牙毛几乌嚯!"。

③ 在否定词"无"修饰"程度副词+谓词性词语"的结构中,呈现"无+好+VP"和"无+几+A"这样大致互补分布的情形。

④ "几"用于修饰单音节性质形容词及少数单音节心理活动类动词或能愿类助动词时,可构成"几+A/V+哋+A/V"这样一种特殊的程度表达式,表示程度非常之高,简直难以形容,相当于"非常非常+A/V"。如:

几靓哋靓、几好哋好、几坏哋坏、几乱哋乱、几精哋精、几想哋想、几怕哋怕、几爱哋爱、几恨哋恨、几敢哋敢、几肯哋肯、几会哋会。

12. 尽$_1$ tsʰen^{21}

"尽"在客家话中可作动词和副词,作动词时表示"竭力",作副词时可分为"尽$_1$"和"尽$_2$"。

1)"尽$_1$"用为程度副词,语义上亦相当于"很;非常;十分";但与"好""几"相比,"尽$_1$"的使用频率较低,与其他词语的结合面较窄,不用于带感叹语气的句子中,不再受其他副词的修饰,其句法功能也是位于动词性词语或形容词之前作修饰语。如:

(85)你自家尽想去也无用,人家唔理你哇。(你自己很想去也没用,人家不理你。)

(86)这个人本真就尽好讲哋,你莫听哝多。(这个人本来就话很多的,你别在意。)

(87)佢从细就尽得人惜。(她人小就很讨人喜欢。)

(88)佢对蛮人都尽好。(她对谁都很好。)

(89)甲个人尽狡猾哋,无像你死佬哝老实。(那个人非常狡猾的，不像你老实巴交的。)

2)"尽"用作高量的程度副词，应是从其动词"竭；完；达到极限"的用法发展而来，在近代汉语中已出现，但现代汉语已不运用，而客家话却继承下来。如：

而程伊川则以其议论尽高，有荀、杨道不到处。（元·刘祁《归潜志》卷十三

那江老儿名溶，是个老实忠厚的人，生意尽好，家道将就过得。(《二刻拍案惊奇》卷十五)

二、范围副词

全旁、成下、作下、尽下、一总伙、乍下、打秋、作伙、一下、同下、共下、正₁、净净。

范围是数量有界性的表现之一，范围副词作为表达数量范畴的一个手段，其内部在语义特征、句法功能等方面存在一定的差异，还可作次类的划分。对范围副词的再分类可从不同的角度进行，这里主要从语义着眼，将以上 12 个范围副词分为三小类——总括、限定和协同。列举如下：

总括：全旁、成下、作下、尽下、一总伙、乍下。

协同：打秋、作伙、同下、共下、一下。

限定：正₁、净净。

1. 全旁 $ts^hien^{24}p^han^{24}$/ 成下 $san^{24}ha?^2$/ 作下 $zou^{52}ha?^2$/ 尽下 $ts^hen^{214}ha?^2$/一总伙 $zə^{21}zoŋ^{52}fou^{52}$/乍下 $tsa?^5ha?^2$

"全旁、成下、作下、尽下、一总伙、乍下"都表示所指范围内无一例外，其中，"全旁、成下"也可作名词，主要用于修饰名词性词语，"作下、尽下、一总伙"一般不能用为名词，只作范围副词。

1)"作下、尽下、一总伙、乍下"主要是指"全部成员"，

但也捎带有"一起"之意,因此,使用范围较窄,多放在含有"给予""取得""消失"或"出现"等语义成分的动词性词语之前。如:

(90)作下买去,就便宜分你。(全部买去,就便宜给你。)

(91)㑩作下交上去。(我全部一起交上去。)

(92)作下食撒佢,莫留倒滴欸。(全部吃掉它,别留着一点点。)

(93)剩下𠮩作下拿转来。(剩下的全部拿回来。)

(94)佢作下送到㑩面前。(他全都推到我面前。)

(95)作下堆到这滴做嘛?(全部堆在这儿干啥?)

2)"全旁、成下"仅指"所指范围的全部",使用频率较高,与其他词语的结合面也较宽,可自由地运用于大多数动词性词语(包括上述动词性词语)之前,还能修饰形容词性结构,而"作下、尽下、一总伙"不仅在动词性词语之前受到限制,而且也不能用于修饰形容词性词语。如:

(96)田丘全旁种倒芥菜。(稻田全都种上了芥菜。)

(97)㑩养𠮩花全旁开欸。(我养的花全都开了。)

(98)衫裤全旁晾好欸。(衣服全都晾好了。)

(99)昨日煮𠮩菜全旁坏撒欸。(昨天煮的菜全都变质了。)

(100)苹果全旁烂净欸。(苹果全都烂掉了。)

2. 打秋 ta^{52}tsʰiəu^{33}

范围副词"打秋"倾向于表协同,意即"一齐;一道",只用在与物相关的事件中,不用于与人相关的事件,且只能修饰动词性词语,但很少单独使用,常和另一个协同类副词"一下"一起出现。如:

(101)这兜打秋一下卖分㑩,几多钱一斤?(这些一齐卖给我,多少钱一斤?)

(102)打秋一下去𠮩话,一斤便宜一块钱。(一齐买去的话，一斤便宜一元钱。）

（103）全部打秋一下拿去。（全部一齐拿去。）

（104）全旁打秋一下放，可好管理。（全部放在一块，更好管理。）

（105）打秋你自家食好欸，人大家都唔□mai^{52}。（全都让你自己一个人吃算了，别人都不用吃了。）

3. 作伙 /zou^{52}fou^{52} 同下 t^{h}oŋ^{24}haʔ^2/共下 k^{h}ioŋ^{21}haʔ^2

"作伙、同下、共下"相当于"一起；一块儿"，与"打秋"相反，只能用于与人相关的事件中，不用于与物相关的事件，通常单独修饰动词性词语。

1）"作伙、同下"多用于含有"来""往"等语义特征的动词性词语之前，且相形之下，"同下"比"作伙"更为常见。如：

（106）大家作伙来去。（大家一起去。）

（107）两侪作伙转，可有伴。（两人一起回家，有伴。）

（108）你还是也爱去斫柴吔话，僵想得你作伙去。（你要是也要去砍柴的话，我想和你一起去。）

（109）僵看佢两侪作伙去上街欸。（我看他两个人一起去上街了。）

2）"共下"很少用来修饰具有"来""往"义的动词性词语，侧重于表达同在某一活动范围。如：

（110）两个人共下读书，唔□mei^{21}几好？（两个人一块儿读书，不是很好？）

（111）僵得佢共下坐，你自家甲欸坐。（我和他一块儿坐，你自己在那儿坐。）

（112）大家共下食，共下睡。（大家一块儿吃，一块儿睡。）

（113）细人欸喜欢共下嬲。（小孩子喜欢一块儿玩。）

4. 一下 zə²¹haʔ²

"一下"是最常用的协同类范围副词,比"打秋、作伙、同下、共下"的使用范围更宽,既可用于指人,又可用于指物;也表示"一起;一块儿",有时含有"全部一齐"或"同时一齐"之意。可单独使用,也常和"打秋""全旁"或"全部"共现。如:

(114)俺两侪一下去,莫管佢大家。(咱两人一块儿去,别管他们。)

(115)大家一下食好欸。(大家一块儿吃好了。)

(116)纸笔一下拿分佢。(纸和笔一起拿给他。)

(117)猪肉得白菜一下煮。(猪肉和白菜一块儿煮。)

(118)全旁一下送分人,佢肯定唔肯。(全部一齐送给人,她一定不肯。)

(119)全部打秋一下来,倻都买得起。(全部一齐卖给我,我也买得起。)

(120)莫全旁一下拿去,留滴欸分佢。(别全部都拿走,留点儿给她。)

5. 正₁ zaŋ⁵²

"正₁"相当于普通话表范围的副词"才",也是主观上认为量小,位于单纯的数量(名)结构或带有数量成分(包括表量少的"滴欸、一下欸"等)的名词性和谓词性成分之前,对数量、程度等进行限定。

1)修饰单纯的数量(名)组合,强调数量之少。如:

(121)倻家项全劳力正一个,无像你家项咹多人。(我家里全劳力才一个,不像你家有这么多人。)

(122)恰本正几个人,还和唔倒。(就才几个人,还和不来。)

(123)一共正三个梨欸,你自家就食撒两个。(一共才三个梨，你自己就吃了两个。）

2）修饰带数量宾语的动词性词语。如：

（124）一日正赚十块钱，蛮会爱去？（一天才赚十元钱，谁会想去？）

（125）偓正分倒几百块钱。（我才分到几百元钱。）

（126）佢结婚时正做两件新衫。（她结婚时才做了两件新衣服。）

（127）昨暗偓正睡一下欸。（昨晚我才睡了一会儿。）

3）也可修饰含数量成分的名词性或形容词性词语。如：

（128）总共正滴欸钱，浪般分？（总共才一点儿钱，怎么分？）

（129）正几斤重吧东西，佢都拿唔起。（才几斤重的东西，她都提不动。）

（130）□pi^{33} 欸正滴欸红，还食盲得。（柿子才开始红，还不能吃。）

（131）这只鸡正大滴欸。（这只鸡才大一点儿。）

4）"正$_1$"所限定的结构有时还含有否定词"无"，但仍表示量少。如：

（132）佮本正无两个人，还爱抽几个去。（本来就没多少人，还要抽走几个。）

（133）佮本正无滴欸东西。（本来就没多少东西。）

（134）一上昼正卖无滴欸。（一上午才卖了一点点。）

6. 净净 ts^{h}iaŋ^{21}ts^{h}iaŋ^{21}

"净净"相当于普通话的"只"，表示除此之外没有别的。

1）其后紧随体词性成分时，对体词性成分所代表的人或物进行限定。如：

（135）净净偓知收这件事，无别侪。（只有我知道这件事，没别人。）

（136）净净佢自家去做得无？（就他自己一个人去行吗？）

（137）佢净净谷就卖倒□kia^{52}千块钱。（仅仅谷子她就卖了几千元钱。）

（138）这苹果无大吔，就净净细吔。（这苹果没有大个的，只有小的。）

2）其后紧跟动词性词语时，语义指向与动作相关的事物，一般不指向与动作相关的事物的数量，这点与普通话的"只"不同。如：

（139）你莫净净食菜，唔食饭！（你别只吃菜，不吃饭！）

（140）全国啽多地方，佢就净净到过上海。（全国这么多地方，她就只去过上海。）

（141）倕就净净看倒倕阿娓，无看倒其他人。（我就只看到我妈，没看到其他人。）

（142）佢就净净食两杯酒，无食其他东西。（他就只喝了两杯酒，没吃其他东西。）

一般也不用于直接修饰数量（名）结构，如以下句子中的"净净"多说成"就"：

*净净两个。 —— 就两个。

*净净一个老妹。 —— 就一个老妹。

*净净五个人来。 —— 就五个人来。

第三节 时间、频度副词

一、时间副词

堵堵$_1$、堵堵好、刚刚好、恰恰（好）、随尾、连边、一向来、一柳来、一律来、盲得时、浪得时、永再世、正$_2$、竟$_2$、登时、暗暗。

1. 堵堵$_1$ tə^{52}tə^{52}

"堵堵$_1$"是永定客家方言十分常用的时间副词，相当于"刚；刚刚；正好；刚好"。

1）表示动作、变化或事件发生在不久之前，常和另一时间副词"正$_2$"配合使用。如：

（1）老王堵堵走。（老王刚刚走。）

（2）番薯堵堵正熟。（红薯刚刚才熟。）

（3）偓堵堵正食饱。（我刚刚才吃饱。）

（4）佢堵堵出门，还猎得佢倒。（他刚刚出门，还赶得上他。）

2）表示动作、变化或事件紧挨着另一动作、变化或事件之前。如：

（5）佢堵堵走，你就来欤。（他刚走，你就来了。）

（6）□pi^{33}欤堵堵红，就分细人欤□lɛʔ^{2}净欤。（柿子刚红，就被小孩子摘光了。）

（7）队长堵堵捧起饭碗，就分佢喊去。（队长刚捧起饭碗，就被他叫走。）

3）相当于"正好；刚好"，用于表示正好在某一时点上。如：

（8）你阿哥来□tsʰen^{24}偓哋时节，偓堵堵爱出门。（你哥来找我的时候，我正好要出门。）

（9）佢堵堵在屋下，你亲自得佢讲。（她正好在家，你亲自跟她说。）

（10）你喊偓哋时节，偓堵堵洗成浴。（你叫我的时候，我正好洗完澡。）

（11）偓堵堵今天爱去佢甲滴。（正好我今天要去他那儿。）

2. **堵堵好** tə⁵²tə⁵²（hou⁵²）/**刚刚好** kɔŋ³³kɔŋ³³hou⁵²/**恰恰（好）** kʰɛʔ²kʰɛʔ²（hou⁵²）

这几个词与"堵堵₁"的第三种用法相同，也表示正好在某一时点上。"堵堵（好）"的方言色彩较浓，用得最多，"恰恰好"用得最少，"刚刚好、恰恰好"或许是从普通话的"刚刚、恰恰"类推而来。以上例（8）至例（11）均可用这三个词自由替换。

3. **随尾** sei²⁴mei³³

"随尾"与"随后"相似，表示某一动作行为紧接在另一动作行为之后，句中常有"就、又、也"等与之呼应。如：

（12）你先行，偓随尾就来。（你先走，我随后就到。）

（13）偓堵堵到，随尾佢也到欸。（我刚到，随后他也到了。）

（14）正从山顶转来，随尾又去田项欸。（才从山上回来，随后又去田里了。）

（15）偓老公先担一担谷转，随尾又来接偓。（我老公先挑一担谷子回家，随后又来接我。）

（16）正食饱饭，随尾又食番薯，唔怕撑坏？（才吃饱，又马上吃红薯，不怕撑坏了?）

4. **连边** liɛn²⁴piɛn³³

"连边"的语义功能与"随尾"十分相近，常可换用，但"连边"更强调两个动作行为之间时间间隔之短，相当于"随即；立刻；马上"。如：

（17）偓先行，佢连边就猎来欸。（我先走，他随即就赶来了。）

（18）细人欸正擦过目汁，连边又笑欸。（小孩子才擦干眼泪，随即又笑了。）

（19）佢就正分偓骂，连边又喊偓欸。（他才被我骂，随即又叫我了。）

（20）正拿工资，连边又讲无钱用欸。（才拿了工资，马上又说没钱用了。）

（21）唔□mai^{52}走，连边就食饭欸，再坐下添。（大意：不要走了，马上就吃饭了，再坐一下。）

5. **一向来** zə^{21}siɔŋ^{52}luei^{24}／**一柳来** zə^{21}liəu^{52}luei^{24}／**一律来** zə^{21}ləʔ^{5}luei^{24}

"一向来、一柳来、一律来"都与"向来；一向"相当，表示从过去到现在一直如此。三个词的用法相同，可自由地择取，主要用于修饰动词性或形容词性结构，句中常有"都"与之相应。如：

（22）偓一向来都唔好食烟。（我向来都不喜欢抽烟。）

（23）佢一向来都系咹样嘅人。（她向来都是这样的人。）

（24）一向来佢生婢对佢都无嘛好。（向来她媳妇对她都不怎么好。）

（25）偓认为佢一向来都唔支持这件事。（我认为他向来都不支持这件事）。

（26）阿玲哋房间一向来几伶俐。（阿玲的房间向来很干净。）

（27）阿军头一向来都几吝啬。（阿军向来都很吝啬。）

6. **盲得时** maŋ^{33}tɛʔ^{2}sə^{24}

"盲得时"表示离某动作行为或事件发生的时间还早，稍带点夸张的意味，可用于修饰单个的谓词或谓词性词语。如：

（28）佢盲得时来。（他没那么快来的。）

（29）盲得时好。（还早着呢，没那么快好的。）

（30）烟园盲得时掊好。（烟田没那么快锄好）。

（31）□kia^{33}正放米落锅，盲得时有饭食。（大意：现在才把米放入锅里，没那么快有饭吃。）

（32）□kia³³ 正到大溪，偃看盲得时到县项。（现在才到大溪，我看到离县城还早着呢。）

7. 浪得时 lɔŋ²¹tɛʔ²sə²⁴

"浪得时"与"盲得时"很相似，基本语义也表示离某动作行为或事件发生的时间还很远，但不能自由地替换，因为："浪得时"没有"盲得时"所蕴含的夸张意味，反而暗含有反问的语气，这或许与其中含有表疑问的语素"浪"有关；而且，"浪得时"一般不用于修饰单个的谓词，多用于修饰谓词性的结构。如：

（33）佢浪得时会来。（他啥时节才能来。）

（34）唔食药打针，病浪得时会好。（不吃药打针，病啥时才会好。）

（35）生婢都还盲有讨，浪得时有孙欷□lɛʔ⁶！（媳妇都还没娶，猴年马月才有孙子抱！）

（36）□kia³³ 正落秧，浪得时驶田。（现在才下秧苗，插秧还早着呢。）

（37）孙欷□kia³³ 还食奶，浪得时会拿分俺食！（孙子现在还在吃奶呢，等到猴年马月才能孝敬咱！）

8. 永再世 ven⁵²zai⁵²sə⁵²

时间副词"永再世"有两种用法，一是表过去，一是表将来，但都用于否定句中，且常与"都"配合着出现。

1）用于表过去时，相当于"从来"，意思是从过去到现在情况一直如此。如：

（38）永再世都无来往嘅亲戚，今日浪般会来？（从来都没有来往的亲戚，今天怎么来了？）

（39）佢两个人永再世都无见过面。（他们俩从来都没见过面。）

（40）从讨入门到□kia³³ 下，偃生婢永再世都无喊过偃。（从娶进门到现在，我媳妇从来都没有叫过我。）

（41）女欸有嘛用，永再世无拿过钱分倨。（女儿有什么用，从来都没给过我钱。）

（42）佢永再世都无做过田事。（她从来没干过农活。）

2）用于表将来的时候，是指从现在开始情况将永远如此。如：

（43）倨永再世都唔喊佢欸。（我再也不叫他了。）

（44）阿哥保证永再世唔赌博欸。（哥哥保证再也不赌博了。）

（45）倨大家永再世都唔去佢甲滴欸。（我们再也不去她那儿了。）

（46）你咹样对佢，佢肯定永再世唔来欸。（你这样对她，她一定再也不来了。）

（47）从口kia³³以后，倨永再世都唔得佢讲话。（从今以后，我再也不和她说话了。）

9. 正₂ zaŋ⁵²

"正₂"作时间副词时，有相当于"才"和"再"两种用法。

1）用作时间副词"才"时，可修饰表时间的词语和谓词性词语。如果位于时间词语之前，语义后指，表示时间之早或短。如：

（48）正六点钟，还几早。（才六点钟，还很早。）

（49）正星期三，就想休息欸?（才星期三，就想休息了?）

（50）正三日功夫，你就住唔口hεʔ⁵欸?（才三天时间，你就住不下去了?）

（51）结婚正一只月，两侪就相吵啦?（结婚才一个月，两人就吵架啦?）

如果位于时间词语之后，语义前指，多表示时间之晚或长。

如：

（52）三点钟正出门，做得嘛个事？（三点钟才出门，能干多少活?）

（53）□kia³³ 欸正转来，你去哪欸嬲欸？（现在才回来，你去哪玩了?）

（54）三五年正转来一次，屋下哋路都听放啰。（三五年才回来一趟，回家的路都忘啦。）

（55）十年后正见到亲生哋爷娘。（十年后才见到亲生父母。）

但有时也表历时之短。如：

（56）结婚时节正买哋床，□kia³³ 就坏撇了。（结婚时才买的床，现在就坏了。）

（57）今日正换哋衫裤，就弄齷齪欸。（今天才换的衣服，就弄脏了。）

（58）五点钟正喊过佢，唔□mai⁵² 再喊欸。（五点钟才叫过他，不要再叫了。）

还可用于单句中的谓词性词语之前，表示动作、变化或事件发生在不久之前。如：

（59）老师堵堵正走。（老师刚刚才走。）

（60）桃花正开，哪有咹快结桃欸。（桃花才开，哪有这么快结桃子。）

（61）水正烧，还无咹快滚。（水才热，还没这么快开。）

（62）时间还早，大家正抬起一下欸。（时间还早，大家才起床一会儿。）

也用于复句的前一分句中，后一分句常有"就、又"等呼应，表示两件事紧接着发生。如：

（63）佢正走，你就来欸。（他才走，你就来了。）

（64）偓正睡去，就分你吵醒。（我才睡着，就被你吵醒。）

（65）正开会转来，又爱去出差欸。（才开会回来，又要去出差了。）

（66）㑷正骂过佢，你又来讲佢。（我才骂了他，你又来说他。）

2）用作副词"再"时，一是表示动作将在某一时间出现。如：

（67）过两日正通知你来面试。（过两天再通知你来面试。）

（68）等下欸正来讲。（等一会儿再说。）

（69）上昼先准备，下昼正开会。（上午先准备，下午再开会。）

（70）上班以后你正来□tsʰen²⁴㑷。（上班以后你再来找我。）

二是表示动作将在另一动作结束之后出现。如：

（71）大家走后㑷正得你讲。（大家走了之后我再跟你说。）

（72）食饱饭正来去。（食完饭再去。）

（73）情况查清楚正决定浪般做。（情况查清楚了再决定怎么做。）

（74）洗好浴脚正来睡。（洗完澡再睡。）

10. 竟₂ ken⁵²

"竟₂"位于动词性和形容词性词语之前，强调事件在很久以前已经发生，相当于普通话"就"的部分用法，常和另一时间副词"早"联合使用。

1）用于修饰动词性词语，如：

（75）㑷阿娓天盲光竟出门做事欸。（我妈天还没亮就出门干活了。）

（76）佢今日六点钟竟抬起欸。（他今天六点钟就起床了。）

（77）唔□mai⁵等佢欸，佢早竟下班欸。（不用等她了，她早就下班了。）

（78）水早竟泡泡滚欸。（水早就烧开了。）

2）用于修饰形容词性词语时，不能单用一个"竟₂"，必须以"早竟₂"的形式出现。如：

（79）佢呲病早竟好欸。（他的病早就好了。）

（80）芋卵早竟好面欸。（芋子早就很面了。）

（81）树项呲杨梅早竟焦红欸。（树上的杨梅早就非常红了。）

11. 登时 ten^{33}sə^{24}

普通话也有一个"登时"，表示突然出现某种情况或迅疾采取某种行动，相当于"顿时""立刻"。

1）客家话的"登时"倾向于强调紧接着某一动作或事件之后，相当于"当下；当时"。如：

（82）钱登时就还佢欸，还来 □ts^{h}en^{24} 佢做嘛。（钱当下就还他了，还来找我干嘛。）

（83）你登时就答应佢就着呲。（你当时就答应她就好了。）

（84）𠊎登时就得佢讲欸，□ts^{h}en^{24} 𠊎也无用。（我当时就跟他说了，找我也没用。）

（85）听到这事，佢登时就发火欸。（听到这事，他当下就发火了。）

（86）甲个人送来呲东西，登时就分𠊎扔撒。（那个人送来的东西，当下就被我扔掉了。）

2）"登时"用作时间副词，也是对近代汉语的继承，较早的用例见于唐代，以后一直存在，不过在现代汉语已较少使用。如：

五祖自送于九江驿，登时便悟。（《六祖坛经》）

悭贪继日廉，诳曲登时正。（《寒山子诗集·凡读》）

那灯花爆开，散作火星满地，登时不见了。（《三遂平妖传》第一回）

终是受伤太重，力量不如，被人一顿刺斫，登时死在地上。

(《醒世姻缘传》第六十二回)

酸薄时酒,登时吃的风卷残云,从新坐了轿回店。(《醒世姻缘传》第六十九回)

12. 暗暗 aŋ^{52}aŋ^{52}

"暗暗"用于强调时间之晚,后面都有"正$_2$"与之配合,只位于动词性词语之前作状语。如:

(87)𠊎看佢昨日暗暗正走。(我看他昨天很晚才走。)

(88)佢想暗暗正去。(她想晚点去。)

(89)做嘛暗暗正□vuʔ^{2}园。(干嘛很晚了才浇菜。)

(90)屋下唉多人,也爱□mεʔ^{2}到暗暗正有食饭。(家里这么多人,也要弄到很晚才吃饭。)

(91)𠊎猜佢故意弄到暗暗正出门哎。(我猜他是故意弄到很晚才出门的。)

二、频度副词

登登、捡兜、□taʔ^5□taʔ^5、罕得、罕罕(欸)、略略欸、久不久、时唔时、下把时、密密(欸)、各、再各。

1. 登登 tεn^{33}tεn^{33}

"登登"表示同一动作行为或事件发生的次数很频繁,相当于"常常"。

1)主要用于修饰动词性结构。如:

(92)𠊎登登去广州。(我常常去广州。)

(93)佢登登星期日来𠊎这滴住。(他常常星期天来我这儿住。)

(94)你莫上课登登□tuʔ^{5}目睡,无听老师讲。(你别上课老是打瞌睡,没听老师讲课。)

(95)𠊎女儿登登有写信来。(我女儿常常写信来。)

（96）唔知做嘛，这咹久登登睡唔去。（不知为什么，这段时间常常睡不着。）

2）有时也用于修饰形容词性词语，但不能是单个的性质形容词。如：

（97）佢着吔衫登登乌兰狗些。（他穿的衣服常常脏兮兮的。）

（98）倨种吔蔗登登唔甜。（我种的甘蔗常常不甜。）

（99）你煮吔菜登登无熟。（你煮的菜常常没熟。）

2. 捡兜 kiɛn⁵²təu³³

与"登登"相比，"捡兜"的语义更接近于"时常"，表示同一动作行为或事件发生不止一次，而且相隔时间不久；"捡兜"只用于修饰动词性结构，不能修饰形容词性结构。如：

（100）俺捡兜得佢讲欸，莫嬲刀欸，佢就唔听话。（我时常跟他说，别玩刀，他就是不听话。）

（101）老黄叔捡兜帮俺做事。（老黄叔时常帮我干活。）

（102）佢捡兜到人家项骗饭食。（他时常到别人家里混饭吃。）

（103）阿标客捡兜得俺买东西无拿钱。（阿标时常跟我买东西没付钱。）

（104）细人欸捡兜无食饭就去读书。（小孩时常没吃饭就去上学。）

3. □taʔ⁵□taʔ⁵

"□taʔ⁵□taʔ⁵"也表示同一动作行为或事件不止一次地出现，但与"登登""捡兜"稍有不同，"□taʔ⁵□taʔ⁵"更强调在较短的时间内动作或事件的重复性或连续性，也只用于修饰动词性结构。如：

（105）佢□taʔ⁵□taʔ⁵ 问俺，俺无理佢。（他一直问我，我没理他。）

（106）你莫□taʔ⁵□taʔ⁵甲讲。（你别念叨个没完。）

（107）□taʔ⁵□taʔ⁵去□tsʰen²⁴佢也无用。（不断找她也没用。）

（108）这咹久□taʔ⁵□taʔ⁵落雨。（这段时间一直下雨。）

（109）莫□taʔ⁵□taʔ⁵弄佢哭，吵死人。（别老是惹她哭，吵死人了。）

（110）你□taʔ⁵□taʔ⁵去□mɛʔ²衰佢做嘛。（你干嘛老是惹她不高兴。）

4. 罕得 han⁵²tɛʔ²

"罕得"表示某一动作行为发生的次数很少，只用于动词性词语之前作状语。如：

（111）你罕得转外家哩喔，今日浪般来欸？（你很少回娘家的呀，今天怎么回来啦？）

（112）罕得食酒吔人，登登一食面就红。（很少喝酒的人，常常一喝脸就红。）

（113）佢罕得得老婆一下出门。（他极少和老婆一起出门。）

（114）偓阿姐几勤力，罕得在屋下嬲吔，今日唔自然啰。（我姐姐很勤快，很少在家里玩的，今天是因为不舒服。）

（115）你罕得来吔，多住几夜哇。（你很少来，多住几天嘛。）

5. 罕罕（欸）han⁵²han⁵²（ei²¹）

"罕罕"更常说成"罕罕欸"，也表示动作行为发生的次数很少，但有相隔一段时间进行一次的意思，相当于"久久地"，用"罕罕（欸）"说话时口气较柔和。如：

（116）两公婆罕罕（欸）去看一场电影。（两夫妻久久地去看一场电影。）

（117）罕罕（欸）食一杯酒好。（久久地喝一杯酒有好处。）

（118）偓罕罕（欸）请佢食一餐饭。（我久久地请他吃一顿饭。）

（119）佢罕罕（欸）去田项看下欸。（他久久地去田里看一下。）

6. 略略欸 liɔʔ⁵liɔʔ⁵ei²¹

一般不说"略略"，后面要加上词缀"欸"，说成"略略欸"，表示动作行为发生的次数虽不多，但相隔一段时间会进行一次。如：

（120）大女略略欸有转来看偓两老。（大女儿隔段时间会回来看看我们两个老人。）

（121）甲时节大家都几穷，略略欸正割一次猪肉。（那时候大家都很穷，隔段时间才买一次猪肉。）

（122）略略欸去墟项买滴东西。（隔段时间去集市上买点东西。）

（123）偓得佢略略欸通一次电话。（我和她隔段时间通一次电话。）

（124）略略欸煮滴糯米饭来食。（隔段时间做糯米饭来吃。）

7. 久不久 kiəu⁵²pueiʔ²kiəu⁵²/时唔时 sə²⁴en³³sə²⁴

"久不久、时唔时"与"略略欸"很相似，动作发生的频率也相仿，但更突出其中时间的间隔性，也用于动词性词语之前作状语。如：

（125）你哋手都生坏，久不久爱打人一下。（你的手就是不老实，隔会儿就要打人一下。）

（126）佢反正有钱，久不久会请一下客。（他反正有钱，隔段时间就会请一下客。）

（127）佢久不久会偷人哋鸡来㓤。（他隔段时间就会偷人的鸡来杀。）

（128）阿祥牯久不久就会想酒食。（阿祥隔段时间就会想喝酒。）

（129）偓热天几会□puei?² 痧，久不久就爱喊人捏一下。（大意：我夏天容易中暑，隔段时间就要叫人帮刮一下痧。）

8. 下把时 ha?² pa⁵² sə²⁴

"下把时"的用法也与"略略欸"相似，但不侧重动作相隔一段时间进行一次，而是着眼于动作发生的次数少，相当于"有时；偶尔"。如：

（130）细人欸下把时放偓这滴欸。（小孩子有时放我这儿。）

（131）下把时到饭店食，下把时自家煮。（有时到饭店吃，有时自己煮。）

（132）下把时无事打下欸羽毛球。（没事的时候偶尔打打羽毛球。）

（133）佢下把时就在屋下看电视，哪欸都唔去。（她有时就呆在家里看电视，哪儿也不去。）

（134）下把时也爱去得老公替下欸手。（有时也要去给老公帮下忙。）

9. 密密（欸） mɛ?⁵ mɛ?⁵（ei²¹）

"密密"也说成"密密欸"，"密密（欸）"与"罕罕（欸）"恰好相对，表示动作行为发生的频率很高，且间歇的时间很短，大致相当于"不时地；经常"。如：

（135）子佮女密密（欸）会来望佢。（子女经常会来看他。）

（136）你爱密密（欸）打个电话转屋下。（你要经常打个电话回家。）

（137）偓密密（欸）会去溪坝打下鱼。（我经常会去河里捕点鱼。）

（138）两兄弟无嘛事都密密（欸）会相吵，莫讲分家产。（两兄弟没什么事都不时地会吵上一架，别说分家产了。）

10. 各 kɔʔ²

"各"相当于普通话"再"的部分用法，表示某一动作将重复或继续，紧位于动词之前，动词之后带有动量成分。如：

（139）各坐一下添。（再坐一会儿。）

（140）各讲一遍！俚无听清楚。（再说一遍！我没听清楚。）

（141）各跳一次分大家望！（再跳一次给大家看。）

（142）俚爱各行一趟添。（我还要再走一趟。）

11. 再各 zai⁵²kɔʔ²

"再各"与"各"语义相似，但多了一个"再"，对动作的重复或继续具有凸显的作用。

1）用于动词性词语之前，作状语。如：

（143）再各唱一首。（再唱一首。）

（144）再各染红滴欸添。（再染红一点。）

（145）去过欸还可以再各去。（去过了还可以再去。）

（146）俚下次再各来。（我下次再来。）

2）用于修饰带数量成分的形容词。如：

（147）再各高一寸就好欸。（再高一寸就好了。）

（148）再各细一号可合适。（再小一码更合适。）

（149）俚爱再各大滴欸呾。（我要再大点的。）

3）"各"与"再各"的用法相当，其后都常有"添"与之配合，但两者也存在一些差别，表现在：

①"再各"能修饰带数量成分的形容词，而"各"不能。

②"各"多用于表未然的祈使句中，"再各"则不受此限，也可用于其他句式中，如例（148）。

③"各"修饰的动词必须带数量宾语，"再各"则不一定，

如例（149）。

④"各"一般不用于含有假设的语句中，"再各"则较常用于这类句子中。如：

（150）再各哭，再各哭就唔□mai^{52}你！（再哭，再哭就不要你！）

（151）你敢再各讲一遍添，唔□mai^{52}命莫定！（你敢再说一遍，除非不要命了！）

（152）再各求佢也无用。（再求他也没用。）

第四节　情状、体貌、语气副词

一、情状副词

死死$_1$、尽命、恰命、恰死命、一下手、两下半、绑绑、乱乱、专工、直直、绑直、顺舍、舍$_1$、枉、挑挑、挑公、尽$_2$、竟$_3$、凑、凑□miaŋ^{52}、浪省。

1. 死死$_1$ si^{52}si^{52}

"死死"用于修饰动词性词语，但一般不修饰光杆的单音节动词。

1）与普通话相仿，表示"紧紧地；牢牢地"或"僵直不动地"，所修饰的动词多表示身体某部位发出的动作。如：

（1）佢死死捉倒偃吔手。（他死死抓住我的手。）

（2）手项还死死捏倒几块钱。（手里还死死捏着几元钱。）

（3）佢喊偃死死跟倒甲只人。（他叫我死死跟着那个人。）

（4）你做嘛死死徛到甲滴？（你干嘛一动也不动地站在那儿。）

2）表示执著地实施某一动作行为，多用于隐含主观愿望的句子中，常和"就、要"配合使用，普通话没有这种说法。如：

（5）𠊎讲唔□mai^{52}还欸，佢死死爱还𠊎。（我说不用还了，他一定要还我。）

（6）佢死死爱嫁甲个人。（他坚持要嫁那个人。）

（7）无办法，自家女欻死死爱藤佢呐。（没办法，自己女儿坚持要跟他的。）

（8）𠊎子欻死死就爱讨甲个妹欻，其他都唔□mai^{52}。（我儿子就要娶那个女孩，其他的都不要。）

2. 尽命 ts^{h}en^{21}mian^{21}/佮命 kaʔ^{2}mian^{21}

"尽命"和"佮命"都表示竭力实现某一动作行为，相当于"拼命地；死劲地"，只用于动词性词语之前作状语，"尽命"比"佮命"较常见。如：

（9）𠊎尽命解释都无用。（我拼命解释都没用。）

（10）佢想讨佢呐女，就尽命帮佢做事。（他想娶他的女儿，就拼命地帮他干活。）

（11）你放到甲欻，害佢尽命□ts^{h}en^{24}。（你放在那儿，害我拼命找。）

（12）莫尽命食酒，唔食饭。（别拼命地喝酒而不吃饭。）

有时为了突出语义，增强语势，就用重复"尽命/佮命＋VP"的形式。如：

（13）𠊎尽命讲，尽命讲，讲夫口澜水都燥欻。（我死劲地说，死劲地说，说得口水都干了。）

（14）佢尽命走，尽命走，好像后背有人猎佢样般。（他拼命跑，拼命跑，好像后面有人追他似的。）

3. 佮死命 kaʔ^{2}si^{52}mian^{21}

"佮死命"的用法与"尽命、佮命"相同，但所表达的语义程度更高，意思是竭尽全力地实现某一动作行为，相当于"拼命地；死命地"。如：

（15）甲妹欸佲死命爱藤佢去。（那女孩死命要跟他走。）

（16）你佲死命哭也无用。（他死命哭也没用。）

（17）老五叔佲死命做事，想多赚滴欸钱。（老五叔拼了命地干活，想多赚点儿钱。）

（18）佢佲死命食，就怕分人家食去。（他死命吃，就怕被别人吃了。）

（19）俇一喊，贼牯就佲死命走。（我一叫，那小偷就死命跑。）

4. 尽$_2$ ts^{h}en^{21}

"尽$_2$"位于动词性词语之前，表示动作行为恣意地持续不断进行，大致相当于"一个劲地；一直"。如：

（20）莫尽讲无打杀咃事，人家想睡死欸。（别一个劲地说没意思的事，人家都困死了。）

（21）莫自家尽食，留滴欸分后背食咃人。（别自个儿一个劲地吃，留点儿给后面吃的人。）

（22）佢就坐到甲欸尽食酒，一句话都唔声。（他就坐在那儿一个劲地喝酒，一句话也不说。）

（23）俇有嘛无法，□mei^{33}自家囥到间项尽哭。（我有啥办法，就只能自己躲在房里一个劲地哭。）

"尽$_2$+VP"可以组成并列结构，VP 一般是单音节的动词。如：

尽哭尽哭、尽笑尽笑、尽食尽食、尽讲尽讲、尽去尽去、尽做尽做、尽望尽望。

在近代汉语中，"尽"也可用在动词前面表示持续，如唐代宋之问《秋莲赋》："其生也，春风尽荡，燥日相煎"，"尽$_2$"是对这一语义功能的承袭。

5. 一下手 zə²¹haʔ²siəu⁵²

"一下手"也只用于修饰动词性词语。

1）类似于"一口气"，表示整个动作行为或事件的过程在较短的时间内完成。如：

（24）偓一下手□kʰia²⁴唔得哝多东西。（我一口气拿不了这么多东西。）

（25）菜饭一下手食撇佢，莫冷撇欤。（饭菜一口气吃掉它，别凉了。）

（26）事情一下手做好来，莫□tɔŋ²⁴□tɔŋ²⁴滴滴。（事情一口气做完它，别拖拖拉拉。）

（27）药片全部一下手吞下去。（全部药片一口气吞下去。）

（28）你一下手担起来，就唔会直着重。（你一口气挑起来，就不会觉得重了。）

2）有时，倾向于表示某一动作或事态要当即实现，相当于"一下子；立刻；马上"，多用于否定句中。如：

（29）佢可能一下手拿唔出钱。（他可能一下子拿不出钱。）

（30）这东西可能一下手买唔倒。（这东西可能一下子买不到。）

（31）一下手可能请唔倒工人。（一下子可能请不到工人。）

（32）偓一下手想唔起係蛮得偓讲过。（我一下子想不起来是谁跟我说过。）

6. 两下半 liɔŋ⁵²haʔ²pan⁵²

"两下半"主要用于比拟实现某一动作或事态的速度之快。

1）位于动词性词语之前作状语。如：

（33）有钱拿哋话，佢大家两下半竟来欤。（有钱拿的话，他们立刻就来了。）

（34）哝多事你也两下半就做好欤。（这么多活你也很快就干完了。）

（35）爱两下半转来啊，屋下还几多事情。（要快点回来呀，家里还有很多活。）

（36）这病无去医吔话，两下半竟死撒啰。（这病没去治的话，很快就死了。）

2）位于形容词性词语之前作状语。如：

（37）细人欵两下半大欵。（小孩子很快就大了。）

（38）火几旺，菜两下半熟欵。（火很旺，菜很快就熟了。）

（39）老师一去，学生两下半就静下来欵。（老师一到，学生很快就安静下来了。）

（40）补药食下欵，人两下半健起来欵。（吃点儿补药，人很快就强壮起来了。）

7. 绑绑 paŋ²⁴paŋ²⁴/乱乱 luan²¹luan²¹

"绑绑"与"乱乱"的语义功能相同，都相当于"赶紧"，表示动作迅速或抓紧时机，毫不拖延，多用于修饰动词性词语。如：

（41）偓绑绑去，绑绑转。（我赶紧去，赶紧回来。）

（42）你绑绑猎去，还来得及。（你赶紧追去，还来得及。）

（43）想绑绑讨个生婢来替手。（想赶紧娶个媳妇来帮忙。）

（44）听倒这事，佢绑绑走转来欵。（听到这事，她赶紧跑回来了。）

偶尔也用于修饰形容词性词语。如：

（45）偓望唔得细人欵绑绑大起来。（我巴不得小孩快快长大。）

（46）保护佢阿叔吔病绑绑好。（希望他爸的病赶紧好。）

8. 专工 zεn³³koŋ³³

"专工"包含了两种语义，一是相当于"专门"，另一是相当于"特地；特意"，都只位于动词性词组之前作状语。

1）用作"专门"时，表示动作行为集中于某一事物上，多与某一职业或工作相关。如：

（47）佢专工做木匠吔。（他专门做木匠活。）

（48）阿水哥专工养猪。（阿水哥专门养猪。）

（49）俍无去外背做事,在屋下专工带人。（我没出去干活,专门在家带小孩。）

2）用作"特地；特意"时,表示仅仅为了某一目的。如：

（50）俍专工来请你,你一定爱来喔。（我特地来请你,你一定要来呀。）

（51）佢今日专工到你屋下看你。（他今天特意到你家看你。）

（52）为着佢吔事,俍专工行一趟。（为了她的事,我特地跑一趟。）

9. 直直 tsʰɛʔ⁵tsʰɛʔ⁵/绑直 paŋ²⁴tsʰɛʔ⁵

"直直、绑直"相当于"径直；直接；专门",表示直接进行某一动作,不绕弯,不多费周折。如：

（53）俍直直去□tsʰen²⁴管这事吔人。（我直接去找管这事的人。）

（54）今日直直到你这欤,无去其他地方。（今天径直到你这儿,没去其他地方。）

（55）俍直直来请你,你浪般都爱分个面欤。（我专程来请你,你怎么也要给个面子。）

（56）事做好,佢直直转屋下欤。（活干完,她直接回家了。）

10. 顺舍 suən²¹sa⁵²

"顺舍"表示做某事的时候附带做另一件事,相当于"顺便",位于动词性词语前作状语。如：

（57）你顺舍带一本书分佢。（你顺便带一本书给他。）

（58）俍顺舍一下做好欤。（我顺便一起做好了。）

（59）上街时节顺舍买斤猪肉转来。（上街时顺便买一斤猪肉回来。）

（60）路过菜园，顺舍拨滴罗卜。（路过菜园子，顺便拨点罗卜。）

11. 舍 sa^{52}

"舍"也可表示做某事时附带做另一件事，与"顺舍"相同，但有时在"顺便"的语义基础上，更侧重于表达同时兼顾或一起进行之意。如：

（61）俚这滴坐舍得你看店。（我在这儿坐顺便给你看店。）

（62）你吔包舍一下分俚拿好欸。（你的包一起给我拿好了。）

（63）反正无几个人，舍一下食哇。（反正没几个人，一起吃吧。）

（64）你舍一下去，有伴。（你也一起去，有伴。）

12. 枉 moŋ^{52}

表示做某事时带有很强的随意性，没有明确的目的感，近似于"随便"；多出现于表尝试貌的句子中，因所修饰的动词常常重叠或附加"下欸"，而这些都是客家话尝试貌的主要表达方式。如：

（65）——你想去哪欸喔？（你是不是想去哪儿？）

——无，枉行行欸。（不，随便走走。）

（66）——你打唵多羊毛衫，想赚钱啊？（你打这么多毛衣，想赚钱啊？）

——反正无事，枉打下欸吔。（反正没事，随便打打的。）

（67）俚知收无希望吔，枉考下欸吔。（我知道没希望的，随便考考的。）

（68）这戏可能无嘛好看，舍都来欸，俺枉望下欸。（这戏可能不怎么好看,既然来了,咱随便看看吧。)

（69）佢可能无在,偓也无好清楚,你自家枉过来望下欸。（大意：她可能不在,我也不是很清楚,你自己过来看看吧。）

13. 挑挑 tiəu³³tiəu³³/挑公 tiəu³³koŋ³³

"挑挑、挑公"都是指动作行为是有意或存心进行的,而以期达到某一目的,而这目的多是负面的或消极的,主要用于修饰动词性词语。如：

（70）挑挑唉样讲分大家听吔啰。（有意这样说给大家听的啦。）

（71）你想挑挑弄衰人?（你想存心捉弄人?）

（72）佢两个人看倒偓,挑挑唔喊偓。（他们俩看见我,有意不叫我。）

（73）甲文件局长挑挑唔分佢知。（那文件局长存心不让他知道。）

（74）到时节,偓挑挑假装唔识得你。（到时,我假装不认识你。）

有时,"挑挑+（唉样）吔"可成句,"吔"是语气词,表示肯定、确认,这或许是"挑挑"后省略了动词的一种简略表达式,除此之外,未见有其他用法。如：

（75）佢挑挑吔。（他存心的。）

（76）唔□mei²¹挑挑吔。（不是存心的。）

（77）你挑挑唉样吔。（你有意这样的。）

14. 竟₃ ken⁵²

"竟₃"相当于"径自",表示独自直接进行某事,位于动词性词语之前作状语,常与时间副词"先"、代词"自家"一起出现。如：

（78）等大家来齐,莫自家竟食。（等大家到齐,别自己径自先吃。）

（79）你先自家竟去，阿叔等下就来。（你自己先去，爸爸等会就来。）

（80）你竟先睡，厓洗好脚就来。（你自己先睡，我洗完脚就来。）

（81）佢自家在前面竟行，无管其他人。（他自己径自在前面走，不管其他人。）

（82）人大家还盲有讲，佢自家竟先讲起来。（人家还没说，她自己径自先说起来。）

15. 凑 $tsʰəu^{52}$／凑□$tsʰəu^{52}mian^{52}$／浪省 $lan^{52}san^{52}$

"凑、凑盲、浪省"意即"乱；胡乱"，表示行动之前未经认真考虑，随意胡乱地进行，只用于修饰动词性词语。如：

（83）算正来，莫凑算！（算好了，别乱算！）

（84）你意故蛮吔东西都可以凑食？（你以为谁的东西都可以乱吃？）

（85）买东西爱望清楚来，莫凑买。（买东西要看清楚，别乱买。）

（86）脚下有鸡屎，莫凑踏！（脚边有鸡粪，别乱踩！）

（87）这话唔□mou^{52}在外背凑讲，分人听到吔话会收拾。（这话不能在外边乱说，被人听到的话就糟了。）

二、体貌副词

（在）这欸、（在）甲欸、（一）直、竟$_4$。

体貌副词是指置于谓词性词语前表达一定体貌意义的修饰性成分。永定客家方言能充当体貌标记的副词主要有"（在）这欸、（在）甲欸、（一）直、竟$_4$"，这些副词都能表持续，在持续体一节中也有讨论，这里主要分析同时又能表进行的"（在）这欸、（在）甲欸"。

普通话的进行体有三种表达方式，一是在动词之前用副词"在""正在"；二是在动词之后用助词"着"；三是在句末用语气助词"呢"，而且"在""正在""着"或"呢"常可共现。永定客家方言没有专门用于表达进行体的助词，只有在动词之前用"在这欵/在甲欵"来表示。

1. "在这欵/在甲欵"用于表进行

"在这欵/在甲欵"用作进行体副词时，"在"也常省去，直接用"这欵/甲欵"来表达。与表持续时一样，"（在）甲欵"的语义似乎比"（在）这欵"更虚一点，以此表达进行体更为自然，歧义较少，而"（在）这欵"所含的处所义成分更多些，较少用于表达动作行为的进行。

1)"（在）这欵/甲欵"单独位于动词性词语前，表示动作行为正在进行。如：

（88）——你老弟欵？□ts^{h}en^{24}佢有滴事。（你弟弟呢？找他有点事。）

——甲欵望电视可多。（可能在看电视。）

（89）你这欵等佢啊，□ka^{52}俚先行啦。（你在等他啊，那我先走啦。）

（90）俚入门时，看倒佢甲欵折衫裤。（我进门时，看见她在叠衣服。）

（91）你莫动，俚这欵画图。（你别动，我在画图。）

（92）阿哥甲欵做作业，你莫去吵佢。（哥哥在做作业，你别去吵他。）

（93）你等佢一下，佢甲欵着鞋。（你等他一会，他正在穿鞋。）

以上几例中，虽然动词"望、等、折、画、做、着"所表达的动作也有一个或长或短的持续过程，但说话者强调的是在那一刻此动作正在进行。

2)"(在)这欸/甲欸"用于进行时,常受表"正好;刚好"的时间副词"堵堵₁"的修饰,"堵堵₁"和"甲欸/这欸"联合出现于动词性词语前,表达的语义是"正好正在+VP",进行的体意义通过"堵堵₁"得以强化。如:

(94)佢来时,𠊎堵堵甲欸骂细人欸。(他来的时候,我正好在骂小孩。)

(95)你喊𠊎时,𠊎堵堵甲欸接电话。(你叫我时,我正好在接电话。)

(96)𠊎堵堵这欸讲佢,咹大人欸,还唔识想。(我正好在说他呢,这么大的人了,还不懂事。)

(97)佢堵堵甲欸洗浴,无听倒有人喊门。(他正好在洗澡,没听见有人叫门。)

(98)——你阿娓食饭盲有?(你妈吃饭了没有?)
——堵堵甲欸食。(正好在吃。)

2. 体貌副词"在这欸/在甲欸"的来源

"(在)这欸/甲欸"在永定客家方言中存在三种用法:

其一,"在"是动词,"这欸/甲欸"是处所词,相当于"这儿/那儿","在这欸/在甲欸"是动宾组合。如:

(99)𠊎在这欸,佢在甲欸。(我在这儿,他在那儿。)

(100)你哋屋下在这欸,也兜在甲欸?(你的家在这儿,还是在那儿?)

(101)𠊎哋书在这欸,佢哋书在甲欸。(我的书在这儿,他的书在那儿。)

其二,"在"是介词,"这欸/甲欸"仍是处所词,"在这欸/在甲欸"是表处所的介词结构,在句中作状语。如:

(102)在这欸/甲欸放倒几多鲜花。(在这儿/那儿放着很多鲜花。)

(103)老师在这欸休息,学生在甲欸休息。(老师在这儿休息，学生在那儿休息。）

（104）在这欸放呐係偓呐，在甲欸放呐係你呐。（放在这儿是我的，放在那儿是你的。）

其三，"在"不再是单纯的动词或介词，"在这欸/在甲欸"成为一个凝固的结构，语义上发生了一定的虚化，但尚未完全虚化，还残留着处所义的痕迹；语法功能是用于动词性词语之前，表示动作行为或情况在持续（包括进行）。

这些共时功能的分布可以反映出历时的变化，从"在这欸/在甲欸"是一个动宾组合到介宾词组，再到进行体副词，可以较清楚地看到体标记"在这欸/在甲欸"的来源及其虚化的轨迹；从中也说明，永定客家方言的进行（持续）体标记和其他一些方言的进行（持续）体标记一样，都是从表处所的介词结构虚化而来的，是一个处于半虚化状态的体副词，或称为准体副词。

三、语气副词

敢敢、死死$_2$、浪般、硬硬、生死、稳定、总係、係、真正、舍$_2$、本真、恰本、限事、真真、正经、正$_3$、争滴欸、堵堵$_2$、将盲、将问、敢、敢怕、敢係。

1. 敢敢 kaŋ^{52}kaŋ^{52}

"敢敢"用于一部分自主类动作动词之前，且多是单音节的自主动词，其后常跟着趋向补语。

1）出现于祈使句中，鼓励别人大胆地、放心地做某事。如：

（105）敢敢去，怕嘛！（大胆地去，怕啥！）

（106）敢敢割下去，无事！（大胆切下去，没事！）

（107）敢敢跳下去，坎正滴欸高。（大胆地跳下去，坎才一点儿高。）

(108) 你敢敢掯下去，偃捉倒欤。（你大胆敲下去，我抓稳了。）

(109) 敢敢讲佢知，有事偃对当！（大胆地告诉他，有事我担着！）

2) 有时出现于陈述句中，用于强调自己或别人曾大胆地、放心地做过某事。如：

(110) 佢就敢敢走入去。（他就大胆地闯进去。）

(111) 偃就敢敢当面行过去，看佢浪般。（我就大胆地当面走过去，看他能怎样。）

(112) 阿娓，蒂苦吔药都分偃敢敢吞下去欤。（妈妈，极苦的药都被我勇敢地吞下去了。）

(113) 佢敢敢捏倒甲行蛇，其他人都吓死欤。（他大胆地捏住那条蛇，其他人都吓死了。）

3) "敢敢"不能用于非自主的单音节动词之前，如一般没有以下的说法：

*敢敢病、*敢敢死、*敢敢怕、*敢敢想、*敢敢渴、*敢敢饥、*敢敢跌、*敢敢知、*敢敢醒、*敢敢有、*敢敢无、*敢敢碰。

2. **死死**$_2$ si^{52}si^{52}

"死死$_2$"用于强调一定存在某一动作行为，能与之结合的动词非常有限，主要是"记得、听放、想"等。如：

(114) 死死记得爱拿分佢吔，转下身就听放欤。（明明记得要拿给他的，转身就忘了。）

(115) 偃死死记得放到这滴欤吔，□kia^{33}唔知哪欤去欤。（我明明记得是放在这儿的，现在不知哪儿去了。）

(116) 偃死死无想倒你会啀样做。（我怎么也没想到你会这样做。）

(117) 大家都喊欤，就死死听放喊佢。（大家都叫了，就是忘了叫她。）

3. 浪般 lɔŋ²¹pan³³

"浪般"本是个疑问代词，是"怎么"的意思，如"你浪般来欸?（你怎么来了?）"，或许由于语义相关，句法位置也相同，都可位于谓词性词语前，因而，产生了语气副词的用法。用作语气副词时，表示说话人的态度、立场或某一事实非常明确，相当于"无论如何；不管怎样"，在句中常和"都"配合使用。如：

（118）俺浪般都爱去读书。（我无论如何都要去读书。）

（119）俺浪般都爱嫁佢。（我无论怎样都要嫁给他。）

（120）浪般你都爱来看佢下欸。（无论如何你都要来看她一下。）

（121）浪般都系你吔女欸，你唔管蛮管！（怎么说都是你的女儿，你不管谁管！）

（122）浪般都来唔及欸，干脆唔□mai⁵² 去欸。（无论如何都来不及了，干脆不要去了。）

4. 硬硬 ŋaŋ²¹ŋaŋ²¹

"硬硬"与"偏、偏偏"相似，表示故意跟外来的要求或客观情况相反，但故意相反的语气不如"偏偏"那么强烈，有时偏重于是一种固执的态度。如：

（123）俺喊佢唔□mai⁵² 去，佢硬硬就爱去。（咱叫她不要去，她偏偏就要去。）

（124）佢硬硬就爱咹样做，你来有嘛办法。（他偏偏就要这样做，你有啥办法。）

（125）细人欸硬硬就唔肯食饭，正唔会大。（小孩就是不肯吃饭，才不会长大。）

（126）俺细女就硬硬想去外背做工，浪般都讲唔听。（我小女儿就是想去外面打工，怎么劝都不听。）

（127）你硬硬就爱去弄佢哭。（大意：你偏偏想要把她弄哭。）

5. 生死 saŋ³³si⁵²

"生死"与"硬硬"有相同之处，也有不同之处，相同的是都含有不符合外来的要求或客观情况的因素；不同的是"硬硬"主要表达有意的抵触或固执的态度，语义偏向于消极贬义，而"生死"着眼于表达一种坚定的立场，是无论如何也不会改变的，大致相当于"死也……"，语义倾向中性。如：

（128）偓生死都爱得佢离婚，佢做得太过份欸，唔□mei²¹讲略略欸。（我死也要跟他离婚，他做得太过份了，不是一般的过份。）

（129）从□kia³³以后，生死都唔得佢讲话欸。（从今往后，死也不跟她说话了。）

（130）甲个妹欸自家生死爱跟佢吔，怪唔得男欸人。（那个姑娘自己死命要跟他的，不能怪那男人。）

（131）佢外家生死爱看过死佬正同意埋。（她娘家非要看过尸体才同意埋葬。）

（132）你生死想讲佢也无用，两个人生相唔合。（你死命要娶她也没用，两个人八字不合。）

6. 稳定 vuən⁵²tʰɛn²¹

与普通话一样，"稳定"可作动词和形容词，但除此之外，"稳定"还可作语气副词。

1）"稳定"作语气副词时，多用于未然的语境中，表达说话人对某种情况确信无疑，与"肯定"或"一定"很相似，但不如这两个词用得多。如：

（133）偓猜佢稳定赢。（我猜他肯定会赢。）

（134）偓同学稳定会来吔。（我同学一定会来的。）

（135）最后佢稳定会同意大家吔意见。（最后他一定会同意大家的意见。）

（136）佢日日稳定爱经过这欸。（她天天一定要经过这儿。）

（137）这病稳定会好。（这病一定会好的。）

2）"稳定"作语气副词也可在古汉语中找到源头，"稳""稳定""稳稳"在汉语史上都曾用作语气副词，表示"必定"或"准定"。如：

早从遂了从龙从虎风云气，稳受些滋草滋花，雨露恩。（元·无名氏《孟德耀举案齐眉》第二折）

若非是这一番赌，这状头稳是丁湜，不是别人了，今低了五名。（《二刻拍案惊奇》卷八）

若不然，送到东平府，女子稳定偿命。（《金瓶梅词话》第三十四回）

若不亏华严和尚点化，稳稳在地狱中不得翻身。（明·周清源《西湖二集》第七卷）

7. 总係 zoŋ^{52}hei^{21}

"总係"与"反正"或"横竖""迟早"相当，强调无论在什么情况下都不会改变结果；如果以复句形式出现，"总係"一般位于前一分句，且所在的分句多是肯定式，句末有语气助词"吔"与之呼应。如：

（138）这东西总係你吔，蛮都拿唔走。（这东西横竖是你的，谁也拿不走。）

（139）大家总係爱去吔，干脆早滴来去。（人家迟早是要去的，干脆早点去。）

（140）总係爱过这关吔，打理佢浪般都好。（横竖要过这关的，不管那么多了。）

（141）屋下吔事总係爱做吔，不如快滴做成佢。（家里的事反正是要做的，不如快点做完它。）

（142）总係爱送分你吔，你□kia^{33}拿去好欸。（迟早是要送给你的,你现在拿去好了。)

8. 係 hei²¹

普通话的"是"可放在动词或形容词前面,起加强肯定或说明申辩的作用,如:"这东西是好,我非常喜欢|我是到过他那儿,可他不在"。客家话的"係"与"真是"相当,一般不用于表申辩说明,多用于强调确认,并带有心悦诚服、无话可说的感叹意味。如:

(143) 这把刀係利,嘛个都割得断。(这把刀真是利,什么都能割断。)

(144) 你阿爹吔人係好,蛮都几肯帮。(你爷爷人真是好,谁他都肯帮忙。)

(145) 佢煮吔菜係好食,大家都想请佢做伙头。(他做的菜真的好吃,大家都想请他当厨师。)

(146) 人家係有水平,做得出咹好吔东西。(人家真是有水平,做得出这么好的东西。)

(147) 你女欸係会做,一个人当得□kia⁵² 个人。(你女儿真是能干,一个人能当好几个人。)

9. 真正 zen³³zen⁵²

"真正"语义上相当于"真的",作语气副词时表示对某一情况的确认,一般都和假设语气助词"吔话"共现,"吔话"位于"真正"所在分句的句末,组合在一起就是"(如果)真的……的话",但"吔话"有时也可被隐含,不在句中出现。如:

(148) 真正想去吔话,偃□kia³³ 帮你去买票。(真的想去的话,我现在帮你去买票。)

(149) 事实真正係咹样吔话,偃看就算欸。(事情真的是这样的话,我看就算了。)

(150) 你真正爱去吔话,就把细人欸一下带去。(你真的要去的话，就把小孩一起带去。）

（151）真正讲起来，你还爱喊佢姑婆嘍。（如果细究起来，你还要叫她姑婆呢。）

（152）你真正想考大学哋话，□ka⁵² 就爱佮死命考。（你如果真的想考大学，就要拼命努力考。）

10. 舍₂ sa⁵²

"舍₂"作语气副词，用于在对比的语境中强调某一事实，常带着轻蔑的口吻，多出现在后一分句中，如果换说成普通话，应与"还""却"较为接近。如：

（153）你莫讲唔肯，人家舍唔□mai⁵²。（你先别说不肯，人家还不要呢。）

（154）你莫想得咹正，佢舍唔分你。（你别想得那么美，我还不给你呢。）

（155）佢想赚大钱，结果舍折本。（他想赚大钱，结果却亏本了。）

（156）问佢，佢舍唔理你。（问他，他还不理你。）

（157）佢屋下离学校几近，舍唔使坐车。（我家离学校很近，还不用坐车。）

11. 本真 puən⁵²tsen³³

"本真"类似于"本、本来"，主要有以下两种用法。

1）强调事情或状况原本就是如此，句末常有语气助词"嘛"。如：

（158）佢本真就姓李嘛。（我本来就姓李嘛。）

（159）女欵本真就爱嫁人哋嘛。（女儿本来就是要出嫁的嘛。）

（160）这滴本真就有一行坑哋嘛，你自家无看倒啰，跌倒怪得蛮！（这儿本来就是有一条坑的嘛，你自己没看见，摔倒能怪谁！）

（161）佢本真就係咹样吔人，你□kia³³正知收啊？（她本来就是这样的人，你现在才知啊？）

2）表示事情原本如何或应该如何的，但实际情况并非如此，多用于前一分句中，句末有表肯定、强调的语气助词"吔"与之呼应。如：

（162）偓本真爱去吔，后背无闲。（我本来要去的，后来没时间。）

（163）佢本真无想读书吔，佢爷㪜硬硬逼佢读。（她本来不想读书的，她父亲硬逼她读。）

（164）今日本真爱割禾吔，碰倒天时唔□mou⁵²，就无割㪜。（今天本来是要割稻子的，刚好天气不太好，就没割。）

（165）偓昨日本真得佢讲好去打球吔，后背无去。（我昨天本来和他说好去打球的，后来没去。）

12. 恰本 kaʔ²puən⁵²

"恰本"常和"正"共同修饰含数量成分的结构，"正"表数量之少，"恰本"起强调的语气作用，普通话没有与之完全对应的说法，大致相当于"原本就只有……"的语意。如：

（166）恰本正两个，你想都拿去浪会做得。（本来就只有两个，你想都拿走那怎么可以。）

（167）偓恰本正煮滴㪜菜，你自家全旁食净㪜？（我就才煮了一点儿菜，你自己全吃光了？）

（168）恰本正买五个柑㪜敬神吔，就分你偷食撒两个。（就才买了五个橘子来拜神的，就被你偷吃了两个。）

如果是否定式，否定词"无"用于"恰本正"之后，不能出现在"恰本正"之前。如：

（169）恰本正无几个人，还和唔倒。（本来就没几个人，还和不来。）

（170）佢恰本正赚无两块钱，还分人抢走。（他本来就没赚多少钱,还被人抢走了。)

(171) 佢本正做无两下事,就喊手疾欸。(才没干多少活,就叫手痛了。)

13. 限事 hɛn²¹sə⁵²

"限事"一般要和"还"配合使用,分别出现于前后分句,意思相当于"本来就……还……",从对比中突出某一状况,且多是强调不好的、消极的状况。如:

(172) 人限事唔自然,还爱去田项做事。(人本来就不舒服,还要去田里干活。)

(173) 佢限事唔欢喜咃时节,你还去讲佢。(他本来就不高兴了,你还去说他。)

(174) 限事正无滴欸钱,佢老公还去赌博。(本来就没多少钱,她老公还去赌博。)

(175) 俇限事望唔得做好咃时节,你还来搞吵俇。(我本来就巴不得赶紧干完,你还来捣乱。)

14. 真真 zen³³zen³³

"真真"意思是"确实是;实在是",强调事情的真实性,并带有感叹的语气,多用于修饰形容词性结构,一般不修饰单音节的性质形容词。如:

(176) 这个人真真好好。(这个人实在是好。)

(177) 佢咃女欸真真好歪。(他女儿实在是丑。)

(178) 这屋住人真真好自然。(这房子住人实在是舒服。)

(179) 阿国佬真真牛哝健。(阿国实在是像牛一样壮。)

有时也用于修饰动词性结构。如:

(180) 甲戏真真好好看,浪般看都唔会腻。(那戏实在是好看,怎么看都不会腻。)

(181) 俇生婢真真会做,当得过男欸人。(我媳妇实在很会干活,抵得上男人。)

（182）你真真好会食，食得哝多落。（你确实是能吃，吃得下这么多。）

15. 正经 zen^{52}ken^{33}

"正经"与"真真"很相似，也是强调事情的确如此，但"真真"所表达的真实程度比"正经"高，感叹的意味也更浓；而且，"正经"常与假设语气助词"哋话"共现，而"真真"一般不用于含假设语气的句子中。如：

（183）偓正经几想读书。（我真的很想读书。）

（184）这细人欻正经好聪明。（这小孩真的很聪明。）

（185）佢可能正经有病，正会竟来竟瘦。（她可能真的有病，才会越来越瘦。）

（186）正经没人爱哋话，偓拿转屋下去喔。（真的没人要的话，我拿回家去了。）

（187）正经想帮人哋话，就爱出力帮。（真的想帮人的话，就要尽力帮。）

16. 正$_3$ zaŋ^{52}

"正$_3$"用于动词和形容词性词语之前，表达两种语义。

1）与"真真"相似，也用于强调事情的真实性，但因句末常有语气助词"喔"或"欻"与之匹配，所以感叹的意味更浓。如：

（188）这塑料花做得正像喔，得真哋样般。（这塑料花做得真像啊，跟真的一样。）

（189）甲个人哋心肝正歪欻。（那个人的心肠真的很坏啊。）

（190）这后生正会担喔，两百斤都担得起。（这小伙子真是能挑，两百斤都挑得动。）

（191）莫看佢哝样，正惜子孙欻。（别看他这样，真是非常疼子孙的。）

2）通过对比以突出强调某一事实，相当于"才是；才叫"，句末也多有语气助词"喔"辅以表达感叹的语气。如：

（192）——这妹欸嘴巴好会讲。（这女孩嘴巴很能说。）
——佢阿娓正会讲喔，你都唔知！（她妈妈那才叫能说呢，你都不知道！）

（193）佢□mei^{33}就会做事，其他嘛都唔会，牛正会做喔，有嘛用！（他就只会干活，其他什么也不会，牛才是会干活呢，有啥用！）

（194）这山有嘛高，甲山正高喔。（这座山有啥高，那座山才叫高呢。）

（195）——你种吔蕃茄咹大个。（你种的蕃茄这么大个。）
——这还算细吔啰，卖撒吔甲兜正大喔。（这还算小的了，卖掉的那些才是大呢。）

17. 争滴欸 zaŋ^{33}təʔ^{5}ei^{21}

客家话语气副词"争滴欸"的语义功能与普通话的"差点儿"基本相当，但"争滴欸"句末一般要附加语气助词"欸"。

1）表达一种庆幸的语气，即不希望实现的事情几乎要实现了，但最终没有实现，或几乎难以实现的事情最终却实现了。如：

（196）今日争滴欸迟到欸。（今天差点儿迟到了。）

（197）佢争滴欸病死欸。（他差点儿病死了。）

（198）俚争滴欸就赴唔倒这班车欸。（我差点儿就赶不上这班车了。）

（199）张老师争滴欸就评唔上教授欸。（张老师差点儿就评不上教授了。）

2）表达一种惋惜的语气，即希望实现的事情几乎要实现了，但最终没能实现。如：

（200）佢争滴欸就考倒大学欸。（她差点儿就考上大学

了。)

（201）小王争滴欸就出国欸。（小王差点儿就出国了。）

（202）老陈叔争滴欸当局长欸。（老陈叔差点儿当局长了。）

18. 堵堵₂ tə⁵²₂tə⁵²

"堵堵₂"强调在数量、程度、条件等方面的巧合，含有某种宽慰或满意感。如：

（203）五个人堵堵□laʔ² 欸。（五个人刚好够了。）

（204）堵堵唵阔欸，放得一张床落。（刚好这么宽，放得下一张床。）

（205）这件衫你着堵堵合适。（这件衣服你穿刚好合身。）

（206）咸味偃食堵堵好。（咸味我吃刚好。）

（207）偃今日堵堵无事，可以陪你嬲下欸。（我今天刚好没事，可以陪你玩一下。）

19. 将问 tsiaŋ⁵²muən⁵²/ 将盲 tsiaŋ⁵²maŋ³³/ 敢 kaŋ⁵²/敢怕 kaŋ⁵²pʰa⁵²/敢係 kaŋ⁵²hei²¹

表推测语气的特色副词有"将问、将盲、敢、敢怕、敢係"，这几个词的语义功能基本都相同。

1) 表达不太肯定的揣测语气，相当于"可能；或许；大概"。如：

（208）你阿叔将问去田项看禾欸。（你父亲可能去田里看稻子了。）

（209）今日将问会落雨，出门爱带把雨伞。（今天可能会下雨，出门要带把伞。）

（210）师傅将问无来欸，都唵暗啰。（师傅可能不来了，都这么晚了。）

（211）甲座栋将问无人住。（那栋楼可能没人住。）

（212）佢将问天光日出院。（他可能明天出院。）

2）都可和表猜测的语气（情态）助词"可多"前后配合使用（参看语气助词一节），以强化推测的语气。如：

（208）′你阿叔将问去田项看禾欶可多。

（209）′今日将问会落雨可多，出门爱带把雨伞。

（210）′师傅将问无来欶可多，都咹暗啰。

（211）′甲座栋将问无人住可多。

（212）′佢将问天光日出院可多。

3）"敢"作测度语气副词可在近代的一些文献中找到依凭，意思也相当于"可能；或许；大概"。如[①]：

那人敢是个近上的官员？（《大宋宣和遗事》前集）

海中景物与人间敢不同么？（元·李好古《沙门岛张生煮海》第一折）

时迁道："敢被野猫拖了，黄猩子吃了，鹞子鹰扑了去，我却怎地得知！"（《水浒全传》第四十六回）

他前边吃了酒进来，不然如何恁冲言冲语的！（《金瓶梅》第七十五回）

我说他敢有老婆！不然怎的扣捺的恁好针脚儿？（同上第三十九回）

"敢"又常和表判断的"是"一起出现，逐渐形成较凝固的说法——"敢是"，客家话即"敢係"。如：

这老子怎么瞅我那一眼，敢是见那个告状的人来？（元·无名氏《句待制陈州粜米》第二折）

毛太公道："不妨，既是落在我园里，敢是肚饥了，二位且少坐，吃些早饭去取。"（《水浒全传》第四十九回）

戴宗道："你敢是昨日不依我，今日连我也走不得住，你自

[①] 部分引例来自杨淑敏《元明时期新兴副词探析》，《山东社会科学》1994年第4期。

走去。"(同上第五十三回)

敢是你昨日来家晚了，酒多了头沉。(《金瓶梅》第七十九回)

除了"敢"外，"怕"也可单独表示猜测的语气。如：

那妇人道："请师父进庵里去吃。"武行者道："怕别有人暗算我么？"(《水浒全传》第三十二回)

都道："不认得，敢不是城中人，只怕是外县名山大刹居住。"(同上第四十四回)

同时，"敢"和"怕"可组成同义复合语气副词，说成"敢怕"或"怕敢"，但永定客家话不说"怕敢"，只说"敢怕"。如：

合寺僧众多道："本房行者不过出去看师父消息，为甚把房中搬得恁空？敢怕是乘机走了？"(《二刻拍案惊奇》卷三十六)

我夫妻两个在这里，也不是长久之计，敢怕随后收拾家私，也来山上入伙。(《水浒全传》三十一回)

店小二来问道："大哥是山东货郎，来庙上赶趁，怕敢出房钱不起。"(同上第七十四回)

第五节 否定副词的语义功能

永定客家方言的否定副词一共有 11 个。从语音形式上看，有单音节的，也有双音节的；从来源看，既有古汉语的传承，也有方言自身的创新；若与普通话比较，则包含与普通话对应的成分，也有普通话所没有的成分，即使是与普通话的某个否定副词对应的成分，在具体的语义功能上也常常存在一定的差异。以下就分单音否定副词和双音否定副词两类分别进行分析。

一、单音否定副词

唔、无、莫、盲

（一）唔 en³³

1."唔"是永定客家方言最基本的否定副词之一,语义功能表现为:

1)单说,多用于对"VP 唔"式反复问做出否定的回答,且 VP 只能是动词性的词语。如:

你去唔?（你去不?）

——唔,𠊎唔去。（不,我不去。）

你八月半转外家唔?（你中秋节回娘家不?）

——唔,无闲。（不,没空。）

如果是形容词性词语,对"AP 唔"的回答不能只用一个"唔",常说"唔 A"。如:

这题你看做得着唔?（这道题你看做得对不对?）

——唔着。（不对。）

你看𠊎𠮶面红唔?（你看我的脸红不红?）

——唔红。（不红。）

如果问句是其他形式,也常用"唔 V"来回答。如:

这事你知无?（这事你知道吗?）

——唔知。（不知道。）

你去唔去?（你去不去?）

——唔去。（不去。）

你想也兜唔想?（你想还是不想?）

——唔想。（不想。）

你阿叔去哪欸?（你父亲去哪儿了?）

闽西永定客家方言虚词研究

——唔知。(不知道。)

2) 位于单个的动词或形容词之前,对某种动作、变化、关系、性质等进行否定。

(a) "唔"可以修饰绝大部分的自主和非自主动词。如:

唔去、唔转、唔食、唔望、唔动、唔做、唔提倡、唔检查、唔拣秋(收拾)、唔批发、唔怕、唔惊、唔喜欢、唔高兴、唔希望、唔饥、唔醒、唔像、唔姓、唔等于。

有一部分非自主动词不能被"唔"所修饰。如:

*唔病、*唔跌、*唔变化、*唔醉、*唔聋、*唔白(瞎眼)、*唔昏、*唔听放(忘记)。

(b) 状态形容词不能被"唔"修饰,但几乎所有的性质形容词都能被"唔"修饰。如:

唔大、唔细、唔高、唔矮、唔红、唔白、唔肥、唔瘦、唔清楚、唔伶俐(干净)、唔公正、唔自然(舒服)、唔过瘾、唔复杂、唔干脆、唔光彩、唔发达、唔过分。

3) 可用于修饰所有的助动词。

永定客家方言的助动词主要有"敢$_1$、敢$_2$、肯、甘愿(愿意)、识、有、可以、可能、能够、会、准、应该、爱、好",这里主要分析"敢$_2$、好、爱、识"与"唔"组合的情形。

(a) 唔敢$_2$ en^{33}kaŋ^{52}

助动词"敢 kaŋ^{52}"的语义功能较复杂,暂且分为"敢$_1$"和"敢$_2$"。"敢$_1$"是与普通话对应的部分——表示有勇气、有胆量做某事,或有把握做出某种判断;"敢$_2$"是普通话所没有的用法——表示客观事理上是否许可做某事,大致相当于"能;可以"。如:

(1) 大家都来齐欸,□kia^{33}敢开始食无?(大家都到齐了,现在可以开始吃了吗?)

(2)——你阿姐欸?(你姐姐呢?)

——在甲欸睡。(在睡呢。)

——□ka^{52} 俚敢喊醒佢无?(那我能叫醒她吗?)

(3) 头到讲做唔得,□kia^{33} 敢唔敢去□ts^{h}en^{24} 佢?(刚才说不行,现在可不可以去找他了?)

但"敢$_1$"和"敢$_2$"之间存在密切的联系,如形式上完全相同,句法位置相似,且"勇气;胆量"到"能;可以"语义上相通。因此,可以断定"敢$_2$"是由"敢$_1$"发展而来的,是"敢$_1$"语义功能分化的体现。

"敢$_1$"和"敢$_2$"也都能被"唔"所修饰,"唔敢$_1$"的用法与普通话"不敢"对应,"唔敢$_2$"则多出现在长辈对小孩或晚辈所说的话语中,用于禁止、警告、提醒等,以免发生说话人认为不好或有危险的动作行为或事件。如:

(4) 放学唔敢去溪坝洗浴啊!(放学后不能去河里游泳啊!)

(5) 唔敢得同学相打啊!(不能和同学打架啊!)

(6) 细人欸唔敢嬲筷欸,怕捅倒目珠。(小孩子不能玩筷子,以免戳伤眼睛。)

(7) 暗时头唔敢自家一个人出门啊。(晚上不能自己一个人出门啊。)

(8) 唔敢全旁食净,爱留兜分老弟啊。(不能全部吃掉,要留些给弟弟啊。)

(9) 唔敢一食饱就眠倒,快滴坐起来!(不能一吃饱就躺着,快点坐起来!)

以上例句中的"唔敢"虽可对译成普通话的"不能;不可",但与"不能;不可"相比,"唔敢"的口气更委婉、温和,还附带着关爱;而且,与普通话"不能;不可"所表达的禁止、警告相当或更严厉的说法,客家话多用"唔准"来表示。

另外,由于"唔敢$_1$"和"唔敢$_2$"具有很强的相似性,如果

"唔敢$_2$"句中没有特殊的成分，就有可能产生歧义，如例（6），如果只看句子，也可理解成"小孩子害怕玩筷子，怕戳伤自己的眼睛"；但因"唔敢$_2$"的特殊语境和句末常附带的祈使语气助词"啊"，因而，一般情况下不致于产生歧义。

(b) 唔□en^{33}mou^{52}

"好hou^{52}"在永定话中也可作助动词，常位于动词性词语前，相当于"可以、应该、能够"等，如"好去欸（该走了）｜好食饭欸（可以吃饭了）"。当"好"被否定副词"唔"修饰时，因受前一音节"唔"的影响而发生了变读，说成"mou^{52}"，所以，"□mou^{52}"的本字就是"好"。①

助动词"好"的语义功能与"敢$_2$"基本相同，相应地，"唔□mou^{52}"也与"唔敢$_2$"对应，可以互相换用，只是"唔□mou^{52}"的口气又更温婉，所包含的"禁止、警告"义较为轻微。以上例（4）至例（9）的中"唔敢"都可用"唔□mou^{52}"来替代。如：

(4)′放学唔□mou^{52}去溪坝洗浴啊！

(5)′唔□mou^{52}得同学相打啊！

(6)′细人欸唔□mou^{52}戮筷欸，怕捅倒目珠。

(7)′暗时头唔□mou^{52}自家一个人出门啊。

(8)′唔□mou^{52}全旁食净，爱留兜分老弟啊。

(9)′唔□mou^{52}一食饱就眠倒，快滴坐起来！

(c) 唔□en^{33}mai^{52}

"爱uei^{52}"在永定方言中也是一个兼类词，作动词时表示

---

① "唔□mai^{52}""唔□mei^{21}"与此相似，"□mai^{52}""□mei^{21}"的本字是助动词"爱"和判断动词"係"，都是受"唔"的发音影响而变读为"mai^{52}/muei^{52}""mei^{21}"（在语气助词一章中讨论），为如实地反映语音原貌，且能较好地发现语言现象之间的联系，在本书中，"唔好""唔爱""唔係"中的"好""爱""係"分别用□mou^{52}、□mai^{52}、□mei^{21}表示。

"爱；喜欢"等语义，作助动词时与普通话的助动词"要"相当，如"佢爱来（他要来）｜衫裤爱洗净（衣服要洗干净）"。

与"好"相似，当助动词"爱"被"唔"修饰时，也受"唔"的语音影响而变读为 mai^{52}（或是 $muei^{52}$），"唔爱"就说成"唔□mai^{52}"，"□mai^{52}"本字就是"爱"。由于助动词"爱"与普通话的"要"基本对应，"唔□mai^{52}"也就相当于"不要、别"，用于对某种意愿进行否定或禁止、劝阻等。如：

（10）俚唔□mai^{52}你来，爱阿娓来。（我不要你来，要妈来。）

（11）佢爱红吔，唔□mai^{52}黄吔。（她要红的，不要黄的。）

（12）这件事唔□mai^{52}讲佢知。（这件事不要告诉她。）

（13）唔□mai^{52}大家都去，就得佢自家去。（不要大家都去，就让他自己去。）

（14）你浪般都唔□mai^{52}嫁分这个烂仔。（你无论如何都别嫁给这个二流子。）

（d）唔识 $en^{33}sə?^2$

助动词"识"与粤语的"识 $ʃek^{55}$"[①]一样，表示懂得、有能力或善于做某事，"唔识"即是对"识"的否定。如：

（15）俚阿爹唔识看报纸。（我爷爷不懂看报。）

（16）咹大个人欸还唔识想。（这么大的人了还不懂事。）

（17）这个字大家唔识写。（这个字大家都不会写。）

（18）你□mei^{33}就识食饭，嘛都唔识做。（你就只会吃饭，什么都不会做。）

（19）佢其他都好，就唔识读书。（她其他方面都好，就是不会读书。）

[①] 李新魁等《广州方言研究》，广东人民出版社1995年，第432-433页

4) 用在动宾结构或动补结构中，表示否定。

（a）"唔"位于动宾结构之前，对整个动宾短语所述的情况进行否定。如：

唔看人、唔读书、唔打字、唔做事、唔贪污钱、唔扫地下。

（b）对述补结构的否定，有两种情形：一是"唔"位于述补结构之前，对整个述补短语所表达的内容进行否定，如"唔过去、唔上来、唔做好、唔食饱、唔洗净、唔讲清楚"；二是位于述补结构之间，只对补语部分进行否定，如"过唔去、上唔来、做唔好、食唔饱、洗唔净、讲唔清楚"。

但"唔"不能否定带补语标记"去、到、来、得来"的组合式述补结构，只能否定含补语标记"得"的组合式述补结构，而且，进行否定时"唔"不能置于述语之前，只能位于述补之间，如上例"过唔去、上唔来、做唔好、食唔饱、洗唔净、讲唔清楚"也可以是"过得去、上得来、做得好、食得饱、洗得净、讲得清楚"的否定形式。

5) 用于构成"VP 唔（VP）"式反复问（见相关章节）。

2. "唔"与普通话"不"的语义功能基本相同，仅在极少数具体用法上存在些许差异：

1) 单说时，普通话的"不"能用于更正自己说的话，而"唔"一般不作此用，在这一说法上，永定客家话多说"唔□mei^{21}（不是）"，如：

我三点去，不，不，四点。

——俚三点去，唔□mei^{21}，唔□mei^{21}，四点"。

2) 普通话可将"不"插在意思相对的单音节动词、形容词、名词、方位词等中间，组合成"不 A 不 B"结构，表示既不像这，也不像那，是一种令人不满意的中间状态；与此相当的说法，客家话很少说"唔 A 唔 B"，而多用"A 唔 A，B 唔 B"的形式。如：

生唔生，死唔死，坐唔坐，徛唔徛，红唔红，绿唔绿，大唔大、细唔细、洋唔洋、土唔土、男唔男、女唔女、人唔人、鬼唔鬼、上唔上、下唔下、中唔中、西唔西

3）普通话"不"可用在一些数量词语前面，表示量少或时短，如"不几步、不几天、不一会、不一阵"，而客家话的"唔"不能直接用于修饰数量成分，若要直接修饰这类数量成分，只能用另一否定副词"无"，如"无几步、无几日、无一刻欸、无一阵欸"。

（二）无 mou²⁴

1. "无"也是永定客家方言最基本的否定副词，通常用于：

1）单说，对一些"有无 VP"或"VP 无①"式反复问做出否定的回答，VP 包括动词性和形容词性词语。如：

你有无带书包？（你有没有带书包？）

——无

佢拿倒东西无？（他拿着东西没有？）

——无

这葡萄甜无？（这葡萄牙甜吗？）

——无

2）修饰动词性词语，表示对某一动作行为的发生、经历或完成的否定。如：

（20）佢食欸，𠊎无食。（他吃了，我没吃。）

（21）你昨暗晡无洗脚就睡欸。（你昨晚没洗脚就睡了。）

（22）𠊎有看倒佢，无看倒你。（我看见她了，但没看见你。）

---

① "VP 无"中"无"既是正反问句中的否定词，也用作是非问句中的疑问语气词。具体参看疑问语气助词一节。

（23）阿哥去过北京，阿嫂无去过。（哥哥去过北京，嫂子没去过。）

（24）佢哋写好欸，𠊎哋还无写好。（她写好了，我的还没写好。）

3）修饰形容词性词语，表示对某一性质、状态或变化的否定。如：

（25）这花有香，甲花无香。（这花香，那花不香。）

（26）你上次买嘅被无烧。（你上次买的被子不暖和。）

（27）佢讲嘅妹欸靓就无靓，几勤力着定。（他谈的姑娘不怎么漂亮，但就是很勤快。）

（28）今日洗嘅衫还无燥。（今天洗的衣服还没干。）

（29）你试食这个，这个李欸无咹涩。（你试吃这个，这个李子不那么涩。）

（30）𠊎哋面从小就无白过。（我的脸从小就没白过。）

4）构成"VP 无（VP）"或"有无 VP"式反复问，VP 包括动词性词语和形容词性词语，"VP 无（VP）"中第二个 VP 也可省略（详见相关章节）。

5）用在"无 A 无 B"结构中，表示否定，A、B 多是单音节的动词、形容词、名词或方位词。如：

无答无对（回话时有一句没一句或所说的话意思不明确）、无落无着（没着落）、无眠无睡、无出无入（没有出门）、无下无势（没礼貌）、无盐无味、无名无姓、无精无神、无上无下（在长辈面前言行不当）

2. "无"与普通话的"没（有）"都表达否定义，都属动、副兼类词——用在体词性成分前时是动词，用在谓词性成分前则是副词；用作否定副词时，两者的用法也基本相同，差别甚少。不同主要有以下几点：

1）用于修饰形容词时，"没（有）"仅限于修饰表示状态变化的形容词，而"无"还可修饰表示性质的形容词，如上例（25）至例（27）的"无"，译成普通话时，要用"不"来表达，不用"没（有）"来表示。

2）客家话的"无"可用于修饰一些表心理活动的动词，而普通话的"没（有）"很少这样用，多用"不"来修饰这类动词。如：

（31）佢本真无想去上海工作吔。（他本来不想去上海工作的。）

（32）𠊎就无怕佢，佢想当滴官好风神！（我就不怕他，他以为当个官有多了不起！）

（33）细人欸无惊，大人惊得会死。（小孩子不怕，大人却怕得半死。）

（34）读书佢无讨厌，就讨厌去学校下着定。（读书她不讨厌，就是讨厌去学校罢了。）

3）普通话的"没（有）"对动作行为进行否定时，仅限于指过去或现在，不能指将来，但客家话的"无"除了能否定过去或现在的动作行为外，有时还可否定将来的动作行为。如：

（35）𠊎后日无来，莫等𠊎啊。（我后天不来，别等我了。）

（36）佢下星期请假，无来上班。（他下星期请假，不来上班。）

（37）𠊎子欸明年可能无考大学。（我儿子明年可能不考大学。）

3. 在客家话内部，"唔"与"无"的区别恰似普通话"不"与"没（有）"的对立，因此，"唔"与"无"的差异与"不"与"没（有）"的区别很相似，表现如下：

1）"唔"倾向指主观愿望，"无"则多用于表客观陈述，两者各有分工，所以，尽管有时"无"替代了"唔"的功能——用作表主观愿望,译成普通话相当于"不",如上例(31)至例(37)用于修饰心理活动类动词或对将来的动作行为进行否定,但在这些句子中,"无"的主观性仍不如"唔"强,多少还带有客观陈述的意味,如例(36),"不来上班"是因为"请假"了,并不是说话人纯主观地不想上班。

若被修饰成分是性质形容词,"唔A"与"无A"所表达的意义相同,都倾向于对客观性状的否定,但普通话一般不用"没(有)A"来表达。如:

唔香——无香、唔红——无红、唔烧——无烧、唔靓——无靓。

2)"唔"可用于对过去、现在或将来的动作行为进行否定,而"无"多否定过去或现在的动作行为,较少否定将来的动作行为。

3)与普通话"不"一样,"唔"可以用于修饰所有的助动词,"无"只能用在"可能"之前。

(三)莫 $mɔʔ^5$

1."莫"在永定客家话中只能作否定副词,语义功能主要有:

1)在祈使句中修饰动词性或形容词性词语,表示劝阻或禁止。如:

莫笑!|莫去!|莫怕!|莫眠倒!|莫讲话!|莫吝啬!|你莫咹着急!

2)在祈使句中修饰小句或复句形式的谓语,表示劝阻或禁止。如:

(38)莫细人欸自家欸在屋下!(别让小孩自己呆在家!)

(39)莫一个人坐到这滴!(别一个人坐在这儿!)

(40)莫偃去哪欸你也去哪欸!(别我去哪儿你也去哪儿!)

（41）你莫唔帮偠还不如期，还来骂偠。（你别不帮我还不算，还来骂我。）

（42）莫偠连边喊，你连边走。（别我一边叫，你还一边跑。）

3）表示提醒、建议、担心或揣测，一般都是指不希望发生的事情。如：

（43）天日你莫睡忒迟啊。（明天你别睡得太迟啦。）

（44）在学校下莫得人相打啊！（在学校别跟人打架啊！）

（45）你莫用左手写字，爱用右手写。（你别用左手写字，要用右手写。）

（46）车还盲有来，莫来唔及喔。（车子还没有来，别来不及了。）

（47）到口kia³³还盲转，莫出嘛事啰。（到现在还没回来，别是出事了。）

（48）你哋额头咹烧，莫病喔。（你的额头这么烫，别病了。）

2."莫"与普通话的"别"基本相当，但"别"在表示劝阻或禁止时可单说或单独作谓语，如"我明天就不来了吧。——别，别，你明天一定要来！｜你病了，我不想去国外了。——别呀，多好的机会呀！｜我先走了。——你别！等我一会儿，我们一起走"，而客家话的"莫"一般不能单说或单独作谓语。

（四）盲 maŋ³³

1."盲"是永定客家方言中很有特色的一个否定副词，可有以下几种表达方式：

1）用于修饰自主类动词性词语，有时也可修饰形容词性词语，表示说话时尚未打算实现某一动作行为或达到某一状态，相当于"还不"。如：

（49）佢盲转，俺大家先转。（他还不回去，我们先回去。）

（50）你还盲想去上班啊？都九点啰。（你还不想去上班啊？都九点啦。）

（51）偃盲唉快去，早去也无事。（我不想那么早去，早去了也没事。）

（52）偃盲唉急，等偃阿哥讨人过后偃正结婚。（我还不急，等我哥结婚以后我再结婚。）

（53）——你洗浴唔？（你洗澡不？）

——你先洗，偃盲唉慌，身项还几多汗。（你先洗，我还不急，身上还有很多汗。）

2）用于修饰动词性或形容词性词语，表示到说话时为止某动作行为或状态变化尚未实现，相当于"还没"。如：

（54）都12点欸，大子还盲归来。（都12点了，大儿子还没回来。）

（55）学校盲开学，爱等到九月份。（学校还没开学，要等到九月份。）

（56）佢屋下还盲食饭，正开始煮。（她家里还没吃饭，才开始煮。）

（57）你哋病盲好好，还爱住院。（你的病还没很好，还要住院。）

（58）□pi³³ 欸还盲红，还食唔得。（柿子还没红，还不能吃。）

3）用于修饰动词性词语，表示客观事理还不允许实行某一动作行为，常有"会、好、敢"等助动词与之共现。如：

（59）偃盲转得，你大家先转。（我还不能回去，你们大家先回去。）

（60）佢盲会来，爱分细人欸食奶。（她还不能来，要给小孩喂奶。）

（61）□pi³³ 欵还盲好食，唔□mou⁵² 去□lɛʔ² 撇喔。（柿子还不能吃，不能去摘掉啊。）

（62）佢爷欵昨日过身欵，大家还盲敢讲佢知。（他父亲昨天去世了，大家还不敢告诉他。）

4）用于构成"VP 盲"式反复问，有时也可单用"盲"作否定的回答（详见相关章节）。

5）"盲"也可以修饰所有的助动词，语义上相当于"还不＋助动词"，比如"盲敢₂"表示"还不能；还不可以"。如：

（63）你这事盲敢讲出去。（你这事还不能说出去。）

（64）病都好欵，就还盲敢做事。（病都好了，就是还不能干活。）

（65）佢正睡一下欵，盲敢吵佢。（他才睡一会儿，还不能叫醒他。）

2. "盲""唔""无"的基本功能都是对动作、行为、变化、性质、状态等进行否定，但"唔"与"无"的否定较单纯，时制性不强，可用于指过去、现在或将来，而"盲"因含有"尚未"之意，所以，只能对将来的动作行为或状态变化做出否定，即强调未然的动作、变化等。

二、双音否定副词

盲有、盲连、盲前、唔前、唔连、盲呛、唔使

1. 盲有 maŋ³³iəu³³/盲连 maŋ³³lien²⁴/盲前 maŋ³³tsʰien²⁴

"盲有"是由"盲"和"有"凝固而成的一个否定副词，与"盲"单独用作否定副词相比，或许因后面多附了"有"，所以与其他词语的结合面更窄，语义功能也相对狭小。

"盲有"一般不用于表达主观上还没打算实现某一动作行为

或达到某一状态,也不表示客观事理还不允许实行某一动作行为,而主要用在动词性或形容词性词语之前,表示到说话时为止某动作行为或状态变化尚未实现,相当于"还没(有)"。如:

(66)佢盲有来上班,你等下欸。(她还没来上班,你等一下。)

(67)大家都盲有拿倒,你莫慌。(大家都还没拿到,你别急。)

(68)你口kia^{33}还盲有醒啊,都几多点欸?(你现在还没醒啊,都几点了?)

(69)杨梅还盲有等转红,就分细鬼欸口iɛʔ^{2}净欸。(杨梅还没转红,就被小孩子摘光了。)

(70)番薯还盲有面,爱蒸下添。(红薯还没熟,要再蒸一下。)

(71)你吔头牙毛还盲有好白,俚吔早竟几白欸。(你的头发还没有很白,我的早就很白了。)

"盲有"也可换说成"盲连"或"盲前",且相对来说,"盲连"的使用频率比"盲前"略高;而与"盲"一样,这三个词也都能构成反复问句(详见相关章节)。

2. 唔前 en^{33}tsʰien^{24}/唔连 en^{33}lien^{24}

"唔前、唔连"与"盲有、盲连、盲前"的语义功能十分相近,都是对某一动作行为或状态变化已经实现的否定,但也存在细微的差别,表现在:"盲有、盲连、盲前"强调目前来说动作行为或状态变化尚未实现,将来很有可能会实现;而"唔前、唔连"更倾向于仅对动作行为或状态变化实现与否做出单纯的否定,并不理会将来是否要实现。这点语义上的差别,应该归之于两组词所包含的否定语素不同,一个是包含"尚未"义的"盲",一个是单纯性否定的"唔"。比较如下:

(72)(a)阿哥来欸,老弟盲有来。(哥哥来了,弟弟还没来。)

(b) 阿哥来欸,老弟唔连来。(哥哥来了,弟弟没来。)

(73)(a) 佢食饱欸,偃盲有食。(她吃饱了,我还没吃。)

(b) 佢食饱欸,偃唔连食。(她吃饱了,我没吃。)

(74)(a) 青菜熟欸,猪肉盲有熟。(青菜熟了,猪肉还没熟。)

(b) 青菜熟欸,猪肉唔连熟。(青菜熟了,猪肉没熟。)

但如果"唔前"或"唔连"之前添加了"还",则与"(还)盲有、(还)盲连、(还)盲前"表达的语义相同。如:

(72)′(a) 阿哥来欸,老弟(还)盲有来。

(b) 阿哥来欸,老弟还唔连来。

(73)′(a) 佢食饱欸,偃(还)盲有食。

(b) 佢食饱欸,偃还唔连食。

(74)′(a) 青菜熟欸,猪肉(还)盲有熟。

(b) 青菜熟欸,猪肉还唔连熟。

"唔前"和"唔连"也可用于构成"VP 唔前/唔连"式反复问,不过,若出现在这种反复问句中,"VP 唔前/唔连"所表达的语义就与"VP 盲有/盲连/盲前"相同,都是询问在此之前某一动作行为是否已实现或某种情状变化是否已具有(详见相关章节)。

3. 盲呛 maŋ³³tsʰiaŋ⁵²

"盲呛"也是一个表否定的副词,意思是"暂且不要;先别",常出现在祈使句中,多修饰动词或动词短语,有时也修饰形容词短语,但不能修饰单个的性质形容词。如:

(75) 偃大家先行,你盲呛去。(我们先走,你先别去。)

(76) 盲呛食,等大家一下食。(先别吃,等大家一起吃。)

（77）偱想盲呛得佢讲，过一□pɔʔ² 欸正来。（我想先别跟他说，过一段时间再说。）

（78）先盲呛煮咹久，等下添爱再煮过吔。（先别煮那么久，等会儿是要再煮的。）

（79）盲呛咹慌做得，慢慢欸来。（可以先别这么急，慢慢来。）

（80）学担东西一下手盲呛咹重，爱滴欸滴欸来加。（学挑东西时一下子先别挑那么重，得一点儿一点儿地增加。）

4. 唔使 en³³sə⁵²

"使"一般不能单用，但与"唔"组合后，可用作动词和否定副词，意思相当于"不用；不需要"。作动词时，能单说，也能作谓语。如：

（81）——爱人陪你去唔□mai⁵²?（要不要别人陪你去?）
——唔使。（不用。）

（82）——爱纸唔使?（要不要纸?）
——唔使。（不用。）

（83）唔使咹多人，三个人就□laʔ² 欸。（不用这么多人，三个人就够了。）

但"唔使"更常位于谓词性词语之前作否定副词。如：

（84）你唔使去欸，佢自家来欸。（你不用去了，他自己来了。）

（85）唔使坐甲欸，坐这滴来。（不用坐那儿，坐这儿来。）

（86）唔使你自家做，有生婢会替手。（不用你自个儿做，有媳妇帮忙。）

（87）你唔使咹慌做得，来得及。（你不必这么急，来得及。）

（88）唔使咹多，分滴欸偱就做得。（不用这么多，分点给我就行了。）

第三章 连　词

连词是用以连接词、词组或分句（小句），表示各种语法关系的词。在实际使用中，连词不表达实在的词汇意义，没有修饰或补充的功能，只起连接的作用，也不能充当句子成分，这些语法特征使其在虚词中独立为一类。

但连词也常和副词、介词纠结在一起，彼此间还有一个划界的问题。先看连词与副词。副词在句中也能起到一定的连接作用，如普通话的"又""再""还""就""都"等是具有关联作用的副词，其中有的还可以和连词一起组成关联词语，运用于复句中，如"如果……就……""无论……都"；而且，在句法位置上，连词可以出现在主语前，也可以出现在主语后，关联性副词也可以出现在主语前或主语后。但连词与这些关联副词在语义功能上存在一定的区别：其一，关联副词的语义具有不确定性，前后分句的句法语义关系是由与之搭配的关联连词来确定的，如果去掉其中的关联连词，语句就会产生歧义，而关联连词的语义是确定的，去掉其中一个关联词语，语句一般不会产生歧义；其二，关联副词的主要句法功能是作状语，而连词的基本功能就是连接。①

再看连词与介词。这两者的纠葛主要体现在一些词的兼类上，如普通话的"和""跟""同""与"等被认为是连、介兼属词。但在一个具体的语句中如何区分，也有一定的标准，比如，

---

① 周刚《连词与相关问题》，安徽教育出版社 2002 年，第 16 页。

连词连接的两个成分之间是平等的、并列的，可以互换位置而不改变句子的语义，在句中共同充当同一语法成分，而介词前后的两个成分之间不是平等的、并列的，有主次之分，不能互换位置；另外，连词前不能插入其他修饰成分，介词前面可以插入修饰成分。①据此，可以将大多数连词与副词或介词区分开来。而在分类上，通常，根据连接成分之间的语义关系，可以把连词分为表联合关系和表偏正关系两大类；这两大类里面还可进行下位划分，表联合关系的可分为并列连词、选择连词、承接连词、递进连词，表偏正关系的可分为因果连词、假设连词、条件连词、让步连词、转折连词、目的连词。

第一节　永定客家方言的连词体系

由于连词的书面语色彩较浓，而方言则是现时的口头表达，因此，与普通话相比，永定客家方言的连词（包括凝固的结构）不是很丰富，普通话需要用连词的地方，永定客家方言经常可以不用；但尽管如此，永定客家话也基本具备以上各类连词。而且，有些在形式或语义功能上与普通话有所不同，表现出一定的地方特色，后面各节将对客家话中的此类连词进行逐一考察，至于方言和普通话共有通用的部分，不拟详谈。

永定客家方言的各类连词如表 3-1 所示。

---

① 刘月华，潘文娱等《实用现代汉语语法》，商务印书馆 2001 年，第 316-317 页。

表 3-1　永定客家方言的连词

词类	客家话特色连词	常用于普通话和客家话的连词	普通话常用而客家话不用的连词
并列	得$_1$、竟……竟…… 连边……连边…… 曾边……曾边……		和、跟、与、及 既、以及、而
选择	得$_2$ 也兜 唔兜 唔□mei^{21}（就）	或者（……或者……） 宁愿……也不…… 不是……就是……	和、或（……或……） 是……还是…… 要么……要么…… 与其……不如……
递进	还不如期……还…… 唔净（……还/也/都……） 唔似乎……还……	并且 甚至	而且、何况 不仅……而且…… 不但……而且…… 尚且……何况……
转折	虽然是 莫看	不过 但是	可是、只是 然而、却、可 虽然……但是……
条件	唔管 弃 除撇	不论 不管 只有……才……	无论……都…… 只要……就…… 除非……才……
假设	还是	如果	倘若、假如 如果……就……
因果	舍都（……□mei^{33}/还……）	因为 所以	因此、因而 既然……那么……
目的	省使		免得、以免
让步	莫讲 就係……□mei^{33}/也…… ……来讲，□mei^{33}/也……	就算……也……	即使……也…… 哪怕……也…… 固然……也……
承接		然后	于是、以致

第二节　联合连词的语义功能

一、并列连词

（一）得$_1$ tɛʔ²

"tɛʔ²"这一语音形式在永定客家方言中可谓功能繁多，除了用作动词、助动词、助词和构词成分外，还可用作介词和连词；但作介词、连词的"tɛʔ²"与作动词、助词等的"tɛʔ²"是否确属同一个词，还有待考证，暂且写作同一形式"得"。

"得"也是永定客家话最常见、最重要的一个连词（介词用法在相关章节中讨论），可表示并列和选择，为便于讨论，分别记作"得$_1$"和"得$_2$"。"得$_1$"的语义功能相当于普通话的"和"类连词（即"和""跟""同""与"），只用于连接词或词组，不能用于连接分句。

1)"得$_1$"多连接名词性的词语或代词。如：

（1）青菜得猪肉一下煮。（青菜和肉一起煮。）

（2）阿光得阿丽吔书在偃这欸。（阿光和阿丽的书在我这儿。）

（3）你得佢都係偃读中学时节吔同学。（你和他都是我读中学时的同学。）

（4）偃想天日得后日唔去上班。（我想明天和后天不去上班。）

（5）□kia³³开始出李欸得桃欸。（现在开始出产李子和桃子。）

有时，并列结构的前后项可以是完全相同的名词性成分。

如：

（6）人得人拿浪比，同人唔同命啊。（人和人怎么比呢，同人不同命啊。）

（7）分开两笼来，鸡得鸡一笼，鸭得鸭一笼。（分成两笼，鸡放一笼，鸭放一笼。）

"得$_1$"多用于连接两项并列成分，也可以连接三项并列成分，若出现 A、B、C 三项并列成分，"得$_1$"既可以只用在最后两项 B、C 之间，也可以同时用在 A、B 和 B、C 之间。这点和普通话的"和"有所不同，"和"一般仅置于最后两项并列成分之间。如：

（8）倨阿娓、阿叔得倨阿哥都去上山欻。（我妈、我爸和我哥都上山去了。）

（9）鸡得鸭得猪全部一下来，几多钱？（鸡、鸭和猪全部一起买下，要多少钱？）

2）"得$_1$"也常连接动词性词语，有时可连接形容词性词语。如：

（10）嫁分佢哋话，一生人食得着都唔使愁。（嫁给他的话，一辈子吃穿都不用愁。）

（11）这猪肉精得肥一刀落，一斤几多钱？（这猪肉瘦的和肥的，一刀切下来，一斤多少钱？）

（12）讲着唱歌得跳舞，倨就讨厌。（提起唱歌和跳舞，我就讨厌。）

（13）佢唔□mai^{52} 矮得$_1$肥哋妹欻，你得$_{介词}$佢□ts^{h}en^{24}个苗条苗条哋来。（他不喜欢矮的和胖的姑娘，你帮他找个苗条的。）

（14）上课得开会时节唔准带手机，其他时节倨唔管。（上课和开会的时候不许带手机，其他时间我不管。）

3）"得$_1$"连接的并列成分可以充当多种句法功能，主要作主语、宾语和定语，作主语的，如例（1）、例（10），作宾语的,如例(5)、例(12),作定语的,如例(2)、例(14)。谓词性的并列成分作宾语时属真谓宾,无论体词性的并列成分,还是谓词性的并列成分,一般都不能作谓语;但有时可以作介词宾语。如:

(15)佢对俺得你哋态度都咹样,对别侪□ka^{52}□mei^{33}唔使讲欸。(她对我和你的态度都这样,对别人那就不用说了。)

(16)俚当作佢得佢老婆哋面骂佢细鬼欸无人教点。(我当他和他老婆的面骂他小孩没人教养。)

(二)连边 liεn^{24}piεn^{33}……连边 liεn^{24}piεn^{33}……/曾边□ts^{h}en^{24}piεn^{33}……曾边□ts^{h}en^{24}piεn^{33}……

"连边……连边……"相当于普通话的"一边……一边……",用于连接动词性词语或小句,表示动作行为或事件同时发生。也可说成"曾边……曾边……",两者的语义功能相同,视说话人的习惯而用;或者"连""曾"都可略去,只说"边……边……",但加上"连"或"曾",动作或事件同时进行的意味更强。

1)用于连接动词性词语,"连边"均置于动词性词语前。如:

(17)佢连边行连边哭。(他一边走一边哭。)

(18)人老欸,记性唔□mou^5,连边讲连边听放。(人老了,记性不好,一边说一边忘。)

(19)你莫连边食饭连边讲话。(你别一边吃饭一边说话。)

2)用于连接由动词性词语构成的小句。如:

(20)你莫连边讲,又连边笑。(你别一边说,又一边笑。)

(21)俚在屋下常在连边食饭,连边望电视。(我在家里经常一边吃饭,一边看电视。)

(22)佢阿娓在后背连边喊,佢连边走。(他妈妈在后面一边喊,他在前面一边跑。)

连接小句时,不同的"连边"结构之间有较大的语音停顿,有时被其他词语隔开,如例(20)后一个"连边"前出现副词"又",例(22)后一个"连边"前则有与前一小句不同的主语成分"佢"。此外,在普通话"一边……一边……"中,前一小句的"一边"可以省,但在"连边……连边……"中,前一小句的"连边"不能省。

3)"连边"多用于连接两个动词性词语或小句,但偶尔也会出现连接三个以上不同的动词性成分或小句。如:

(23)厅项几多人,大家连边食酒,连边□taŋ[24]嘴牯,连边望电视。(厅里有很多人,大家一边喝酒,一边聊天,一边看电视。)

(24)一个老伙欸在后背连边猎连边骂,佢在前面连边走连边食。(一个老头在后面一边追一边骂,他在前面一边跑一边吃。)

(三)竟 ken^{52}……竟 ken^{52}……

"竟……竟……"表示动作行为同时发生,相当于"边……边……",只用于连接动词性词语,且一般是单音节的动词。如:

(25)佢一路竟行竟哭。(她一路上边走边哭。)

(26)莫竟讲竟笑,听都听唔清楚。(别边说边笑,听都听不清楚。)

(27)时间来唔及欸,俺竟行竟食。(时间来不及了,咱边走边吃。)

(28)佢登登望电视竟望竟笑。(他常常看电视边看边笑。)

二、选择连词

（一）得₂ tɛʔ²

1）"得"和普通话的"和"一样，主要用于表达并列关系，但有时也能表达选择关系，故也看作一个选择连词。作为选择连词的"得₂"，用法上相当于"或（者）"，也包括相容的选择和不相容的选择。所谓相容的选择是指在选择成分中可以任选其一，也可以都选，不相容的选择是指只能选其中之一，不能全选；具体是表达相容的选择，还是不相容的选择，要看句中的语义而定。如：

（29）佢得𠊎你爱蛮？（他和我你爱谁？）

（30）大个得细个任你□tʰɔʔ⁵。（大个的和小个的随你挑。）

（31）黄金得₂宝石都做得①。（黄金和宝石都可以。）

（32）肥得瘦都无打紧，勤力就好。（胖瘦都没关系，勤劳就好。）

以上例（29）、例（30）表不相容的选择，例（31）、例（32）表相容的选择。"得₂"也可和表条件的连词"唔管（不管）"共现，这时多表达相容的选择。如：

（33）唔管老得嫩，大家都喜欢佢。（不管年老的或年轻的，大家都喜欢她。）

（34）唔管子得女，都係你恭咑。（不管是儿子还是女儿，都是你生的。）

2）选择连词"得₂"也用于连接词或词组，不用于连接分句；当所连接的选择项在句中作句子成分时，多用作主语，如例（29）至例（32），一般不用作宾语或定语；但有时可作补语。

---

① 这后一个"得"是构词成分。

如：

（35）先讲撒佢，嫁到好得唔□mou⁵² 都唔关倵吔事，你自家甘愿吔。（先说好，嫁得好或不好都不关我的事，你自己愿意的。）

（36）做得 助词 靓得₂ 歪，你都爱买去。（做得漂亮或难看，你都要买走。）

（二）也兜 za⁵²təu³³

1)"也兜"相当于普通话的选择连词"还是"，能用于连接词、词组或分句。用于连接分句时，多出现在选择问句的后一分句（后续分句）句首。如：

（37）倵，也兜你？（我，还是你？）

（38）这字你写吔，也兜佢写吔？（这字你写的，还是他写的?）

（39）到底藤你阿哥去学功夫，也兜在屋下耕田？（到底是跟你哥去学手艺，还是呆在家种地？）

"也兜"分句也可出现在非问句形式中。如：

（40）大家一下食，也兜分家，咹多兄弟坐下来讲好势。（大家一块过，还是分开过，几兄弟坐下来好好商量。）

（41）爱钱，也兜爱东西，由你讲。（要钱，还是要东西，由你说。）

（42）想清楚滴欸，到底考大学，也兜去当兵。（想清楚点儿，到底是考大学，还是去当兵。）

2)"也兜"用于连接词语时，被连接的选择性结构便成为句中的一个句法成分，可作主、谓、宾、定、状、补。举例如次：

（43）去也兜唔去还盲有定着。（去还是不去还没定。）

（44）佢到底想也兜唔想？（他到底想还是不想？）

（45）你猜天日会晴也兜会落雨。（你猜猜明天会晴还是会下雨。)

(46) 金嘅也兜银嘅戒指都无打紧，佢有咹样嘅心意，𠊎就欢喜欸。(金的还是银的戒指都没关系，他有这样的心意，我就高兴了。)

(47) 两点也兜三点来？(两点还是三点来？)

(48) 佢唱得好也兜唔□mou^{52}？(他唱得好还是不好？)

"也兜"一般对两种情况进行选择提问或陈述，但有时也可对两种以上的情况做出选择，而且"也兜"可以出现两次。如：

(49) 佢先去，𠊎先去，也兜两侪一下去？(他先去，我先去，还是两人一块去？)

(50) 食饭，也兜食粥，也兜食面？(吃饭，还是喝粥，还是吃面？)

（三）唔兜 en^{33}təu^{33}/唔□en^{33}mei^{21}

1) "唔兜"相当于普通话的"要么"，只用于连接分句，多出现在后一分句开头，主要表达以下两种语义：

前一分句（先行分句）陈述客观情况，后一分句表示说话者的意愿。如：

(51) 大家都无闲，唔兜你自家去好欸。(大家都没空，要么你自己去好了。)

(52) 车坐唔落，唔兜你行路好欸。(车子坐不下，要么你走路好了。)

(53) 春节车票难买，唔兜唔□mai^{52}转好欸。(春节车票难买，要么不要回去算了。)

前一分句表示说话者的倾向，后一分句为听话人提供选择。如：

(54) 唔自然就唔□mai^{52}去，唔兜就请一日假。(不舒服就不要去了，要么请一天假。)

（55）最好就背下来，唔兜就记到簿项去。（最好能背下来，要么就记在本子上。）

（56）你浪般都爱□ts^{h}en^{24}倒佢来，唔兜就□ts^{h}en^{24}佢子欸。（你怎么也要找到他，要么找他儿子也行。）

在实际交谈时，另一分句也可被隐含，只出现"唔兜"分句。如：

（57）（大家都唔想做），唔兜就唔□mai^{52}做欸。（大家都不想做），（要么就别做了。）

（58）唔兜大家先住下来，（过几日再讲）。（要么大家先住下来），（过几天再说）。

2）分别出现在前后分句中，构成"唔兜……唔兜……"，表示可以选择其一。如：

（59）唔兜今日来，唔兜过两日来。（要么今天来，要么过两天来。）

（60）唔兜就割禾，唔兜就打谷，你自家看。（要么割稻子，要么脱谷子，你自己看着办。）

（61）你唔兜藤侄去，唔兜就在这滴等。（你要么跟我去，要么就在这儿等。）

偶尔也会听到三个"唔兜"分句连续出现。如：

（62）唔兜唱歌，唔兜跳舞，唔兜就画画，你总爱学一样。（要么唱歌，要么跳舞，要么画画，你总得学一样。）

3）"也兜"和"唔兜"都可连接选择分句，但有以下几点不同：

①"也兜"多用于选择问句中，"唔兜"则一般不以问句的形式出现。

②"也兜"提供的选择项一般没有优劣之分，做何选择都能符合选择者个人的心愿，属积极的选择；而"唔兜"常用于客观情况不允许或原有想法不能实现之后才做出如此选择，含有无奈

中妥协的意味,属消极的选择。

③"也兜"选择句多用于说话人认为受话人可有如此选择,因此,倾向于主观;"唔兜"选择句多指在一定的情形下,受话人或许只能做如此的选择,故偏重于客观。

4)以上讨论的"唔兜"只表示选择,但有时"唔兜"含有假设的意味,相当于"要不""要不然"。主要有三种用法:其一,对前面的情况做出假设性的否定之后,引出可能出现的结果。如:

(63)唔兜偓就可以去哋。(要不我是可以去的。)

(64)爱赶早滴欸,唔兜来唔及欸。(要早点儿,要不来不及了。)

(65)佢无想成家,唔兜早竟结婚啰。(他没想成家,要不早就结婚了。)

其二,对前面的情况做出假设性的否定,然后说明其中的缘由。如:

(66)唔兜做嘛大家喊佢癫鬼。(要不干嘛大家叫他疯子。)

(67)唔兜浪般会发财。(要不然怎么会发财。)

(68)佢唔□mai^{52}啰,唔兜会轮得倒你。(是他不要,要不然会轮得到你。)

其三,对前面的情况做出假设性的否定,然后引出另外一种选择。如:

(69)唔兜送东西分佢好欸。(要不送东西给他好了。)

(70)你着这件衫好欸,唔兜甲件也做得。(你穿这件衣服好了,要不那件也行。)

(71)北京忒远滴欸,唔兜去广州好欸。(北京远了点儿,要不去广州好了。)

5)"唔兜"后也可附加"哋话",这样假设的语气就更强了。如:

（72）佢唔听𠊎劝，唔兜哋话病早紧好啰。（他不听我劝，要不然的话病早就好了。）

（73）好得有人在屋下，唔兜哋话屋全部烧各净。（幸好有人在家，要不然的话房子全烧光了。）

6）"唔兜"也可以说成"唔□mei²¹"，两者的语义功能基本相同，绝大多数可以换用；但"唔□mei²¹"后更常加"就"，意思是"要不就"。如：

（74）唔□mei²¹唔□mai⁵²考，爱考就爱考好来。（要不就不要考，要考就要考好。）

（75）唔□mei²¹就出门做工，莫日日上流下□tsʰɔʔ²。（要不然就出门打工，别天天游手好闲。）

（76）你唔□mei²¹就出去，唔□mei²¹就入来，莫甲滴徛徛□sen²¹□sen²¹。（你要不就出去，要不就进来，别在那儿傻站着。）

三、递进连词

（一）……还不如期 hɔʔ⁵pueiʔ²ziʔ²⁴kʰiʔ²⁴，还 hɔʔ⁵……

1）"……还不如期，还……"是永定客家方言常用的一个递进连词，普通话没有与之完全对应的说法，因此不能简单地套用一个普通话的递进连词来对译，只能说大致相当于"……暂且不说，还……"或"不但不（没）……还"。

"……还不如期，还……"只用于连接前后两个分句，"还不如期"一定放在前一分句句末，"还"一般位于后一分句句首。先行分句多表达否定的或消极的语义，后续分句则更进一层，全句多反映很不尽人意的事态。如：

（77）你唔理家还不如期，还来打𠊎。（你不管家暂且不说,还来打我。)

(78)小李无来上班还不如期,还无得𠊎请假。(小李不但没来上班,还没有跟我请假。)

(79)佢昨晡晚食酒醉还不如期,还无转来睡。(他昨晚不但喝醉了,而且没回家睡觉。)

(80)大子大食懒尸还不如期,还唔孝顺爷𡟓。(大儿子好吃懒做暂且不说,还不孝顺父母。)

(81)甲只妹欸唔正扮还不如期,听讲还摆脚。(那个姑娘不但不好看,听说还是瘸子。)

2)有时,"……还不如期,还……"也用于表达积极的语义,但话语中稍含有不合常理或难以置信之意。如:

(82)莫看佢唅样,讨吔老婆靓还不如期,还几下苦。(别看他这样,娶的老婆漂亮暂且不说,还很能吃苦。)

(83)你讲佢这次肯定唔会转来,佢自家转来还不如期,还带倒全家人。(你说他这次肯定不会回来,他不但自己回来了,还带着全家人。)

(84)佢阿婆目珠白撒欸,唔使人服侍还不如期,还会得人煮食。(她奶奶眼睛瞎了,不但不用人照顾,还会帮人做饭。)

(二)唔净 $en^{33}ts^hian^{21}$

1)"唔净"相当于"不只",位于前一分句中指出一层意思,后一分句常用"还""也""连""都"等引出更进一层的意思。如:

(85)佢唔净煮欸饭,还煮倒几多菜。(她不只煮了饭,还煮了很多菜。)

(86)唔净东西分佢拿走,钱也分佢拿走欸。(不只东西被他拿走,钱也被他拿走了。)

(87)唔净讲罚钱,连人都舍分佢捉去。(不只罚款,连人都被抓走了。)

2)有时"唔净"说成"唔净净",与单用一个"净"比,语义加重,相当于"不仅仅"。如:

(88)唔净净佢自家,其他人也系咹样讲。(不仅仅他一人,其他人也是这样说。)

(89)唔净净讲得佢带人,还爱得佢煮食喔。(不仅仅是给她带小孩,还得给她煮饭。)

(三)唔似乎 en^{33}sə^{21}fə^{24}……还 hɔʔ^{5}……

"唔似乎……还……"是永定客家话十分独特的一个递进连词,其语义也很难用普通话来对译,大意是"似乎已经……还……"。

"唔似乎"用于前一分句中,所在分句常有"都"与之共现,"还"出现在后一分句,形成固定的关联搭配,多表达不太如意的事情。如:

(90)唔似乎佢都唔□mai^{52}你啰,你还等佢。(他似乎已经不要你了,你还等他。)

(91)唔似乎人家都恨死你呃时节,你还登登去□tsʰen^{24}人。(人家似乎已经恨死你了,你还经常去找人家。)

(92)佢老公唔似乎都爱扔撇佢啰,佢还讲佢老公呃话。(她老公已经想抛弃她了,她还在帮他老公说话。)

(93)佢老婆呦外家唔似乎都想走喔,佢还唔识相。(他老婆的娘家人都已经想走了,他还不识相。)

第三节　偏正连词的语义功能

一、转折连词

（一）虽然是 sei^{33}zɛn^{24}sə^{21}

1）永定客家话连词系统中也有"虽然"这个转折连词，但地道的说法是在"虽然"后附加一个"是"，构成"虽然是"凝固结构。

"虽然是"常用于前一分句，暗示后一分句不是顺着前边的意思说，而是有所转变。分两种情况：一是，后一分句中若出现"毕竟"，表示追根究底所得的结论。如：

（1）虽然是佢会帮你，毕竟唔□mei^{21}自家人。（虽然他会帮你，但毕竟不是自家人。）

（2）虽然是你两个人无嘛个，毕竟都係有家有户吔人。（虽然你两个人没什么，但毕竟是有家室的人。）

（3）你虽然是佢吔爷欻，但毕竟唔□mei^{21}亲生吔。（你虽然是他的父亲，但毕竟不是亲生的。）

二是，后一分句若出现"也"，表示某一情状在延续。如：

（4）佢虽然是后来娘，你也爱顾佢。（他虽然是后妈，但你也要照顾她。）

（5）虽然是考第一名，也唔□mei^{21}好好。（虽然考了第一名，但也不是很好。）

（6）你虽然是俚吔老师，俚也爱讲。（你虽然是我的老师，但我也要说。）

2）"虽然是"也可放在后一分句，对前边的分句起补充说明的作用，但前边的分句不用"毕竟""也"等。如：

（7）这刀唔利，虽然是钢做哋。（这刀不利，虽然是钢做成的。）

（8）甲个人帮佢几多，虽然是佢得佢无好熟。（那个人帮我很多，虽然我和他不是很熟。）

（9）佢得佢唔亲，虽然是同胞姐妹。（我和她不亲，虽然是亲姐妹。）

（二）莫看 mɔʔ⁵kʰuan⁵²

1）转折连词"莫看"对应于普通话的"别看"，常用于表示在某种显性的情形下，实际隐含了另外一种相异或相反的情形。如：

（10）你莫看这梨欸哝靓胂，几好食欸。（你别看这梨子长得不像样，很好食的。）

（11）莫看佢下唠下扯，好会做欸。（别看他病病歪歪的，很会干活。）

（12）莫看佢唔声唔声欸，脾气几唔□mou⁵²。（别看他不怎么说话，脾气很不好。）

2）常用于前一分句，有时也用于后一分句，含有提醒或补充说明之意。如：

（13）佢几有钱欸，你莫看佢着去鬼样般。（他很有钱的，你别看他穿得不像样。）

（14）无人有佢哝会食，你莫看佢□kia⁵²之瘦。（没人像他这么能吃，你别看他瘦瘪瘪的。）

（15）佢老公对佢几好也好喔，莫看佢生得唔像样。（她老公对她好得没法说，别看她长得不像样。）

二、条件连词

（一）唔管 en^{33}kuan^{52}

1)"唔管"与普通话的"不管"相当，表示在任何条件下结果或结论都不会改变。"唔管"位于前一分句，后一分句常有匹配词"都""就"等。

"唔管"先行分句分为两类：一类是句中有"蛮""哪欸""浪般"等疑问代词与之呼应。如：

（16）唔管蛮都好，这兜话莫听咹多。（不管是谁，这些话别听那么多。）

（17）做阿妈哎人唔管行到哪欸，都想着自家哎细人欸。（当妈的不管走到哪儿，都想着自己的孩子。）

（18）唔管你浪般讨厌佢，嫁都嫁分佢啰，就爱一世人藤佢。（不管你怎么讨厌他，既然嫁给他了，就得一辈子跟着他。）

另一类是有并列词组与"唔管"配合使用。如：

（19）唔管有车无车，你都爱去。（不管有没车，你都要去。）

（20）唔管你想唔想，这件事肯定爱做。（不管你愿不愿意，这件事一定要做。）

（21）唔管有钱也兜无钱，两公婆都唔□mou^{52} 常在相吵。（不管有钱还是没钱，两夫妻都不能经常吵架。）

2) 有时，为了突出强调，几个并列或疑问成分连续出现。如：

（22）唔管有食无食，有着无着，一家人欢欢喜喜就好。（大意：不管吃得好不好，穿得好不好，一家人高高兴兴就好。）

（23）唔管你来唔来，来一日也兜来两日，你都爱得偃先讲一下。(不管你来不来,来一天还是来两天,你都要先跟我说一声。)

(24) 唔管佢做嘛个,去哪欸,得蛮人一下,都得偍唔着。(不管他做什么,去哪儿,和谁在一起,都与我无关。)

(二) 弃 ts^{h}i^{52}

1) 条件连词"弃"相当于普通话的"任凭",使用时"弃"后边也常跟着疑问代词或并列成分。当出现在前一分句时,后一分句多有"就""都"等呼应,表示在任何条件下情形都不会改变。如:

(25) 弃你浪般喊,佢就唔声。(任凭你怎么叫,他就是不作声。)

(26) 弃你买几多都好,偓都无管。(任凭你买多少都好,我都不管。)

(27) 弃佢爱唔□mai^{52},偓反正放到甲欸。(任凭她要不要,我反正放在那儿了。)

(28) 弃佢学泥水也兜学做衫,佢阿叔都随佢。(任凭他学泥水工还是学裁缝,他父亲都随他。)

当"弃"用在后一分句时,含有补充说明之意。如:

(29) 反正偓无意见,弃佢蛮当都好。(反正我没意见,谁当都可以。)

(30) 还有几多空位,弃你浪般坐。(还有很多空位,随你怎么坐。)

(31) 到时偓肯定爱去,弃佢同意唔同意。(到时我是一定要去的,管他同意不同意。)

2) "唔管"和"弃"都表示不受条件限制,但"弃"方言的色彩较浓,"唔管"与普通话的说法基本对应;"弃"的使用较受限制,所论述的对象比较具体,一般指人,其后紧跟着人称代词作主语,"唔管"的使用范围较广,所在分句论述的对象较宽泛,不一定指人;"弃"一定位于主语前,"唔管"有时可用在主语后。

(三) 除撒 $ts^hə^{24}p^hiɛʔ^2$

1)"除撒"用作连词,多用于前一分句,后一分句用"正"与之匹配,组成"除撒……正……"关连结构,相当于普通话的"除非……才……",意思是只有这样,才能产生相应的结果。如:

(32) 除撒你考到大学,偓正得你买车。(除非你考上大学,我才给你买车。)

(33) 除撒佢亲自行一趟,事情正办得成。(除非他亲自走一趟,事情才办得成。)

(34) 除撒天光日天晴,大家正炙得谷。(除非明天天晴,大家才能晒谷子。)

2)后一分句也可以不用"正",而用"唔兜(也话)"与"除撒"搭配,表示只有这样,才能得到某种如期的结果;如果不这样,就会得到另一种结果。如:

(35) 除撒来求偓,唔兜偓唔去。(除非来求我,不然我不去。)

(36) 除撒偓死撒,唔兜哋话你莫想!(除非我死了,否则你别想!)

(37) 除撒其他人唔合格,唔兜哋话唔可能爱你。(除非其他人不合格,否则不可能要你。)

3)"除撒"也可以放在后一分句句首,而前一分句不一定出现"正"或"唔兜(也话)",表示要想得到某种结果,唯有如此。如:

(38) 想得偓结婚,除撒你有房欸。(想跟我结婚,除非你有房子。)

（39）偓唔会放过佢，除撤佢跪到偓面前。(我不会放过他的，除非他跪在我面前。)

三、假设连词

还是 hɔʔ⁵sə²¹

永定客家方言较缺乏有特色的假设连词，常用的就是"还是"，语义功能都相当于普通话的"要是"，后边也常有表假设的助词"哋话"与之相配，以加强假设的语气。"还是"可用于前一分句，也可出现在后一分句中。如：

（40）还是你自家无闲哋话，喊你女欸来也做得。(要是你自己没空的话，叫你女儿来也行。)

（41）偓还是有你唉勤力哋话，早就发财欸。(我要是像你这么勤劳，早就发财了。)

（42）佢大家还是唔肯分你走，你就甲滴住一夜。(他们要是不肯让你走，你就在那儿住一夜。)

（43）偓会讲佢知，还是佢来偓这欸哋话。(我会告诉他的，要是他来我这儿的话。)

（44）你就莫开门，还是你实在唔想见佢。(你就别开门，要是你实在不想见他。)

四、因果连词

舍都 sa⁵²tou³³

"舍都"相当于普通话的推论因果连词"既然"，用在前面分句中，表示某一条件已具备，后面分句便由此得出结论，常用"□ka⁵²□mei³³（相当于"那么""那就"）""□mei³³（"□ka⁵²□

mei³³"的简略说法)"还"等与之呼应。如:

(45) 俺想舍都田项都无嘛事啰,□ka⁵²□mei³³去转几日外家,蛮得知出唉样嘅事。(我想既然没啥田活了,那就去娘家几天,谁知出这样的事。)

(46) 舍都无用,□ka⁵²□mei³³扔撇佢。(既然没用,那就扔掉它。)

(47) 舍都佢两个人唉合适,□mei³³办撇佢好欸。(既然他两人彼此这么有意,就把喜事办了吧。)

和"既然"一样,要是前后分句的主语相同,"舍都"一般放在主语后,要是主语不相同,"舍都"一般放在主语前;而且,后一分句可用疑问或反问句来表达。如:

(48) 你舍都唔想读书,□ka⁵²□mei³³转家屋下做事好欸。(你既然不想读书,那就回家干活好了。)

(49) 事情舍都唉样啰,还讲嘛个?(事情既然都这样了,还说什么呢?)

(50) 舍都细人都带来啰,□mei³³再住几夜,怕嘛?(既然小孩都带来了,那就再住几天,怕啥?)

(51) 舍都人家唔卖欸,俺捡来好无?(既然人家不要了,咱捡来好么?)

五、目的连词

省使 saŋ⁵²sə⁵²

目的连词"省使"相当于普通话的"省得",表示避免发生某种不如意的事情,多用于后一分句中。如:

(52) 两人共一把伞哇,省使一人带一把。(两人共用一把伞嘛,省得一人带一把。)

(53) 你阿娓哋饭也顺便带去,省使佢转来一趟。(你妈的饭也顺便带去，省得她回来一趟。）

（54）自家担转来就好欸，省使麻烦别侪。（自己挑回来就算了，省得麻烦别人。）

（55）谷先㭎滴欸撒佢，省使得人借钱。（谷子先卖掉一点，省得向人借钱。）

"省使"也可放在前一分句，这时，后一分句句末常要附加"好欸"结句。如：

（56）省使大家都行路，租一辆车来好欸。（省得大家都走路，租一辆车好了。）

（57）省使你在这滴等，俚先拿分你好欸。（省得你在这儿等，我先拿给你好了。）

（58）省使分人讲，这滴欸吧事俺自家做好欸。（省得被人说，这点活咱自己做就算了。）

六、让步连词

（一）莫讲 mo?⁵kɔŋ⁵²/唔□mai⁵²讲 en³³mai⁵²kɔŋ⁵²

1）"莫讲"也可说成"唔□mai⁵²讲"，意思是"别说"，用于连接分句。用法上受其自身否定义素的影响，通常用贬低某一人物或事件的重要性来突出另一人物或事件的重要性。"莫讲"放在前一分句时，后一分句常有"都""就"与之呼应。如：

（59）莫讲你，俚佢都唔睬。（别说你，我他都不理睬。）

（60）莫讲借钱，就係借滴东西佢老婆都鬼样般。（别说借钱，就是借点东西他老婆也十分不情愿。）

（61）你这兜脚色莫讲发财，赚得倒来食就爱鼻公□tsʰaŋ³³平来笑欸。（大意：你们这种人别说发财，赚得到饭吃就该偷着乐了。）

2)"莫讲"也可放在后一分句中,这时前一分句也常出现"都""就"等。如:

(62)偃食饭都无时间吔时节,莫讲嬲。(我连吃饭都没时间,别说玩了。)

(63)就係佢自家来都无用,莫讲喊你来。(就算他亲自来都没用,更别说叫你来了。)

(64)就空手行路都几透欷,莫讲担倒晗重吔东西。(空手走路都已很累了,别说挑着这么重的东西。)

(二)就係 $ts^hiəu^{21}hei^{21}$

1)"就係"表让步关系时,常含有假设的意味,用法与普通话的"就是"或"就算"相当,一般放在前一分句中,后一分句有"也""□mei^{33} 也""都"等与之对应,构成"就係……(□mei^{33})也……"关联格式。如:

(65)你就係讲差欷,也无嘛个。(你就算说错了,也没什么。)

(66)就係无人爱你,□mei^{33} 也还有偃大家。(就算没人要你,那也还有我们大伙儿。)

(67)就係□pian^{52} 屎缸,佢都爱送子欷读大学。(就算卖厕所,他都要送儿子上大学。)

(68)佢就係求偃转,偃都唔会转去,莫讲理都无理偃。(他就是求我回去,我都不会回去,更别说理都没理我。)

2)有时用于紧缩复句中。如:

(69)就係细鬼欷都唔会晗样。(就算小孩子都不会这样。)

(70)就係无人嬲也唔□mai^{52} 去□ts^{h}en^{24} 佢。(就算没人玩儿也不要去找他。)

(71)就係死都爱死到屋下。(就是死也要死在家里。)

（三）来讲 luei²⁴kɔŋ⁵²

1)"来讲"直译成普通话是"来说"，但并不表达"言说"义，而主要用作假设让步连词，语义功能最接近于"就算"；其后一分句也常出现"也""□mei³³也"等，组成"……来讲，（□mei³³）也……"关联结构。如：

（72）你唔□mai⁵²人来讲，□mei³³也唔使嘲笑人。（你就算不要人家，那也用不着嘲笑人。）

（73）做差来讲，也唔□mai⁵²打细人欵。（就算做错了，也不要打小孩。）

（74）唔来来讲，□mei³³也爱得人讲下欵。（就算不来，也要跟人说一声啊。）

（75）你唔去做事来讲，□mei³³也爱在屋下带人，嘞会有来食喔。（大意：就算你不去干活，那也要在家带小孩，光玩儿怎么有饭吃。）

2)"就係"和"来讲"也可一前一后配合着使用，共同表达假设让步关系，以上例句中的前一分句都可添加"就係"。如：

（72）′你就係唔□mai⁵²人来讲，□mei³³也唔使嘲笑人。

（73）′就係做差来讲，也唔□mai⁵²打细人欵。

（74）′就係唔来来讲，你□mei³³也爱得人讲下欵。

（75）′你就係唔去做事来讲，□mei³³也爱在屋下带人，嘞会有来食喔。

3)"来讲"与"就係"稍有不同："就係"多位于先行分句的主语前或主语后，而"来讲"一定位于前一分句句末；而且，用"来讲"比用"就係"，显得口气比较温和。

第四章 结构助词

关于现代汉语的结构助词,刘月华等的定义是:"结构助词的作用是把词语连接起来,使之成为具有某种句法结构关系的短语。"①黄伯荣、廖序东主编的《现代汉语》定义为:"主要表示附加成分和中心语之间的结构关系。"②邢福义认为:"结构助词起表明结构关系的作用。"③张斌、范开泰也说:"结构助词,顾名思义是在某种句法结构中帮助造句(形成某种句法结构)的助词,即起表明结构关系的助词。"④

这些定义从内涵上说应该是比较宽泛的,都着眼于"结构助词是表明语言成分之间结构关系的一类助词",但在外延上,多数论著倾向于做比较严格的限定,典型的结构助词一般只有三个——"的""地""得",如黄伯荣、廖序东将助词四分:结构助词、动态助词、比况助词和其他助词,结构助词仅列了"的""地""得","似的""一样"等列入比况类,"所""给""连"等归为其他类⑤。当然,也有一些学者的看法不同,认为结构助词的范围可大可小,大者除"的""地""得"外,还包括"给"

---

① 刘月华等(2001:354)。
② 黄伯荣,廖序东《现代汉语》(增订版),高等教育出版社 1991 年,第 42 页。
③ 邢福义《汉语语法学》,东北师范大学出版社 1997 年,第 230 页。
④ 张斌,范开泰《现代汉语虚词研究综述》,安徽教育出版社 2002 年,第 254 页。
⑤ 黄伯荣,廖序东(1991:41-43)。

"所""来""去"等,小者专指"的""地""得"。①刘月华等限定的范围也相对宽些,所列的结构助词除了"的""地""得"外,还有"(名词+)所+动词"结构中的"所"、在被动句中组成"被……给"格式中的"给"等。②马真则把现代汉语的助词分为结构助词和时态助词,常用的结构助词有"的""地""得"和"所"。③

在方言结构助词的界定方面,施其生的见解较为独到。他在《广州方言虚成分的分类》一文中对结构助词也做了较为精细的分析,认为:从语义功能看,虚成分(虚词和形尾)可分为两类——修饰性的和结构性的,结构性虚成分主要作用在于表示被粘附成分的结构功能,包括介词、连词、结词和结构性形尾;结词和结构性形尾即相当于通常所说的"结构助词",是后置的结构性虚成分,粘附在体词性或谓词性的词或词组之后,使其具备某种结构功能。④

但在具体确定结构助词的成员时,施先生和其他多数方言学者都还比较谨慎,基本上限于与现代汉语典型的结构助词对应的成分。这里,特别要提到的是"98 年中国东南部方言语法研讨会",会议以"中国东南部汉语方言的结构助词"为主题,在此会议的推动下,汉语方言结构助词的研究取得很大的进展,涌现了一批方言结构助词的专题论文,如李如龙《闽南方言的结构助词》、陈泽平《福州方言的结构助词及其相关的句法结构》、赵日新《绩溪方言的结构助词》、严修鸿《平远客家话的结构助词》等。这些学者对本地方言的结构助词做了详尽的调查和报告,但

---

① 张斌,范开泰(2002:254)。
② 刘月华等(2001:354)。
③ 马真《简明实用汉语语法》(修订版),北京大学出版社 1988 年,第 19 页。
④ 施其生《论广州方言虚成分的分类》,《语言研究》1995 年第 1 期。

所讨论的范围基本上也限于与"的""地""得"相当的虚成分。

在对结构助词的限定普遍较为狭小的情况下,也有少数学者做出比较宽泛的界定,如钱乃荣将上海方言的结构助词分为以下四类:

提顿助词:特点是"在提顿助词后形成语音上的一个小停顿,以引起听者的注意;从广义上说,被提顿的成分都是语句中的话题"。

向心助词:"是把一个修饰补充性的成分介绍给核心成分的,形成一个向心结构,从引介的角度看,可以说是一种广义的介词",主要是与普通话"的""地""得"相当的虚成分。

连动助词:"用在句子的两个动作之间表示连接,是近于连词的结构助词"。

重叠助词:"都是嵌在两个重叠的实词之间的助词"。[①]

邢向东在讨论陕西神木方言时,把"的、地、得、得来、来、样地、给"等归为结构助词,其中,"得来、来"是连接述语和补语的助词,"样地"是与普通话助词"似的"相当的成分。[②]

语言成分的归类本很难遵循一律的标准,只要在自己的系统内,依据一定的原则,使各个成分被置于适当的位置,其现象得到真实的反映,其实质得以精确的揭示,就是一种比较合理的划分方式。但尽管如此,对于钱先生所划定的结构助词范围,如将作话题标记之类的"提顿助词"、类似于词缀的"重叠助词"等归入结构助词,我们认为是过于宽泛了;而若仅限于与普通话"的""地""得"相应的助词,似乎又太狭窄了,并且各地方言还有自身比较独特的现象。

[①] 钱乃荣《北部吴语研究》,上海大学出版社 2003 年,第 263-284 页。
[②] 邢向东《神木方言研究》,中华书局 2002 年,第 581-594 页。

因此，根据以上结构助词的定义、本地方言的实际情况以及划分词类主要依据语法功能这一原则，我们将永定客家方言的结构助词主要限定为以下两类虚词：一是语法功能与普通话结构助词"的""地""得"相当的成分，有"吧 ε^{52}、欸 ei^{21}、得 $t\varepsilon?^2$、得来 $t\varepsilon?^2luei^{24}$、去 k^hi^{52}、来 $luei^{24}$、倒 tou^{52}"；二是语法功能与普通话"似的"相当的助词"样般 $za\eta^{24}pan^{33}$"。

为了便于分析，本章沿用"标记"这一学界较通行的说法，并将以上两类结构助词进一步细分为：定语标记"吧[①]$_1\varepsilon^{52}$"、转指标记"吧$_2\varepsilon^{52}$"、状态词标记"欸 ei^{21}"、补语标记"得 $t\varepsilon?^2$、得来 $t\varepsilon?^2luei^{24}$、去 k^hi^{52}、来 $luei^{24}$、倒 tou^{52}"，比况结构标记"样般 $za\eta^{24}pan^{33}$"。下面分节逐一详细讨论。

第一节 定语标记、转指标记及其来源

一、定语标记"吧$_1\varepsilon^{52}$"

1）永定客家方言的定语标记是"吧$_1\varepsilon^{52}$"，置于修饰语 X 和中心语 Y 之间，构成定中短语"X 吧$_1$Y"。作定语的成分 X 可以是体词性词语，也可以是谓词性词语，但中心语 Y 一般只由名词性词语充当。如：

（1）偃吧书包还在学校下。（我的书包还在学校里。）

（2）公家吧事得俺嘛着。（公家的事情跟咱有啥关系。）

（3）过去吧事唔□mai^{52}再讲欸。（过去的事不要再提了。）

（4）这咹久热头几辣，田项吧秧都炙死欸。（这些天太阳很

[①] 本书的"吧""欸"都是记音字。

大，田里的秧苗都晒死了。）

（5）一大镬咐饭都食下去欸，还唔饱？（一大锅的饭都吃下去了，还不饱？）

（6）煮咐菜饭都冷撇欸，人还盲有来。（煮好的饭菜都凉了，人还没来。）

（7）去嬲咐人实在好多。（去玩的人真的很多。）

（8）烂咐苹果唔盼得扔撇。（烂的苹果舍不得扔掉。）

2）"X 咐$_1$Y" 在句中通常作主语，如上引例；也可作宾语（包括介宾）。如：

（9）一下欸工夫就出一身咐汗。（一会儿工夫就出一身汗。）

（10）禾仓有□la^{21}食三年咐谷。（谷仓有够吃三年的谷子。）

（11）左手甲个就係佢咐老公。（左边那个就是她老公。）

（12）佢人细细欸，担得起几大担咐樵。（他个子小小的，能挑很大捆的柴。）

（13）俺这矮屋浪得广州咐高楼大厦比。（咱这矮屋哪能跟广州的高楼大厦比。）

偶尔可充当谓语中心。如：

（14）这佢拿来咐东西，俺还佢。（这是他拿来的东西，咱还他。）

（15）今日阿姐咐好日欸，大家爱欢欢喜喜。（今天是姐姐的大喜日子，大家要高高兴兴的。）

3）定语标记"咐$_1$"有时能省，有时不能省，如当 X 是动词性词语时，"咐$_1$"不能省，如例（6）、例（7）；但如果 X 是单音节的形容词或"X 咐$_1$Y"由"偃/你/佢＋咐$_1$＋称谓词"构成时，"咐$_1$"可省去，如例（8）、例（11）。此外，在数量词修饰名词的结构中，永定话与普通话相同，数量词和名词之间通常无需加定语标记"哩₁",如"一碗粥""三丘田""一篮青菜"等;若加了"哩₁",则含有强调数量的意味,如例(5)、例(9),但有时这种用于强调的"哩₁"是必须出现的,不能被省略,如例(10)。

二、转指标记"哩$_2 \varepsilon^{52}$"

1)永定客家方言与普通话"的"相当的转指标记[①]是"哩$_2 \varepsilon^{52}$",用于体词性或谓词性词语后,组成"X 哩₂"结构;"哩₂"把整个"X 哩₂"结构转化为名词性成分,同时,语义上也发生一定的变化。如:

(16)今年哩还盲有送来。(今年的还没送来。)

(17)下背哩熟欸,上背哩还盲有熟。(下面的熟了,上面的还没熟。)

(18)去哩交一百块钱。(去的交一百元钱。)

(19)黄哩食得,青哩还食唔得。(黄的可以吃了,青的还不能吃。)

(20)有识得哩,也有唔识哩。(有认识的,也有不认识的。)

(21)将把𠊎哩得佢大家哩分开来。(把我的跟他们的分开来。)

2)"X 哩₂"结构多作主语和宾语(包括介宾),作主语的,如例(16)至例(19),作宾语的,如例(20)、例(21)。有时,"X 哩₂"也可作谓语或补语成分。如:

(22)这个熟哩,甲个生哩,莫搞差欸。(这个是熟的,那

[①] 参看朱德熙《自指和转指——汉语名词化标记"的、者、所、之"的语法功能和语义功能》,《方言》1983年第1期。

个是生的,别搞错了。)

(23) 这钱𠊎地下捡来𠲠。(这钱是我从地上捡来的。)

(24) 被分佢睡去乌𠲠。(被子被他睡成黑色的。)

3) 平远客家话、连城客家话的转指标记"个"可以连用,组成"X 个个"式结构,如"白个个比乌个个较长(白的比黑的长)"①、"炒个个(指炒饭、炒肉等的滋味、价钱等)"②。永定客家话的"𠲠$_2$"不能连用,不管结构中包含多少个转指的层次,只用一个"𠲠$_2$"来表达。

连城话的"X 个"作定语时,和所修饰的中心语之间必须有定语标记ɜ^{35},如"白个ɜ^{35} 耳菇"③,永定话的"X 𠲠$_2$"不能作状语或定语,若作定语,则成为定中结构"X 𠲠$_1$Y"。

三、"𠲠 ε^{52}"的来源

1) 石毓智和李讷在论证结构助词的兴替和"的"的语法化过程中指出,汉语史上结构助词"底"产生的动因是量词的发展,是"数+量+名"结构在汉语中的确立而带来的类推力量,它要求一般修饰语和中心语之间也有一个语法标记,来自普通量词的"个"和来自指代词的"底"长期竞争这个语法标记位置,最后,"个"在许多南方方言中取得了胜利,而"底"(后来被"的"取代)则在北方方言和普通话中成了唯一的结构助词;至今,结构助词"个"仍活跃于粤方言、吴方言和一部分客、闽方言和西南官话中。④

---

① 严修鸿《平远客家话的结构助词》,《语言研究》2001 年第 2 期。
② 项梦冰《连城客家话语法研究》,语文出版社 1997 年,第 233 页。
③ 项梦冰(1997:234)。
④ 石毓智,李讷《汉语发展史上结构助词的兴替——论"的"的语法化历程》,《中国社会科学》1998 年第 6 期。

2）又据曹广顺的考察，"个"在近代汉语中用于名词、形容词、动词、副词之后，构成名词、形容词或副词性词组，在句子中充当定语、谓语、状语、宾语、主语，囊括了现代汉语结构助词"的""地"的用法，其功能与同时期的另一个结构助词"底（地）"基本相当，如[①]：

除此更无余个事，一壶村酒一张琴。（吕岩：七言，全唐诗，9686页）

师指面前狗子云："明明个，明明个！"（祖堂集，5.5）

老翁真个似童儿，汲水埋盆作小池。（韩愈：盆池之一，全唐诗，3847页）

今日问个，明日复将来温寻，子细熟看。（朱子语类，卷一一五）

（日）神道不吃肥个。（张协状元，一六出）

纵饶挑贩客家，独自个担来做已有。（同上，八出）

3）永定客家方言的定语、转指标记，除了用"哩ε"外，还用"个 kai""嘅 ke"[②]，这三种说法分布于永定县境内的不同乡镇，比如，湖坑、大溪等地说"哩ε"，金砂、坎市、抚市等地说"嘅 ke"，下洋、古竹等地说"个 kai"。

在用结构助词"个 kai"作定语、转指标记的地方，其量词"个"也读"kai"，两者的读音基本相同[③]。"个"在下洋一带的用法，可参看黄雪贞《永定（下洋）方言形容词的子尾》，文中说，"带前缀的形容词，无论能不能带子尾，有没有子尾，造句的功能是相同的，就是都可以做谓语、定语、补语"，"做定语

[①] 曹广顺《近代汉语助词》，语文出版社1995年，第140-145页。
[②] 在同用"ε""kai"或"ke"的地方，有的具体调值有点不同，所以这里不具体标调。
[③] 在有的乡镇，作量词的"个"比作定语、转指标记的"个"说得更重些，调值略有不同，但声韵是一致的，下文"嘅"的情形与此相同。

时，后面要加一个'个kai^{53}'"，如"丢酸（子）个杨桃，𠊎畏食｜帝苦（子）个药，真真难食｜律滑（子）个路，莫趖跌哩"，非形容词后带结构助词或量词"个kai^{53}"的例子，如"佢住个间子好细（子）｜佢着个衫好靓（子）｜这个后生子好高（子）｜这个人个作风一向系马里马虎（子）"。①

金砂、抚市一带的情况与下洋相同，定语、转指标记读"嘅ke"，其量词（个）的读音也是"嘅kɛ"。如：

（25）滴包东西𠊎嘅。（这包东西是我的。）

（26）最大嘅子哩读大学。（最大的儿子在上大学。）

（27）灶下嘅锁匙唔在哩。（家里的钥匙不见了。）

（28）滴四嘅人係𠊎朋友。（这四个人是我朋友。）

据如上石毓智、曹广顺等所言，"个"在近代汉语中一直可作结构助词，功能如同现代汉语的"的"，且现仍通行于南部一带的方言中。以此可见，下洋、抚市等地的定语、转指标记"个kai""嘅ke"也应是近代汉语结构助词"个"的遗留，最早的源头也是量词"个"，而"嘅ke"只是"个kai"的一种语音变体。

4）湖坑一带的情形有点独特，这些地方的定语、转指标记"咃"和量词"个"的读音相差较大，定语、转指标记读"ɛ^{52}"，量词说"kai^{52}"；但从与下洋、抚市等地的比较来看，"咃"也应来源于近代汉语结构助词"个"。因为，在句法结构和语义功能方面，湖坑的"咃"与下洋、抚市的结构助词"个""嘅"完全相同；而各地相应的量词都用"个"，语法功能也都相同；只是，湖坑的结构助词"咃"在读音上比抚市等地的"嘅"又多了一层变化，从"kai""ke"到"ɛ"是一系列的语音弱化形式。

---

① 黄雪贞《永定（下洋）方言形容词的子尾》，《方言》1982年第3期。

因此，我们认为，永定（湖坑）客家方言的结构助词"哋"应是从下洋、抚市等地的"个""嘅"弱化而来①，都继承于近代汉语的结构助词"个"；或许由于在语言的使用和发展过程中，结构助词"个"和量词"个"在语音上逐渐分化，量词"个 kai^{52}"保留原来的读音，与其他地方相同，而结构助词"个"，因高频出现而基于发音省力的原则，语音不断弱化，最终形成现在的"哋 ε^{52}"。

第二节　状语标记与状态词标记

一、关于状语标记

1）状语标记是指位于副词性修饰语和谓词性中心语之间的结构性成分。永定客家话没有专职的、成熟的状语标记，通常情况下状语和中心语之间不用结构助词，像普通话"状＋地＋中"那样的结构，永定话一般直接用"状＋中"组合来表示。如：

（1）佢两下半转过身去。（他很快地转过身去。）

（2）莫一个字一个字读。（别一个字一个字地读。）

（3）纸炮噼呖啪啦响。（鞭炮噼呖啪啦地响。）

（4）这佢认认真真看两遍欸。（这他认认真真地看了两遍了。）

（5）有人偷偷从山顶斫走□kia^{52}支杉树。（有人偷偷地从山

---

① 这也可从梅县客家方言得以证明，梅县话作定语、转指、状语及状态词标记的"个"通常读作 kε^{52}，但有时可丢掉声母，直接读作 ε，两种读音带有随意性，所表达的语法意义和功能却不变；参见林立芳《梅县方言的结构助词》，《语文研究》1999 年第 3 期。

上砍走了好几棵杉树。)

2) 永定客家话虽然没有与普通话"地"直接对应的状语标记，但"去 k^hi^{52}"和"来 $luei^{24}$"有时在句中可担任类似于状语标记的角色，其中，"去"可弱读为"i^{52}"。具体表现如下：

"去"位于副词性状语和中心语之间。如：

(6) 你莫竟去念，竟去念，听人都畏。(你别一直念叨，一直念叨，让人听着厌烦。)

(7) 佢竟甲去讲无滴□$ta?^5$□$sa?^5$呧事。(他不停地说没一点意思的事情。)

(8) 你□$ta?^5$□$ta?^5$去哭也无用。(你一直哭也没用。)

(9) 厓阿叔尽命去做事，想多赚滴欸钱。(我爸爸拼命地干活，想多赚一点钱。)

(10) 唔□mai^{52}钱呧东西，佢就俉命去食。(不要钱的东西，他就拼命地吃。)

"去"位于由数量词或数量名组合的重叠式所充当的状语和中心语之间。如：

(11) 用手指一个一个去算。(用手指一个一个地数。)

(12) 佢一个字一个字去读。(她一个字一个字地读。)

(13) 日日拿镢头滴欸滴欸去挖。(天天用锄头一点一点地挖。)

(14) 你莫一趟一趟去行，一下手拿多滴欸。(你别一趟一趟地跑，一次多拿一点。)

有时，"去"位于由名词性或谓词性词组所充当的状语和中心语之间。如：

(15) 唉多事，厓一日到暗去做，还做唔成。(这么多活，我一天到晚不停地干，还干不完。)

(16) 佢日日无事做，上楼下屋去嬲。(他天天没事干，从这栋楼玩到那栋楼。)

(17) 一句话佢横澜倒累去讲。(一句话他颠来倒去地说。)

"去"也可位于由少数形容词充任的状语和中心语之间。如:

(18) 书爱认真去读,正读得识。(书要认真地读,才读得懂。)

(19) 勤力去做,唔□mou^{52}怕出力。(勤苦地干,不要怕出力。)

与"去"相比,"来"较少出现于状中结构中,"来"之前的状语也多由数量词重叠式构成。如:

(20) 饭爱一口一口来食。(饭要一口一口地吃。)

(21) 三个三个来算。(三个三个地数。)

(22) 三箱三箱来搬可快。(三箱三箱地搬更快。)

(23) 一页页来翻,莫咹急。(一页一页地翻,别这么急。)

(24) 咹多东西,俺滴欤滴欤来拿。(这么多东西,咱一点一点地拿。)

其次是一些状态形容词或主谓词组作"状+来+中"结构的状语。如:

(25) 事情爱慢慢来做。(事情要慢慢地做。)

(26) 面对面来讲清楚,莫后背讲七讲八。(当面说清楚,别背后说三道四。)

(27) 你莫咹多人一下来,就俺两侪一个对一个来打。(你别这么多人一起来,就我们两个一对一地打。)

此外,一些谓词性词组位于"来"之前,可看作中心语的方式状语。如:

(28) 树头爱打直来放。(木头要竖着放。)

(29) 佢喜欢打赤脚来行路。(他喜欢打着赤脚走路。)

(30) 你莫着倒袜来睡。(你别穿着袜子睡觉。)

3) 邢福义曾提出"准结构助词"的概念,认为:"准结构助词，在位置和作用上跟典型结构助词有近似之处。一方面，它们通常用在 X 和 Y 两个结构项之间，处于中位，并且跟特定结构关系有联系；但是，另一方面，它们未成为某种成分的专用标志"，邢先生在文中提及的准结构助词包括"给、所、来、去"，他所界定的准结构助词"来""去"在句法上通常出现在"介词结构＋来/去＋VP"这样的组合中，所举的例子是："昨晚他喝了几杯'茅台'，准备用酒精（来）麻醉神经｜他这次要用经济手段（去）赢取"；邢先生认为，这些句中的"来""去"，已经不是趋向动词，而是助词，由于这种助词用在介词结构和 VP 之间，跟状心结构关系发生联系，因而，可以认为是准结构助词。①

4）永定客家话的"去"和"来"用在状中结构之间时有以下几个特点：一是，绝大多数的"去""来"可省略，而不影响整个句子的结构和语义，但若加了"去"或"来"，有突出强调状语的意味；二是，"去"和"来"的语义虽有所虚化，但不如典型结构助词的虚化程度高，有时似乎还带点自身的词汇意义；三是，有些"谓词性成分＋来＋动词性词语"似乎既可看成状中结构，也可看成用"来"连接的连动组合，如例（28）至例（30），但从语义上看，较倾向于状中结构，"来"之前的谓词性成分是表方式的状语。

所以，根据以上"去""来"所处的句法结构特点——仅出现于"状＋中"组合（或倾向于"状＋中"组合）之间，且语义上已虚化，比邢先生所说的普通话中的准结构助词"来"和"去"更虚，而语法功能上又与普通话"状＋地＋中"结构中的"地"相当，只在状语和中心语之间起连接性作用；这样，也可把永定客家话中"状＋去/来＋中"的"去"和"来"列为准结构助词，视作准状语标记。

---

① 邢福义《汉语语法学》，东北师范大学出版社 1997 年，第 232-234 页。

二、状态词标记"欸 ei^{21}"

状态词包括状态形容词、形容词的生动形式或复杂形式。在永定客家方言中，形容词的表现形式灵活多样，大致可分为两类：一类可带状态词标记"欸 ei^{21}"[①]，另一类不带状态词标记"欸 ei^{21}"。以下先简要介绍不带标记的状态词，然后再讨论带标记的状态词的结构形式和句法功能。用 A、B 表示不同的单音节性质形容词，AB 表示双音节的性质形容词，X、Y 指代构词性的前缀、中缀或后缀。

1. 永定客家方言不带标记"欸"的状态词主要有以下五种表现形式：

① 双音节重叠 AABB 式，如：开开心心、伶伶俐俐（干干净净）、清清楚楚、尴尴尬尬（常用于形容某事或某物处于不上不下或进退两难的境地）、龌龌龊龊（肮肮脏脏）。

② 带单音前缀 X[②]A 式，如：滴苦、巴粗、寡瘦、娃光、碌滑、雪白、丢酸、□kaʔ^5 软、□pia^{24} 烂、篷脆、微薄、精光、喷腥、打准、焦红、□kei^{24} 笨、扑白、梆紧、律乌。

③ 带重叠前缀 XXA 式，如：沸沸烧、溜溜圆、梆梆紧（多指很紧张、着急地要去做某事）、南南长、冲冲新、动动乱（心里很乱）。

④ 带双音前缀的 XYA 式，也用于形容 A 的程度非常之高，

[①] 永定客家方言的"欸"可以出现在名词、代词、数量词等后面，如"桌欸、凳欸、桃欸、梨欸、这滴欸（这儿）、甲滴欸（那儿）、哪欸（哪儿）、一下欸（一下子）、两口欸（两口）"，也可以出现在形容词性成分（本书所说的状态词）之后，前者我们看作词尾，后者我们称作状态词标记，即相当于朱德熙先生所说的"形容词性语法单位的后附成分"；参见朱德熙《现代汉语语法研究》，商务印书馆 1980 年，第 74-77 页。本书仅讨论作为状态词标记的"欸"。

[②] （2）、（3）、（4）、（5）类不带标记"欸"的状态词，其前缀 X、Y 都是同音字，无具体的实义，仅用于表示程度极高。

闽西永定客家方言虚词研究

如：笔溜直、蓬之臭、刮□taʔ⁵硬、□kaʔ⁵之衰、寡之瘦、冰之冷。

⑤ 带中缀 AXAB 式，如：古里古怪、土里土气、□lεʔ⁵里□lεʔ⁵□tsεʔ⁵（很肮脏）、齷里齷龊、好意好势（指说话的口气很温和）。

此外，还有一些比较零散的生动形式，如：乌兰狗些（形容脏得颜色都快认不出来）、黄肿胖屁（多用于形容物品的颜色不鲜艳或因陈旧而模糊不清）、白里白煤（常指食物煮得不熟或没有色香味）、死古死默（做事很死板，不灵活）、实打实（老实）、老打老实（非常老实）等。

这些状态词在句中常作定语、主语、谓语、补语，有时也作状语。若作定语或主语，要带定语标记"哋₁"或转指标记"哋₂"；若作状语，一般直接修饰中心语；若作补语，多加补语标记"得""去"。略举几例：

（31）丢酸哋苹果偃畏食。（非常酸的苹果我不敢吃。）（定语）

（32）滴苦哋唔□mai⁵²。（非常苦的不要。）（主语）

（33）这个人古里古怪。（这个人很古怪。）（谓语）

（34）样样事情佢都□mεʔ²得清清楚楚。（每件事她都安排得井井有条。）（补语）

（35）火唔着，难怪饭煮去白里白煤。（火不旺，怪不得饭煮成夹生的。）（补语）

（36）唔怕！实打实讲。（别怕！实话实说。）（状语）

2.可带标记"欸"的状态词主要有四种形式，带上标记后，语义程度有所减轻，含有比较怎么样的意思。在句中可充当定语、主语、状语、谓语或补语，是否带标记"欸"，取决于所充当的句法成分；作定语、主语或状语时，一般可带可不带状态词标记，但若处于定语或主语的位置上，应带定语标记或转指标记,作谓语或补语时,则必须带状态词标记。

1)单音节重叠 AA 式,如:高高、香香、白白、青青、大大、慢慢、轻轻、甜甜、矮矮、细细、肥肥、圆圆、酸酸。

作定语,如:

(37)有个高高欸吔人。(有个高高的人。)

(38)拿倒个大大吔碗。(拿着个大大的碗。)

作主语,如:

(39)甜甜欸吔偃爱,酸酸欸吔偃唔□mai^{52}。(甜甜的我要,酸酸的我不要。)

(40)矮矮吔係偃老妹。(个子较矮的是我妹妹。)

作状语,如:

(41)东西爱轻轻欸放。(东西要轻轻地放。)

(42)行路爱慢慢行,正唔会跌倒。(走路要慢慢地走,才不会摔倒。)

作谓语,如:

(43)佢吔面白白欸。(他的脸白白的。)

(44)这东西香香欸。(这东西有点儿香。)

作补语,如:

(45)佢女欸生得细细欸。(他女儿个子小小的。)

(46)□sia?^{2} 丸□luai?^{2} 得圆圆欸。(汤丸揉得圆圆的。)

2)双音节重叠 ABAB$_1$ 式,如:好势好势、白净白净、像样像样、正扮正扮、活泼活泼、结□ta?^{5} 结□ta?^{5}(多指东西小巧)、细□ta?^{25} 细□ta?^{25}(多指人个子小巧)、□və^{52} 顿□və^{52} 顿(形容人又矮又壮)。这类词也可充当多种句法成分。如:

(47)偃先换件像样像样(欸)吔衫来。(我先换件像样的衣服。)(定语)

(48)□və^{52} 顿□və^{52} 顿(欸)吔偃还可喜欢。(比较矮壮的我还更喜欢。)(主语)

（49）大家好势好势欸讲，莫一下手就相吵。（大家好好地说，别一说就吵。）（状语）

（50）这妹欸白净白净欸。（这姑娘比较白净。）（谓语）

（51）佢女欸生得活泼活泼欸。（他女儿比较活泼。）（补语）

3）双音节重叠 ABAB$_2$ 式，如：酸甜酸甜、苦甘苦甘、矮肥矮肥、高大高大、矮细矮细。

ABAB$_2$ 式与 ABAB$_1$ 式的不同之处是：ABAB$_1$ 式中的 AB 可独立使用，是一个稳固的双音节性质形容词；而 ABAB$_2$ 式中的 AB 一般不用作一个凝固的形容词，多是两个独立的单音节性质形容词的临时组合。ABAB$_2$ 式一般不作状语，其他句法功能与 ABAB$_1$ 相同。

4）带重叠后缀的 AXX 式，如：矮壁壁、肥咚咚、老滴滴（形容人好像很老成世故的样子）、土归归（形容脾气粗暴）、长南南、高□k^{h}ia?^{2}□k^{h}ia?^{2}（形容个子细长高挑）、硬梆梆、白□tia?^{2}□tia?^{2}、圆□toŋ^{24}□toŋ^{24}。

这类状态词的后缀不仅能增加前一单音形容词所表达性状的程度，而且使整个词语听起来韵律和谐，又非常生动形象。在句中多作主语、谓语、定语、补语，有时也作状语，以下各举一例：

（52）矮壁壁（欸）呃佢唔喜欢。（非常矮的我不喜欢。）

（53）你莫老滴滴欸，识又唔识。（你别好像很老成世故的样子，其实又不懂。）

（54）甲个高□k^{h}ia?^{2}□k^{h}ia?^{2}（欸）呃男欸人係蛮？（那个个子很高的男人是谁？）

（55）猪肉莫切去圆□toŋ^{24}□toŋ^{24} 欸。（猪肉别切得圆咕隆咚的。）

（56）你莫土归归欸骂人。（你别粗鲁地骂人。）

3. 在行政区域上，永定县所辖的范围不算大，但由于地处山区，长期的交通阻隔造成各地乡民交往不便，以致有的方音差别较大。就状态词标记而言，本书讨论的"欸 ei^{21}"主要通行于湖坑、歧岭等地，其他地方的说法略有不同，有的地方说"了 lə^{21}"，如大溪，有的地方说"哩 li^{53}"，如城关、金砂，还有的说"子 tsɨ^0"，如下洋、坎市。如今，交通比以往便利多了，各乡镇之间也加强了社会往来和商业贸易，尤其是因通婚的影响，各地方音产生交融的现象，一些本来不是本地使用的状态词标记也常听说，这样，就有了一个乡镇内不独使用一个状态词标记的情形，如坎市既说"子"，也说"哩"。

第三节　比况结构标记

关于普通话的助词"似的"，多数论著将其独立为一类，笼统地称作比况助词，但也有人指出"似的"在句中所处的位置不同，性质也不相同。如江蓝生认为："似的"可以分为两个——结构助词"似的$_1$"和语气助词"似的$_2$"，前者既可出现在句中，也可出现在句末，表示比喻或相似；后者只能出现在句末，表示不定判断（或曰推测）的语气。[1] 邢福义赞同江蓝生的观点，认为"似的"表达了"比拟"和"测度"两种语法意义。[2] 蔡日英也持同样的看法，把用于句中表示结构关系的"似的"叫作结构助词，把用于句末表示语气的"似的"叫作语气助词。[3] 但徐复岭却认为：不管"似的"在形式上处于何种位置，其基本作用都是表结构关系，有没有"似的"并不一定影响句子的语气，但会改变句子的意思，因此，"似的"只是结构助词，不是

---

[1] 江蓝生《助词"似的"的语法意义及其来源》，《中国语文》1992年第6期。
[2] 邢福义《从"似X似的"看"像X似的"》，《语言研究》1993年第1期。
[3] 蔡日英《说"似的"》，《语言教学与研究》1981年第1期。

语气助词。[①]

依此看来，不论"似的"能否分为两个，具有结构助词的功能是多数学者的共识。所以，一方面，我们认为，普通话表示比喻或相似义的"似的"应归入结构助词，而不必单列一类比况助词，除了因为在句法结构和语法功能上"似的"与结构助词相符外，还因给词语划分类别主要依据语法功能，如将助词分为"结构助词""动态助词"等，依据的是语法功能上的差异，但将"似的"另立为"比况助词"，却又是从词语的意义着眼，若把"比况助词"与"结构助词""动态助词"等并列，分类的原则就未能贯彻始终；另一方面，从方言事实来看，我们赞同江蓝生等人的观点，认为普通话的"似的"可分为两个——结构助词"似的$_1$"和语气助词"似的$_2$"，因为在永定客家话中，与普通话"似的"对应的"样般 zaŋ^{24}pan^{33}"也存在结构助词和语气助词两种语法功能，相应地也可分为"样般$_1$"和"样般$_2$"；况且，对某一语法成分做细致的区分有助于更深入地认识和精确地揭示其内在的实质。

本章仅讨论结构助词"样般$_1$"的用法（"样般$_2$"见相关章节），且如无特别指明，本书所说的"似的""样般"均指"似的$_1$""样般$_1$"（以下直接写作"似的""样般"）。另外，由于"样般$_1$"与"似的$_1$"一样，在语义上主要表达"比况"，用以构成比况结构，所以，我们称其为比况结构标记，亦即比拟性的结构助词。

一、"样般 zaŋ^{24}pan^{33}"的句法分布

"样般 zaŋ^{24}pan^{33}"附着在词或短语后面，组成"X 样般"结构，X 多是名词性成分，出现频率最高的是动物类名词。如：

[①] 徐复岭《说"似的"》，《语言教学与研究》1982 年第 3 期。

猪样般、狗样般、猴样般、老虎样般、牛样般、老鼠样般、鸟欸样般、兔欸样般、田鸡样般、猫样般、老鸦样般、泥蛇样般、野猪样般、虫口fiɛn^{52}（蚯蚓）样般。

其次是其他普通名词。如：

鬼样般、人样般、石头样般、浆样般、鼓样般、箩样般、树头样般、地（坟墓）样般、水样般、弥勒佛样般、苹果样般。

名词性词组也常充当 X 成分。如：

猪得狗样般、大老虎样般、亲生爷娘样般、自家𠮾女欸样般、无出嫁𠮾阿姑姐样般、两兄弟样般、姐妹样般。

谓词性词组（多是动词性的）、主谓词组也可构成 "X 样般"。如：

抢倒钱样般、会死欸样般、好大食色（很了不起）样般、猪食汁（猪吃食）样般、牛相斗样般。

"样般"可单独使用，也可和"得""好像""似乎"等构成"得/好像/似乎 X 样般"格式，相当于普通话的"好像 X 似的"。如：

得猪样般、得石头样般、得树头样般、好像狗样般、好像佢𠮾命样般、似乎唔使钱𠮾样般。

"X 样般"可出现于句中，也可出现于句末，而且几乎都能独立成句或充当句子成分。

二、"样般 zaŋ^{24}pan^{33}"的语义功能

"样般"与普通话的结构助词"似的"相同，都是抓住人或事物之间在动作、性状等方面的相似点进行比较，修辞学上叫作比喻，也常出现本体和喻体，如"甲个人食去猪样般（大意：那个人吃得像猪一样胖）"，在这句话中，本体是"甲个人"，喻体是"猪"。可见，"X 样般"不仅形式上是一个比况结构，而且具

有深层的比喻语义;因而,"样般"在连接不同成分的同时,也使整个结构具有某种形容词性的特征。

在句法功能上,"X样般"在句中多作谓语。如:

(1)佢好大食色样般,一只月正拿滴欸钱转来。(他很了不起似的,一个月才拿那么点儿钱回家。)

(2)甲张画佢吔命样般。(那张画像他的命似的。)

(3)甲兜人得狗样般。(那些人像狗似的。)

也常作补语,句中的补语标记一般用"去"。如:

(4)你忒会食欸,食去猪样般。(你太能吃了,吃得跟猪似的。)

(5)日日睡去得死佬样般。(天天睡得像死人似的。)

(6)佢阿娓做去猴样般。(他妈妈干活干得瘦得像猴。)

作定语时要带定语标记。如:

(7)徛倒一个树头样般吔人。(站着一个像木头一样的人。)

(8)狗斗样般吔地方你也住得□hɛʔ⁵。(狗窝一样的地方你也住得惯。)

(9)癫嫲样般吔人你也爱?(疯子一样的人你也要?)

作主语时也要加转指标记。如:

(10)讲着讨哺娘,猴样般吔偃唔喜欢。(说到娶媳妇,瘦得像猴子似的我不喜欢。)

(11)猪食样般吔你也食得下?(猪食一样的你也吃得下?)

(12)鬼样般吔扔撒佢,好吔留倒。(把不像样的扔了,留下好的。)

有时,也可作状语和宾语。如:

(13)莫树头样般坐倒甲滴唔动着。(别像木头似的坐在那儿不动。)

(14)佢就死佬样般眠倒床项。(他就像死人似的躺在床上。）

（15）把佢当作牛样般。（把他当作牛一样。）

可见，在永定客家方言中，"样般"是与普通话"似的"对应的比拟性结构助词，它能跟不同的语言成分组合成"X样般"结构，可出现在句中或句末，用以充当主语、谓语、宾语等多种句法成分。

第四节　补语标记"去"及其探源

永定客家方言共有"得""得来""来""倒""去"[①]五个补语标记。其中，"得"字的用法最广，除了作能性补语的标记外，还可作状态补语、程度补语等其他非能性补语的标记，"得来"也是既可作能性补语的标记，也可作状态补语的标记，"来"一般仅用于状态补语的标记，"倒"只充当结果补语的标记，"去"也兼用作状态补语和程度补语的标记。"得""得来""来""倒"的用法将在相关章节中考察，本节主要讨论"去 $k^h i^{52}$"作补语标记的情形，并尝试对"去"（暂且写作"去"）的本字和来源作一番探讨。

一、补语标记"去 $k^h i^{52}$"的用法

永定客家方言的补语标记"去"在语义上已完全虚化，通常读作 $k^h i^{52}$，有时也弱读为 i^{52}，两种读音的语法功能相同，都是作状态补语或程度补语的标记，记作"V 去 C"。

[①] 关于补语标记"去""倒"的本字和来源还有待于考证，在本章第四、五节中我们将就此进行专门的讨论，但在其他相关行文中都写作"去""倒"。

1. 状态补语标记"去"

在"V 去 C"式状态述补结构中,述语主要是单音节的性质形容词、动作动词、心理动词和感受动词,少数双音节性质形容词和自主动词也可作述语,其他动词一般不能充当述语;状态补语则通常是比较复杂的结构,单个的性质形容词或动词一般不作补语,多由状态形容词、形容词生动式、副词修饰形容词的偏正词组、主谓词组或其他谓词性词组充当。如:

（1）衫裤着去龌龌龊龊,还唔识换。（衣服穿得脏脏的,还不知道换。）

（2）被分佢盖去乌兰狗些。（被子被他睡得脏兮兮的。）

（3）唉远哋路,□ka^{52} 行去好透。（这么远的路,那是走得很累。）

（4）想食肉想去口澜水嗒嗒跌。（想吃肉想得口水一直滴。）

（5）佢肚角疾去徛唔起来。（他肚子疼得站不起来。）

（6）分辣椒辣去目汁都跌下来。（被辣椒辣得眼泪都掉下来。）

（7）见到子欸,开心去话都唔会讲欸。（见到儿子,高兴得话都说不出来了。）

（8）面分佢打去□əu^{52} 呲。（脸被他打成乌紫的。）

2. 程度补语标记"去"

1）用"去"作标记的述程式（程度述补结构）在永定客家话中很常见,能充当述语的也主要是单音节性质形容词和动作动词、心理动词、感受动词,少数双音节自主动词也可作述语,但双音节性质形容词和其他动词一般不能充当述程式"V 去 C"的述语;补语则主要是一些表示高程度的形容词性或副词性词语,如"半死、会死、爱死、过命、爱命、无命",也有少数是表示程度中等或稍强于一般的,如相当于"还可以"的"傲蛮欸",

和类似于"还不错"的"无打紧"①等。如：

（9）昨晡暗寒去半死，今日又热去半死。（昨晚冷得要命，今天又热得要命。）

（10）街项挤去会死，过都过唔得。（街上挤得要命，过都过不了。）

（11）这衫做去傲蛮欸。（这衣服做得还可以。）

（12）这座楼做去无打紧。（这栋楼盖得还不错。）

（13）细人欸怕打针怕去无命。（小孩子怕打针怕得要命。）

（14）这咹久分佢扒累去爱命吔。（这些日子被他折腾得要命。）

2）述程式"V 去 C"还有一种很特殊的补语形式，由单音节的动词或形容词重叠而成，构成"V 一 VV"或"A 一 AA"式，其中的"一"代表一个音节，这一音节没有固定的语音形式，随充当补语成分的动词或形容词的读音而改变，一般是取那个动词或形容词的韵母部分，有时去掉韵母中的介音，声调也因连读而改变，与单字本调不同，但不管原字调值多少，一般都取 25 调值，如"死 i$^{52\text{-}25}$ 死死""烂 an$^{21\text{-}25}$ 烂烂""断 an$^{33\text{-}25}$ 断断""扁 ian$^{52\text{-}25}$ 扁扁"。当"V 去 C"的补语由这种结构充当时，述语只能是动词，而且必须是具有处置义的单音节动作动词，形容词和其他动词都不能作述语。在语义上，这种"V 去 V 一 VV"或"V 去 A 一 AA"述补结构主要是为了突出动作行为产生的结果所达到的程度。如：

---

① "半死、会死、爱死、过命、爱命、无命"等，虽然两个成分之间结合得比较紧密，但基本上都可各自独立成词，有的还可扩展，并具有类化的倾向，因此，暂不视为一个词，看作是处于词汇化过程中的短语性结构。但"差唔多""傲蛮欸"与此不同，其内部结合得很紧，不可扩展，只作为一个独立的词高频使用，且能受其他词修饰或修饰其他词，参照《现代汉语八百词》等，将其看作一个形、副兼类词，在副词章节中具体讨论。

（15）甲只狗分佢打去死 i$^{52-25}$ 死死。（那只狗被他打死了。）

（16）书分细人欸撕去烂 an$^{21-25}$ 烂烂。（书被小孩子撕得稀巴烂。）

（17）样大呢棍欸都分佢拗去断 an$^{33-25}$ 断断。（那么粗的棍子都被他拗断了。）

（18）这纸盒分偓踏去扁 ian$^{52-25}$ 扁扁。（这纸盒被我踩得扁扁的。）

3)"V 去 C"述程式和状态式在语义上存在一定的内在联系。本质上，述程式的补语也是对述语所表示的动作或性状进行描述，描状性也是它的主要特征，但是在语义程度上述程式高于状态式，述程式常常带有夸张的意味。如比较以下两句：

A：佢分佢阿叔骂去面焦红。（他被他爸爸骂得脸通红。）

B：佢分佢阿叔骂去无命。（他被他爸爸骂得半死。）

状态式 A 的述补结构是"骂去面焦红"，述程式 B 的述补结构是"骂去无命"，A 和 B 的补语都是对"骂"所产生的情状进行描述，只是在语义程度上 B 高于 A。可见，述程式是状态式在语义程度上的进一步延伸，是对所达程度的一种强调，普通话中的"V 得 C"述程式和状态式之间也存在着类似的语义联系。正因为程度述补结构和状态述补结构在表义上有着这样的内在联系，所以，目前关于状态补语、程度补语和结果补语之间的界定还不甚分明，有些人将这三种补语分开，有些人则将它们合在一块统称为状态补语、程度补语或结果补语。为了对语言事实做比较深入的描写和分析，我们主张将三种述补结构分开，逐一进行讨论，但可给状态补语和程度补语定一个上位概念——情状补语（本书中若出现"情状补语"，即包含状态补语和程度补语）；同时，也为了述程式和状态式之间有个清楚的划界，将述程式的补语主要锁定于一些表示具有程度义的副词性和形容词性词语，其余各种形式的描述性词语划入状态补语的范围。

二、"去"与"得"的区别

永定客家方言的"得""得来""来"和"去"都可作状态补语的标记,而"得"和"去"又同是程度补语的标记,这些不同的标记所构成的状态述补结构或程度述补结构在语义功能上基本相同,区别主要体现在具体运用的语境或句法结构上。"得"和"得来"作状态补语标记的差异在"得"字结构中讨论,"来"作标记的状态述补式使用频率较低,且用法相对较简单,所以,这里主要比较"得"和"去"作状态补语和程度补语标记时的差异。

1)总的说来,永定客家方言的"V得C"状态式比"V去C"状态式用得更广,述语的结合面也更宽一些,主要表现在一些不能作"V得C"述语的双音节自主动词和趋向动词可以作"V得C"的述语。如:

(19)屋下打叠得各伶俐。(家里收拾得非常干净。)

(20)佢一生人分人欺负得几透。(他一辈子被人欺负得很苦。)

(21)成绩上得几快,也跌得几快。(成绩升得很快,也降得很快。)

(22)这水出得好慢。(这水出得很慢。)

当述语由少数双音节性质形容词充当时,状态式"V得C"和"V去C"所要求的补语成分不同,"V得C"的补语一般仅限于单音节形容词"好",而"V去C"的补语通常由谓词性词组来充当。如:

(23)人矮矮欻,活泼得好。(个子虽矮,但很活泼。)

(24)莫看佢穷穷欻,大方得好。(别看他穷,但很大方。)

(25)佢老实去连该拿吔钱都唔敢拿。(他老实得连该拿的钱都不敢拿。)

即便述语不是双音节性质形容词,"V去C"状态式的补语也不能由单个的性质形容词充当,都是些较复杂的结构;而"V得C"状态式不同,单个的性质形容词作补语并不限于述语是双音节性质形容词,述语有时也可以是单音节性质形容词或某些动词。如:

(26)这梨欸小小欸,甜得好。(这梨子小小的,但很甜。)

(27)甲妹欸生得靓无?(那姑娘长得漂亮吗?)

(28)老师批评得好,咹样吔人就爱老师来讲。(老师批评得好,这样的人就要老师来批评。)

但这种单个的性质形容词充当补语的"V得C"状态式在永定话中也比较少见。

2)在程度述补结构方面,"V得C"述程式和"V去C"述程式的补语成分基本相同,都是一些具有程度义的副词性或形容词性词语,两种程度述补结构的区别主要在于当述语是双音节性质形容词时,一般用标记"得",不用标记"去"。如:

(29)脾气傲暴得会死,蛮会嫁佢。(脾气暴躁得要命,谁会嫁给他。)

(30)佢吔后娘恶薄得会死。(他的后妈刻薄得要命。)

个别充当补语的词语稍有不同,如意义为"差不多"的"差唔多"一般用在述程式"V得C"中,而不用在述程式"V去C"中。此外,"差唔多""傲蛮欸""无打紧"等带有程度义的词语有时还可受程度副词"好"等修饰,所构成的偏正词组出现于"V得C"中,而不出现于"V去C"中。如:

(31)佢吔外家□ka^{52}算做得好差唔多。(她娘家算是做得很不错了。)

(32)这妹欸生得好傲蛮欸。(这姑娘长得很不错。)

(33)这墙砌得好无打紧。(这墙砌得很不错。)

此外,"V—VV"或"A—AA"特殊结构只能作"V去C"的程度补语，而不能做"V 得 C"的程度补语。

3）无论是状态式的"V得C""V去C"还是述程式的"V得C""V去C"，虽然表达的语义功能基本相同，但在具体运用中都存在些微的差异，并不能随意替换。两种形式的状态述补结构或程度述补结构的差异，首先表现在韵律结构的不同，比如对述语或补语的音节长短要求不同，述语与补语的结构组配不同；其次是能充当述语的动词的义类不同，如有的能作"V 得 C"述语的动词却不能作"V去 C"的述语；再者，有时语用功能也稍微有异，如两种述程式的语气轻重不同，用"去"作标记时，口气显得轻松柔和些，用"得"作标记则显得较生硬，带点强调的意味，具体选用哪一种方式来表达须遵循本地方言的习俗和视当时的语境而定。

三、补语标记"去"探源

"去"和"起"在汉语方言中都能作补语标记[①]，有的方言用"去"，有的方言用"起"。但在永定客家话中，"去"和"起"完全同音，都读作 k^hi^{52}，而且这种补语标记的语法化程度很高，只有语法意义，没有词汇意义，所以，永定话中作为状态补语和程度补语标记的 k^hi^{52} 到底应写作"去"还是"起"就很值得考证。以下我们通过对"去"和"起"的语音、语义功能的分析和比较，并考察其他方言的情况，讨论补语标记"去"的本字及其来源。

[①] 本书在作方言类型考察时，补语标记的概念是较宽泛的，不限于情状述补结构，因有的方言可能还有自身比较独特的"去"或"起"述补格；但在讨论永定客家方言补语标记的来源时仅指情状述补结构，即状态补语和程度补语标记。

（一）"去"的本字

1. "去"和"起"的语音特点

1）"去"和"起"都属古溪母字，在永定话中它们的声母相同，都读作送气音 k^h。在韵母方面，永定话没有撮口呼韵母，古见、溪、群三母中的遇摄合口三等字（如"居""举"）和古见、溪、群三母中的止摄开口三等字（如"基""欺"），今在永定话中都读作 i；"去"属古遇摄合三御韵字，"起"属古止摄开三止韵字，所以，"去"和"起"在永定话中韵母也相同，都是 i 韵母。

2）在声调上，永定话平声、入声依声母的清浊分阴平、阳平和阴入、阳入，但上声字和去声字的读音比较复杂——古清声母上声字与清声母去声字已合流，本书定为阴上去调，古浊声母上声字除部分读阴平外，其余与浊声母去声字也合流，本书定为阳上去调；而"起"为古清上字，"去"为古清去字，由于清上和清去合流，导致"去"和"起"的声调也相同。

3）此外，"去"或"起"处于句法中的非主要位置，即位于动词后作结果补语、趋向补语或构词语素时，都可弱读为 i^{52}。可见，"去"和"起"都符合永定客家话的语音演变规律，永定客家话的补语标记 k^hi^{52} 有可能是声、韵、调完全相同的"去"或"起"，两者具有同样的可能性。

2. "去"和"起"的语义功能

1）长汀、上杭、连城、武平等同一地区周边客家话的"去"和"起"在语音上有别，且分别表达不同的语义和语法功能，虽都不用作补语标记，但可借此来考察和离析永定话"去"和"起"的语义功能。通过比较和分析，可知永定话的"去"主要有以下几种用法：

① 用作动词，表示从所在地到别的地方，宾语都是表处所

的词语，如"去北京""去学校""去田项""去屋下"。

② 作连动结构的前项，表示目的，如"去做事""去上班""去上街""去食亲家酒"。

③ 和另一趋向动词构成复合趋向动词，"去"作趋向补语，如"上去""下去""过去""转去"。

④ 在复合趋向动词之间插入"得"，构成能性述补结构，"去"作趋向补语，如"上得去""下得去""出得去""入得去"。

⑤ 用在一些具有"取向"义的动词后，作趋向补语，表示人或事物随动作离开原来的地方。如：

（34）阿兴叔哋钱你送去。（阿兴叔的钱你给送过去。）

（35）要凳哋话，你自家竟口təu³³去。（需要凳子的话，你自己直接搬去。）

⑥ 置于一些自主动词后，作结果补语，语义有一定的虚化，表示"减少""消失"等。如：

（36）公家哋东西分人弄去几多。（公家的东西被人弄走了好多。）

（37）除去本钱就无剩嘛个欸。（扣除本钱就没剩多少了。）

此外，"去"有时可作准状语标记（见本章第二节），或作个别词语的构词成分，如"过去（时间名词）""睡去（睡着）"。

"起"则主要表达以下几种语义功能：

① 作动词，后面带宾语，表示"兴建""兴起""准备""开始"或"出现"等义。如：

（38）偓今年爱起屋，可能无钱借你。（我今年要盖房子，可能没钱借你。）

（39）起风欸，会落雨可多。（起风了，可能会下雨。）

（40）你先帮偓下欸肩，偓正担得起。（你先帮我上一下肩，我才挑得动。）

（41）唔知做嘛，脚项起个大泡。（不知为什么，脚上起了个很大的泡。）

② 位于动词后作补语，表示动作的开始。如：

（42）从甲时算起，到□kia^{33}下都十多年啰。（从那时算起，到现在已经十多年了。）

（43）佢一骂起人就唔会停吔。（他骂起人来就不会停下来。）

③ 位于"讲""问""提""想"等言讲或心理活动类动词之后作补语，表示动作所涉及到的对象。如：

（44）佢提起子欸，就好欢喜。（他一提起儿子就很高兴。）

（45）讲起以前吔事，目汁都会跌出来。（讲起以前的事，眼泪都会掉下来。）

④ 用在"V 得/唔起"结构中作可能补语，与普通话的用法相同，如"对得起""对唔起"，"买得起""买唔起"。

⑤ 和"来"一起置于动词之后作趋向补语，表示人或事物随动作由下而上发生位移，这种"起"的位移义较实在。如：

（46）桌头得佢抬起来。（把桌子抬起来。）

（47）衫着起来，莫感到啰。（衣服穿起来，别感冒啦。）

⑥ 和"来"一起置于动词之后，表示动作所进行的状态，作起始体的标记。这种用法的"起"语义已虚化，失去了实在的位移义。如：

（48）正无讲几句话，两个人就打起来欸。（没说几句话，两个人就打起来了。）

（49）请吔人还盲到，佢自家先食起来欸。（请的客人还没到，他自己先吃起来了。）

⑦ 和"来"一起，构成"V 起 O 来 VP"，"来"后面的 VP 都是谓词性词组，表示对"V 起 O 来"的评价，其中"起"的意义也很虚。如：

（50）你莫看佢老实，打起人来吓死人。(你别看他老实，打起人来吓死人。)

（51）做起事来当得□kia⁵² 个人。(做起事情来可以抵好几个人。)

此外，"起"也可用作构词成分，如"抬起（起床）""起先（以前）""放起（算起）""蓬蓬起（形容兴旺发达）"。

2）吴福祥认为，如果某个方言虚词 X 有完成体标记（Xa）、持续体标记（Xb）、以及状态补语标记（Xc）三种用法，根据语义相关度原则，可以确定 Xa 与 Xc 之间有源流关系，因为完成体标记的功能表示动作的完成，状态补语标记也包含"动作完成"的意义，在"完成"这一语义范畴上二者具有很高的相关度。[①] 再按语法化程度的原则可以确定 Xa、Xc 之间的演变方向应是 Xa →Xc，即完成体→状态补语标记，因为状态补语标记的语法化程度比完成体标记高，而语法化的方向总是由实到虚、由虚到更虚。

然而，从上述"去"和"起"的语义功能看，我们也无法根据语义相关度和语法化单向性原则确定补语标记"k^{h}i⁵²"的本字。因为"去"和"起"的语义功能很相似，如都可作实义动词，充当动趋式或动结式补语，构成"V 得 C"能性述补结构，作构词语素等；而且，"去"和"起"虽各自在某些用法上语义有了一定的虚化，但都不能用作真正的完成体或持续体标记。

3．方言类型学的考察

1）既然在永定客家方言内部无法分辨"去"和"起"，我们只好从其他方言中寻找依据。在汉语方言中，用"去"作补语标记的，如：

[①] 吴福祥《南方方言几个状态补语标记的来源（一）》，《方言》2001 年第 4 期；吴福祥《南方方言几个状态补语标记的来源（二）》，《方言》2002 年第 1 期。

闽西永定客家方言虚词研究

① 广东大埔客家话用于作补语标记的结构助词有"得"和"去",多数情况下"得"和"去"可以互换,如"病得好重"可以说成"病去好重";但有时又不能互换;"得"和"去"用法的主要区别在于:"得"是能性和结果补语的标记,"去"主要是状态补语的标记,但也可作程度补语的标记,如"食去好死(吃得好极了)"。①

② 广东梅县客家话的"去"可以作状态补语的标记,如"唱去异好(唱得很好)|材料乱去理也理唔清(材料乱得理也理不清楚)";也可作程度补语的标记,如"开去会死(累得半死)|激去佢心滑淡(气得他心都凉了)";有时标记"去"可以换用"倒"或"阿"。②

③ 广东平远客家话的状态补语标记除了"得"外,还有"去""成""倒""下"和"唻"(本字是"来"),其中"去""下""唻"都来源于趋向动词,如"佢病去会死唻|衫分佢洗去屙里八糟";"去"也可作程度补语的标记,如"我恼佢恼去会死(我恨他恨得要命)";有时补语不说出来,只在标记后加"唻","唻"的语音拖长,如"佢气去唻(他气得很)"。③

④ 闽南话的"去"也是一身多任,用作动词时,充当谓语和趋向补语,用作助词时是完成体标记,有时也可连接动词和情状补语,如"阿明昨日度佃老爸拍去半小死(阿明昨天被他父亲打得半死)";不过,"去"很少用在情状补语之前,且常带有完成体的痕迹,如"鞋底破去野大空(鞋底破了好大一个窟窿)"。④

2) 用"起"作补语标记的,如:

---

① 何耿镛(1993:64-68)。
② 林立芳《梅县方言的结构助词》,《语文研究》1999 年第 3 期。
③ 严修鸿《平远客家话的结构助词》,《语言研究》2001 年第 2 期。
④ 李如龙《闽南方言的结构助词》,《语言研究》2001 年第 2 期。

① 重庆方言用"起"连接述语和趋向补语,述补之间加"起"后可以增强语气,如"把横幅取起下来丨把车开起进起";也用于连接结果补语"走"和"跑",如"把车子开起走了丨气球飞起跑了"。①

② 湖南宁乡话的"起"用在述语和状态补语之间,相当于普通话的"得",可以和"得"互换,如"床上撆起衣服一十栏三(衣服乱丢在床上)丨吓起他只个哭(吓得他直哭)";"起"也可用在述语和趋向补语之间。②

③ 长沙话用于连接补语的结构助词也不限于"得","起"也是地道的补语标记;"起"仅用于单音节的动词或形容词后,双音节词后只能用"得",如"讲起头头是道丨吓起不敢出声";通常情况下,"起"和"得"能互换,但当补语是单音节词时则不能替换,如可以说"长起好丑",不能说"长起丑"。③

④ 湖南湘乡话的"起"作结构助词用时,相当于普通话的"得",如"写起手麻解哩(写得手麻木了)"。④

⑤ 湖南汝城客话的"起"也是用在补语之前,相当于普通话的"得",但只用在结果、程度补语之前,如"食起饱完喔(吃得饱极了)丨坏起冇整(坏得没治)"。⑤

⑥ 在广东东莞粤语中,"起"也作补语标记,如"痛起周身唔得帖(痛得全身不自在)丨树叶落起通地都係(树叶落得满地都是)"。⑥

3)从以上考察可知,补语标记"去"和"起"呈互补分

---

① 喻遂生《重庆方言的"倒"和"起"》,《方言》1990年第3期。
② 邱震强《宁乡话"起"字研究》,《长沙电力学院学报》2002年第1期。
③ 张大旗《长沙话"得"字研究》,《方言》1985年第1期。
④ 黄伯荣《汉语方言语法类编》,青岛出版社1996年,第550页。
⑤ 黄伯荣(1996:552)。
⑥ 陈晓锦《东莞方言说略》,广东人民出版社1993年,第198页。

布，有的方言取"去"舍"起"，有的方言取"起"而舍"去"，"去"和"起"不会同时充当某一方言的补语标记。在"去"和"起"的择用上也具有很强的地域和方言倾向性，"去"主要用于广东、福建一带的客家方言和闽方言，而"起"主要见于四川、湖南、广东等地的官话、湘方言和粤方言。位于福建西部的永定县属纯正的客语区，相邻的大埔、梅县等地客话和闽南话都是用"去"作补语标记，所以，从地缘和方言的亲疏角度考虑，永定客家话的情状补语标记k^hi^{52}应和这些客话和闽语一致。并且，在作补语标记的用法上，永定客家话的"去"和大埔、梅县、平远客家话的"去"几乎完全相同，都能兼用为情态补语标记和程度补语标记，常可和"得"互换，结构形式和表达的语义也相同。

另外，在"去"和"起"的读音方面，大埔、梅县、厦门等地可以区分，根据它们不同的语音形式和具体的语义功能，可以明确这些方言的补语标记就是"去"。如：

大埔客家话：去 k^hi^{51}，起 k^hi^{31}。

梅县客家话：去 白读 hi^{52}，文读 k^hi^{52}；起 hi^{31}。

平远客家话：去 $çi^{55}$，起 $çi^{31}$。

厦门闽南话：去 k^hi，作助词时读轻声；起 k^hi^{53}。

漳州闽南话：去 k^hi^{21}，起 k^hi^{53}。

泉州闽南话：去 $k^hɯ$，作助词时读轻声；起 k^hi^{53}。

由此可推知，永定客家方言补语标记也应是"去"，而不是"起"。

（二）"去"的来源

1)"去"在古代本义是"离开"，如《说文》："去，人相违也"，段玉裁注："违，离也"，由"离开"引申出"距离""失去""往（由此处到彼处）""过去的"等，这些都是实在的意

义。当"去"出现在谓词或谓词性结构后表趋向时,词义有了一定的虚化,如:

旦辞爷娘去,暮宿黄河边。(《木兰辞》)

断尽遗香袅翠烟,独骑啼鸟上天去。(李贺《沙路曲》)

用在谓词性词语后,"去"也可表动作、状态的持续,语义上比表趋向时更虚,①如:

若使华阳终卧去,汉家封禅用谁文?(皮日休《寄润卿博士》)

莫怪杏园憔悴去,满城多少插花人。(杜牧《杏园》)

唐代起,"去"也引申出完成体(包括实现体)助词的用法,位于谓词性词语后或句末,表示动作、事态已经发生变化或将要发生变化,如②:

死去原知万事空。(陆游《示儿》)

苦哉!苦哉!石头一枝埋没去也。(祖堂集,2.88)

师因玩月次,有僧便问:"几时得似这个去?"(景德传灯录,卷八)

所以,我们赞同陈泽平等人的观点:"去"最初是个实义动词,然后置于谓词性词语后表趋向或持续,接着进一步虚化为完成体助词。据吴福祥的语义相关度和语法化单向性原则的理论,当"去"用作表完成或持续的助词时,它具备了向补语标记发展的条件,但在近代汉语中"去"没有虚化为补语标记。而且,"去"的完成体助词用法在宋元以后也渐趋消隐,明代只留些许残迹。③

---

① 此观点和以下两个例句参考了陈泽平《试论完成貌助词"去"》,《中国语文》1992 年第 2 期和王学奇《释"去"》,《河北师范大学学报》1999 年第 2 期。

② 参见陈泽平(1992)和曹广顺(1995:107-118)。

③ 曹广顺(1995:115-116)。

2) 完成体助词"去"虽在明代以后的历史文献中消失了，却在福建一带的闽、客方言中留下了痕迹。如今，在泉州、厦门、福州等地的闽语中，"去"可充当完成体的标记，用于句中谓词性词语后或句末表示动作、变化或事态的实现。举隅如下：

泉州闽南话：

那块破厝倒去唠。（那座破房子倒了）｜锁匙拿唔着支去。（钥匙拿错了）[①]

厦门闽南话：

碗破去。（碗破了）｜册互人借去五本。（书被人借了五本）[②]

漳州闽南话：

这碗饭给伊食去。（这碗饭被他吃了）[③]

福州方言：

伊蜀听面就变去[④]。（他一听就变了脸色）｜老王今旦病去。（老王今天病了）[⑤]

据张桃，在同处闽西与永定接壤的宁化客家话中，"去"也可用为完成体标记，一般用于句末，表示事态已经发生变化或即将发生变化；"去"作为体助词的用法也是从趋向动词"去"虚化而来，当"去"作动词时，读作去声 $k^h ɔ^{11}$，作完成体标记时，变读为入声，读作 $k^h ɔʔ^5$；"去"用为已然的，如"佢去掉一个多月去，到即下还盲转。（他去了一个多月了，到现在还没有

[①] 李如龙《泉州方言的体》，《中国东南部方言比较研究丛书（第二辑）——动词的体》，香港中文大学中国文化研究所吴多泰中国语文研究中心 1996 年，第 197 页。

[②] 周长楫《闽南话与普通话》，语文出版社 1991 年，第 109-112 页。

[③] 此例由漳州人张冬菜提供。

[④] 陈原文的完成体标记"去"写作"咯"，因其文中已言，"咯"的本字就是"去"，故引例中改为"去"。

[⑤] 陈泽平《福州方言动词的体和貌》，《中国东南部方言比较研究丛书（第二辑）——动词的体》，香港中文大学中国文化研究所吴多泰中国语文研究中心 1996 年，第 227 页。

回来）｜还有一滴滴钱偃无畀你去。（还有一点儿钱我不给你了）｜冬至过来日昼就较长去。（冬至过了，白天慢慢变得更长了）｜昨日买个东西你放打何角去？（昨天买的东西你搁哪儿了）"，"去"用于将然时，句中常有副词、助动词作时间指示，如"脑毛就快白掉去。（头发就快变白了）｜偃想歇去，你多人嬉下了添。（我想睡了，你们再玩一会儿吧）"。①

3）近代汉语的完成体标记"去"在福建闽语、客家话中传承下来后，由于在语义和句法结构上与情状补语标记有很强的相关性，以致在方言中继续发展为补语标记。但在福建各地的闽语和客话中，"去"作为完成体标记和情状补语标记的用法并不是完全对应的，如在永定客家话中，"去"可作情状补语标记，但不能作完成体标记；在宁化客家话中，"去"是完成体标记，但不是情状补语标记，而厦、漳、泉三地闽南话则兼具完成体标记和情状补语标记。现将与永定相邻或相关的几个主要闽语和客语区"去"作完成体标记和情状补语标记的对应情况列如表 4-1 所示（"＋"代表有，"－"代表无）：

表 4-1　闽语与客话"去"作完成体标记和情状补语标记分布表

标记	闽语				客话								
	泉州	厦门	漳州	福州	宁化	梅县	大埔	平远	永定	长汀	上杭	连城	武平
补语标记	＋	＋	＋	－	－	＋	＋	－	＋	－	－	－	－
完成标记	＋	＋	＋	＋	＋	－	－	－	－	－	－	－	－

据此，我们可推测，永定、梅县、大埔等地客家话在宁化客方言和闽方言的影响下，趋向动词"去"加快了语法化的进程，

---

① 张桃（2004:84）。

最终发展为情状补语标记。但在福州、宁化方言内部，完成体标记"去"并没向补语标记迈进，这种语法功能上的不对应现象，也反映了方言之间发展的不平衡性。

此外，我们确认永定客家方言的补语标记 k^hi^{52} 来源于"去"的语法化，还基于以下两点考虑：

① 永定客家话"去"虽不能用作真正的完成体标记，但在一些自主动词后作结果补语时，语义有一定的虚化，大致可相当于普通话的"走""掉""了"等，与动相补语较接近，如例（36）、例（37），而"起"没有这种语义功能。

② 吴福祥引用了几个大埔和平远客家话的例句：

摆去一桌。（整个桌子都摆满了）｜放去一屋。（整个屋子都堆满了）｜薄 ȵap^{55}ȵap^{55} 尔个被盖去唔烧。（薄薄的被子盖起来不暖和）[①]

吴认为例句中的"去"是动相补语，对此，我们不能完全赞同。因为动相补语是语义上比完成体标记更实的表实现或结果的补语性成分，而凭客家人的语感，这类句子中的"去"更倾向于强调动作造成的结果所呈现的一种状态；另一方面，因为结果和状态之间本具有内在的语义联系，所以，上述例句中的译注也不能说有错，但其中的"去"不完全等于"了"，"摆去一桌"，其实是说"摆得一桌子都是"。永定客家话也有类似的说法，若换说成普通话，我们倾向于用"得"字情态述补结构来表达。如：

（52）食去哪欸都係。（吃得到处都是。）

（53）这双鞋着去唔自然。（这双鞋穿得不舒服。）

由此说明，永定、梅县等地客家话的"去"与动相补语有一定的联系，但还未及真正发展为完成体标记，就已承担了情状补语标记的功能。

[①] 吴福祥（2001）。

以上我们细致地描写了永定客家方言"V 去 C"程度述补结构和状态述补结构的句法特征,并对"V 得 C"和"V 去 C"两种状态式和述程式分别进行了比较和分析,从中可见两类状态式或述程式在用法上存在些微差异,但在语义上状态式和述程式之间有一定的内在联系,因而主张在汉语普通话和方言中将表状态、程度和结果的三种述补结构分开讨论,但可用情状补语这一上位概念涵盖状态补语和程度补语。其次,通过对"去"和"起"语音和语义功能的考察,再比照其他方言的语言事实,基本明确了在永定客家方言内部作情状补语标记的 k^hi^{52} 应写作是"去",为清除长期以来关于补语标记是用"去"还是"起"的模糊认识做了尝试性的努力。此外,对补语标记"去"的语法化过程和来源进行了探讨,初步得出这样的结论:福建闽语、宁化客家话中的完成体标记"去"是近代汉语完成体标记的遗留,永定、梅县、大埔等地客家话应是在邻近宁化客方言和闽方言的影响下,趋向动词"去"快速虚化,发展成情状补语标记"去"。

第五节 补语标记"来""倒"及"倒"字溯源

前面一节已说过,在永定客家方言中,除了"来 $luei^{24}$"可作状态补语标记外,"得""得来""去"也都可以作状态补语标记,但结果补语标记只有一个"倒 tou^{52}"字。

一、状态补语标记"来"

1)在所有状态补语标记中,"来"的使用频率最低,而且"V 来 C"的结构相对单纯。述语一般都是自主动词,且是单音节的；补语不能由单个的性质形容词或状态词充当，多是副词修饰形容词的状中结构。如：

（1）这座楼做来好好。（这座楼盖得很好。）

（2）这画画来好靓。（这画画得很漂亮。）

（3）𠊎昨暗晡食来唔□mou^{52}，今日屙肚欯。（我昨晚吃得不好，今天拉肚子了。）

（4）这件衫做来好合身。（这件衣服做得很合身。）

"来"字状态补语主要用于对事物情状的描述或评价，标记"来"可被"得"或"得来"无条件地替换，替换后也不影响句子的语义和结构。

2) "来"作补语标记并不是客家方言所独创，在近代汉语中可找到"来"用作结构助词，以连接状态、程度补语的痕迹，在《敦煌变文集》和唐诗中均可见一些用例，如[①]：

铁碪碪来身粉碎，铁叉叉得血汪汪。（《敦煌变文集》757）

男女病来声喘喘，父娘啼得泪汪汪。（同上 836）

已应春得细，颇觉寄来迟。（杜甫《佐还山后寄三首》）

瘦马寒来死，羸童饿得痴。（姚合《寄王度居士》）

二、结果补语标记"倒"

1) 普通话中，结果补语、状态补语、程度补语这三个概念之间的界线较为模糊，常被用来互相指称。造成这种情形的主要原因之一是补语标记的单一——都用"得"来表示，以致结构形式相同，而语义上又难以说清。永定客家话的补语标记较为多样，用法上有所分工，因此，我们能对这三种补语做较明确的划

[①] 以下引例参考了李泉《汉语语法考察与分析》，北京语言文化大学出版社 2001 年，第 177 页。

界。状态补语和程度补语的界定如前所述,结果补语是指述语所表示的动作行为对人或事物产生作用后出现的情状,所用标记是"倒 tou^{52}",构成"V 倒 C"述补格。

2)"V 倒 C"的述语一般不能由形容词充当,都是一些自动词。补语的形式较为自由些,可以是单个的谓词,主要是单个的动词,也有少数是状态词。如:

(5)佢分人打倒死。(他被人打死了。)

(6)把细人欸弄倒哭。(把小孩弄哭了。)

(7)嘛个东西都得佢□mɛʔ^{2}倒正正。(什么东西都给他弄得好好的。)

(8)俚放倒好好欸呢,你莫得俚动。(我已放得好好的,你别动。)

(9)揉倒圆圆欸来。(揉得圆圆的。)

但多数是各种形式的谓词性结构(多是主谓结构)。如:

(10)坏东西扔倒几远,佢还得你捡转来。(坏掉的东西扔到很远的地方,他还给你捡回来。)

(11)东西弃佢食,食倒佢唔□mai^{52}。(东西由他吃,直到他不想吃了。)

(12)书任佢读,读倒佢自家怕读。(书由他读,直到他自己不想读了。)

(13)得俚恰命打,打倒爬唔起来为止。(给我舍命地打,打到爬不起来为止。)

(14)骂倒口澜水燥欸都无用。(直骂得口水干了都没用。)

三、"倒"字溯源

由于永定客家方言的清上字与清去字在语音演变中产生了合流,与"去"和"起"一样,"到"和"倒"的读音也完全相同，都读作 tou^{52}；而在汉语方言中"到"和"倒"也都可以作补语标记，所以，永定话的结果补语标记 tou^{52} 究竟应写作"倒"还是"到"，也是一个尚且存疑的问题。以下通过与周边其他方言的比较，并考察"倒""到"在汉语史上的使用情形，尝试讨论永定客家方言补语标记"倒"兼及持续体标记"倒"的本字和来源问题（永定客家话动结式中的结果补语、"V 得/唔倒"中的能性补语"倒"，也是"到"和"倒"难辨，本书都暂且写作"倒"）。

1）在邻近的广东客、粤方言中，有的用"到"作补语标记[①]，有的则用"倒"作补语标记。如以下几处方言：

平远客家话的状态补语标记，除了常见的"得"外，还有"去""成""倒"等，如[②]：

老鼠分佢痨倒忐忑子。（老鼠被他毒得晕晕的）｜我当昼食倒饱 ku^² ku^² 尔。（我中午吃得饱饱的）

梅县客家话的"倒"可作结果补语的标记，如[③]：

你写字写倒蛮都看唔识。（你写出字来谁都认不出来）

广州方言的"到"能作程度补语的标记，相当于普通话"得"的一部分用法，如[④]：

食到佢个肚仔胀卜卜。（吃得他那小小的肚子圆鼓鼓的）｜喊到对眼肿晒。（哭得眼睛全肿了）

东莞粤语可用"到"作状态补语标记，如[⑤]：

二哥睇书睇到定抑敲。（二哥看书看得入迷了。）

[①] 因不同方言"到/倒"补语标记表达的语义不同，有的表状态，有的表程度或结果，所以以下做方言类型考察时，不严格区分状态、程度或结果，统称补语标记。
[②] 严修鸿（2001）。
[③] 林立芳《梅县方言的结构助词》，《语文研究》1999 年第 3 期。
[④] 李新魁等（1995:532）。
[⑤] 陈晓锦（1993:206）。

广东廉江方言"得""到"和"倒"都可作情状补语的标记,但不能毫无条件地替换,可见,是共时平面上三个不同的结构助词,如[①]:

乱倒理都无理得清。(乱得理也理不清)|乱到理都无理得清。(乱得理也理不清)

以上各处的"到"和"倒"读音都不相同,其补语标记各自为"到"或"倒"应没有太大的疑问,其中,廉江方言比较特殊,补语标记"到"和"倒"共存。

2) 闽西其他几个县市——连城、长汀、武平、上杭、宁化的客家话[②],"到"和"倒"的读音也都不同,根据语音的差异可以分辨出"到""倒"所担负的语法功能。这里主要考察以下四种用法:① 作为一个唯补词,充任结果补语,置于动词后构成动结式,表示动作行为所达到的目的或结果。② 在动结式之间插入"得/唔",构成能性述补格,"到/倒"作能性补语。③ 位于动词之后作持续体标记。④ 置于动词之后作补语标记。

经调查,除上杭、宁化的"到"或"倒"不用作补语标记外,其余各县都具备结果补语、能性补语、持续体标记和补语标记的用法,但"到"或"倒"作补语标记在连城、长汀和武平客家话中不很常见;在具体的用字方面,除了宁化的结果、能性补语和连城、长汀、武平三县的补语标记用"到"外,其余用法都是"倒"。比如,长汀话的"到"读作 tou^{524},"倒"读作 tou^{21},作结果补语、能性补语和持续体时用"倒",如"撞倒同学(遇见同学)|再探过来滴就拿得倒(再伸过来一点就拿到了)|

[①] 林华勇《广东廉江方言助词研究》,中山大学博士学位论文 2005 年,第 177-178 页。

[②] 语料除了来本人的调查外,还参考了以下文献:项梦冰(1997:183-184;327);张桃(2004:80-87);蓝小玲《闽西客家方言》,厦门大学出版社 1999 年,第 225-250 页;饶长溶《长汀方言助词"嚟"和"唎"》,《语文研究》1996 年第 2 期。

布狗子抱倒来搞（抱着布小狗玩）|床边放倒野多书（床边放着很多书）"，在动词后作补语标记时说"到"，如"做到好精（做得真好看）|磨到磷滑（磨得很光滑）"。

现将以上所考察的客家话"到""倒"用法分布列如表 4-2 所示：

表 4-2　客家话中"到""倒"用法分布

语法功能	连城	长汀	武平	上杭	宁化	梅县	平远
结果补语	倒	倒	倒	倒	到	倒	倒
能性补语	倒	倒	倒	倒	到	倒	倒
持续标记	倒	倒	倒	倒	倒	—	—
补语标记	到	到	到	—	—	倒	倒

据此，我们可初步得出两点结论：一是，周边闽、粤两地客家话中的"到"或"倒"在作结果补语、能性补语和持续体标记时，绝大多数用"倒"，极少用"到"，以此推断永定客家话的结果补语、能性补语和持续体标记"tou^{52}"也应写作"倒"；二是，在闽、粤两地客家话中，虽说有的补语标记用"到"，有的用"倒"，但在闽西境内的客家话中都用"到"，而且，若再参看吴福祥对汉语方言"到/倒"作补语标记的大范围考察，也是多数用"到"，少数用"倒"[①]，可见，永定客家话补语标记是"到"的可能性较大。

3）以上凭借"到""倒"的语音特征和方言间的比照，推断永定客家方言的结果补语、能性补语、持续体标记应是"倒"，补语标记则是"到"，但其中的来龙去脉和成因仍需进一步考证。

关于汉语持续体标记的来源目前存在几种不同的看法，如梅祖

[①] 吴福祥（2001）。

麟认为汉语的体貌助词(持续和完成)都与"著"(一般写作"着")有同源关系,如吴语的"仔"、闽语的"ti"、湘语的"达"、蜀语的"到"都可能来自"着"[①];宋金兰认为把"着"看作方言中诸多体貌助词的共同来源尚嫌证据不足,而归结为"在"似乎更为合理[②]。

我们认为,梅、宋等都只凭语音或语法功能上的某点近似而将汉语方言众多的体貌助词归为同一来源,这难免有些牵强;拿永定客家方言的体标记"倒"来说,就很难完满地解释为源于"着"或"在"。首先,在语音上差别较大,"倒"读作 tou^{52},"着"可读为 "$tsɔʔ^2$" 或 "$tsʰɔʔ^5$","在"则读作 $tsʰuei^{33}$;其次,语义功能上也没有相同之处,"倒"除主要作助词和唯补词外,可用为动词,表"倒下""砍伐"等义,而"着"和"在"都没有助词和唯补词的用法,"着"只用为"穿(衣)""着火"等实义动词,"在"则是表处所、方位的动词或介词。因此,我们比较赞同李蓝的观点:在汉语方言中,语法功能相同的词不一定只有一个来源,应各有不同的来源;但具有一定类型化的特点,即在汉语方言中可能分布着"着"类、"在"类、"倒"类等体助词。[③]

就客家方言的持续体标记而言,甚至可推及汉语方言中的"到/倒"类持续体助词,其最初来源应是动词"到",这种推论不仅语音上完全吻合,不必绕很大的圈子去寻找近似点,而且语义和语法功能方面也能做出较合理的解释。

据《说文》:"到,至也",本义是"到达",由"到达"引申出"往;到……去""直至""周到"等义。又常充当动词的补

[①] 梅祖麟《汉语方言里虚词"著"字三种用法的来源》,《中国语言学报》1989年第3期。
[②] 宋金兰《汉语方言持续貌助词语源新探——兼与梅祖麟先生商榷》,《玉溪师专学报》(社科版)1994年第1—2期。
[③] 李蓝《贵州大方话中的"到"和"起"》,《中国语文》1998年第2期。

语,表示"动作的结果",如①:

自进嫔州,东京以北,绝少麦面,每日各以射到禽兽荐饭。(《三朝北盟会编》宋代卷 106 页)

后由表"动作结果"发展为表动作、状态的持续,如②:

臣等窃闻昨夜萧禧在驿,与馆伴执到白剳子商量王吉地、义化铺、黄嵬大山、石长城、瓦窑坞等地已定。(《乙卯入国奏请》宋代卷 1 页)

臣等早来於资政殿进呈白剳子一道,并续签贴到事节,谨具缴连进呈。(同上 3 页)

但由于古代"到"和去声"倒"的语音完全相同,都读作都导切,在这一读音上,尤其是用作"颠倒;反倒"义时,"倒"和"到"常通用,如《故训汇纂》收有:"'到',与'倒'同。《太玄·事》:'到耳顺止'。司马光集注";"'到',古'倒'字。《吕氏春秋·重已》:'而日逆其生'高诱注'到引牛尾'毕沅新校正。"③另一方面,"倒"也可同用为"到",如元代王实甫《西厢记》第三本第二折:"呀,却早倒西也,再等一等咱"④。以致后来有时用"倒"来表达语义已虚化的持续体标记,同时,也可与表"到达"的"到"相区别⑤;又因"到""倒"在不同方言中的语音表现不同,于是,有的方言用"到",有的方言用"倒"。另外,从"到"与"倒"的语义分工上也可佐证持续体标记的本源是"到"的可能性比"倒"大;因为从古至今"到"

---

① 引自李蓝(1998)。
② 引自李蓝(1998)。
③ 宗福邦等《故训汇纂》,商务印书馆 2003 年,第 227 页。
④ 参见《汉语大字典》(1993:74)。
⑤ 这种词语古今分化现象在汉语史上是较常见的,其作用通常是为了区分不同的语义功能,如"坐"与"座"也是一对类似的古今分化字,参见李小华《〈汉语大词典〉"坐"字条义项分析——兼谈辞书义项的真实性》,《辞书研究》2005 年第 4 期。

的基本语义是"至",而"倒"的义核是"仆"或"逆",与"仆""逆"相比,"至"更有可能演变为表动作的结果、完成或持续。

在近代汉语中,"倒"读作去声时有时可用作助词,位于动词后表示动作已完成,相当于"了",如明代汤显祖《牡丹亭·淮泊》:"(生)喫倒算。(丑)算倒喫。"①这或许也是因为"倒""到"混用而产生的结果,其实,表实现的"倒"也本应是"到";而且,这种实现体助词的用法在有些方言中被传承下来,如广州话的"到"②:

我琴晚有游到水。(我昨晚游泳了。)

雪柜有冇坏到呀。(冰箱坏了吗?)

又如③:

四县话:佢 kiung^{55}(生)到一个 mut^{22}(朽)子弟。(他养了一个没用的儿子。)

信宜话:一只干将做到只牌。(一名干将做了个牌子。)

在语义上,持续与实现往往相通,如果某一动作或状态实现之后仍保持一段时间不变,那么就有可能转化为持续,所以,"倒"能用作实现,也可能用于持续;但从源头上说,应是来自动词"到"。

通过以上"到""倒"语义的考察和持续体标记来源的分析,也可见补语标记应来源于动词"到"。首先,在语义上可以比较清楚地显见——"到"从用为"到达某一处所"到用为"达到某一程度或效果";其次,现代汉语方言中用为补语标记的"到",与其他的补语标记相比,语义较实在些,多少还有"到达;达到"的语义残留。此外,补语标记"倒/到"来源于动词

---

① 参考《汉语大字典》(1993:74)。
② 方小燕《广州话里的动态助词"到"》,《方言》2003年第4期。
③ 以下引自吴福祥(2001)。

"到"还可从现代闽方言中得到一点印证。

闽方言相应的补语标记不是写作"到"或"倒",而是用"遘"。比如,李如龙指出,闽南方言的状态补语和动词之间常用助词"遘"来连结,"遘"原是动词,是"到"的意思,由动词虚化为助词,如[①]:

伊说遘逐个斗笑。(他说得大家大笑。)

即两日热遘无天无地。(这两天热得不得了。)

"遘"也可作程度补语的标记,如:

跋输缴气遘卜死。(赌钱赌输了气得半死。)

许号息怒辛苦遘哭爸。(那种活儿辛苦得要命。)

陈泽平也说,福州方言"遘"作标记的补语,强调动作或状态变化的结果达到某种高程度;"遘"在福州话也是相当于"到",词义和句法功能与普通话的"到"基本相同,如[②]:

我告遘声音都喝咯。(我喊得声音都哑了。)

伊惊遘面都绿咯。(他吓得脸发青。)

可见,"到""倒"和"遘"作为补语标记似乎具有同源性,都是源自"到"义动词,但各地方言所用的词不同:一是由动词"到" ⟶ 助词"到""倒";一是由动词"遘" ⟶ 助词"遘"。

4)综上所述,永定客家方言作结果补语、能性补语和持续体标记的 tou^{52} 应写作"倒",补语标记 tou^{52} 则应写作"到",但两者都应是来源于动词"到"(本书以下行文或例句中都仍写作"倒")。发展的轨迹或许是:从"到达"义引申出"动作的结果"义,再发展成表完成或持续的标记,但由于古代"到"和去声"倒"语音完全相同,而作体标记的"到",在语义上已有不

[①] 李如龙《闽南方言的结构助词》,《语言研究》2001 年第 2 期。
[②] 陈泽平《福州方言的结构助词及其相关的句法结构》,《语言研究》2001 年第 2 期。

同程度的虚化,于是,为了与表"到达"等义的"到"相区别,就用"倒"来表示;补语标记"到"则直接来自动词"到","到"原本表示到达某一处所,但当"到"后跟随的不是处所词语,而是一些表情状的词语时,"到"的"到达"义就容易弱化,进而虚化为达到某一程度或状态的标志词,以此推广到其他方言,同样的补语标记,有的用"到",有的用"倒",大体因为不同方言的"到""倒"语音演变不同所至。

但正如上文所言,在永定客家方言及其他方言中,用为补语标记的"到",语义都较实在,多少还保留些"到达;达到"的语义成分;所以,我们认为,这类补语标记"到"也可称为"准补语标记"。据吕叔湘,普通话的"到"也存在类似的情形,当"到"出现在"形+到+动/小句"这样的结构中时,"到"表示状态达到的程度,作用接近于引进结果——情态补语的助词"得",且多数可以改用"得"来表示,如"船上平稳到跟平地上差不多|声音高到不能再高了|有些生物小到连眼睛都看不见"。[①]以此可见,普通话中的"到"也正处于虚化之中,但还没达到能作补语标记的程度,而永定话的"到"比普通话的"到"虚化程度稍高些,所以,可看作是补语标记或准补语标记[②]。

吴福祥认为,用"到/倒"作补语标记(该文中所引用的"到/倒"作状态补语标记的例句,其实也包含了表程度或结果补语的情形,故可统称为补语标记)的方言,都可以同时用"到/倒"作完成体标记,因此推断南方方言的补语标记"到/倒"也来自完成体标记(完成体助词或动相补语)。[③]从前文我们的考察来看,似乎有一定的道理,因为虽然客家话的"到/倒"一般

[①] 吕叔湘(1999:152)。
[②] 说明:本书在其他地方直接称"到/倒"为补语标记,都包含了"准补语标记"的观点。
[③] 吴福祥(2001)。

不用作完成体标记，但多数能充当动相补语（本书归入结果补语）成分。但这样的推论必须建立在语源相同的基础上，即从动词"到"发展为完成体助词或动相补语"到"，再演变为补语标记"到"，或者从动词"倒"发展为完成体助词或动相补语"倒"，再演变为补语标记"倒"；而事实上，"到"和"倒"可能存在古今分化的源流关系，又可能是因语音相同而通用。所以，我们认为，汉语方言补语标记"到/倒"不是来源于完成体助词或动相补语"到/倒"，而是来自动词"到"的语义虚化，后因语音相同而"到""倒"通用，又由于方言语音演变的差异，以致有的方言用"到"，有的方言用"倒"。

客家方言持续体标记和补语标记来源过程可如图4-1所示如下：

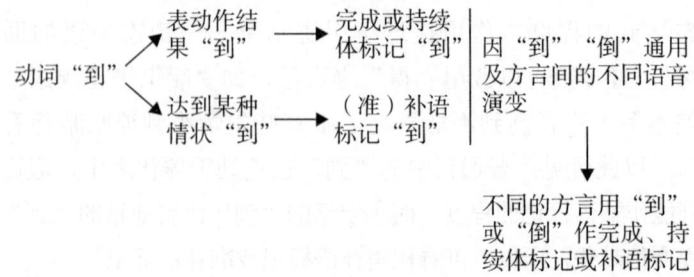

图4-1　客家方言持续体标记和补语标记来源

第五章 体貌助词

时（也称时制，tense）和体（aspect）是同语言的时间（time）性密切相关的两个语法范畴。戴耀晶曾对此作过较深入的分析，认为：事件是在时间进程中发生、持续和完结的，事件总要对应着一定的时间，即事件存在于时间之中；当人们观察事件的具体时间构成（过去、现在）时，得到的是时意义，所以，"时"（tense）可定义为"观察事件的时间构成方式"；当观察对象不是针对句子的时间结构，而是针对时间进程中的事件构成时，得到的则是体意义。概言之，时研究与事件关联着的时间，体则研究与时间关联着的事件。①

汉语存在着体的范畴，这已基本达成共识，但汉语是否有时的范畴，却仍是争论中的问题。若从当前有关时体研究的成果看，多倾向于认为汉语没有时的范畴，如戴耀晶认为：一种语言里只有具备了表达时意义和表达体意义的形态，才可以说该语言具备了时范畴和体范畴；范畴是通过形态形式而不仅仅是通过词语形式来表达的；正是在这个意义上，我们认为现代汉语里没有时范畴，但是有体范畴。②但另一方面，也如李如龙所言，汉语虽然没有时的范畴，但并不等于没有时的观念；只不过汉语是用词汇手段（时间名词或副词）来表达时的意义，而不是和一定的

---

① 戴耀晶《现代汉语时体系统研究》，浙江教育出版社 1997 年，第 5 页。
② 戴耀晶（1997:6）。

语法形式结合起来，以致没有确立时的范畴。①

汉语的体范畴内部也存在着称名和界定的问题，比如，除了"体"这一叫法外，还有人称为"时态""动态""动相""情貌""态""貌"等。关于这个问题，李如龙指出，汉语的体范畴有其自身的一些特点，与印欧语的 aspect 并不能完全对应，所以，各家说法实际上包含了不同性质的事实，其中，有些表达的是动作、事件在一定时间进程中的状态，有些则表达和动作、事件的时间进程没有关系或关系较少的情貌；所谓状态，是人们对客观进程的观察和感受；所谓情貌，往往还体现着动作主体的一定意想和情绪。②因此，我们也赞同李先生的观点，把和 aspect 较为相近的状态称为"体"，而把隐含主观性的情貌称为"貌"，以此构成汉语的体貌系统。

在体貌的表现形式方面，汉语也与印欧语有着较大的差别：

其一，汉语的体貌不限于词法的层面，体貌形式不限于粘附在动词上，有许多是粘附在词组上的；体貌的意义也不只是对动作而言，而是对被粘附的成分（词、词组甚至句子）所述的动作或事件的过程而言。③

其二，汉语的体貌范畴虽也有用类似语音屈折的重叠式、准重叠式来表示，但这类语法形式不多，更多的是用由实词转化来的标记或时间副词、语气词等来表达；因此，若从宽认定，汉语的体貌标记可包括大量的副词、时间词和动词、形容词补语，从严的话，只限于"形态"和词缀（词头词尾）。④

---

① 李如龙《动词的体（前言）》，中国东南部方言比较研究丛书（第二辑），香港中文大学中国文化研究所吴多泰中国语文研究中心1996年，第5页。
② 李如龙（1996p:2-3）。
③ 施其生《汕头方言的体》，《动词的体》，中国东南部方言比较研究丛书（第二辑），香港中文大学中国文化研究所吴多泰中国语文研究中心1996年，第161页。
④ 李如龙（1996:5）。

其三，汉语的体貌标记大都是从词汇手段虚化来的，但具体的来源相当复杂，大致有结果补语、趋向补语、处所补语、动量补语等；且不同标记的虚化程度常各不相同，在虚与实之间，没有明确的界线，表现为一个渐变的连续体。①

本章以上述前辈时贤的理论探讨为依据，考察永定客家方言的体貌系统及体貌助词。在考察时，鉴于汉语的时范畴还有许多问题纠缠不清，而我们又缺乏很充足的理由来证明汉语是否确实存在一个较为完善的时范畴，所以，暂不拟专门讨论时的范畴。另外，汉语体貌标记的形式较为灵活，我们采用相对宽泛的标准，包括纯体助词、语义有一定虚化的介词结构、补语成分及一些能表达体貌意义的副词等。本章着重分析能作体貌标记的助词及其构成的体貌形式和意义，而且，在讨论具体的体貌标记时，也不严格区分助词和词尾（构形词尾）。

根据前文体貌的划分，永定客家方言的体貌系统由"实现体""进行体""持续体""经历体""起始体""刚然貌""重行貌""尝试貌""反复貌"等组成。其中，"进行体"没有专职的体助词，主要用动词前的"（在）甲欸/这欸"来表达，"（在）甲欸/这欸"是由表处所的介词结构虚化而来的（准）体副词，这将在其他相关章节（副词部分）中讨论。另外，永定客家方言也可用半虚化的"起来"表达"起始体"意义，用法与普通话基本相同，但并不常用，如"还盲有讲，就打起来欸（还没说话，就打起来了）｜两个人竟讲起话来（两个人径自讲起话来）"；这里仅作简要说明，不拟详谈。除此之外，其他体貌形式都有一定的体貌助词作标记，下面分别讨论。

---

① 刘丹青《东南方言的体貌标记》，《动词的体》，中国东南部方言比较研究丛书（第二辑），香港中文大学中国文化研究所吴多泰中国语文研究中心 1996 年，第 10 页。

第一节　实现体助词"欸""来"

普通话用于表达实现体（完成体）[①]的语法标记是"了"，依其句法结构和语法功能的不同，"了"可分为两个——"了$_1$"和"了$_2$"。一般认为，"了$_1$"位于动词后，是动词词尾，表示动作的完成；"了$_2$"位于句末体词后，是语气助词，表示新情况的实现或即将实现[②]；但当"了"位于句末动词后时，则可能是"了$_2$"，也可能是"了$_{1+2}$"[③]。

各地方言的实现体标记与普通话相比，常表现为同中有异，异中有同。如据施其生的考察，汕头方言的实现体标记有"了""好""去"等，其中，相当于普通话"了"的体标记"了"可分为三个："了$_1$"粘附在动词或形容词（包括功能接近于复合词的动结式、动趋式组合）之后，表示动作或变化的完成；"了$_2$"粘附于带表述性的成分之后，表示"新情况的实现"；当"了$_1$"和"了$_2$"结合为一个时，既表示动作或变化的完成，又表示新情况的实现；"了$_3$"粘附于词或词组后，表示过程的完结。[④]

永定客家方言与普通话和其他方言相比，也是同异互见；以下即以普通话和其他方言为参照，讨论永定客家方言的实现体助词及其表达特点。

[①] 本书不严格区分完成和实现，本章统称为实现体。
[②] 也可以说事态有了变化或将有变化。
[③] 吕叔湘（1999:351）；朱德熙《语法讲义》，商务印书馆 1982 年，第 209-210 页。
[④] 施其生（1996:163-167）。

一、实现体助词"欸 ei²¹"

"欸 ei²¹"词义上已完全虚化,既可作体貌助词,也可作语气助词(见语气助词章节),还与状态词标记、名词词尾(如"细人欸""桃欸")等同用一个语音形式,都读作"ei²¹"。作体助词时,"欸"一般出现于句末,极少用于句中谓词性词语后。依据所粘附的成分不同,体助词"欸"可构成以下几种实现体结构。

(一)V/A+欸

V、A 是个光杆动词或形容词,在语义类别上,动词的择取范围较宽,可以是自主动词,也可以是非自主动词;可以是动作动词,也可以是心理、状态、变化等动词;动词、形容词后不出现其他成分,但其前可有副词、助动词做修饰语。如:

(1)老师来欸。(老师来了。)
(2)甲个人过身欸。(那个人死了。)
(3)大家都唔想欸。(大家都不想了。)
(4)佢醒欸,喊佢抬起。(他醒了,叫他起床。)
(5)偓吔水仙花会开欸。(我的水仙花要开了。)
(6)佢吔病好欸。(他的病好了。)
(7)菜早竟熟欸,好熘起来欸。(菜早就熟了,可以起锅了。)
(8)樵快燥欸。(柴快干了。)

普通话位于句末动词后不带宾语的"了",常用作"了$_2$"或"了$_{1+2}$",分别表达事态有了变化或将有变化、动作已完成且事态已有变化的体意义,如"休息了""他们要走了""他已经来了,不用打电话了"。①永定客家话句末动词后的"欸",用于表达实现体时也可以表示新情况的实现或将要实现,如例(3)、例(5),或表示动作、变化的完成且新情况已实现,如例(1)、例(2)、例(4);句末形容词后的"欸"所表达的实现体意义与此相当,只是在语义上形容词不表示动作,只表示某种情状的变化,如例(6)至例(8);"欸"无论粘附在动词还是形容词之后,当用于表达新情况将会出现时,前面常有副词或助动词"就""要""会"等,如例(5)、例(7)、例(8)。

(二) VC+欸

VC 多由动结式或动趋式组成,但也可由能性述补结构或"去"作标记的组合式述补结构充当。如:

(9) 事情会办成欸。(事情快办完了。)

(10) 就转去欸。(就回去了。)

(11) 树桶分热头炙坏欸。(木桶被太阳晒坏了。)

(12) 桃欸吃得欸。(桃子可以吃了。)

(13) 这路过唔去欸。(这条路不能通过了。)

(14) 大家都食去几饱欸。(大家都吃得很饱了。)

(15) 字写好欸。(字写好了。)

实现体助词"欸"附于这些粘合式或组合式述补结构之后,多用于表示新情况已实现或将要实现,已实现的,如例(11)至例(14),将要实现的,如例(9)、例(10);也可表示动作或变化已完成且新情况已实现,如例(15)。

(三) V(C)+宾语+欸

V(C)指动词或动补结构,这些词语带上宾语后,也可附

---

① 吕叔湘(1999:353-354)。

加"欸"表达实现的体意义；宾语可分为名词、代词或数量词修饰名词等体词性宾语、谓词性宾语和数量宾语。带体词性宾语的，如：

（16）阿娓昨日骂佢欸。（妈妈昨天骂他了。）

（17）佢今年着坏两双鞋欸。（他今年穿破两双鞋了。）

（18）会落雨欸。（快下雨了。）

能带谓词性宾语的，主要是能愿类（助动词）或心理活动类动词性词语。如：

（19）倕阿爹会下眠床欸。（我爷爷能下床了。）

（20）佢囗kia^{33}想转屋下欸。（他现在想回家了。）

（21）倕囗kia^{33}怕死打针欸。（我现在很怕打针了。）

数量宾语可由名量、动量、时量和其他数量词[①]组合而成。如：

（22）倕食三杯欸。（我喝了三杯了。）

（23）佢去过囗kia^{52}回欸。（他去过好几次了。）

（24）大家都食好多欸。（大家都吃了很多了。）

（25）在倕这滴住两暗晡欸。（在我这儿住两个晚上了。）

（26）甲个人等几久欸。（那个人等了很久了。）

在"V（C）＋宾语＋欸"实现体结构中，当宾语是非数量组合时，体助词"欸"表达新情况的出现或将会出现；当宾语是数量组合时，"欸"也用于表达新情况的出现，但侧重于强调动作或变化所实现的量，如例（22）至例（24），或动作、情状已持续的时间，如例（25）、例（26）。

[①] 此处不包括数量名组合，数量名组合看成数量词修饰名词的偏正结构，归入普通名词宾语。本书真宾语和准宾语的划分参照朱德熙先生（1982:110-116）的意见，名量组合和普通名词一样，为真宾语，动量、时量和其他数量组合为准宾语。

（四）NP＋欸

实现体助词"欸"还可以直接粘附于名词性词语或数量结构之后,组成体词性结构"NP＋欸";"欸"用于表达已经或将要实现某种新情况。如:

(27) 今日星期三欸。(今天星期三了。)

(28) 月底欸,还盲有发工钱。(月底了,还没有发工资。)

(29) 快三十岁欸。(快三十岁了。)

(30) 都两夜欸,还盲有转。(都两个晚上,还没有回来。)

"欸"直接粘附的数量结构多是名量、时量等数量组合,但偶尔也会出现于动量结构之后。如:

(31) ——你行几多趟欸?(你走了多少趟了?)

——五趟欸。(五趟了。)

(32) ——你来过几多回欸?(你来过多少次了?)

——两回欸。(两次了。)

（五）V（C）/A＋欸＋小句

"欸"有时可用于"V（C）/A＋欸＋小句"中,"V（C）/A＋欸"不能单独成句,后面必须紧跟着另一小句,"欸"后也没有明显的语音停顿,但常有连接性副词"正"。在语义功能上,"欸"类似于普通话的"了$_1$",主要表达两个事态之间的相承性,即某一事态实现之后出现另一事态或前一事态是后一事态的原因、条件。如:

(33) 佢在学校下嬲口la^{21}欸正转来。(他在学校玩够了才回来。)

(34) 东西吃成欸正喊偃。(东西吃完了才叫我。)

(35) 等佢死撒欸正分家产。(等他死了才分家产。)

(36) 老欸正来后悔。(老了才后悔。)

(37) 讲欸□mei³³就爱去。(说过了就要去。)

二、实现体助词"来 luei²⁴"

与连城客家话一样,永定客家话的"来"也可用作实现体助词,一般表达未然或没有时间性的实现,但具体的结构和语义有所不同[①],可分为"来₁""来₂""来₃"和"来₄"。

(一)来₁

"来₁"出现于祈使句中,多粘附在动补结构上,补语后也可带宾语,表示要求听话人实现某一事态。如:

(38)眠倒来!(躺下!)

(39)帽欸戴正来!(把帽子戴好了!)

(40)你坐直来,莫背驼驼欸!(你坐直了,别驼着背!)

(41)藤倒佢来!(跟着他!)

(42)看倒细人来!(看着小孩!)

此祈使句末的"来₁"除了用于表达未然的实现外,还兼有足句和缓和口气的作用;若去掉其中的"来"字,总让人觉得语意未尽,而且显得口气急促,失去了温和的表达效果,所以,诸如以下的祈使句式,永定客家话一般较少说。如:

(38)′眠倒!

(39)′帽欸戴正!

(40)′你坐直,莫背驼驼欸!

(41)′藤倒佢!

(42)′看倒细人!

[①] 项梦冰《连城客家话完成貌句式的历史层次》,《语言学论丛》2002 年第二十六辑,第 134-158 页。

（二）来₂

"来₂"运用于相承的两个事件之间，表示要先完成一个事件再实现另一事件，即强调两个事件之间的时间先后关系；句中常有副词"先"或"正"等，有时后面的事件因交谈中已提及，故承前省略了。如：

（43）食饱饭来正去。（吃完饭再去。）

（44）作业做好来正去嬲。（作业做好了再去玩。）

（45）你先坐倒来，𠊎正讲你知。（你先坐下，我再告诉你。）

（46）——你爱去赴墟唔？（你去不去赶集？）
　　　——𠊎先洗两件衫来。（我先洗几件衣服。）

（47）俺先睡一睑来正讲。（咱先睡一觉再说。）

（三）来₃

"来₃"用于表达实现某一事态的个人意愿或建议，或许句中也会出现相关联的两个事件，但不像"来₂"那样着眼于时间上的先后顺序，也没有"来₁"句那么强的祈使语气。

（48）你坐下欸，𠊎食口饭来。（你坐会儿，我先吃点饭。）

（49）食滴欸茶来，唔使慌。（先喝点茶，不用急。）

（50）你莫□ta?⁵□ta?⁵催，饭总爱分人食饱来。（你别一直催，饭总要让人吃饱。）

（51）莫管佢，俺先拿得滴欸来。（别管他，咱先拿点儿。）

（52）话爱讲得好势来好势欸来。（话要讲得好听些。）

（53）揉得圆圆欸来。（揉得圆圆的。）

（四）来₄

连城客家话的"得""来"既可单独作完成体的标记，也可联合起来共同表达完成体义。在永定话中,"得"一般不单独作完成体标记,可配合"来"表达完成的体意义;形式上与连城话一样,也是"得来"连用或"得""来"之间夹有体词性词语,可用"得(NP)来"表示。这种与"得"组合表达实现体的"来",记作"来₄"。

1)用"得(NP)来"表达的实现体句式,有以下几个特点:一是,都由先行和后续两个小句构成,单独一个句子不成话,"得(NP)来"一般处于先行小句中;二是,"得""来"必须同时出现,"得""来"之间的体词性成分NP是"得"前动词所支配、关涉的对象,是句子逻辑上的宾语;三是,若"得""来"连用,如同结合成一个词,若被NP隔开,"得"一定位于实现体结构中间,而"来"出现于句末停顿处,"得"是起结构作用的助词①,"来"是表实现的体助词;四是,"来₄"多用作未然的实现,有时也能表达已然的实现,在未然的语境中常含有假设实现的意味。

2)"得(NP)来"表达的实现体,在语义上表示两个事件或两种状况紧密相关,总是不能同时顾及,即如果实现了这,就无法实现那。如:

(54)做得这件事来,甲件又听放欤。(做了这件事,那件又忘了。)

(55)喊得这个来,甲个又走撤欤。(叫了这个,那个又走掉了。)

(56)——你唔得你大子食欤噢?(你不跟你大儿子过啦?)

　　　　——唉!莫讲欤。顾得大子来,细子又唔欢喜,干脆自家食。(唉!别提了。顾了大儿子,小儿子又不高兴了,干脆

---

① 与"偓先着得两件衫来""话爱讲得好势好势来""揉得圆圆欤来"之类句中的"得"相似,可视作起结构作用的助词。

自个儿过。)

（57）供得猪来，饭又烧撇欸。(等喂完了猪，饭又烧糊了。)

有时，着重强调两个事件或两种状况在时间上的不相容性，即如果实现了此事件，就会来不及实现另一事件。如：

（58）等得来，天都暗啰。(要是等到某人来，天都黑了。)

（59）先食饭啊，等你收拾得来，菜都冷啰。(先吃饭吧，等你收拾好了，菜都凉了。)

（60）食得饭来，车都走撇啰。(等吃完了饭，车子都走掉了。)

（61）等偓拿得钱来，佢人走撇啰。(等我拿来了钱，他已走掉了。)

三、实现体助词"来"溯源

1) 动态助词"来"和事态助词"来"在近代汉语中使用都很普遍。动态助词"来"表示某种动作变化的完成或实现，事态助词"来"多表示在过去的时间里事态出现了变化，所表述的事件或过程是过去曾经发生的，两者都表达实现。关于事态助词"来"的来源，曹广顺认为，"来"从表趋向的动词，发展出表完成、以来、以后等多种用法，在使用中又从动词逐渐演变成跟在动词之后作补语、作助词，再跟在分句后作助词，最终变为句末的事态助词。[①]而据江蓝生的推测，事态助词"来"可能与唐代表完成或实现的动态助词"来"有关，当表示完成或实现的"来"用于曾然的语境中，特指过去曾做某

[①] 曹广顺（1995:107）。

事,并处于句末时,就变成了表曾经的事态助词"来"。①梁银峰则另有看法,认为事态助词"来"肇端于汉魏六朝时普遍运用的"V+(NP)+来"格式,"来"由句末的趋向动词、时间方位词语法化为事态助词。②

不管事态助词"来"具体来源于何种语言成分,从文献史料看,动态助词"来"和事态助词"来"的关系十分密切,且从唐代开始都大量出现于典籍中,如:

赋来诗句无闲语,老去官班未在朝。(张籍《赠王秘书》)

生计抛来诗是业,家园忘却酒为乡。(白居易《送肖处士游黔南》)③

无风自偃君知否,西子裙裾曾拂来。(刘禹锡,忆春草,全唐诗,4003页)

师又时问僧:"汝诸方行脚来,觅取难得底物来不?(《祖堂集》1.172)④

2) 永定客家方言的实现体助词"来"应来源于近代汉语的体助词"来",但存在两种情况,"来$_1$""来$_2$""来$_3$"应是直接承继的,只因受制于所运用的句式和语境,如多出现于表祈使的或"(先)VP 正 VP"等句式中,因此,与近代汉语多用于表已然的实现不同,永定客家话的"来"多用于表未然的实现。"来$_4$"的来源较为特殊,是其他"来"字用法的进一步发展:由于"来"经常用于表未然的实现,久而久之,便引申出假设实现的

---

① 转引自梁银峰《汉语事态助词"来"的产生时代及其来源》,《中国语文》2004 年第 4 期。

② 梁银峰《汉语事态助词"来"的产生时代及其来源》,《中国语文》2004 年第 4 期;梁银峰《时间方位词"来"对事态助词"来"形成的影响及相关问题》,《语言研究》2004 年第 6 期。

③ 以上两例引自梁银峰《时间方位词"来"对事态助词"来"形成的影响及相关问题》,《语言研究》2004 年第 6 期。

④ 以上两例引自曹广顺(1995:99)。

语法意义,而且和结构助词"得"配合使用,表达"假如 VP$_1$,就可能 VP$_2$",VP$_1$ 和 VP$_2$ 常具有相反或相对的语义。表未然实现的"来"也可在近代汉语中找到依凭,少数近代汉语的"来"也可出现在表未然实现的句子中,如:

汝止有一手,那得遍笛,我为汝吹来。(《古小说钩沉·幽明录》)[①]

当"来"用在句末或句中表未然时,有时也含有假设的意味,如:

藏着君来忧性命,送君又道灭一门。(《敦煌变文集》651)

报左右曰:急手趁贼来,大家疲乏,……不如早回却。(同上 88)

煎水滓来无米煮,何时且遇有资财。(同上 814)[②]

四、关于"撇p^{h}iɛʔ^2"的讨论

1)"撇p^{h}iɛʔ^2"在许多客家话中是一个高频词,经常见于谓词性词语后,在有些客家话中,如梅县客家话[③]、连城客家话[④],被视作表完成(实现)的体助词或已虚化的体标记。鉴于"撇"在不同的客家话中表现有所不同,且与下文要分析的实现体的表达特点相关,所以,这里有必要先讨论一下永定客家话"撇"的性质问题。

"撇"在永定话中的具体用法表现为:

① 不能粘附在动结式、动趋式或动宾成分之后,像"猪

[①] 引自曹广顺(1995:98)。
[②] 以上用例引自李泉(2001:179)。
[③] 林立芳《梅县方言动词的体》,《动词的体》,中国东南部方言比较研究丛书(第二辑),香港中文大学中国文化研究所吴多泰中国语文研究中心 1996 年,第 35-38 页。
[④] 参见项梦冰(2002)。

都供细撇""床铺分人搬去撇""食饭撇"之类的句子不合语法；如果将"撇"换为"欸"，原句则可成立，即"猪都供细欸（猪都养小了）""床铺分人搬去欸（床被别人搬走了）""食饭欸（吃饭了）"。

② 只能紧跟在部分单音节动词、形容词之后，且这些动词、形容词多具有"去除""削减""毁损"等消极的语义特征（A类）。如：

（62）坏衫坏裤分佢扔撇欸。（破衣服被他扔了。）

（63）草爱先拔撇。（草要先拔掉。）

（64）鞋脱撇佢。（把鞋脱了。）

（65）这唵久佢瘦撇几多。（这段时间他瘦了很多。）

（66）成缸酒都酸撇欸。（整坛的酒都酸了。）

不能附在蕴含"获得""具有""增益"等积极语义特征的谓词（B类）之后，如以下句子不成立：

*佢哋书佢拿撇。（我的书我拿了）｜*佢哋病好撇欸。（他的病好了）｜*这个人来撇。（这个人来了）｜*大家都转撇屋下。（大家都回家了）｜*佢当撇两年哋班长。（他当了两年的班长）

而且，也不是所有的A类动词都可附加"撇"，如以下A类动词后不能带"撇"：

*佢去撇北京。（他去了北京）｜*佢睡撇几久。（他睡了很久）｜*佢头到踢撇佢一脚。（我刚才踢了他一脚）｜*这件衫着撇十多年。（这件衣服穿了十多年）

③ "V/A撇"后通常可带数量义宾语，但也常跟着完成体助词"欸"，有时，数量宾语和体助词"欸"是必有的成分，否则句子的合法性较差或不能成句，如例（65）、例（66）。再如：

（67）一张桌做撇三工人。（做一张桌子花了三天时间。）

（68）行撇三个钟头。（走了三个小时。）

（69）糖粄陪撇欸。（年糕发霉了。）

（70）头牙毛白撒欸。（头发白了。）

此外，多数"V 撒"之间可插入"得""唔"以构成能性述补结构，如"食得撒""卖唔撒"等。

项梦冰认为，连城客家话的"撒"有两个，一个是只作补语的动词，一个是表完成体的虚词，后者是由前者虚化而来，而虚化的主要表现是不能再在"撒"和动词之间插入"得""唔"、中嵌性副词"一走"等成分。①从项先生文中的引例来看，"撒"在连城话中确实比在永定话中结合面更宽些，有些"V/A 撒"连城话能说，而永定话不能说，因此，将连城话的"撒"当作表完成的虚化体标记也未尝不可；但相比之下，永定客家方言的"撒"语义更加实在，结合面也更窄，不宜看作已虚化的体标记，也不是表实现的体助词。

2）永定客家话还有一些与"撒"功能相似的词，如"成""倒""好""有"等，这些词也主要作补语成分，都只能依附于动词之后，不能依附在形容词后，但具体能依附于哪类动词，要看动补成分之间的语义能否相融或词语的搭配习惯。如：

（71）𠊎食成/好饭就来。（我吃完饭就来。）

（72）事情都做成/好欸。（事情都做完了。）

（73）买倒几多东西。（买了很多东西。）

（74）佢看倒欸。（他看见了。）

（75）地下佢扫好欸。（地板他扫好了。）

（76）𠊎种好菜就转来。（我种完菜就回来。）

（77）多食滴欸，莫客气！（多吃点儿，别客气！）

——𠊎食有欸，无客气。（我已吃了，没客气。）

（78）𠊎看佢身项着有三件衫。（我看他身上穿了三件衣

---

① 项梦冰《连城（新泉）方言的体》，《动词的体》，中国东南部方言比较研究丛书（第二辑），香港中文大学中国文化研究所吴多泰中国语文研究中心 1996 年，第 51-54 页。

服。)

在语义上,这几个词作补语时都表示"完成""结束""实现"或具有某种结果等,这一方面与原有的词义有关,另一方面是因为常作某类词的补语而出现语义功能上的类化现象。不过,从中也可看出,这些词与一般的结果补语不完全相同,意义上有一点虚化,但没有虚化到作体助词的程度,还含有较多的自身词义特征;而且,与谓词的结合面有一定的限制,多数能构成能性述补结构,语音上从不弱化,可重读,是新信息或信息的焦点。因此,根据刘丹青划分结果补语和后附体标记的几条标准[1],我们认为,"撒""成""倒""好""有"都是唯补词(动相补语),是语义较实的补语性实现体标记。

五、实现体的表达机制及原因

从前文的分析可知,永定客家方言的实现体助词主要有"欸"和"来",但"来"只运用于特定的语境中,使用范围比较狭小;"欸"是最常用的体助词,可与普通话的实现体标记"了"对应。以下主要通过"欸"与普通话"了"和其他客家方言实现体标记的比较,略论永定客家方言实现体的表达特点。

1)普通话的实现体助词"了"依句法位置和表义功能可分解为 12 种[2],若将其与永定客家话的"欸"对应,具体表现如表 5-1 所示(表中的 VP 均指代动词、形容词或动补结构)。

---

[1] 刘丹青《东南方言的体貌标记》,《动词的体》,中国东南部方言比较研究丛书(第二辑),香港中文大学中国文化研究所吴多泰中国语文研究中心 1996 年,第 17 页。
[2] 吕叔湘(1999:351-358)。

表 5-1　普通话的实现体助词"了"与永定客家话"欸"的对应关系

普通话		永定话	
形　式	例　子	形　式	例　子
a VP+了（了₂、了₁₊₂）	要走了	VP+欸	爱走欸
b VP+宾+了₂	刮风了	VP+宾+欸	起风欸
c VP+了₁+小句	穿好了再走	VP+欸+小句	着好欸再行
d NP+了（了₂）	中学生了	NP+欸	中学生欸
e VP+了₁+宾	看出了问题	VP+宾+欸	看出问题欸
f VP+了₁+宾+了₂	写了回信了	VP+宾+欸	写回信欸
g VP+了₁+数量	住了半个月	VP+数量+欸	住半只月欸
h VP+了₁+数量+了₂	晴了三天了	VP+数量+欸	晴三日欸
i VP+了₁+数量+宾语	念了两年大学	VP+数量+宾语+欸	读两年大学欸
j VP+了₁+数量+宾语+了₂	教了二十年书了	VP+数量+宾语+欸	教二十年书欸
k VP+宾+VP+了₁+数量	教书教了二十年	VP+宾+VP+数量+欸	教书教二十年欸
l VP+宾+VP+了₁+数量+了₂	教书教了二十年了	VP+宾+VP+数量+欸	教书教二十年欸

上表对比显示：

① a、b、c、d 四种形式的"了"与"欸"基本对应，不仅句法结构相同，而且表义功能也相同。

② 普通话的"了₁"用法灵活多样，而永定话的"欸"除了有时能用在与"VP＋了₁＋小句"相应的结构"VP＋欸＋小句"外，不能出现在任何其他与普通话"了₁"相应的句法位置上；而且，事实上，"VP＋了₁/欸＋小句"的"了₁/欸"也与其他句法中的"了₁"不完全相同，因为后面紧跟的是小句，而不是宾语或数量成分。

③ 普通话的 e 至 l 用法中都可出现"了₁"，永定话的

"欸"不出现在这些"了₁"的位置上，如果把普通话含有"了₁"的实现体结构转换为"欸"实现体结构，有两种表现形式：一是，当普通话的实现体结构只出现句中的"了₁"，不出现句末的"了₂"时，永定话的实现体结构全换上句末的"欸"来表达，如上 e、g、I、k；二是，当普通话句中的"了₁"和句末的"了₂"同时出现时，永定话也只在句末用"欸"，如上 f、h、j、l。

可见，永定客家话的"欸"基本对应于普通话句末的"了"，除了"VP＋欸＋小句"外，句中谓词性词语后均不出现与"了₁"对应的"欸"；而且，多数"VP＋欸＋小句"中的"欸"可以自由地隐现（指 VP 是动词或动补结构的情况）。

2）再看其他客家方言的实现体标记。梅县客家话的实现体助词也是"欸"，但可以分为两个——"欸₁"和"欸₂"，"欸₁"能用在句中谓词后，表示动作的完成，如"偓问欸阿爸（我问了爸爸）""头挪毛白欸好多（头发白了许多）"，"欸₂"相当于"了₂"。[①]上杭客家话句中谓词后有实现体助词"哩 li³³"，如"食哩一碗饭（吃了一碗饭）""手项拿哩笔（手上拿了笔）"。长汀客家话与"了₁"相当的完成体助词是"嚟 le²⁴"，与"了₂"相当的是"唎 le²¹"，如"二嫂已经洗嚟两桶衫裤唎（二嫂已经洗了两桶衣服了）"。[②]武平客家话与"了₁"相当的成分则是"矣"，如"照矣一张相（照了一张相）"。[③]

这些周边客家方言多数具备与"了₁"对应的实现体标记，而永定客家方言的实现体助词"欸"只有一个，一般只出现于句

[①] 林立芳《梅县方言动词的体》，《动词的体》，中国东南部方言比较研究丛书（第二辑），香港中文大学中国文化研究所吴多泰中国语文研究中心 1996 年，第 35-36 页。

[②] 饶长溶《长汀方言助词"嚟"和"唎"》，《语文研究》1996 年第 2 期。

[③] 林清书《武平方言研究》，海峡文艺出社 2004 年，第 173 页。

末，不出现于句中谓词后，但几乎可以表达所有与"了"相当的实现体意义。由此可见，与普通话或其他方言相比，永定客家方言的实现体助词"欸"的语义功能比较宽泛——几乎涵盖了普通话"了$_1$"和"了$_2$"的用法。

3）另一方面，虽然永定客家方言的实现体助词"欸"一般不出现于句中谓词后，即没有与"了$_1$"对应的实现体标记"欸$_1$"，但正如前所言，"撇""成""倒""好""有"等可作动相补语。这些词可粘附于句中的谓词后，与谓词的组合呈大致互补分布——"撇"多与消极义谓词组合，"成""倒""好""有"则多依附于积极义动词之后。常出现于"撇""成""倒""好""有"前的动词分别有以下A、B、C、D、E五组词[①]：

A组：<u>食</u>、扔、跌、走、<u>卖</u>、<u>斫</u>、倒、□ou^{33}（倒塌）、吐、踢、扯、<u>拔</u>、吹、擦、埋、踏、讲、刷、出、咬、<u>拆</u>、<u>用</u>、输、<u>抢</u>、退、离、拗、淋、猎、沉、等、行、飞、<u>分</u>、花、烧、剃、脱、<u>交</u>、<u>刮</u>、<u>抢</u>、<u>洗</u>、<u>煮</u>、换、拿、<u>挖</u>。

B组：<u>食</u>、<u>卖</u>、做、<u>讲</u>、骂、办、扫、供、<u>割</u>（收割）、<u>打</u>、<u>写</u>、<u>印</u>、<u>用</u>、<u>分</u>、<u>交</u>、<u>卖</u>、看、<u>洗</u>、□t^{h}ɔʔ^5（挑选）。

C组：听、<u>卖</u>、<u>买</u>、捡、抓、捉、鼻（闻）、拿、碰、<u>看</u>、□tsʰen^{24}（找）、留、<u>抢</u>、<u>分</u>、<u>斫</u>、<u>割</u>（割肉）、<u>拔</u>、<u>剩</u>、<u>赢</u>、借、留、<u>煮</u>、<u>挖</u>。

D组：补、犁、弄、眠、问、<u>讲</u>、刷、<u>拆</u>、<u>分</u>、<u>交</u>、<u>洗</u>、改、评、种、<u>煮</u>、炸、蒸、影（照相）、停、<u>打</u>、炙、收、练、排、签、修、□t^{h}ɔʔ^5（挑选）、<u>斫</u>、入、办、叠、扫、供（喂）、<u>写</u>、<u>印</u>、<u>买</u>、绑、<u>看</u>、着、放、挂、铺、种、蒸、□vuʔ^2（浇水）、担。

[①] 多数是单音节动词，加下划线的词常不止出现于某一唯补词前，但出现在不同的唯补词前，有时是语义指向的重心不同，有时是具体所用的义项不同，当然，也有语义用法基本相同的情形。

E组：<u>食</u>、<u>拔</u>、带、<u>拿</u>、<u>换</u>、<u>写</u>、<u>着</u>、袋、垫、<u>存</u>、<u>放</u>、钉、挂、<u>分</u>、<u>买</u>、<u>卖</u>、<u>斫</u>、<u>割</u>（割肉）、<u>种</u>、<u>煮</u>、<u>炸</u>、<u>蒸</u>。

在语义功能上，由谓词与"撇""成""倒""好"构成的述补结构有时也能单独表达某一动作、状态、变化的完成或实现，句末可不出现实现体助词"欸"，大致相当于普通话的"V 了""V 完""V 掉"等；"V 有"则不仅指动作已完成且具有一定的结果，如例（77）、例（78）。有时，"VP＋欸＋小句"也可省略其中的"欸"，仅由"V 撇/成/倒/好＋小句"来表达，如"食撇/成/好正去嬲（吃完再去玩）"。这些唯补词也常和体助词"欸"连用，配合着共同表达实现体的意义；且连用时"欸"一般位于句末停顿前，如例（72）、例（74）、例（77）。

有的方言与"了₁""了₂"相当的实现体助词可以连用，如长汀客家话的"嚟""唎"可构成"V＋嚟＋唎"[①]；而与此相应的表达，永定客家话常用"V＋唯补词＋欸"，如"洗嚟唎——洗好欸""走嚟唎——走撇欸"。

所以，如果要探究实现体助词"欸"不出现在句中谓词后（或者说没有与"了₁"相应的实现体标记）的原因，我们认为，除了主要因为句末"欸"的功能泛化，可以涵盖"了₁"和"了₂"的语法意义外；"撇""成""倒""好""有"这些唯补词经常出现在相当于普通话"了₁"的位置上或许也是原因之一。

由此我们得出，语言（包括方言）有共性，也有个性，共性是不同的语言常具有相同的语法范畴或语法意义，个性是同一类型的语法范畴或语法意义在不同语言中常有不同的表现。但无论如何，每种语言都是一个自足的系统，总要表达一定的语法意义，不是用这种方式来表达，就是用那种方式去体现；或者说，这种语言用这种方式来表达，那种语言用那种方式来表达，这也

[①] 饶长溶（1996）。

就是形成永定客家方言与普通话或其他方言的实现体表达方式差异的基本原理。

第二节 持续体助词"倒"及相关形式

汉语体貌系统中的"进行"与"持续",不少人将其合在一块,也有人主张分开,如彭小川认为,虽然"进行"与"持续"之间有联系,但也有区别:首先,两者观察的视角不同,"进行"是将动作或事件进程中的某一时点作为观察点,不注重该动作或事件是否一直在持续或是否持续下去,而"持续"则着眼于动作或事件的整个过程;其次,许多方言严格区分"进行"与"持续",各有不同的表达方式,有些甚至是对立的。[①]永定客家方言的"进行"与"持续"也是语义上相关,形式标记有些交叉,但能相对区分,所以,我们分作"进行"和"持续"。本节主要讨论持续体的表现形式和意义。

一、持续体的表现形式

永定客家方言的持续体可用以下三种手段来表达:一是助词"倒tou^{52}",一是副词"(在)甲欻(ts^{h}uei^{33})ka^{24}ei^{21}(或称"准副词")",还有一种是"VVV 就/又 VP"结构。这三种手段可以单独使用,有的也可配合着使用,用以构成不同的持续体形式,表达较丰富而复杂的持续义。

1)助词"倒"是永定客家方言最重要的持续体表达手段,

[①] 彭小川《广州方言表"持续"义的几种形式及其意义的对比分析》,《语文研究》2003 年第 4 期。

可构成"V倒（O）""V倒（O）VP""V倒（O）来""V倒（O）来VP""V倒V倒VP"五种持续形式，统称为"V倒"式。

"V倒（O）"是最基本的形式，一般由单音节动词和体助词"倒"组合而成，其后可出现宾语，能用于祈使句中。如：

（1）倻看大门关倒，可能无人在。（我看大门关着，可能没人在。）

（2）看你目镜牯戴倒，又唔识一个□pɔʔ⁵字。（瞧你戴着一副眼镜，又不识一个大字。）

（3）每个人都捧倒一只碗。（每个人都捧着一个碗。）

（4）壁项挂倒一张画欸。（墙上挂着一张画。）

（5）拿倒东西！（拿着东西！）

（6）坐起来，莫眠倒！（坐起来，别躺着！）

"V倒（O）"后若再跟一个谓词性结构，就形成了"V倒（O）VP"式，"V倒（O）"是后一个"VP"所表达动作行为的伴随方式。如：

（7）莫眠倒看书，目珠会看坏。（别躺着看书，眼睛会看坏。）

（8）戴倒帽欸□tsʰen²⁴帽欸。（戴着帽子找帽子。）

（9）寒天倻常在着倒袜睡目。（冬天我经常穿着袜子睡觉。）

（10）看倻入来，佢假装拿倒一本书甲欸望。（看我进来，他假装拿着一本书在看。）

"V倒（O）"也常和"来"组合，构成"V倒（O）来"，一般用于祈使句中，但与"V倒（O）"相比，口气稍为温和些。如：

（11）徛倒来。（站着。）

（12）捉倒佢哋手来。（抓着她的手。）

（13）坐倒来，眠倒浪般读得书。（坐着，躺着怎么能读书。）

(14) 开倒灯来。(打开灯。)

"V 倒（O）来"后又可出现另一谓词性结构，组成"V 倒（O）来 VP"。如：

(15) 戴倒手套来洗碗。(戴着手套洗碗。)

(16) 莫着倒衫来睡。(别穿着衣服睡觉。)

(17) 无人帮佢带细人欸，佢就日日自家□pa^{24}倒人来做事。(没人帮她带小孩，她就天天自己背着孩子干活。)

(18) 俚唔使看倒字来写，眨倒目珠都会。(我不用看着字写，闭着眼睛都能写。)

虽然"V 倒（O）来""V 倒（O）来 VP"结构中都含有"来"，但这两个"来"字的语义功能不同。在"V 倒（O）来"中，"来"主要表示要求实现某一事态，并使句中的祈使语气趋于缓和；而在"V 倒（O）来 VP"中，"来"主要用于标明前一个动作行为是后一个动作行为的伴随方式或状态。也因这一缘故，与"V 倒（O）VP"相比，"V 倒（O）来 VP"两个动作行为的先后、主次关系更为鲜明，"来"对此具有凸显的功用；所以，"V 倒（O）VP"与"V 倒（O）来 VP"也不完全相同，有时能自由替换，有时不能。

"V 倒"还可重叠，后面跟从一个后续小句，中间可以不停顿，构成"V 倒 V 倒 VP"的持续体表达式，但这种用法在永定客家方言中较少见。如：

(19) 俚眠倒眠倒，唔知浪般睡去欸。(我躺着躺着，不知怎么睡着了。)

(20) 笠嫲戴倒戴倒就分风□pei^{33}撇欸。(斗笠戴着不知怎么被风吹走了。)

(21) 俚阿爹常在坐倒坐倒就□tu?^{5}目睡。(我爷爷经常坐着坐着就打瞌睡。)

2)"(在)甲欸"①可用于表达进行体和持续体②,此处只考察其持续体的用法。"在甲欸"原是一个表处所的介词结构,用来表达体意义时语义上发生了一定程度的虚化,可以看成是一个体副词或准体副词(详见相关章节)。

"在甲欸"表达持续意义时,其中的"在"常被略去,而直接用"甲欸"表示,但句中常含有"一日到暗""一暗晡"等时间词语。如:

(22)佢一日到暗在甲欸唱。(他一天到晚在唱。)

(23)两个人一暗晡甲欸跳舞,无停歇。(两个人整晚都在跳舞,没停一会。)

(24)莫一上昼甲欸打扑克。(别整个上午在打扑克。)

"(在)甲欸"也常受副词"竟"(意思是"一直不停地")①的修饰;而且,通常简缩成"竟甲"这样一个类似凝固的结构来表达持续。如:

(25)你莫竟甲捏,莫捏坏啰。(你别一直捏,别捏坏了。)

(26)佢竟甲笑。(他一直笑。)

(27)佢就竟甲哭,到底有嘛事又唔讲。(她就一直哭,到底有什么事又不说。)

(28)就你自家竟甲唱,人大家都无唱。(就你自己一直在唱,别人都没唱。)

"竟甲"表持续时,有时还含有反复的意味,尤其是"竟甲+V"连续出现时。如:

(29)你一句话竟甲讲做嘛。(一句话你不停地说干嘛。)

---

① 表达持续体时一般用"在甲欸",较少用"在这欸",因为感觉上"在这欸"的处所义更实。
② 据彭小川(2003),广州方言由介词结构虚化而来的"喺处/喺度(在这/那儿)"也可兼表进行与持续。
① 副词"竟"的这一语义功能在副词一章中不再讨论。

（30）竟甲讲，竟甲讲，听人都畏。（一直说，一直说，让人听了讨厌。）

（31）滴欸事你□mei[33]一日到暗竟甲念，竟甲念。（一点儿事你就一天到晚在念叨着。）

（32）滴欸钱佢竟甲算，竟甲算。（一点儿钱他不停地数。）

"（在）甲欸"也常和助词"倒"共现，一起表达持续义，句中常出现副词"（一）直"。如：

（33）佢就一直甲欸坐倒。（他就一直那么坐着。）

（34）甲盏灯一年到暗甲欸挂倒。（那盏灯一年到头那么挂着。）

（35）你直甲欸眠倒也无用。（你一直躺着也没用。）

（36）这袋欸你直甲欸□p^hu?[5]倒做嘛？（这袋子你一直背着干啥？）

3）"VVV 就/又 VP"是特殊的句法格式，没有一定的体标记，其持续体意义主要通过动词的重叠来体现，表示某一动作行为不间断地进行，但后来出现了变化，大致相当于普通话的"V着V着就/又……"。如：

（37）佢讲讲讲就跌目汁。（他说着说着就掉眼泪。）

（38）唔知浪般，眠眠眠就睡去欸。（不知怎么，躺着躺着就睡着了。）

（39）人老欸，坐坐坐就会□tu?[5]目睡。（人老了，坐着坐着就会打磕睡。）

（40）细人欸就係啀样，哭哭哭又笑欸。（小孩子就是这样，哭着哭着又笑了。）

（41）你做嘛行行行又跌倒？（你干嘛走着走着又摔倒了？）

"VVV 就/又 VP"所表达的持续体意义与"V 倒 V 倒 VP"基本相同，但如前所言，"V 倒 V 倒 VP"式在永定客家话中较少见，主要是因为能出现在这种结构的动词较少，而相比之下，能用于"VVV 就/又 VP"中的动词较多些。多数能用在"V 倒 V 倒 VP"中的动词也能出现在"VVV 就/又 VP"结构中,如"眠""坐",见例(19)与例(38)、例(21)与例(39),至于例(20)"笠嫲戴倒戴倒就分风□pei³³ 撇欸",也可说成"笠嫲戴戴戴就分风□pei³³ 撇欸",但能用于构成"VVV 就/又 VP"的动词未必都能出现在"V 倒 V 倒 VP"结构中,如例(37)、例(40)、例(41)就不能换说成"V 倒 V 倒 VP"式。如:

*(37)′佢讲倒讲倒就跌目汁。
*(40)′细人欸就係咹样,哭倒哭倒又笑欸。
*(41)′你做嘛行倒行倒又跌倒?

二、持续体的语义分析

永定客家方言的持续体主要表达以下几类持续义:A. 表示动作本身在持续;B. 表示动作结束后所形成的状态在持续;C. 表示谓语部分所述情况在持续。[①]以下从语义方面具体考察"V 倒"式、"(在)甲欸 VP"和"VVV 就/又 VP"所表达的持续体义。

1)在"V 倒"式中,持续体助词"倒"一般仅粘附于动词(不包括动结式)之后,主要表达 A、B 两类持续义。以基式"V 倒"为例,用于 A 类意义时,V 主要是持续义动词。如:

坐、眠、徛、捧、拿、捉、□pa²⁴(背)、写、行(走)、看、望、拉、洗、念、想。

用于 B 类意义时,V 多是瞬间义动词。如:

挂、贴、放、着、戴、关、开、锁、浸、铺、钉、包、折、叠、囥、摊。

A、B 的不同在于:A 类不着眼于动作结束与否,表现的是动

[①] 此语法意义的概括与分类参考了施其生(1996:172-175)。

作本身一直在延续；而B类动词所表示的动作是瞬间完成的，突出的是动作完成后形成的一种状态在延续。比如，比较例（1）和例（3），例（3）中"捧"的动作一直在持续，表达的是A类持续义；而例（1）中"关"门的动作早已结束，但门"关"着的状态一直在持续，体现的是B类持续义。

其他"V倒（O）VP""V倒（O）来""V倒（O）来VP""V倒V倒VP"是"V倒"的变式，所表达的基本持续义与"V倒"相同，视其中动词所属的义类，或表示动作本身在持续，或表示动作结束后所形成的状态在持续。但也各有一些特点，如"V倒（O）VP"和"V倒（O）来VP"中的"V倒"是处于伴随状态的持续，如例（7）的"眠倒"是"看书"的方式，例（15）"戴倒手套"是"洗碗"的伴随状态；而"V倒（O）来"一般出现于祈使句中，所表达的持续义是未然的，可一旦实现了动作，表达的即是"V倒"的持续义，如例（11）和例（14），若实现了"徛"和"开"的动作，就分别表达了A、B两种持续义；至于"V倒V倒VP"，虽然动作或状态在持续一段时间后会发生变化，但在这段时间内是持续不变的，所以也是表达A、B两种持续义。

2）"（在）甲欸"单独表达持续体意义时，若"（在）甲欸"修饰单个动词，表示动作在持续，如例（22）着眼于"唱"的动作在持续；若修饰动宾结构，强调的是情况在持续，如例（23）、例（24）分别表示"跳舞""打扑克"这种情况在持续。

"竟甲"多用于修饰光杆动词，因而，表达的是动作本身的持续，如例（25）至例（28），分别表示"捏、笑、哭、唱"的动作一直在持续。

"（在）甲欸"和体助词"倒"共现时，主要表示动作本身在持续或动作完成后所形成的状态在持续；如例（33）至例（36）中，"倒"或粘附于持续动词之后，或粘附于瞬间动词之后，分别表示动作本身在持续或动作完成后所形成的状态在持续。

3)"VVV 就/又 VP"式主要是由动词的重叠而构成的特殊持续形式，能进入这种格式的动词一般具有持续的语义特征，所以，表达的是动作本身的持续，如上例（37）至例（41）分别表达"讲""眠""坐""哭""行"的动作在持续。

第三节 经历体和重行貌助词"过"

普通话的助词"过"可用于表达两种语法意义：一是动作的完毕，二是过去曾经有这样的事情。[①]永定客家方言的"过 kou^{52}"置于谓词之后作体貌助词时，除了表达"完毕"或"经历"外，还可表示"重行"，分别用"过$_1$""过$_2$"和"过$_3$"来表示。

一、过$_1$ kou^{52}

"过$_1$"表示动作的完毕，不受时间的限制，可用在过去、现在或将来的任何事件中。如：

(1) 𠊎昨日食过饭去咟。（我昨天吃过饭去的。）

(2) 佢洗过面欸。（他洗过脸了。）

(3) 水暖过欸。（水加热过了。）

(4) 你下昼□vu?^{2} 过园正来。（你下午给菜地浇过水再来。）

[①] 吕叔湘（1999:246-247）。

二、过₂ kou⁵²

"过₂"表示过去曾经发生某一动作或存在某一状态,一般与过去的时间相联系,包括绝对的过去和相对的过去。所谓绝对的过去,是指动作、状态在说话之前已经发生,即确已成为过去,如:

(5)偓以前去过上海。(我以前去过上海。)

(6)佢哋手跌断过。(他的手摔断过。)

(7)前一□pɔʔ² 热过,□kia³³ 又寒欸。(前一阵热过,现又凉了。)

相对的过去是指从将来的某一时刻来看动作、状态已成为去,如:

(8)等你阿叔转来,得佢讲偓来过。(等你父亲回来,跟他说我来过。)

(9)以后佢会记得,你□kia³³ 帮过佢唉多。(以后他会想起,你现帮了他这么多。)

或假设动作、状态已成为过去,如:

(10)你当过农民哋话,肯定知收浪般割禾。(你当过农民的话,一定知道怎么收割稻子。)

(11)偓要是骂过佢,会着雷打。(我要是骂过他,会遭雷劈。)

三、"过₁"与"过₂"

1)在语义上,"过₁"和"过₂"有相通之处——如果"过₁"完毕了的动作是发生在过去的时间里,那么就有了"过₂"所表达的曾经之意(同时,也为了便于比较分析,将"过₁"放在经历体中考察,而没有归入实现体中);但"过₁"

和"过₂"的着眼点不同,"过₁"强调"动作的完结",不管发生在过去、现在还是将来,而"过₂"凸显的是"曾然",也就是相对于现在来说,某一动作或状态已不复存在。因此,从共性上看,可将"过₁"和"过₂"合称为经历体标记,在作具体的分析时,也可分开讨论。

2)在普通话中,"过₁"可以和实现体助词"了"共现,"过₂"一般不与"了"共现①;而永定客家话的"过₁""过₂"后都可出现实现体助词"欸",但"过₁/过₂欸"都必须位于句末。在能否用实现体助词替代"过₁"的问题上,普通话与永定客家话的表现也不同:普通话"过₁"和"了₁"的语法意义有共同之处,有时可用"了₁"替代"过₁",如:

吃过饭就去──→吃了饭就去

洗过脸再睡觉──→洗了脸再睡觉

而永定话的"欸"一般不出现在"了₁"的位置上,因此,"过₁"多数不能用"欸"来替换;如果一定要换成其他说法,常用补语成分来替代"过₁"的功能,如上两例:

食过饭就去──→食饱饭就去

洗过面再睡──→洗好面再睡

3)"过₁"一般没有否定的说法,若要进行提问,有时可在"VP+过₁+(O)"后加否定副词"盲有",如"佢洗过面盲有?(他洗脸了没有?)|水暖过盲有?(水加热了没有?)"。"过₂"的否定或疑问式则较常见,否定式多在谓词性词语前加表否定的副词"无"或"唔前",如"佢以前无去过上海|佢呃手无/唔前跌断过";疑问式常采用句末加"无"或构成"V无V"式反复问来表达,如"佢呃手跌断过无?|以前去无去过上海?"。

---

① 吕叔湘(1999:246-247);孔令达《关于动态助词"过₁"和"过₂"》,《中国语文》1986年第4期。

四、过$_3$ kou^{52}

"过$_1$"和"过$_2$"属体标记,"过$_3$"是貌标记,表示"重行",即"前一动作行为无效,客观要求重新实施一次"。如:

(12) 这个坏吔,𠊎拿过一个分你。(这个是坏的,我重拿一个给你。)

(13) 这唔算,再唱过一首。(这个不算数,另唱一首。)

(14) 重做过!(重做!)

"过$_3$"主要应用于客家方言和其他一些方言中,现代汉语一般没有这种说法。"过$_3$"的"重行"义也与时范畴没有必然的联系,如同样表达重新进行"写"这一动作,可分别出现在过去、现在或将来的语境中:

𠊎昨日重新写过欸。

𠊎□kia^{33}(现在)写过。

𠊎后日再写过。

"过$_3$"较少运用于否定或疑问句中,若要以否定或疑问的形式出现,常在谓词性词语前或句末添加否定副词"唔",如"𠊎唔写过(我不重写)|你写过唔?(你写过不?)"。

五、"过$_1$""过$_2$"与"过$_3$"

经历体助词"过$_1$"和"过$_2$"在意义和用法上具有较多的共性,但与重行貌助词"过$_3$"的差别则较大;以下从谓词的类型、共现的成分和选择的句式等方面对这三个"过"作一简要的比较。

1) 在助词"过"的三个用法中,只有"过$_2$"可以和形容词组合,且仅限于性质形容词。在动词的义类方面,与所表达的语法意义相适应,"过$_1$"和"过$_3$"与动词的结合面较窄,主要是一些动作动词；而"过₂"与动词的组合则宽泛得多，不仅可以和表具体动作的动词组合，还可以和心理、状态、变化等义类的动词组合。各类动词，举例如下：

动作类：食、做、打、讲、跳、来、拿、骂、分、种、写、参观、打叠。

心理类：想、怕、惊、劳心、恨、挂心、爱、讨厌、直着（觉得）、怀疑。

状态类：眠、睡、醒、开、醉、通、堵、塞、浮、沉底、流。

变化类：跌、疾、□puei?² （长东西）、病、倒、发、死、发生、听放（忘记）。

"过₁""过₂"和"过₃"与各类谓词的组配关系可概括如表5-2所示（"＋ －"表示有的可组合，有的不能组合）。

表5-2 "过₁""过₂"和"过₃"与各类谓词的组配关系

词类	动作动词	心理动词	状态动词	变化动词	形容词
过₁	＋	＋ －	＋ －	－	－
过₂	＋	＋	＋	＋	＋
过₃	＋	－	－	－	－

2）如前所言，虽然"过₁"和"过₂"位于句末时后面都能跟着"欸"，但"过₁"更常与"欸"共现，这是因为"过₁"侧重于表达动作的完结，而"欸"作为实现体助词，其基本的语法义是"动作或事态的实现"，因此，两者在语义上能彼此相融。与"过₂"或"过₃"共现的主要是一些时间词或表频度的副词，比如，"过₂"要突显的是"曾然"，所以句中谓词前常出现"以前""去年""昨天""三年前"等表过去的时间词；"过₃"要强调的是"重行"，则多与"以后""后日""明年""等下"等表将来的

时间词共现；此外，经常与"过₃"共现的还有频度副词"重新""再"等。如：

过₁：𠊎写过欸。

过₂：𠊎以前写过。

过₃：𠊎后日重新写过。

这些共现的词语可使"过₁""过₂"或"过₃"所表达的语义更加明确，有时还能起到分化歧义结构的作用。

3) 在句式的择取方面，"过₁""过₂"和"过₃"有一个很显著的区别："过₃"可大量地构成祈使句式，而"过₁"和"过₂"很少用于祈使句中。因此，如果谓词后含有体助词"过"的句末带有祈使的语气，全句多表示"重行"，谓词后的"过"一般是"过₃"。如：

（15）写过一页！（重写一页！）

（16）水暖过！（水再加热！）

（17）这事做过！（这活重做！）

第四节　刚然貌助词"啊"

一、"啊 a^2"的语法意义

1) 普通话有一种紧缩复句——"一……就……"，永定客家话也有这种说法，形式和语义与普通话完全对应；但实际在表达这种语义时，永定话更地道的说法是"V 啊 X 就 Y"，"啊"读作 a^2。如：

（1）食啊饱就走。（一吃饱就走了。）

（2）捧啊起来就食。（一端起来就吃。）

（3）死啊撒就埋欸。（一死掉就埋了。）

（4）睡啊去就醒欸。（刚睡着就醒了。）

2）其他方言也有与"啊"相同或类似的虚成分，如梅县客家话的"阿"："新娘行阿入屋就端茶端饭（新娘子一走进家门就送茶送饭）"①；长汀客家话的"啊打"："碗筷洗啊打净，就行开（碗筷一洗干净就走开了）"②；香港粤语的"亲"："吽个细佬碰亲就喊（那个小孩儿一碰就哭）"③。对这类虚成分表达的语法意义，不同的人有不同的看法，如林立芳把"啊"归入短时貌助词，饶长溶将"啊打"视作刚然貌标记，张双庆则将"亲"看作表完成的词尾。我们认为，这些虚成分用在紧接着发生的两个动作或状态之间，主要是为了突出强调前面一个动作或状态刚一实现，另一个动作或状态紧接着发生，所以采用饶长溶的意见，归入"刚然貌"。"啊"是刚然貌的标记。

二、"啊 a²"的句法分布

1）在"V 啊 X 就 Y"结构中，"啊"前面的成分仅限于单音节动词，多数是自主动词，少数为非自主动词，如上例（1）至例（4）。

2）X 一般由动词、形容词、唯补词等充当，其中，趋向动词尤为常见，少数由名词充当。如：

（5）转啊来就哭。（一回来就哭。）

---

① 林立芳《梅县方言动词的体》，《动词的体》，中国东南部方言比较研究丛书（第二辑），香港中文大学中国文化研究所吴多泰中国语文研究中心1996年，第43页。
② 饶长溶《福建长汀方言动词的体貌》，《中国语文》1996年第6期。
③ 张双庆《香港粤语动词的体》，《动词的体》，中国东南部方言比较研究丛书（第二辑），香港中文大学中国文化研究所吴多泰中国语文研究中心1996年，第151页。

(6) 眠啊落去就睡欵。(一躺下就睡着了。)

(7) 煮啊好就食。(一煮好就吃。)

(8) 上啊眠床就睡。(一上床就睡。)

如果 X 是谓词,逻辑上可以直接和 V 构成动补格,如例(5)、例(6)、例(7)的"转来""眠落去""煮好";如果 X 是名词,则可构成动宾式,如例(8)的"上眠床"。而且,V 和 X 逻辑上可构成动补格的,补语后还可出现宾语,形成宾补共现的形式。如:

(9) 放啊落东西就走欵。(一放下东西就走了。)

(10) 偷啊倒钱就走。(偷了钱就跑了。)

(11) 食啊饱饭就出行。(一吃完饭就出发了。)

3) Y 常常是单个的动词,有时也可以是谓词性词组。如:

(12) 坐啊落去就有人来了。(刚坐下就有人来了。)

(13) 转啊到屋下就得佢打电话。(一回到家就给他打电话。)

4) 刚然貌助词"啊"的语音轻而模糊,多数可省去,省去后虽然语义不变,但减轻了两个动作或状态发生在相隔瞬间的意味,全句变成了一种较平常的陈述,也缺少了原有的韵律感。其后的副词"就"也不能省,它不仅有连接前后两个小句成分的功用,而且也能辅以突出短时的意义。

5) "啊"还可出现在"V 啊 X 又 Y"结构中,由于"就"和"又"这两个副词的语义不同,所以,"V 啊 X 就 Y"与"V 啊 X 又 Y"所表达的意思稍微有异;但"啊"都是刚然貌的标记,只是"V 啊 X 又 Y"在强调两个动作或状态瞬间之隔的同时,用"又"表明同一动作或状态此前发生过,现再一次发生。如:

(14) 食啊饱饭又走欵。(一吃完饭又走了。)

(15) 打啊开来又关转去。(一打开来又关回去。)

在句法上,"V 啊 X 又 Y"有时采用整个结构重复出现的形式,用以突出频率"又"。如:

（16）这门斗啊转去又坏撇，斗啊转去又坏撇。（这门刚装好又坏了，刚装好又坏了。）

（17）这东西溜滑，拿啊起来又跌下去，拿啊起来又跌下去。（这东西很滑，一拿起来就掉下去，一拿起来就掉下去。）

第五节　尝试貌和反复貌助词"下欶"

一、尝试貌

1）尝试貌指试着进行某一动作行为，因尝试和短时、随意常相交融，难以决然分开，因此，我们将其合在一起，这里讨论的尝试貌即包含了短时貌、随意貌的意义。永定客家方言的尝试貌主要用"下欶 ha^{2}ei^{21}"附着在动词之后来表达，"下欶"相当于普通话的"一下"，但语义已很虚，并没有具体的数量义，只是表达浅尝、时短、量少或随意而已，可视作一个体貌助词。如：

（1）分佢嚩下欶。（让他玩一下。）

（2）偓来鼻下欶。（我来闻闻。）

（3）大家先听甲个人讲下欶。（大家先听那个人说说。）

（4）你帮偓念下欶这信。（你帮我念念这封信。）

（5）老婆也爱打扮下欶。（老婆也要稍微打扮打扮。）

动词前也常常出现"试"，"试 V 下欶"所表达的尝试貌就更显豁了。如：

（6）偓试食下欶。（我试吃一下。）

（7）新买咃眠床，偓试眠下欶。（新买的床，我试躺一下。）

（8）想试骑下欶单车。（想试骑一下自行车。）

2）永定客家方言也可用动词重叠后加助词"欸"的方式来表达尝试貌。如：

（9）这车让佢开开欸。（这车子让他开开。）

（10）俺也去□lau³³□lau³³欸。（咱也去逛逛。）

（11）你想试行行欸无？（你想试着走走吗？）

（12）背项拍拍欸，就唔会吐出来。（拍拍背，就不会吐出来了。）

普通话常用动词重叠式表达尝试貌，但永定话不能单纯用动词重叠来表达尝试貌，所以，"VV 欸"中的助词"欸"不能丢掉，否则不能成句。如以上例句丢失"欸"后不合语法：

*这车让佢开开。|*俺也去□lau³³□lau³³。|*你想试行行无？|*背项拍拍，就唔会吐出来。

可见，"VV 欸"的尝试貌是由动词重叠和"欸"共同体现的，单个的助词"欸"无法承担起尝试貌的语法义，因而不能单独作为尝试貌的标记。

二、反复貌

1）反复貌表示某种动作行为反复地进行。永定客家方言的反复貌主要有以下两种表达方式：

A式：V下V欸

B式：下V下V欸

2）两种反复貌都由动词重叠后附助词"欸"构成，动词所表示的动作是间断性的，相当于"V一下，V一下"，如"跳下跳欸"，意思是"跳一下，然后又跳一下"。如：

令（多指耸肩的动作）下令欸、簸（水中扑腾或走路时带跳动的样子）下簸欸、仆（偷看）下仆欸、扒（口、鼻等张开的动作）下扒欸、望下望欸、□suei?⁵（吸鼻子的动作）下□suei?⁵

欶、眨下眨欶。

A、B两种反复貌表达的语义也完全相同，两者可自由转换。因此，实际上就是用不同的结构形式表达相同的体貌义，以增强语言的表现力。以上A式换成B式的说法，即为：

下跳下跳欶、下令下令欶、下簇下簇欶、下仆下仆欶、下扒下扒欶、下望下望欶、下□suei?⁵下□suei?⁵欶、下眨下眨欶。

3）永定客家方言的反复貌也可说成"V下欶V下欶"，如"偓看佢哋手动下欶动下欶（我看他的手动一下，又动一下）"，因较啰嗦，也不生动，所以不常用。但若细加分析，可以发现，A、B两式与"V下欶V下欶"是有联系的；因为，无论是A式的"V下V欶"，还是B式的"下V下V欶"都可看成"V下欶V下欶"的变体。其联系是："V下欶"多用于表尝试、短时等，当动作再次出现时，就成了表反复的"V下欶V下欶"，通过省略一个"下"和"欶"，就变成了A式的"V下V欶"，或者通过变换一下动词的语序，同时略去一个"欶"，又生成了B式的"下V下V欶"。可表示如下：

这也可从A、B式均可用"V下欶V下欶"来表达得到检验。如：

跳下欶跳下欶、令下欶令下欶、簇下欶簇下欶、仆下欶仆下欶、扒下欶扒下欶、望下欶望下欶、□suei?⁵下欶□suei?⁵下欶、眨下欶眨下欶。

但实际语言中一般多用"V下V欶"或"下V下V欶"，以表达间断式的反复貌，这样更生动形象。从中也可看出，助词"下欶 ha?²ei²¹"应也是反复貌的标记，只是采用了与动词重叠相结合的变式，而单个的"欶"也不能成为反复貌标记。

第六章 语气助词

第一节 相关概念与界定

一、情态与语气

依韩礼德等人的观点,情态(modality)是指说话人对所说内容的态度与看法,体现说话人话语的主观性,表示语言使用者本人对事物认识的估量和不确定性。① Sweetser 认为,情态内部又可分为认识情态和根情态(道义情态),根情态指的是涉及现实世界的情态,如义务、允许或能力等;而认识情态指的是理性世界中的必要性、概率性和可能性,认识情态是根情态(道义情态)的语义延伸。②但对汉语来说,情态还有一个非常重要的组成部分——语气(口语中一般称"口气"),语气助词是它的主要语法表达手段。③因此,汉语的语气助词在表达陈述、疑问、祈使、感叹等语气(mood)时,也往往给句子添加了一定的主观情态,如委婉、轻视、嘲讽、强调、推测等。

---

① 参见梁晓波《情态的认知阐释》,《山东外语教学》2001 年第 4 期。
② 引自梁晓波《情态的多维研究透视》,《解放军外国语学院学报》2002 年第 1 期。
③ 徐晶凝《语气助词"吧"的情态解释》,《北京大学学报》2003 年第 4 期。

由于语气和情态密切相关,而语气助词既用于表达语气,也用于表达情态(通常说的"口气"),以至历来许多学者将其合而为一,用语气这一范畴涵盖情态的内容。如王力认为:"凡语言对于各种情绪的表示方式,叫作语气;表示语气的虚词叫作语气词。"[①]《现代汉语词典》对语气的定义是:"(1)说话的口气。(2)表示陈述、疑问、祈使、感叹等分别的语法范畴。"[②]

随着认识的深化,也逐渐出现了区分语气和情态的倾向。如胡明扬将语气分为表意、表情和表态三种[③],贺阳分为功能、评判和情感三类[④],齐沪扬做了进一步的概括,归为功能和意志两大类,其中,功能类可对应于胡和贺分类中的前一类,意志类可对应于胡和贺的后两类。[⑤]这些分类,虽然没有明确指出语气和情态,但从本质而言,功能语气即是通常所说的表示说话人交际目的的陈述、疑问、祈使和感叹等语气,意志语气即是表示说话人的态度或情感的可能、允许、料悟等情态。徐晶凝则明确区分语气和情态,把相当于功能类的称为语气,相当于意志类的称为情态。[⑥]鲁川也主张将语气和情态分开,认为"现代汉语的'语气'和'情态'是该分开且能分开的","'语气'是对人的,'情态'是对事的"。[⑦]

[①] 王力(1985:160)。
[②] 《现代汉语词典》(修订本),商务印书馆1996年,第1539页。
[③] 胡明扬《语言学论文选》,中国人民大学出版社1991年,第52-53页。
[④] 贺阳《试论汉语书面语的语气系统》,《中国人民大学学报》1992年第5期。
[⑤] 齐沪扬《语气词与语气系统》,安徽教育出版社2002年,第20-21页。
[⑥] 徐晶凝《汉语语气表达方式及语气系统的归纳》,《北京大学学报》2000年第3期。
[⑦] 鲁川《语言的主观信息和汉语的情态标记》,《语法研究和探索》(十二),商务印书馆2003年,第317-330页。

二、语调与语气、情态

语调存在广狭两种概念，狭义的语调指一句话的句调，广义的语调包括句调的抑扬、停顿的长短和语音的轻重快慢等；我们在讨论语气助词时，主要采用狭义的概念——句调。语调和语气的关系也很密切，体现为形式和内容的关系，语调属于语音形式范畴，语气则是表达说话人情感态度的语义内容。[①]

语调可分为平调、升调、降调和曲调，一定的语气常常通过一定的语调来表现。一般说来，平调多表现陈述语气，升调多表现疑问语气，降调多用于祈使或感叹语气，曲折调常用于表达弦外之音，如反诘语气。比如：

我明天要上课。（平调——陈述语气）

你去了没有？（升调——疑问语气）

别站在那儿！（降调——祈使语气）

这不是你说的？（曲调——反诘语气）

语调既有表达语气的功能，也能表达一定的情态（口气），如平调常表达和缓的口气，升调表达惊奇、诧异等口气，降调表达强调、重说等口气，曲调则表达委婉、不满、嘲讽等口气。通常，同一句话，附加不同的语调，体现出不同的情感态度。如：

你也吃苹果，（挺好吃的。）（平调——和缓口气。）

你也吃苹果，（我以为你不吃呢！）（升调——诧异）

你也吃苹果，（不吃不行！）（降调——强调）

你也吃苹果，（你吃得起吗？）（曲调——嘲讽）

[①] 常春《"语调""语气"的内涵——兼谈"语调"的量化测试》，《语文建设》1998年第4期。

三、语气助词的功能鉴别

在汉语中,一个句子所蕴含的语气和情态主要通过语气助词和语调体现出来,但除此之外,句中的语气副词、情态动词、语境、语法格式等成分也可能传达某种语气和情态,因此,在确定一个语气助词的语气和情态意义时,不能把这个语气助词所在句子的语气情态义简单地看作该语气助词所具有的语气情态义,而要寻找语法形式和语义内容相结合的验证手段。①

一个较有效的方法便是最小差异对比法,即将一个不带语气助词的句子 S 和一个带有某个语气助词的句子 S′ 进行比较,根据 S 和 S′ 的语气情态上的异同来确定该语气助词的语气、语用功能。具体说来,如果句子 S 具有语气或情态义 M,带有语气助词 P 的句子 S′ 具有语气或情态义 M′,如果 M 和 M′ 存在差异,并且这种差异不是由语调、语气副词、语境等因素造成的,那么,就可认为语气助词 P 具有语气或情态义 M′。②比如,"他明天会带儿子来。"是陈述语气,带上语气助词"吗"后,就变成"他明天会带儿子来吗?",表达的是疑问的语气,这疑问语气便是语气助词"吗"的语气义。再如,"你别吃我做的饭!"和"你别吃我做的饭啊!"表达的都是祈使语气,但附加"啊"的句子听起来口气较和缓,那么,这和缓的口气即是语气助词"啊"所表达的情态义。

四、考察的对象和方式

根据以上语气、情态、语调等因素与语气助词的各种联系,

---

① 储成志《语气词语气意义的分析问题——以"啊"为例》,《语言教学与研究》1994 年第 4 期。
② 储成志(1994)。

闽西永定客家方言虚词研究

我们在考察永定客家方言的语气助词时,主要作出如下的认定:

① 语气助词是指粘附在分句或全句末表达某种功能语气或主观情态的一类助词。

② 原则上,语气和情态应属不同的语法范畴,但鉴于两者的关系十分密切,难以决然分开,所以,本书对语气和情态采用相对区分又结合起来的考察方式,即将所有的语气助词按语义功能分为陈述、疑问、祈使、感叹、假设五种语气,然后,把和缓、委婉、轻视、嘲讽、强调、推测、可能等各种细微的语用功能归入情态范畴,放在五种功能语气的框架下讨论。

③ 在确定语气助词的语气情态义时,采用上述的最小差异对比法,尽量排除语调等其他因素的干扰,以求较准确地离析各个语气助词所表达的语气、语用功能。

④ 永定客家方言的语气助词较丰富,地域色彩浓郁,许多语气助词的语音形式和语法功能与普通话有着较大的差异;而且,有些语气助词能分布于不同的句式中,兼及几种不同的语气或情态义,对此,我们将不避重复,分别置于不同的功能语气中考察。

⑤ 语气助词的词汇意义空灵,语音形式较不稳定,书写形式也不易确定,本书采用通行的书写形式,实在无字可写的用"□"代替,若声韵相同,只是调值有异的写作同一字形,如"欸 ei^{21}""欸 ei^{24}"①。

⑥ 连用的语气助词数量不多,主要是"吔 ε^{52}"和"欸 ei^{21}"与其他语气助词共现,如"吔啊 $\varepsilon^{52}a^{33}$""吔嘛 $\varepsilon^{52}ma^{21}$""欸嘛 $ei^{21}ma^{21}$""欸哇 $ei^{21}va^{21}$"等。考虑到语气助词连用时,句子的语气、语用功能主要由后一个语气助词来表达,且前一个语气助词

---

① "欸 ei^{21}"和"欸 ei^{24}"也常说成"嘞 lei^{21}"和"嘞 lei^{24}",两种形式的用法分别相同,用哪个词主要依个人的习惯。

主要是相当于普通话"的""了"的"呗 ε^{52}"和"欸 ei^{21}",所以,文中将连用的语气助词分别归入后一个语气助词中讨论。

第二节 陈述语气助词

在永定客家方言的各类语气助词中,陈述语气助词的成员最多,主要有:呗 ε^{52}、呗 ε^5、咧 $l\varepsilon^{24}$、啦 la^{21}、欸 ei^{21}、欸 ei^{24}、啊 a^{33}、嘛 ma^{21}、哇 va^{31}、哇 va^{24}、噢 o^{21}、啰 lou^{24}、啰 lou^{21}、嘎 $v\mathrm{o}^{21}$、嘎 $v\mathrm{o}^{24}$、喔 ou^{33}、喔 ou^{24}、(都)敢(tou^{33})kaŋ^{52}、可多 $k^hou^{52}tou^{33}$、样般$_2$ zaŋ^{24}pan^{33}等。

一、呗 ε^{52}

1)"呗 ε^{52}"相当于普通话的"的",兼任结构助词和语气助词。在肯定、否定陈述句中,用于对某种情况作出判断,或确认某种事实。如:

(1)话恁样讲就着呗。(话这样说是对的。)

(2)你恁样做事,做唔得呗。(你这样办事是不行的。)

(3)偓看佢放这滴呗。(我看他放这儿的。)

(4)佢藤甲条路来呗。(他从那条路来的。)

当"係"和"呗"一起出现于句中,组成"係……呗"结构时,可表示强调。如:

(5)偓係昨暗晡到屋下呗。(我是昨晚到家的。)

(6)这狗係佢打死呗。(这只狗是他打死的。)

2)用于说明真相,解释原因。如:

(7)偓本真无想去呗,佢□ta$\mathrm{ʔ}^5$□ta$\mathrm{ʔ}^5$催。(我本来不想去的,他一直催。)

（8）佢吔脚跌断吔。（他的脚是摔断的。）

（9）车分人借去欸，𠊎行路来吔。（车子被别人借走了，我走路来的。）

二、吔 ε⁵

1)"吔 $ε^5$"常用于应答句中，就谈话人提出的问题或不太确定的事实做出回应，并进行肯定、确认。如：

（10）——听讲你爱去？（听说你要去？）

——无差，𠊎爱去吔。（没错，我是要去。）

（11）——这你买吔？（这是你买的？）

——係𠊎买吔吔。（是我买的。）

（12）——甲个人讲佢有交钱。（那个人说他交钱了。）

——佢有交钱吔。（他是交了钱。）

2) 对别人所说的情况或提议表示附和或赞同。如：

（13）係吔，佢就爱咹样，有嘛办法。（是啊，他就要这样，有什么办法。）

（14）好吔，大家一下去可闹热。（好啊，大家一起去更热闹。）

（15）你讲吔着吔。（你说的对。）

三、咧 lε²⁴

"咧 $ε^{24}$"用于提醒或告知别人可能不知道或不太在意的情况。如：

（16）阿军客有两个子欸咧，你以为佢无子？（阿军有两个儿子呢，你以为他没有儿子？）

（17）佢阿叔係俺学校吔校长咧，莫乱讲话可着。（他父亲可是咱学校的校长，还是别乱说话为好。）

（18）佢有心脏病咧，你莫吓佢。（他有心脏病的，你别吓他。）

四、啦 la²¹

1）"啦 la²¹"用来确认事实的确如此，话语中常隐含不太如意或无奈。如：

（19）事实係咹样啦。（事实是这样的啦。）

（20）佢就唔□mai⁵² 爷娘食啦。（他就是不想养父母啦。）

（21）你爱，都分你啦。（你要，都给你啦。）

2）多用于陈述句中的前一分句，告知某一情况，后面常紧跟着祈使分句，提醒或催促应该采取的行动。如：

（22）疤会好啦，莫去动佢。（疤快好了，别去动它。）

（23）会落雨啦，衫裤去收起来啊。（快下雨了，去把衣服收起来。）

（24）阿姐唔转来啦，唔使煮佢哋饭。（姐姐不回来了，不用煮她的饭。）

五、欸 ei²¹

"欸 ei²¹"用作语气助词时，肯定新情况的实现或将要实现，也可表示动作或变化的完成且新情况已实现（这主要表达实现的体意义，已在体貌助词中讨论）。如：

（25）药佢食欸。（药我吃了。）

（26）甲只人死撇三年欸。（那个人死了三年了。）

（27）佢大家唔来欸。（他们不来了。）

（28）佢就来欸，你先行。（他就来了，你先走。）

六、欸 ei^{24}

1)"欸 ei^{24}"主要用于强调某一数量、程度或时间。如:

(29)偓阿婆八十多岁欸。(我奶奶八十多岁了。)

(30)差滴欸死撇欸。(差点儿死掉了。)

(31)佢三点钟竟到欸。(他三点钟就到了。)

2)常位于前一分句末,表达一种轻视、嘲讽的口气。如:

(32)你哎会欸,会担得哎重起。(你能挑这么重的东西就好喽。)

(33)佢哎靓欸,人家妹欸会嫁佢。(他那样的人,人家姑娘哪会嫁给他。)

(34)你哎大食色欸,人家会理你?(你以为你了不起,人家会理你?)

3)告知、提醒或申明某种情况已出现或即将出现①。如:

(35)偓知收欸。(我知道了。)

(36)佢子欸会做事欸。(他儿子会干活了。)

(37)可能无来欸。(可能不来了。)

七、啊 a^{33}

1)"啊 a^{33}"的语义功能比较丰富,可表示强调、提醒。如:

(38)这件事无你,做唔得啊。(这件事没你不行啊。)

(39)你放宽心,佢一定会来看你啊。(你放心,他一定会来看你的。)

---

① 在6.1和6.3中,"欸 ei^{24}"含有"欸 ei^{21}"的功能,但更侧重于强调、告知、提醒或申明某种情况。

（40）食这对胃有好处啊。（吃这会对胃有好处。）

2）对某一事实做出申明。如：

（41）偓无拿你哋钱啊。（我没拿你的钱。）

（42）偓无喊佢去啊。（我没有叫他去。）

（43）你唔□mai^{52}等偓，偓无闲去啊。（你不要等我，我没空去。）

有时和语气助词"哋 ε^{52}"连用，"哋 ε^{52}"表示确认、强调。如：

（44）佢自家跌倒哋啊。（是他自己摔倒的。）

（45）偓无骗你哋啊。（我没有骗你。）

3）表示提请对方注意。如：

（46）东西偓放这滴啊。（东西我放这儿了。）

（47）路项几多车啊。（路上很多车，要当心。）

（48）后背有一枚铁钉啊。（注意背后有一枚钉子。）

4）用于强调某种因果关系。如：

（49）担哝重，腰骨会□lu?^{2}倒啊。（挑那么重，腰会扭伤的。）

（50）鞋忒细，着唔入啊。（鞋子太小，穿不进去。）

（51）无菜，细人欸唔食饭啊。（没有菜，小孩子不吃饭。）

有时为解释某种因果关系的句子添加无奈的口气。如：

（52）牙齿跌净欸，食东西咬唔入啊。（牙齿掉光了，吃东西咬不动了。）

（53）唔□mei^{21}自家恭哋子女，唔亲啊。（不是自己生的孩子，不亲。）

八、嘛 ma^{21}

1）"嘛 ma^{21}"表明某种事实显而易见。如：

（54）这係事实嘛。（这是事实嘛。）

（55）电风扇莫对倒吹，就唔会头牙疼嘛。（风扇不对着头吹，就不会头痛了嘛。）

（56）佢哋脾气你也知收嘛。（他的脾气你也知道的。）

2）把事情往小里说，含有无所谓或轻视的口气，句中常出现"□mei^{33}就"，相当于普通话的"不就是"。如：

（57）你□mei^{33}就多读两年书嘛，有嘛了不起。（你不就多读两年书嘛，有什么了不起的。）

（58）佢唔来就莫管佢嘛。（他不来就别管他啦。）

（59）□mei^{33}就比偃细两岁嘛，也会老欤。（不就比我小两岁嘛，也快老了。）

3）表示对某一情况不太相信或不太确定。如：

（60）佢唔□mei^{21}咹样哋人嘛。（他不像是这样的人。）

（61）佢老公好像做衫师傅嘛。（他老公好像是裁缝师傅吧。）

这种用法的"嘛"常和"哋"连用。如：

（62）甲座楼唔□mei^{21}佢哋嘛。（那座楼不是他的吧。）

（63）佢以前人几好哋嘛，浪般变咹靓肿欤。（她以前人很好的嘛，怎么变得这么糟糕了。）

（64）你还细时节几肥哋嘛，□kia^{33}做嘛变咹瘦欤。（你小时候很胖的嘛，现在怎么变这么瘦了。）

有时也可和"欤 ei^{21}"连用。如：

（65）偃看佢走欤嘛。（我好像看他走了。）

（66）佢好像食欤嘛。（他好像吃了吧。）

九、哇 va^{21}

1）"哇 va^{21}"表示无可奈何。如：

（67）你女欸无想读书哇，你急也无用。（你女儿不想读书嘛，你急也没用。）

（68）其他人佢都唔喜欢，就爱佢哇。（其他人他都不喜欢，就喜欢她嘛。）

（69）佢就唔做事哇，你有嘛变。（他就不干活嘛，你有什么办法。）

2）表示不耐烦。如：

（70）偃唔喜欢佢哇。（我不喜欢她嘛。）

（71）唔自然，唔想食饭哇。（不舒服，不想吃饭嘛。）

（72）偃保证会拿分你哇。（我保证会给你啦。）

可和"欸 ei^{21}"连用。如：

（73）偃都讲唔去欸哇。（我都说不去了嘛。）

（74）偃□kia^{33}唔□mai^{52}佢欸哇。（我现在不要她了嘛。）

十、哇 va^{24}

"哇 va^{24}"用于转述听说的消息、别人说过的话或表达过的态度、意见等，句中可出现"听讲""佢讲"等词语。如：

（75）天光日会落雨哇。（据说明天会下雨。）

（76）听讲甲滴作大水哇。（听说那里发大水了。）

（77）佢阿娓先去，佢阿叔明年去哇。（说是他母亲先去，他父亲明年再去。）

（78）佢讲无想读书哇。（他说不想读书了。）

"哇 va^{24}"前面也常出现"欸 ei^{21}"。如：

（79）阿军头死欸哇。（听说阿军死了。）

（80）佢吔病好欸哇。（听说他的病好了。）

（81）讲唔去欸哇。（说是不去了。）

十一、噢 ɔ²¹

1)"噢 ɔ²¹"强调说话人赞同别人的观点或言行，并使口气更加轻松柔和。如：

(82) 俺讲也係噢，爱读书正有出路。（要我说也是，只有读书才有出路。）

(83) 咹样讲就着噢。（这样说就对了。）

(84) 这件事你办得好噢。（这件事你办得好。）

2)用于揭示或提醒某一事实。如：

(85)——你食几多碗欸？（你吃几碗了？）
——正食一碗。（才吃一碗。）
——俺佢食三碗噢。（大意：（不对）他已吃了三碗了。）

(86) 你爱咹样想噢，人靓没用啊，人好正有用。（你要这样想，人漂亮没用啊，人好才行。）

(87) 咹样哋话，对大家都好噢。（要是这样，对大家都好。）

十二、啰 lou²⁴

1)"啰 lou²⁴"在陈述某一事实时含有和缓的感慨或轻松、得意的口气。如：

(88) 佢阿婆前几年竟过身啰。（他奶奶前几年就去世了。）

(89) 倕哋田犁好啰。（我的田犁好了。）

(90) 这舞倕早就会跳啰。（这舞我早就会跳了。）

2)表示轻视或不以为然的态度。如：

(91) 佢要是有本事，□ka⁵² 就唔会咹样啰。（他要是有本事，那就不会像现在这样了。）

(92)几件坏衫裤,拿偃扔都扔撒啰。(几件破衣服,要是我早就扔掉了。)

(93)佢想你转去哋话,早竟来求你啰,还会等到□kia²¹下!(他想你回去的话,早就来求你了,还会等到现在!)

3)用于提醒。如:

(94)车会开啰。(车子快开啦。)

(95)你阿叔行几远啰,你还在这滴欸啊!(你父亲已走了很远了,你还在这儿!)

(96)你登登打老婆,老婆莫走撒啰。(你经常打老婆,老婆别跑喽。)

十三、啰 lou²¹

1)"啰 lou²¹"在陈述句中极言微不足道,或以示轻视、瞧不起。如:

(97)三十块钱啰,好大食色嚤。(才三十多元钱,有啥了不起的。)

(98)咹样哋角色啰,莫理佢!(这种人,别理他!)

(99)佢这兜人啰,看偃都看醒啰。(大意:像他们这种人,我早就看透了。)

2)表明某一事实,口气较平和。如:

(100)佢都无做衫啰。(她已经不(给人)做衣服了。)

(101)佢阿姐卖水果啰,哪係佢。(是他姐姐卖水果,哪是他。)

(102)偃都几多年无看倒你啰,你哪欸去欸?(我已好多年没见到你了,你去哪儿了?)

也可和表确认、强调的"哋 ε⁵²"连用,口气比单用"啰 lou²¹"时稍重。如:

（103）佢自家唔□mai^{52} 佢啰，唔□mei^{21} 偓唔分佢。（他自己不要的，不是我不给他。）

（104）佢拿吔啰，嘛係偓拿吔。（是他拿的，哪是我拿的。）

十四、嘪 vɔ^{21}

"嘪 vɔ^{21}"常用于表示善意的提醒，以引起注意，口气较温和。如：

（105）佢无钱嘪，你莫以为佢好有钱。（他没钱啊，你别以为他很有钱。）

（106）甲个人好唔□mou^{52} 讲话嘪。（那个人很不好商量的。）

（107）□ka^{52} 甲妹欸就没靓嘪，你莫到时嫌人家歪。（（先声明）那女孩并不漂亮，你不要到时嫌人家丑。）

也常与"吔 ε^{52}"或"欸 ei^{21}"连用。如：

（108）偓无等你吔嘪，爱来你自家竟来。（我不能等你，要来你自己来。）

（109）先讲正，这係你自家爱吔嘪，唔□ei^{21} 偓硬□kaŋ^{33} 分你吔。（先说好，这是你自己要的，不是我硬塞给你的。）

（110）佢好早就行欸嘪。（她很早就出发啦。）

（111）佢大学毕业欸嘪，你以故佢还细！（他已大学毕业啦，你以为他还小！）

十五、嘪 vɔ^{24}

"嘪 vɔ^{24}"常用于否定式陈述句中，强调事态已经变化，常与"欸 ei^{21}"共现，有时含有不耐烦的口气。如：

（112）佢还唔去欸嗮。（他已经去啦。）

（113）偓唔□mei²¹得你买欸嗮。（我不是给你买了嘛。）

（114）偓唔□mei²¹早竟得你讲欸嗮。（我不是早就跟你说了嘛。）

十六、喔 ou³³

1)"喔 ou³³"预先告知某一情况，提醒有所准备。如：

（115）春节车好闹喔，爱先买正票。（春节车很挤，要先买好票。）

（116）今日大女会转来喔，你唔□mou⁵² 走。（今天大女儿会回来，你不能走。）

（117）过几日会好寒喔。（过几天可能很冷。）

2) 在否定实现某一动作行为的可能性上增添一种轻讽的口气（详见相关章节）。

十七、喔 ou²⁴

"喔 ou²⁴"用于警醒，表示即将出现某种比较紧急的情况或变化。如：

（118）细人哭喔。（小孩要哭啦。）

（119）菜烧撇喔。（菜快烧焦啦。）

（120）车会开走喔。（车子快开走啦。）

十八、可多 $k^hou^{52} tou^{33}$

（见专题研究）

十九、（都）敢（tou^{33}）kaŋ^{52}

"都敢"[①]也可说成"敢"，用于陈述句末，表示对某种情况不太确定的判断或推测，意思是"可能""也许""大概"等，语义功能与"可多$_1$"（详见专题研究）基本相当。如：

（121）佢食饱欸（都）敢。（他可能吃饱了。）

（122）天光会落雨（都）敢。（明天可能会下雨。）

（123）阿叔去养牛欸（都）敢。（爸爸可能去放牛了。）

二十、样般$_2$ zaŋ^{24} pan^{33}

"样般$_2$ zaŋ^{24} pan^{33}"用于陈述句末，也表示某种不太确定的判断或推测，但语义上相当于"好像""似乎"，句中常有"好像""似乎"等词语与其呼应。如：

（124）𠊎在哪欸见过佢样般。（我好像在哪儿见过他。）

（125）好像看倒一个人藤这欸过样般。（好像看见一个人打这儿过。）

（126）头到似乎有人探下头样般。（刚才似乎有人探了一下头。）

第三节　感叹语气助词

永定客家方言的感叹语气助词主要是：啦 la^{21}、啊 a^{33}、啊 a^{21}、啰 lou^{24}、嚄 vɔ^{24}、嚄 hɔ^{33}、喔 ou^{33}、欸 ei^{21} 等。

[①] tou^{33} 的本字不明，可能是"都"，也可能是"多"，因为永定客家话的"都"与"多"完全同音，本书根据其他方言的情况写作"都"，如广东惠州话有与（tou^{33}）kaŋ^{52} 语义功能相当的成分"都敢"。

一、啦 la^{21}

1)"啦 la^{21}"多用于表达心理上的满足或欣慰感。如：

（1）人生有食有着就好啦。（人活着有吃有穿就行啦。）

（2）老公身体健就做得啦，无想佢赚大钱。（老公身体健康就行了，没想要他赚大钱。）

（3）涯□kia^{33}就安乐啦，子女都大欸。（我现在日子就好过了，子女都大了。）

2)也用于表达良好的祈愿。如：

（4）生活会竟来竟好啦。（日子会越过越好的。）

（5）等到生婢讨入门，涯心事就静啦。（等到媳妇娶进门，我就没什么可操心的了。）

（6）要是再多一个子欸就好啦。（要是再多一个儿子就好了。）

二、啊 a^{33}

"啊 a^{33}"表达无可奈何或无助的感慨。如：

（7）人都好难讲啊，知人知面唔知心。（人啊说不清楚，知人知面不知心。）

（8）都就系咹样啊，人生在世就爱做。（就是这样啊，人活在世上就得丁活。）

（9）浪般话佢，都无用啊。（怎么劝他，都没用啊。）

（10）早竟得佢讲欸，佢就唔听啊。（早就跟他说过了，他就是不听啊。）

三、啊 a^{21}

1)"啊 a^{21}"表示出乎所料或惊讶。如：

（11）你阿娓咹早就出门啊！（你妈妈这么早就出门啦！）

（12）这件衫咹细啊！（这件衣服这么小啊！）

（13）甲东西介好卖啊！（那东西那么好卖啊！）

2) 表达称心、满意或喜悦的情绪。如：

（14）□ka^{52}就好啊，坐倒都有来食欤。（那就好了，不干活都有饭吃了。）

（15）这裤你着好合身啊。（这裤子你穿很合身啊。）

（16）你来得堵堵好啊。（你来得正好。）

四、啰 lou^{24}

"啰 lou^{24}"表示感到庆幸、宽慰。如：

（17）归债啰，人没事，就车碰坏。（庆幸人没事，只是车子碰坏。）

（18）好得命救转来啰。（好在命救回来了。）

（19）人无事就好啰。（人没事就好了。）

五、嚄 $vɔ^{24}$

"嚄 $vɔ^{24}$"用于原来不知道某种实情，知道后，有一种顿悟和讶异。如：

（20）佢哋手路咹好嚄！（他的手艺这么好啊！）

（21）咹样嚄，你唔讲，俚舍唔知。（这样啊，你不说，我还不知道呢。）

（22）佢老婆咹老嚄！（他老婆这么老啊！）

六、嚄 hɔ³³

1)"嚄 hɔ³³"表示某种情况超出一般程度,简直让人难以相信。如:

(23)□ka⁵²疾得好透嚄。(那多疼啊。)

(24)□ka⁵²好笨嚄,就唔识问下欸人!(真的好笨,就不会问一下别人!)

(25)甲地理先生看得好准嚄。(那风水先生看得真准啊。)

2)用于反语中,因不满别人的言行而进行嘲讽。如:

(26)日日有食有嬲,□ka⁵²安乐嚄!(天天有吃有玩,那多舒服啊!)

(27)偓唔使钱服侍你,你好自然嚄!(我免费伺候你,你很舒服啊!)

(28)就顾自家,唔管老婆子女,□ka⁵²好好嚄!(只顾自己,不用管老婆孩子,多好啊!)

七、喔 ou³³

"喔 ou³³"多用于赞赏、褒扬等积极的心理。如:

(29)菜炒去几香喔!(菜炒得真香啊!)

(30)佢阿姐人实在好喔!(他姐姐人真的很好!)

(31)偓阿婆几会种菜喔!(我奶奶很会种菜!)

有时也用于遗憾、同情等消极的情绪。如:

(32)佢哋女欸生得实在好歪喔!(他女儿长得实在难看!)

(33)佢一生人正经好苦喔!(他这一辈子真的很苦啊!)

八、欸 ei^{21}

"欸 ei^{21}"在感叹句中用于表达对某种状况的主观感受或评价。如：

(34) 今日寒死欸！（今天好冷啊！）

(35) 看到俚来，佢口t^{h}ioŋ^{52} 死欸。（看到我来了，他高兴死了。）

(36) 碰到咹样吔事，大家都急死欸。（碰到这样的事情，大家都急死了。）

第四节　祈使语气助词

永定客家方言的祈使语气助词主要是：啦 la^{21}、欸 ei^{24}、啊 a^{33}、啊 a^{21}、嘛 ma^{21}、哇 va^{21}、喔 ou^{33}、嚄 vɔ^{21}、来 luei^{24} 等。

一、啦 la^{21}

1)"啦 la^{21}"在祈使句中，表示劝阻。如：

(1) 有话好好讲啦，有嘛吵头。（有话好好说嘛，有啥可吵的。）

(2) 俺莫得佢一般般啦，这种人唔讲理吔。（咱别跟他一般见识，这种人不讲理的。）

(3) 你莫竟去催啦，佢知收就好欸。（你别一直催啦，他知道就行了。）

有时兼含有不耐烦的口气。如：

(4) ——分钱俚买笔。（给我钱买笔。）

　　——好啦，好啦，无看俚这滴做事！（行啦，行啦，没看我在做事情!)

（5）——你再去得佢讲下欸。（你再去跟他说一下。）
——唔□mai^{52} 竟去讲啦，讲下欸□mei^{33} 就做得欸!（不要一直催啦，说过就可以了!）

（6）唔□mai^{52} 哭啦! 莫吵死人啦!（不要哭啦! 别吵死人了!）

2）表示祈愿、提醒或使感到宽慰，口气较温和。如：

（7）十多岁咄人欸，爱识得性啦。（十几岁的人了，该懂事啦。）

（8）佢爱去就得佢去啦，拦也无用。（他要去就让他去吧，拦也没用。）

（9）你唔使劳心啦，偃会看倒佢。（你不用担心啦，我会看着他的。）

有时和语气助词"来"连用，"来"用于表示命令、要求、建议等，"啦"附于后，可使语气更加和缓，倾向于表提醒。如：

（10）坐直来啦，莫背驼驼欸。（坐直来，别驼着背。）

（11）衫裤着正来啦。（把衣服穿好了。）

（12）碗项咄饭食净来啦，莫可惜欸。（碗里的饭要吃干净，别浪费了。）

3）表示催促。如：

（13）好走啦，坐□kia^{52} 个钟头欸。（该走啦，坐好几个小时了。）

（14）早滴抬起啦，莫有事也睡得咹昼!（早点儿起床啦，别有事也睡得这么迟!）

（15）□kia^{21} 滴行啦，车欸走撒啰。（快点走啦，车子要开走啦。）

二、欸 ei²⁴

1)"欸 ei²⁴"也常用于祈使句中,表示劝阻、提醒。如:

(16) 唔□mai⁵² 哭欸,人死欸,哭也哭唔转。(不要哭了,人死了,哭也哭不回来。)

(17) 唔□mai⁵² 打佢欸,佢承认做差欸。(不要打他了,他承认做错了。)

(18) 佢来欸,唔使去喊欸。(他来了,不用去叫了。)

有时兼带不耐烦的口气。如:

(19) 好欸,好欸,莫□ta²⁵□ta²⁵ 催!(好啦,好啦,别一直催!)

(20) 莫讲欸!大家都知得欸。(别说了!大家都知道了。)

2) 表示催促。如:

(21) 你好去欸,人家甲滴等几久欸。(你该走啦,人家在那儿等很久了。)

(22) 好快滴行欸,来唔及欸。(快点走啦,来不及了。)

(23) 好赶紧上班去欸,都几多点欸。(该赶紧上班去啦,都几点了。)

3) 表示任使,口气中含无奈。如:

(24) 得佢去欸,浪般话都无用。(让他去吧,怎么劝都没用。)

(25) 莫管佢欸,俺自家吔事都管唔清。(别管他了,咱自己的事还管不过来。)

(26) 佢想浪般就浪般欸。(他想怎样就怎样吧。)

三、啊 a³³

1)"啊 a³³"表示叮嘱、邀约、请求。如:

(27) 细人欸爱带靓啊!(小孩子要带好啊!)

（28）有闲来嬲啊。（有空来玩啊。）

（29）偓子欸结婚，你一定爱来啊！（我儿子结婚，你一定要来啊！）

2）表示催促、提醒或要求，口气多温和亲切。如：

（30）爱早滴欸啊，莫人大家等你啊。（要早点啊，别让人家等你啊。）

（31）人客来欸，筛茶啊！（客人来了，倒茶啊！）

（32）行路爱注意啊。（走路要小心啊。）

（33）爱常在转屋下看阿婆啊。（要经常回家看奶奶啊。）

表示叮嘱、要求、提醒时，也可和语气助词"来 luei^{24}""吔 ε^{52}""欸 ei^{21}"连用，有了"啊"后，听起来更加温和。如：

（34）去学校下读书，饭爱食饱来啊。（去学校读书，饭要吃饱啊。）

（35）字爱写靓来啊。（字要写得漂亮啊。）

（36）你唔使咹样吔啊。（你不必这样的。）

（37）你唔□mai^{52} 来欸啊。（你不用来了。）

四、啊 a^{21}

1）"啊 a^{21}"表示命令、劝使，常含有不太高兴或谴责的口气。如：

（38）无事去看下欸田啊。（没事的话，去看一下稻田。）

（39）去将把老婆接转来啊。（去把老婆接回来。）

（40）有话好好讲啊。（有话好好说。）

2）也可表示催促、提醒，但与"啊 a^{33}"相比，口气较生硬。如：

（41）行啊，莫顾望啊。（走啦，别只顾看。）

（42）今日可寒，着多滴欸衫啊。（今天更冷，多穿点衣服。）

（43）肠胃唔□mou^{52}，莫食冷咃东西啊。(肠胃不好，别吃冷的东西。)

3）有时用于表示违逆、挑衅。如：

（44）俚就唔讲啊，你有俚咃变！(我就是不说，你能把我怎样！)

（45）俚唔识，□ka^{52}你来啊！(我不懂，那你来啊！)

（46）嫌俚做得唔□mou^{52}，你自家做啊！(嫌我做得不好，你自己做啊！)

五、嘛 ma^{21}

"嘛 ma^{21}"在祈使句中，主要表示请求或建议。如：

（47）你莫去弄佢嘛，等下又哭欸。(你别去惹他嘛，等会儿又该哭了。)

（48）东西唔肯分人，就莫去降人嘛。(东西不肯给人，就别去诱人嘛。)

（49）自家竟去嘛，莫等佢。(自己先去嘛，别等他。)

六、哇 va^{21}

"哇 va^{21}"也表示建议、催促，口气较柔和。如：

（50）莫理佢哇。(别理他。)

（51）大家一下来去哇。(大家一起去嘛。)

（52）有嘛事快滴讲哇。(有什么事快点儿说嘛。)

七、喔 ou^{33}

"喔 ou^{33}"用于表吩咐、催促，口气多急促、生硬。如：

（53）你一定爱记得这件事喔。（你一定要记着这件事啊。）

（54）落雨吔话，记得谷收起来喔。（要是下雨，记得把谷子收起来啊。）

（55）爱去，就赶紧喔。（要去，就赶紧吧。）

八、嚘 vɔ^{21}

"嚘 vɔ^{21}"表示善意的劝导或事先的叮嘱，口气温和。如：

（56）□ka^{52} 就唔□mou^{52} 骗人嚘。（那可不能骗人啊。）

（57）唔□mou^{52} 做坏事嚘。（不能干坏事啊。）

（58）你浪般都爱来嚘。（你无论如何都要来呀。）

（59）记得到时这滴等偃嚘。（记得到时在这儿等我呀。）

九、来 luei^{24}

祈使句末的"来"主要用于表达未然的实现，但在句中还兼有足句的作用，并使表要求、命令等祈使的语气更加和缓。如：

（60）你坐好来。（你坐好了。）

（61）衫裤着正来。（把衣服穿好了。）

（62）大家天光日爱做得可好来。（大家明天要做得更好。）

第五节　假设语气助词

汉语的功能语气通常被分为四类——陈述语气、疑问语气、祈使语气和感叹语气。其实，虚拟或假设也是一种功能语气，它不仅存在于现实的语言中，而且有其专门的形式标志，本书将永定客家方言的虚拟或假设语气也列入功能语气之一，并加以考察。

闽西永定客家方言虚词研究

关于虚拟还是假设的称名问题，我们认为，虚拟和假设是两个有区别又有交叉的概念。依据传统的语法，虚拟语气表示说话人的愿望、假设、猜测、建议等，不表示客观存在的事实，即虚拟是与现实相对的概念，是指与现实不符的假设。虚拟着眼于说话的态度和口气，假设注重的是条件与结果的关系。[①]假设可分为可能实现的假设和不可能实现的假设，不可能实现的假设即通常所说的——虚拟，但这只是虚拟的部分含义。永定客家方言的一些语气助词能独立表达假设的语义，但也包括部分虚拟的内涵，因此，我们称之为假设语气助词，主要有："佢话 $\varepsilon^{52}fa^{21}$" "咧 $l\varepsilon^{33}$" "啰 lou^{33}" "无 mou^5"。

一、佢话 $\varepsilon^{52}fa^{21}$

"的话"是普通话口头和书面上使用频率很高的助词，江蓝生认为它最主要的语法功能是在主语后作话题标记，在条件小句句尾表示假设语气，此外，还可在句中表示一般的停顿语气。[②] "的话"在永定客家话中说成"佢话 $\varepsilon^{52}fa^{21}$"，它一般不用作话题标记，也不表停顿的语气，主要用于表假设的语气。

1）在句法结构上，"佢话"假设句至少包含两个分句，"佢话"所在的分句都是先行小句，多由词组构成，但单个的词也能和"佢话"组成先行句。单个词后附"佢话"构成的假设句，如：

（1）倨佢话，就硬硬爱藤佢去，看佢浪般。（要是我，就一定要跟他去，看他怎样。）

（2）咹样佢话，倨爱想下欤正讲。（要是这样，我要考虑一

[①] 邢向东（2002：635）。
[②] 江蓝生《跨层非短语结构"的话"词汇化》，《中国语文》2004年第5期。

下再说。）

（3）去佢话，就赶紧，唔去就唔去佢打算。（如果要去，就赶紧，不去就作不去的打算。）

（4）甜佢话，可多都无问题。（要是甜，再多都没问题。）

（5）梨欸佢话，两斤佢都食得落。（要是梨子，两斤她都吃得下。）

由词组构成的"佢话"假设句，如：

（6）唔讲佢话，蛮得知收噢？（如果不说，谁会知道呢?）

（7）有钱佢话，把整面山都买下来。（要是有钱，把整座山都买下来。）

（8）想以后安乐佢话，□kia^{33}欸就唔□mou^{52}懒尸。（要想以后舒服，现在就不能懒惰。）

（9）想得佢作伙去上山斫柴佢话，你就爱先得佢讲下欸。（如果想和她一起上山砍柴，你就要先跟她说一声。）

"佢话"的独立性很强，通常单独表达假设语气，但有时为了凸显话语中的假设成分，也在句中添加表假设的连词"要是"。如：

（10）你要是爱用牛佢话，就得偓讲下。（你如果需要用牛，就跟我说一声。）

（11）要是热头辣佢话，这谷早竟燥欸。（要是太阳大，这谷子早就干了。）

（12）甲个妹欸要是靓佢话，佢两下半就讨佢啰。（如果那个姑娘长得漂亮，他早就娶她了。）

2）在语义功能上，语气助词"佢话"主要表达遗憾、犹豫不决和单纯的假设（不含其他特殊的口气）等假设语气。表遗憾的，如：

（13）你以前有好好对待佢话，佢□kia^{33}□mei^{33}也会孝顺你，你都无喔！（你以前如果好好对他，他现在也会孝敬你的，可你没有！）

（14）佢莫死哋话，□kia³³□mei³³几安乐欸！（他如果没死，现在日子就很好过了！）

（15）偓要是有手机哋话，得佢打电话就方便欸。（我要是有手机，跟她打电话就方便了。）

用于表达犹豫不决的假设语气时，相当于普通话的"吧"，都是用于两种相反情况的对比。如：

（16）去哋话，无时间，唔去哋话，佢又唔高兴。（去吧，没时间，不去吧，她又不高兴。）

（17）餐餐都有剩饭，食哋话，怕撑忒饱，唔食哋话，又浪费。（每顿都有剩饭，吃吧，怕吃太饱，不吃吧，又浪费。）

（18）田丘唔种滴东西哋话，怕荒撒，种哋话，又赚无两个钱。（田里不种点东西吧，怕荒了，种吧，又赚不了几个钱。）

表单纯假设的，如：

（19）你考上大学哋话，偓就得你买电脑。（你要是考上大学，我就给你买电脑。）

（20）先讲正，无车来接偓哋话，偓就唔去。（先说好，要是没车子来接我，我就不去。）

（21）你暗晡夜有闲哋话，到偓这滴一下。（你今晚要是有空，来我这儿一下。）

3）其他方言也有相当于"的话"的假设语气助词，如陕西神木方言的"的话 tə?⁴ xua⁵³"：

有的话多买些儿。

你要亲妈妈的话，就给咱好好儿念书。[①]

山东栖霞方言的"嘞话"[②]：

[①] 邢向东（2002:642）。
[②] 刘翠香《山东栖霞方言》，中山大学博士论文2005年，第36页。

要是你不愿意嘞话，就别委屈自己。
早知道会这么难嘞话，我连想都不会想。

贵阳话的"的话 lɛ^{55}xua^{13}-lei^{55}xua^{13}"，可与另一语气助词"舍"连用[①]：

你不去的话，我也懒去得。
有意见的话舍，早就提了喽。

这些"的话"应具有同一来源，江蓝生曾对"的话"的来源做了深入的探讨，认为"的话"至迟于清代中叶出现，是由跨层非短语结构"的话"词汇化而成。[②]

二、咧 lɛ^{33}

在简略式特指问句（详见本章第六节）中，"咧 lɛ^{33}"既可用作疑问语气助词表达疑问的信息，也可用作假设语气助词表达假设的语气，虽然两种语气功能融于一种句式中，但并不相互抵触，使用时各有所侧重。两者之间的关系是：表疑问时不一定含有假设，但表假设时一般兼有疑问，因为"咧 lɛ^{33}"表达假设语气时只出现于特指问句中。

"咧 lɛ^{33}"用于表达假设语气时，常和假设连词"要是"共现，表达的句义为"如果……那怎么样呢？"有时兼带不满、违逆等口气。如：

（22）——阿娓，倨肚屎饥欼，快滴煮饭！（妈，我肚子饿了，快点煮饭！）
　　　　——肚屎饥唔会自家煮？无倨咧？饿死佢？（肚子饿不会自己煮？没我呢？就等着饿死？）

[①] 黄伯荣（1996:569）。
[②] 江蓝生（2004）。

(23) 哎有钱两公婆还登登相吵。无钱咧？□ka^{52}□mei^{33} 打死佢。（那么有钱两夫妻还经常吵架，没钱呢？那会打死。）

(24) ——你今年浪般都爱讨人！（你今年无论如何要娶老婆！）

——要是佢唔讨咧？（要是我不娶呢？）

有时，只表示单纯的假设、商量、求证等。如：

(25) ——喊佢今日一定爱去！（叫她今天一定要去！）

——佢唔去咧？（她要是不去呢？）

(26) ——今日谷爱拿出来炙。（今天谷子要拿出来晒。）

——无热头咧？（要是没太阳呢？）

(27) 佢要是唔同意咧？（他要是不同意呢？）

(28) 佢要是肯求佢咧？□ka^{52} 就无事？（我要是肯求他呢？那就没事？）

三、无 mou^5

"无 mou^5"用于表达假设语气时，句子含有让步、纵使义，句中可出现让步假设连词"就係""就算"等。如：

(29) 这作下买去无？也无滴欸。（就算这全部买去，也没多少。）

(30) 佢就有几千块钱，成下分佢无？佢也唔□la^{21}。（我只有几千元钱，就算全部给他，他也不够。）

(31) 佢唔讲无？□mei^{33} 也有人会知，纸会包得倒火嚜！（就算我不说，也会有人知道，纸哪包得住火！）

(32) 就係唔帮人无？也唔□mai^{52} 害人！（就算不帮人，可也别害人。）

(33) 就算唔喜欢佢无？作为子欸也唔无 mou^{52} 看佢死。（就算不喜欢他，可作为儿子也不能看着他死呀。）

与"咧 le^{33}"相似,"无 mou^5"也是既可用作疑问语气助词,也可用作假设语气助词。在本章第六节中,我们初步论证了"无 mou^5"作疑问语气助词应是从反复问句"VP 好无 mou^{52}"中的否定词"无 mou^{52}"演变而来。而此处表假设的语气助词"无 mou^5"也只出现于疑问句中,但没有了真正的疑问语气,倒有点像修辞中的设问,经常隐含的句义是"就算……好不好,也……";所以,我们猜测这个假设语气助词"无 mou^5"可能是疑问语气助词"无 mou^5"的进一步发展。

四、啰 lou^{33}

"啰 lou^{33}"有时也用于表达假设的语气,但语气相对较弱,多在戏谑、轻视、讽刺等感慨中传达假设义。如:

(34)你会读书啰,偓哋脚膝头都会读书。(你要是会读书,我的膝盖都会读书了。)

(35)佢这种人会孝顺爷娘啰,偓头拿来割。(他这种人要是会孝敬父母,我把头砍下来。)

(36)佢赚得到咹多钱啰,天都红啰。(他要是赚得到这么多钱,天都会变红。)

(37)你细鬼欸担得这担水起啰,偓就唔使劳心啰。(你小小年纪要是挑得动这担水,我就用不着为你操心了。)

(38)偓识字识算啰,□ka^{52} 就唔□mei^{21} 这滴耕田啰。(我要是识字会算,那就不是在这种田了。)

"啰 lou^{33}"也可和"要是"共现,以上例句都可加上"要是";有了"要是"后,句中假设的语意有所增强。

第六节 疑问句及其句末语气助词

在几种功能句类中,疑问句一直是学界关注的焦点之一,尤其是疑问句的分类问题,至今还存有分歧。有的主张两分,如陆俭明将疑问句分为是非问和非是非问,非是非问包括特指问、选择问和反复问[①];有的主张三分,如朱德熙分为是非问、特指问和选择问[②];有的则认为应四分,如黄伯荣、廖序东、丁声树等分为是非问、特指问、选择问和反复问四类[③]。至于各大类下的小类,也有不同的看法,如在三分法中,有的将反复问归入选择问,有的又归入是非问。

我们认为,语言现象是复杂微妙的,难以绝对地一分为二,无论哪种分类法,都有一定的道理。由于这部分主要是讨论永定客家方言的疑问系统和疑问句末语气助词,因此,对疑问句的分类问题不拟详谈,而采用比较通行的做法——将永定客家方言的疑问系统分为是非问、特指问、选择问和反复问,其中,特指问包括简略式特指问。

关于"疑问"这一范畴,从广义来说,应涵盖有疑而问、无疑而问和有疑无问,无疑而问即通常所说的反问句,有疑无问是指话语中含有疑惑,但不以问句的形式体现出来,如"他也许吃了吧。"但有疑而问是疑问句的核心内容,而且,疑问语气助词也主要体现于此类句式中,所以,我们讨论的疑问句不包含无疑而问和有疑无问的句式。

[①] 陆俭明、马真《现代汉语虚词散论》(修订版),语文出版社 1999 年,第 266 页。
[②] 朱德熙(1982:202)。
[③] 黄伯荣、廖序东(1991:121-122);丁声树《现代汉语语法讲话》,商务印书馆 1961 年,第 203-205 页。

在疑问语气助词方面,丁声树等把普通话的"吗""呢""吧""啊"列入表疑问的语气助词,[①]刘月华等也列有"呢""吗""吧""啊"四个[②],而陆俭明经过仔细的比较鉴别后,认为现代汉语真正负载疑问信息的语气助词只有两个半:"吗""呢"和半个"吧"[③]。

除了疑问语气助词外,汉语还可用语调、疑问代词、选择标记(包括如"X还是Y"的选择形式和"X不X"的正反并列形式)等表达疑问信息,永定客家方言也具备这些疑问信息表达式,所以,疑问句末的语气助词并不都是疑问信息的主要负载者,但一旦出现在疑问句中,即便不表达疑问信息,也能传达出说话人的各种情感与态度。因此,本节讨论的永定客家方言疑问句末语气助词是宽泛的,不仅指在疑问句中主要负载疑问信息的语气助词,而且包含在疑问句中表达某种主观情态的语气助词,故称"疑问句末语气助词"(在这一节中有时简称"句末语气助词"),以区别于一般意义上的"疑问语气助词"。

以下分类考察永定客家方言的疑问句式,并在是非问句、特指问句、选择问句和反复问句中分析疑问句末语气助词的语气、语用功能。

一、是非问句及句末语气助词

1)是非问又叫"然否问",是需要对方做出肯定或否定回答的问句形式。普通话的是非问句通常分为一般是非问和测度是非问,一般是非问是指纯客观的询问,问话人对所表达的内容预先没有肯定或否定的认知,完全需要对方来认定;而测度是非问是

[①] 丁声树(1961:211-212)。
[②] 刘月华等(2001:412-424)。
[③] 陆俭明,马真(1999:277)。

问话人对所陈述的内容已有一些个人的倾向,但没有绝对的把握,故需要通过询问来求证或确认;一般是非问句末常用语气助词"吗",而测度是非问句末常用语气助词"吧"。

永定客家方言的是非问句也包含一般是非问和测度是非问,但在存疑程度上有时并不是泾渭分明的,也没有明显的呈互补分布的句末语气助词,所以,我们对此不做具体区分,都融入是非问句中,并逐个讨论其中的句末语气助词。

另外,普通话还有一种较特殊的是非问句,即句子本身含有疑问代词,形式上很像特指问,但如果疑问代词表示任指或虚指,则仍属是非问;句末有时出现疑问语气助词,有时不出现,永定话也有类似这样的是非问句。如:

(1)哪欸都可以去?(哪里都可以去?)
(2)蛮来嘚都做得嘢?(谁来玩都行吗?)
(3)买几多都做得嘢?(买多少都可以吗?)
(4)听讲你知收佢哪欸人?(听说你知道她是哪里人?)

2)与普通话相同,永定客家话是非问句的句中语段成分通常也是陈述句形式,不含表示疑问的成分,可以不用疑问语气助词,只用上扬的超语段成分(句末语调)就可表达是非疑问语气。如:

(5)这係你哋衫↗?(这是你的衣服↗?)
(6)就你自家欸去↗?(就你个儿去↗?)
(7)佢唔知收↗?(他不知道↗?)
(8)做嘛都做得↗?(干什么都行↗?)
(9)几多你都食得落↗?(多少你都吃得下↗?)

对是非问句的回答,可以非常简单地表示肯定或否定,有时也可作其他信息的补充,如例(5)可回答:"係(是)""唔□mei^{21}(不是)"或"唔□mei^{21},佢哋可多(可能是他的)"。

3)是非疑问语气也可用语气助词来表达,与单纯用句末语调表达疑问语气相比，用语气助词表达疑问语气还常有情态色彩上的不同。在永定客家话中，能出现在是非问句末的语气助词主要有：嘜 mei^{21}、嚯 hɔ^{5}、啊 a^{21}、啦 la^{21}、咩 miɔ^{21}、无 mou^{5}、无 mou^{24}、噢 ɔ^{24}，这些句末语气助词是否负载疑问信息，我们可进行鉴别。

陆俭明在检验"啊"是否是普通话的疑问语气词时，发现带"啊"的是非问句句调和不带语气词的是非问句句调一样，都是升调；而且，在非是非问句中，带"啊"的句调和不带语气词的句调也相同，都有降调和升调两种形式，句中的疑问语气是由句调和其他疑问成分表达的，以此判定"啊"在疑问句中不负载疑问信息，不是疑问语气助词。①

与普通话相比，永定客家话的是非问句有一个显著的特点：当疑问语气是用句末语调来表达时，句末一律用上升的语调；当疑问语气是由句末语气助词表达时，句调不再上扬，而都与句末语气助词的字调趋于一致。另外，句末语气助词还有一些自身的特殊性，比如，有的句末语气助词是疑问信息的负载者，若去掉它，句子就没有了疑问的语气，若换成上升的语调，有时句子便不合法，有时则改变了句子所表达的语义内容。可见，借鉴陆先生的对比法，可对永定客家话是非问句的句末语气助词进行鉴别。

通过比较分析可知，在以上八个运用于是非问句的句末语气助词中，嘜 mei^{21}、嚯 hɔ^{5}、啊 a^{21}、啦 la^{21}、咩 miɔ^{21}、无 mou^{5}、无 mou^{24} 是疑问语气助词，主要用于表达疑问语气，有的还可给句子添加细腻的情态色彩；而"噢 ɔ^{24}"不是疑问语气助词，在是非问句中主要用于表达主观情态。

---

① 陆俭明 马真（1999:269-270）。

1. 噻 mei^{21}

"噻 mei^{21}"应是从反复问句"VP 係噻 mei^{21}"中的否定词"噻 mei^{21}"演变而来的疑问语气词（详见下文），可用作一般是非问，有时也含有测度的意思。如：

（10）这篮欸你哋噻？（这篮子是你的吗？）

（11）今日礼拜日噻？（今天是星期天吗？）

（12）佢唔来上课欸噻？（他不来上课了吗？）

（13）细人欸哭欸噻？（小孩哭了吗？）

（14）你哪欸来噻？（你是不是从哪儿来？）

2. 㕻 hɔ^5

"㕻 hɔ^5"也用于表达疑问信息，说话人先说出自己对某一事件、情况的看法或猜测，然后用语气助词"㕻"来征询或确认。"㕻"相当于"是吧？""对吧？"等，倾向于表测度问，类似于普通话的"吧"，但比"吧"是非问句更肯定，且多用于比较亲近的人之间的问话，有时还含有娇嗔的口气。如：

（15）你今日会陪偎嫲㕻？（你今天会陪我玩是吧？）

（16）阿姐过几日会来㕻？（姐姐过几天会来是吧？）

（17）这电影几好看㕻？（这电影很好看是吧？）

（18）有钱哪欸都去得㕻？（有钱哪儿都能去对吧？）

（19）你蛮都唔□mai^{52}，就爱偎㕻？（你谁都不爱，就爱我对吧？）

3. 啊 a^{21}

"啊 a^{21}"也可表达疑问的语气，但分为两种情况，一是对所问的事实已有所了解或已有某种猜测，询问是想求得证实。如：

（20）你阿娓无在屋下啊？（你妈没在家吗？）

（21）佢唔想读书欸啊？（她不想读书啦？）

（22）电视做好欸啊？（电视播完啦？）

（23）看你目珠都掰唔开欸，想睡啊？（瞧你眼睛都睁不开了，想睡啦？）

二是疑问的语气较弱，"啊"在句中主要用于表达出乎意料、惊讶、怀疑或不满的情绪。如：

（24）佢会咹样做啊？（他会这样做呀？）

（25）暗夜就食这个啊？（今晚就吃这个啊？）

（26）你一只月就交咹滴欸钱啊？（你一个月就交这么点儿钱呀？）

（27）你两兄弟猪狗面啊？动不动就相吵。（你两兄弟像猪与狗不合吗？老是吵架。）

4. 啦 la²¹

"啦 la²¹"是出于对某种情况的真实性有所怀疑或不太相信而发问。如：

（28）这衫裤洗好啦？佢看泥巴都还在。（这衣服是洗好的？我看泥巴都还在。）

（29）你有五十多啦？看起来正四十多吔样欸。（你有五十多啦？看起来才四十多岁的样子。）

（30）你无钱啦？佢上个月正分你。（你没钱啦？我上个月才给你。）

（31）佢吔细女咹快嫁撇啦？（她的小女儿这么快就出嫁啦？）

（32）佢咹多子欸，生婢都讨齐啦？（他这么多儿子，都娶了媳妇啦？）

"啦"应是"欸啊"的合音形式，如果分开看，"欸"表示事态已经发生变化，且具有足句功能，"啊"主要表达疑问的语气。

有时，"啦"虽用在是非问句末，但并没有疑的语义，只是明知故问，属于一种礼貌、客气的交际用语，多出现于简短的句子中，如：转来啦？｜病好啦？｜爱走啦？｜唔坐啦？

5. 咩 mi$ɔ^{21}$

"咩 mi$ɔ^{21}$"或许是"係嘿噢 hei^{21}mei$^{21}ɔ^{21}$"的合音形式，相当于"是不是""是吗""对吧"，也多用于表达求证的疑问语气。但"咩"与"嚯"不同，"嚯"是非问句的语段成分倾向于对客观事态的陈述，"咩"是非问句的语段成分则偏重于主观猜测，且用"咩"时，疑的程度更高，也没有"嚯"的亲密口吻。如：

（33）你唔去咩？（你不去是吧？）

（34）这件衫你唔□mai^{52}欸咩？（这件衣服你不要了是吗？）

（35）你种菜转来咩？（你种完菜回来是吧？）

（36）佢旧年过年无转屋下咩？（他去年过年没回家是吧？）

（37）听讲你□ts^{h}en^{24}到工作欸咩？（听说你找到工作了是吧？）

6. 无 mou^{5}

与"嘿 mei^{21}"相似，"无 mou^{5}"应是从反复问句"VP 好无 mou^{52}"中的否定词"无 mou^{52}"发展而来的疑问语气词（详见下文），与"好无 mou^{52}"表"好不好"这一语义相关，"无 mou^{5}"在非问句中主要用于表达商量、邀约、征询、请求等。如：

（38）放学去溪坝洗浴无？（放学后去河里游泳好吗？）

（39）俺两人一下去无？（咱两个一起去好吗？）

（40）你到偓屋下无？（你来我家行吗？）

（41）你再等下添无？（你再等一下好吗？）

（42）帮偓看下细人欸无？（帮我看一下小孩好吗？）

7. 无 mou^{24}

"无 mou^{24}"和"无 mou^{5}"只是语音形式相近，两者没有同源关系，是非问句末的语气词"无 mou^{24}"来源于另一反复问句——"VP 无 mou^{24}"（详见下文），语气功能上比较接近于"吗"。如：

（43）想食滴欸嘛个无？（想吃点儿什么吗？）

（44）唉样做得无？（这样行吗？）

（45）你知收佢浪般哋人无？（你知道他是怎样的人吗？）

（46）你阿叔识字无？（你爸爸识字吗？）

（47）你脚洗欸无？（你的脚洗了吗？）

8. 噢 ɔ^{24}

"噢 ɔ^{24}"虽出现在是非问句末，但不表达疑问的信息，因为去掉语气助词"噢"后，句子一般仍用于表疑问义，且句末的语调不变，仍用上升调。所以，是非问句中的"噢 ɔ^{24}"主要用于表达因事实与说话人心中所想的或所了解的相反或有差距而感到意外、吃惊的主观情态。如：

（48）你□kia^{33} 去上班噢？（你现在去上班啊？）

（49）唔□mei^{21} 讲你病欸噢？（不是说你病了吗？）

（50）你知收噢？佢以为你唔知喔。（你知道呀？我以为你不知道呢。）

（51）佢唔□mei^{21} 唔来欸噢？（她不是不来了吗？）

（52）佢老公死撇□kia^{52} 年欸，佢后背无再嫁噢？（她老公死了好几年了，她后来没再嫁啊？）

"噢 ɔ^{24}"有时也可以说成"嘐 vɔ^{24}"，两者在是非问句中的用法功能相同，只是说话时如果语调较重，就变成了"嘐 vɔ^{24}"。

二、特指问句及句末语气助词

永定客家方言的特指问句与普通话相同，也可分为两类：一类是问句中有疑问代词；另一类是问句中没有疑问代词，但句末必须有疑问语气助词。后一类特指问也叫简略特指问。

（一）特指问句

在有疑问代词的特指问句中，疑问代词代替了未知部分，发话人希望答话人就未知部分进行回应，疑问信息主要由疑问代词承负。这类问句句末可以出现语气助词，也可不出现语气助词，但出现与否，句末语调不同。在普通话中，如果句末不用语气助词，句调可升可降，表现灵活，如果有了语气助词"呢""啊"等，就只能用升调；在永定客家话中，不用句末语气词时，句调也是可升可降，但如果用了句末语气词，则与是非问句一样，句末语调与语气助词的字调趋同。而且，句末是否添加语气助词，句子所表现的情态色彩不同，可见，特指问句末的语气助词主要是表达各种主观情态。

永定客家话的疑问代词主要有以下几类：

指人：蛮 man^{24}（谁）、蛮人 $man^{21}ŋen^{24}$（谁）、唉多蛮 $an^{21}tou^{33}man^{24}$（用于复数，指"哪些人"）

指事物：嘛 $maʔ^2$（什么）、嘛个 $maʔ^2kai^{52}$（什么，快说时读成语音较模糊的"埋爱 $mai^{24}ai^{52}$"）

指数量：几多 $kiʔ^2tou^{33}$（多少，快读时常合音为"纠 $kiou^{24}$"）、哪兜 $la^{52}təu^{33}$（哪些）

指处所：哪欸 $la^{52}ei^{21}$、哪滴 $la^{52}tə^{52}$、哪角 $la^{52}kɔ^{21}$、哪迹 $la^{52}tsia^{21}$（这几个都是指"哪里"）

指时间：几时 $kiʔ^2sə^{24}$、嘛个时节 $maʔ^2kai^{52}sə^{24}tsiɛʔ^2$、嘛时 $maʔ^2sə^{24}$、几久 $kiʔ^2kiəu^{52}$

指程度：几 $kiʔ^2$（用于询问程度，相当于"多"）

指原因：做嘛 $tsou^{52}maʔ^2$（为什么、怎么）

指情状：浪般 $lɔŋ^{21}pan^{33}$（相当于"怎样""怎么"，也可简说成"浪"）

能出现在有疑问代词的特指问句中的句末语气助词主要有：

啦 la^{21}、啊 a^{21}、噢 ɔ^{24}、噢 ɔ^{21}、嚄 vɔ^{24}。

1. 啦 la^{21}

"啦 la^{21}"在特指问句中用于要求对所追问的情况进行确认,句中常出现语气副词"到底",有时口气中含有无奈或不耐烦。如:

(53)你做嘛硬硬就爱今日走啦?转都转来欸,多住几夜哇。(你为什么一定要今天走呢?既然回来了,就多住几天嘛。)

(54)行去脚疾死欸,你还盲买倒东西,你到底想买嘛个啦?(走得脚都疼死了,你还没买到东西,你到底想买什么嘛?)

(55)佢到底得蛮人一下去啦?(她到底和谁一起去啊?)

(56)佢到底想讨浪般吔人啦?(他到底想娶什么样的人啊?)

2. 啊 a^{21}

"啊 a^{21}"在特指问句中的语意很轻,出现于句末,只是为了舒缓口气,使人听起来不那么急促、生硬。如:

(57)你吔细人欸几多岁啊?(你小孩几岁啦?)

(58)笠嫲你得佢放哪迹啊?(我的斗笠你放哪儿啦?)

(59)佢想在屋下住几久啊?(他想在家住多久哇?)

(60)甲个系蛮人吔老婆啊?(那个是谁的老婆呀?)

3. 噢 ɔ^{24}

"噢 ɔ^{24}"在特指疑问句中用于加强疑问的语气,且显示问话人温和柔婉的口气。如:

(61)你口ts^{h}en^{24}嘛个噢?佢帮你口ts^{h}en^{24}下。(你在找什么呢?我帮你找一下吧。)

(62)今日浪般咹早下班噢?(今天怎么这么早下班呀?)

(63)佢吔笔你得佢放哪欸噢?(我的笔你放哪儿啦?)

(64)佢来广州几多年欸噢?(他来广州多少年啦?)

4. 噢 ɔ²¹

"噢 ɔ²¹"在有疑问代词的特指问句中与"噢 ɔ²⁴"的用法功能相同,只是口气比"噢 ɔ²⁴"重和急促。如:

(65)□ka⁵²浪般噢?(那怎么办呢?)

(66)你做嘛暑期唔转屋下噢?(你怎么暑期不回家呢?)

(67)嘛个时节正□kʰa?⁵得倒钱噢?(什么时候才能拿到钱呢?)

(68)你啊姐嫁哪欸噢?(你姐姐嫁到哪儿了?)

5. 嚄 vɔ²⁴

"嚄 vɔ²⁴"有时也用于特指问句中,但与疑问代词的结合面相对较窄,在确认中含有惊讶、出乎意料或好奇等情绪。如:

(69)佢嘛时来欸嚄?偃浪般无看到佢?(他什么时候来的呀?我怎么没看见他?)

(70)你做嘛唔食欸嚄?正食无滴欸饭。(你怎么不吃了呀?才吃一点点饭。)

(71)佢浪般变卦欸嚄?(她怎么变卦了呀?)

(72)蛮老欸嚄?偃听有人在甲欸哭。(谁去世啦?我听见有人在哭。)

(二)句末语气助词

简略式特指问句一般运用于对话中,多承前或蒙后省略了具体的疑问代词,用句末语气助词替代了疑问代词的表义功能,在句中表达疑问的信息,相当于"怎么样""哪儿""为什么""怎么办"等。在普通话中,这类特指问的句末语气助词用"呢",句调是升调;在永定话中,常用语气助词"唎 lɛ³³",有时也用"噢 ɔ²¹",句末语调与"唎 lɛ³³"和"噢 ɔ²¹"趋同。因为是句中疑问信息的承载者,所以,"唎 lɛ³³"和"噢 ɔ²¹"属疑问语气助词。

1. 咧 lε³³

"咧 lε³³"在简略特指问句中用于表达疑问信息,使语句简略。如:

(73)——佢早竟大学毕业啰。(他早就大学毕业了。)

——□ka⁵²你咧?(那你呢?)

(74)偃想行路转,佢大家咧?(我想走路回去,他们大家呢?)

(75)——偃本真想打电话分你哋。(我本来想打电话给你的。)

——后背咧?(后来呢?)

(76)细件哋东西偃会拿,大件哋咧?(小件的东西我可以拿,大件的呢?)

(77)——上昼做唔得,偃有事。(上午不行,我有事。)

——□ka⁵²下昼咧?(那下午呢?)

2. 噢 ɔ²¹

"噢 ɔ²¹"也可用于简略特指问句末,但与"咧 lε³³"相比,或许由于语调下抑的缘故,口气显得较急促或生硬,有时带有说话人不太高兴的情绪,使用频率较低。如:

(78)——佢噢?做嘛无来上课?(他呢?怎么没来上课?)

——病欸。(病了。)

(79)——你哋书包噢?(你的书包呢?)

——放学校下欸。(放学校里了。)

(80)——今日银行无上班。(今天银行没人上班。)

——□ka⁵²天光日噢?有人上班无?(那明天呢?有人上班没有?)

(81)——分人打去咹样,你哋手噢?手生来做嘛?(被人打成这样,你的手呢?手长着干啥的?)

(82)偃哋面帕噢?(我的毛巾呢?)

三、选择问句及句末语气助词

选择问句是指提出两种或几种情况，由对方选择一种作答的问句形式，句中用选择标记表达疑问的信息。普通话选择问句的疑问标记多用"X 还是/或者 Y"，也可不出现连接词，用"XY""X？Y？"等表达疑问的信息；句末语调表现灵活，可出现于句中或句末的语气助词有"呢"或"啊"。

永定客家话选择问句一般不用"XY""X？Y？"等没有连接词的标记形式，句中都有连接词"也兜 $za^{52}təu^{33}$"，以构成疑问标记"X 也兜 Y"，"也兜"相当于"还是"，但通常只简说为"也"；句子可出现语气助词，也可不出现，能出现的语气助词主要是"噢 $ɔ^{21}$""啊 a^{21}"，且一般只用于句末；选择问句的句调也与句末字调趋同。如：

(83) 这笋自家食也（兜）拿去卖（噢/啊）？（这笋是自己吃还是拿去卖？）

(84) 你来也（兜）偃去（噢/啊）？（你来还是我去？）

(85) 这件衫买分偃也（兜）买分佢（噢/啊）？（这件衣服是买给我的还是买给她的？）

(86) 你想行路也（兜）坐车（噢/啊）？（你想走路还是坐车？）

(87) 老人家食粥可好也（兜）食饭可好（噢/啊）？（老年人喝粥好还是吃饭好？）

以上例句末都可添加语气助词"噢 $ɔ^{21}$"或"啊 a^{21}"，所表达的疑问语气不变，只是用"噢 $ɔ^{21}$"时，有加强疑问语气的效果，而用"啊 a^{21}"时，可使口气更加舒缓。

四、反复问句及句末语气助词

反复问是选择问的一种特殊形式,即把事情的肯定和否定方面并列说出来,让人选择一项作答。朱德熙曾将汉语的反复问句分为 VP-neg-VP 和 K-VP 两大类型,其中,VP-neg-VP 型包括简略式 VP-neg。①后来,朱先生又指出,VP-neg-VP 出现宾语时,常表现出两种不同的语序类型——VO-neg-V 和 V-neg-VO,这两种不同的语序类型反映了不同的方言句法格局:北方话倾向于用 VO-neg-V,西南官话、吴语、闽语和客家话等则多用 V-neg-VO。②

永定客家话的反复问句系统中没有 K-VP 型,只有 VP-neg-VP 和 VP-neg 型,至于带宾语的 VP-neg-VP 型反复问,也是多用 V-neg-VO,有时可用 VO-neg-VO,但一般不用 VO-neg-V。永定客家话虽然只有 VP-neg-VP 和 VP-neg 两类反复问,但具体的句式较丰富。以下分类讨论。

(一) VP-neg-VP 型

VP-neg-VP 型反复问可分为"VP 唔 VP""VP 无 VP""有无 VP"和"VP-pos-neg"四种形式,VP 主要由动词性词语充当,少数由形容词性词语充当,包括单个的形容词、动词(这里含真谓宾的助动词)、动宾结构 VO、述补结构 VC(包括粘合式和组合式)等形式。

1. VP 唔 VP

"VP 唔 VP"运用最广,形式也最多样,可分解为以下几种句式:(a) A 唔 A、(b) V 唔 V、(c) VO 唔 VO、(d) V 唔 VO、(e) VC

---

① 朱德熙《汉语方言的两种反复问句》,《中国语文》1985 年第 1 期。
② 朱德熙《"V-neg-VO"与"VO-neg-V"两种反复问句在汉语方言里的分布——为纪念季羡林先生八十寿辰作》,《中国语文》1991 年第 5 期。

唔VC、(f) V 唔VC、(g) VCV 唔C、(h) VCOV 唔 CO、(i) VC 唔C、(j) A 唔 AVO 等。举例如次：

(88) 今日热唔热？（今天热不热？）(a)

(89) 你天光日来唔来？（你明天来不来？）(b)

(90) 你到底食饭唔食饭？（你到底吃不吃饭？）(c)

(91) 搬新屋请唔请客？（搬新房请不请客？）(d)

(92) 这病会唔会好？（这病会不会好？）(d)

(93) 你过来唔过来？（你过来不过来？）(e)

(94) 你做嘛堵到门项？到底入唔入去？（你干嘛堵在门口，到底进不进去？）(f)

(95) 这山你上得去上唔去？（这山你上得去上不去？）(g)

(96) 你讲俚打得过佢打唔过佢？（你说我打得过他打不过他？）(h)

(97) 唛远哋路行去透唔透？（这么远的路走得累不累？）(i)

(98) 你子欻认（真）唔认真读书？（你儿子认不认真读书？）(j)

2. VP 无 VP

"VP 无 VP"的组合形式与"VP 唔 VP"相似，但具体的表现形式较少，主要有：(a) V 无 V、(b) VO 无 VO、(c) V 无 VO、(d) VC 无 VC、(e) V 无 VC 等。如：

(99) 俚喊佢去甲滴欻，佢到底去无去？（我叫他去那儿，他到底去没去？）(a)

(100) 你上昼做事无做事？（你上午干没干活？）(b)

(101) 你今日上无上课？（你今天上没上课？）(c)

(102) 你昨晡暗转来无转来？（你昨晚回来没回来？）(d)

(103) 佢后背入无入去？（他后来进没进去？）(e)

在语义上，"VP 唔 VP""VP 无 VP"分别与普通话的"VP 不

VP""VP 没（有）VP"基本对应；但具体的结构形式略有不同，比如，就"VP唔VP"与"VP不VP"来说，"VP不VP"还可说"VO不V"，如"打球不打"，但"VP 唔 VP"一般不说"VO 唔 V"[①]。另外，从"VP唔VP""VP无VP"内部来看，"VP 唔 VP"的形式比较多样，比如，可以说"A 唔 A"，但一般很少说"A 无 A"。

3. 有无 VP

"有无 VP"可以看成"VP 无 VP"的特例，其正反语义通过"有""无"并用来表达，"有"和"无"可前后对举，也可紧接连用。常用的句式有：(a) 有 V 无 V、(b) 有 VO 无 VO、(c) 有 VC 无 VC、(d) 有无 O、(e) 有无 V、(f) 有无 OV、(g) 有无 VO。分别举例如下：

（104）佢到底有去无去？（他到底有没有去？）(a)

（105）你当昼有食饭无食饭？（你中午有没有吃饭？）(b)

（106）你暗夜有转来无转来？（你晚上回不回来？）(c)

（107）你袄角有无钱？先借俚。（你口袋有没有钱？先借我。）(d)

（108）你昨晡暗有无睡？（你昨晚有没有睡觉？）(e)

（109）今日有无人客来？（今天有没有客人来？）(f)

（110）你有无煮汤？（你有没有煮汤？）(g)

4. VP-pos-neg

普通话有一类问句形式，由"对不对""好不好"等附于句末构成，据林裕文，有人将其另立作一小类，称为"附加问"(tag-question)；但林认为"对不对""好不好"在句末的位置是固定的，且代表了句子的疑问点，应看作反复问句，如[②]：

你不能干，对不对？

[①] "VO 唔 VO""VC 唔 VC"、"VO 无 VO""VC 无 VC"或许比较啰嗦，所以相对少用。

[②] 林裕文《谈疑问句》，《中国语文》1985 年第 2 期。

你今天不要去明天去，好不好？

1）永定客家话有两个与此相似的句式：一是"VP 系（唔）嚟 mei^{21}"，相当于"VP 是不是/对不对"；二是"VP 好（唔）无 mou^{52}"①，意即"VP 好不好/行不行/可不可以。""系（唔）嚟 mei^{21}"和"好（唔）无 mou^{52}"也是只出现于句末表达疑问的信息，而且句中的"唔"常不说出来，形成凝固的"VP 系嚟 mei^{21}"和"VP 好无 mou^{52}"格式，所以单列为一类②，用 VP-pos-neg 表示，"pos"指代肯定词"系""好"，"neg"指代否定词"嚟 mei^{21}""无 mou^{52}"。如：

（111）佢去□la^{24}人系嚟？（他去做客是不是？）

（112）这你吔烟园系嚟？（这是你的烟田对不对？）

（113）俚得佢一下去好无 mou^{52}？（我跟她一起去好不好？）

（114）帮俚一下好无 mou^{52}？（帮我一下好不好？）

2）这类 VP-pos-neg 反复问其实是一种过渡的形式，从中可窥见一些反复问与是非问之间的有机发展环链。

先看"VP 系嚟 mei^{21}"的演变形式。"VP 系嚟 mei^{21}"原本是 VP-neg-VP 型反复问，原式应为"VP 系唔系"，但后一个"系"因受"唔 en^{33}"的语音影响，一般也不读作"系 hei^{21}"，而读作"嚟 mei^{21}"，因此，实际上全式是说成"VP 系唔嚟 mei^{21}"。但或许在长期的使用中，"嚟 mei^{21}"在语音受"唔"影响之后，语义也受其感染，逐渐融合了"唔系"的语义功能，所以，其中的"唔"常省去，就成了 VP-pos-neg 式反复问——"VP 系嚟

---

① 读作"无 mou^{52}"时，常用于这类反复问句末；而作动词、副词用，"无"和出现于其他反复问句或是非问句中的"无"都读作"无 mou^{24}"，"无 mou^{52}"与"无 mou^{24}"性质不同。为行文简便，本书用作"无 mou^{52}"时加音标，用作"无 mou^{24}"时，一般不标。

② 从本质上说，应属于"VP 唔 VP"式，是"VP 唔 VP"的一种特殊表现，但这里将其独列为一类，主要是比较独特，同时也是为了便于做更细致的分析。

mei^{21}";再进一步发展为是非问句——"VP 嘌 mei^{21}"。或许来源于这种反复问句的缘故,"嘌 mei^{21}"在是非问句中有时含有测度的意味。

再看"VP 好无 mou^{52}"的变化过程。同理,"VP 好无 mou^{52}"原本也是 VP-neg-VP 型反复问,原式为"VP 好唔好",但后一个"好"也受"唔en^{33}"的语音影响,一般不读作"好 hou^{52}",而读作"无 mou^{52}",实际上全式说成"VP 好唔无 mou^{52}"。与"嘌 mei^{21}"相似,"无 mou^{52}"在语音受"唔"影响之后,也逐渐融合了"唔好"的语义功能,所以,其中的"唔"也常被省略,就成了 VP-pos-neg 式反复问——"VP 好无 mou^{52}";再进一步发展,演变为是非问——"VP 无 mou^5"。图示如下:

VP-neg-VP	VP-pos-neg	是非问
VP 係唔嘌 mei^{21} ……→	VP 係嘌 mei^{21} ……→	VP 嘌 mei^{21}
VP 好唔无 mou^{52} ……→	VP 好无 mou^{52} ……→	VP 无 mou^5

(二)VP-neg 型

永定话 VP-neg 型反复问存在这几种形式:"VP 盲有 maŋ^{33}iəu^{33}""VP 盲 maŋ^{33}""VP 唔""VP 无"。

1. VP 盲有

"VP 盲有"用于询问在此之前某一动作行为是否已实现或某种情状变化是否已具有,相当于古汉语"VP 不曾/未曾"反复问[①]。在表达这一语义时,永定客家话有时也可说"VP 盲连/唔连",语义功能相同,这里以"VP 盲有"为代表。如:

(115)番薯芋卵种盲有?(红薯芋子种了没有?)

---

① 关于古汉语"VP 不曾/未曾"反复问参见如下文献:傅惠钧《明清汉语正反问的分布及其发展》,《古汉语研究》2004 年第 2 期;唐韵《〈元曲选〉宾白中的正反问句》,《西南民族学院学报》2001 年第 7 期;李焱《〈醒世姻缘传〉正反疑问句研究》,《古汉语研究》2003 年第 3 期。

（116）大家出行盲有？（大家出发了没有？）

（117）炙吔谷燥盲有？（晒的谷子干了没有？）

（118）水仙花开盲有？（水仙花开了没有？）

2. VP 盲

多数"VP 盲有"可简说为"VP 盲"，但"VP 盲"除了可表达"VP 盲有"的语义外，还可用于表达是否打算实行某一动作行为。如：

（119）□kia^{33}行盲？（现在走不走？）

（120）饭煮好欸，食盲？（饭煮好了，吃不吃？）

（121）佢吔女欸爱讲人盲？（他的女儿想不想找对象？）

（122）歇唉久欸，□kia^{33}洗浴盲？（歇这么久了，现在要不要洗澡了？）

3. VP 唔

"VP 唔"是最常见的 VP-neg 型反复问句，相当于普通话的"VP 不"，一般用于未然的语境中。如：

（123）你吔房欸卖唔？（你的房子卖不卖？）

（124）苹果分偱，好唔？（苹果给我，好不好？）

（125）去看戏唔？（去看戏不？）

（126）佢肯帮人唔？（他肯帮人不？）

4. VP 无

"VP无"也是常见的 VP-neg 型反复问句之一，相当于普通话的"VP 没（有）"，与"VP 唔"相对，多用于已然的语境中[①]。如：

[①] "VP无"反复问句也可在 VP 之前 添加一个"有"，变成"有 VP 无"反复问，如所举例句可说成"菜有熟无？｜这葡萄有甜无？｜偱放桌项吔糖你有看倒无？｜你看佢有拿倒东西无？"，而"有无 VP"反复问也可变换成"有VP无"可见，"VP 无 VP""有无 VP"和"VP 无"三种反复问句式紧密相关。本书将其分开，是因为形式上各有特点，语义上各有侧重。

（127）菜熟无？（菜熟了没有？）

（128）这葡萄甜无？（这葡萄甜不甜？）

（129）倨放桌项哋糖你看倒无？（我放桌上的糖你看见没有？）

（130）你看佢拿倒东西无？（你见他拿着东西没有？）

（三）从反复问句的否定词到是非问句的语气词

在以上各种反复问句中，VP-neg-VP 型——"VP 唔 VP""VP 无 VP""有无 VP""VP-pos-neg"中的"唔""无"是表否定的副词或动词，而"嚹 mei^{21}""无 mou^{52}"是"唔係 en^{33}hei^{21}""唔好 en^{33}hou^{52}"的合音形式，经过长期的使用，也已凝固成一个否定词（仅限于"VP 係嚹 mei^{21}"和"VP 好无 mou^{52}"句式中），又"唔係"中的"係"是判断动词，此处"唔好"中的"好"倾向于是助动词，所以，"嚹 mei^{21}"和"无 mou^{52}"分别应看成是否定性的判断动词和助动词，这里统称为否定词（包括否定性的动词、副词、助动词）。至于简略式 VP-neg——"VP 盲有""VP 盲""VP 唔"中的"盲有""盲"和"唔"也仍属表否定的副词，因为否定的词汇义还存在，多数后面可补出 VP 结构。如上引例（"/"后为可补的VP）：

（117）′炙吔谷燥盲有/燥？

（118）′水仙花开盲有/开？

（119）′□kia^{33} 行盲/行？

（120）′饭煮好欸，食盲/食？

（123）′你吔房欸卖唔/卖？

（124）′苹果分倨，好唔/好？

而"VP无mou^5""VP嚹mei^{21}"中的"无mou^5""嚹mei^{21}"，正如上所言，我们认为已从反复问句"VP好无 mou^{52}""VP 係嚹 mei^{21}"中的否定词转变为是非问句中的语气词。理由如下：首先，在"VP 无 mou⁵""VP 嚜 mei²¹"句中，"无 mou⁵""嚜 mei²¹"的否定词汇义已基本消失，不再传达否定的语义；其次，句末很难再补出 VP 结构来；再者，黄国营认为，普通话疑问语气词"吗"是从反复问句末表示否定的那一部分虚化而来，即是非问句是由反复问句发展而来的，语气词"吗"由否定词虚化而成①；又据林华勇考察，普通话的"你去不去？"，广东廉江方言可说"你去无？""你去无啊？""你去吗？"等，疑问语气词"吗"是由否定词"无"和"啊"合音而成②；以此说明，永定客家话由否定词"无 mou⁵²""嚜 mei²¹"引申出语气词"无 mou⁵""嚜mei²¹"并不是孤立的语言现象③。此外，从否定词"无 mou⁵²"到语气词"无 mou⁵"，语音上发生了一定的弱化；而"嚜 mei²¹"在是非问句中可用于"NP 嚜 mei²¹？"结构中，如上例（10）、例（11），这些也可佐证"VP 无 mou⁵""VP 嚜 mei²¹"中"无 mou⁵""嚜 mei²¹"已演变为语气助词了。

但"VP 无"的情况比较复杂。王力认为，现代汉语的疑问语气词"吗"的较古形式是"么"，"么"是从"无"变来的，在唐代时已大量使用"无"作疑问语气词，现在大部分粤语和客家话用"无"作疑问语气助词。④吕叔湘也指出："'无'字就是白话里'么'和'吗'的前身，这可见用'吗'字的问句原是从反复问句演化出来的。"⑤

反复问句的"无"与普通话是非问句的"吗"有历史缘源关系应是可信的，但永定客家话"VP 无"中的"无"是否已全

---

① 黄国营《"吗"字句用法初探》，《语言研究》1986 年第 2 期。
② 林华勇（2005:145）。
③ 福州方言也有类似的现象，参见陈泽平《福州话的否定词与反复疑问句》，《方言》1998 年第 1 期。
④ 王力《汉语史稿》，中华书局 1980 年，第 450 页。
⑤ 吕叔湘《中国文法要略》（吕叔湘文集第 1 卷），商务印书馆 1990 年，第 286－287 页。

部演变为是非问句的疑问语气词"无",则好像不那么容易下定论。从方言的事实看,我们认为,永定话的"VP 无"结构,一部分仍用作反复问,一部分已发展为是非问;相应地,"无"既是反复问句中的否定词,也用作是非问句中的疑问语气词①。

因为从反复问句"VP无"来看,虽然句子的表层结构不是肯定否定并列式,但在深层语义上是正反义对举的,属"VP无 VP"的省简式;在回答"VP无"问句时,也是从正反面中选择一项作答,即回答"VP了"或"无VP";同样,"VP无"后一般也可补出 VP 结构。如:

(127)′菜熟无/熟?

(128)′这葡萄甜无/甜?

(129)′𠊎放桌项哩糖你看倒无/看倒?

(130)′你看佢拿倒东西无/拿倒东西?

可见,这类"VP无"应归入反复问句,"无"仍是否定词。

而另外一些"VP无"句子应看成是非问句,是由于句末的"无"可与普通话是非问句中的疑问语气词"吗"对应;如上例(43)至例(47),句中的正反义对比不是很强烈,回答也较灵活,如例(43)可以回答"想/唔想""无好想(不怎么想)""嗯/唔"或点头、摇头等;其后一般也不能再补出 VP 结构。

因此,或许方言中的 VP-neg 句式常处于模糊的界面上,所以,尽管有王力、吕叔湘等前辈说过古汉语、粤语和客家话的"无"可用作疑问语气词,但许多方言学者还是将"VP无"归入反复问句中,既然在反复问句中,则"无"仍属否定词,如项梦冰②、何耿镛③、林华勇④等。在永定客家话中,我们认为"VP

---

① 处于"有 VP 无"句末的"无"一般仍是否定词。
② 项梦冰(1997:403)。
③ 何耿镛(1993:82)。
④ 林华勇(2005:151)。

无"应是反复问和是非问兼用,句末的"无"则是否定词和疑问语气词兼属。

而且,永定客家话"VP 无"句式归属上的两重性也有其历史和方言的根据。如吴福祥在考察 VP-neg 式反复问句的分化和语气词"么"的形成之后,提出了与王力不尽相同的看法,认为唐五代的"VP 无"确有相当一部分已变成是非问,其中的"无"已不再表示否定,是疑问语气词"么"的前身,但似乎没有理由把这一时期的"VP 无"都看成"VP 么"的同义句式,因为有一些"无"在 VP-neg 中仍用于否定词。[①]这种两属或分属模糊的情形在其他方言中也存在,如邵敬敏等把类似的 VP-neg 问句叫作"正反是非问",即介于反复问和是非问之间,是反复问和是非问之间的一种过渡形态,而句末的否定词则称之为"准句末语气词"。[②]

(四)反复问句末语气助词"啊 a^{21}""噢 $ɔ^{21}$"

上述各种形式的反复问句末几乎都可添加语气助词"啊 a^{21}"或"噢 $ɔ^{21}$",有的添加后在表情达意上还更自然些。在语用功能上,这两个语气词都能加强疑问的语气,但所粘附的主观情态略有不同,"啊 a^{21}"能使口气更和缓,"噢 $ɔ^{21}$"则更具深究的口气。如:

今日热唔热啊?|佢后背入无入去啊?|俚得佢一下去好无 mou^{52} 啊?|佢去口 la^{24} 人係嘅啊?|歇唅久欸,口 kia^{33} 洗浴盲啊?|去看戏唔啊?

你到底食饭唔食饭噢?|你子欸认唔认真读书噢?|你袄角有无钱噢?|炙吔谷燥欸盲有噢?|俚放桌项吔糖你看到无噢?

[①] 吴福祥《从"VP-neg"式反复问句的分化谈语气词"麽"的产生》,《中国语文》1997 年第 1 期。
[②] 邵敬敏、王鹏翔《陕北方言的正反是非问句——一个类型学的过渡格式研究》,《方言》2003 年第 1 期。

第七章 专题研究

第一节 介词"得"的语义功能及相关问题

如前所言,永定客家方言的 tɛʔ² 这一语音形式,可以用作动词、助动词、介词、连词和助词等,本书都暂且写作"得"。这一节主要考察作为介词"得"的语义功能和相关的句式,并尝试探讨"得"的本字和来源问题。

介词"得"的语义功能繁多,现代汉语或其他方言需要用多个介词表达的对象,永定客家方言都可用"得"来表示,如可用于介引所对者、所为者、索取者和协同者,也可用于构成平比句和处置句,体现了介词"得"多能性的特点。

一、"得"的介引功能

(一)介引所对者

所对者是动作行为所指向的人或物,包括朝向、针对或言谈的对象,普通话可用"向、对、跟"等来表达,永定话一般用"得"表示。如:

(1)佢得偓□ŋaŋ⁵²下头就走欸。(他向我点点头就走了。)

(2)你得佢打下招呼就好欸。(你跟他打声招呼就行了。)

(3) 你得佢商量盲有？（你跟他商量了没有？）

(4) 得佢讲话就得树头讲话样般。（跟她说话就像跟木头说话一样。）

(5) 你想得佢算账？你打得过佢无？（你想跟他算账?你打得过他吗?）

（二）介引所为者

所为者是指因动作行为而受益的对象，普通话常用"为、替、给"等介词表示，永定话也用"替"表所为，但"替"倾向于引进"替代"的对象，相当于"为、给"的用法，永定话常用"得"表示。如：

(6) 佢阿娓在城项得人带人。（她妈妈在城里帮人带小孩。）

(7) 这柑欻得你阿婆送去。（这橘子给你奶奶送去。）

(8) 对联得佢写好盲有？（对联帮他写好了没?）

(9) 偃日日得偃阿爹洗脚。（我天天给我爷爷洗脚。）

(10) 你得偃带滴东西分佢。（你帮我带点东西给他。）

（三）介引索取者

索取者是指被求取、索要的对象，普通话常用"向、问、跟"表达，永定话除了用"□tsʰen²⁴、问"外，也可用"得"表示。如：

(11) 得你爷欻拿滴钱来过年。（向你父亲要点钱过年。）

(12) 偃借分佢欻，你爱哋话得佢□kʰaʔ⁵。（我借给他了，你要的话跟他拿。）

(13) 这偃得别侪借哋。（这是我向别人借的。）

(14) 今日屋下无菜，得你讨滴□tsʰaʔ² 菜□poŋ⁵ 饭。（今天家里没菜，问你要点咸菜下饭。）

(15)先得老王叔□tsʰa³³斤猪肉来,各日再付钱。(先向老王叔赊斤猪肉,改天再付钱。)

(四)介引协同者

协同者是共同或同时经历、进行某一动作行为的对象,也包括跟从或跟随者,普通话多用"和、跟、同、与"表达,在永定话中也用"同"表协同,但更常说的是"得"字。如:

(16)天光日得你阿娓一下来。(明天跟你妈一块儿来。)

(17)你子欸自家先去欸,无得偃同去。(你儿子自己先走了,没跟我一起去。)

(18)佢昨日得同学去北京欸。(他昨天和同学去北京了。)

(19)佢得阿达叔学做衫。(她跟阿达叔学做裁缝。)

(20)偃阿娓得偃食,阿叔得偃老弟一下食。(我妈跟我过,我爸跟我弟弟过。)

二、介词"得"与相关句式

(一)"得"与平比句

介词"得"在永定话中也可用于引进比较者,构成平比句,表示事物、性状等在某方面相同,其基本结构与普通话的平比句"SJ 跟/和/同/与 ST 一样"相似,也与"比"字差比句相仿,基本语序都是 SJ+M+ST+A。

1)"得"字平比句在结构上也有一定的特色,其比较主体和比较基准与"比""过"差比句相同,都可由名词性词语或谓词性词语构成,比较结果可由形容词"一般"充任,但"一般"单独充任比较结果时,多说成"一般般","一般般"与"一般"相比,有突出强调的意味。如:

（21）这得甲一般般哒，唔使□tʰɔʔ⁵。（这和那一模一样的，不用挑。）

（22）佢得佢阿叔一般般，脾气几唔□mou⁵²。（他和他父亲一样，脾气很不好。）

（23）你哒得𠊎哒一般般。（你的跟我的一模一样。）

（24）佢讲哒话得𠊎讲哒话一般般。（他说的方言跟我说的一样。）

（25）做事得读书一般般，也爱动脑筋。（干活跟读书一样，也要动脑子。）

2）比较结果若由"一般般"单独构成，"一般般"就是该句的谓语中心，介词结构"得+ST"则是修饰"一般般"的状语成分；但通常"一般般"后还跟从一些谓词性成分（后面带谓词性成分时，"一般般"多说成"一般"或"般"），这时，比较结果由"一般（般）/般+VP"构成，VP 是句子的谓语中心，而"得+ST+一般（般）/般"作谓词性成分 VP 前的状语。如：

（26）佢得佢爷欸般矮。（他跟他父亲一样矮。）

（27）豆腐得猪肉一般般好食。（豆腐跟猪肉一样好吃。）

（28）红哒得绿哒一般好看。（红的跟绿的一样好看。）

（29）你家娘得你一般惜你哒细人欸。（你婆婆跟你一样疼你的小孩。）

有时，"得+ST+一般（般）/般（+VP）"可在句中作定语，不过，这类"得"字比较句的语序较特殊，SJ 通常不出现或不完全出现于比较标记"得"之前，而是隐含或部分隐含于定语所修饰的中心语中，且其中的"一般（般）/般"也可用"唉""唉样"等代替。如：

（30）你有看倒一个得佢一般般大哒细人欸无？（你有没看见一个跟他一样大的小孩？）

（31）佢今日着得你一般般哒衫。（她今天穿一件跟你一样的衣服。)

（32）蛮见过得你面皮般厚吔人。（谁见过跟你脸皮一样厚的人。）

（33）偓到时做一座得这哝靓吔屋分你住。（我到时盖一栋跟这一样漂亮的房子给你住。）

定语后的中心语也可完全省略。如：

（34）还有得这一般般吔无？（还有跟这一样的吗？）

（35）你碰倒得这哝样吔无？（你见过跟这一样的吗？）

3）"一般（般）"或比较标记"得"之前也可出现一些表语气、猜测等的副词、助动词等。如：

（36）蕃薯得芋卵浪般会一般般？（红薯跟芋子怎么会一样？）

（37）你得佢肯定一般大。（你跟他肯定一样大。）

（38）这肯定得甲一般般。（这肯定跟那一样。）

（39）佢可能得偓般高。（她可能跟我一样高。）

从上可见，"得"字平比句的比较结果形式上较自由灵活，形容词"一般（般）"是其基本构成成分，前后可出现其他修饰语；同时，除了能用"般""哝""哝样"等意义相当的词来代替"一般（般）"外，也可换用词义相似的"差唔多"来表达。如：

（40）你吔年纪得佢差唔多。（你的年纪跟他差不多。）

（41）佢得佢老弟可能差唔多高。（他跟他弟弟可能差不多高。）

4）"得"字平比句的基本否定形式，通常是在形容词"一般（般）"之前加否定副词"无"，有时，也将否定词"无"置于比较标记"得"之前，如"你吔得佢吔无一般般｜这肯定无得甲一般般"。

（二）"得"与处置句

介词"得"在永定话中也可作处置标记，而且是比较地道的说法。根据"得"后所介引的对象及其句式结构的特点，可以分为以下几种格式。

1)"得＋佢＋VP"处置式，如：

（42）佢唔□mai^{52}嘅东西，俺得佢拿过来。（他不要的东西，咱把它拿过来。）

（43）这坏桌头你得佢捡转来做嘛？（这坏桌子你把它捡回来干啥？）

（44）铁钉得佢掐下去！（铁钉把它敲下去！）

（45）佢食嘅饭得佢捧上来！（把他吃的饭端上来！）

（46）俺大家合起来得佢买下来。（咱大伙合起来把它买下来。）

这类处置式有两个特点：一是，"得"字介引的宾语由代词"佢"充当，但"佢"并不是真正的、直接的处置对象，而是代表句子前头出现的指物受事（有时也被隐含，如例（46））；二是，处置动词后都带有趋向补语。

2)"得＋NP＋VP"处置式，如：

（47）得佢嘅东西扔出去！（把他的东西扔出去！）

（48）得佢嘅屋烧撒佢！（把他的房子烧了！）

（49）得佢嘅头牙毛剪撒佢！（把她的头发剪了！）

（50）再讲，再讲𠊎得你舌嫲割撒佢。（再说，再说我把你的舌头割掉。）

（51）𠊎先得佢嘅田犁好来。（我先把他的田犁好了。）

以上例句中，"得"后跟随的名词性词语NP就是受事宾语，句首不再出现由"佢"复指的处置对象；其实，这类处置式也可以看成是1)类处置式的变体，即把通常出现在句首的受事宾语移至"得"之后,同时,"得"后省略了复指代词"佢"。不过,两相比较,1)类处置式词语的结合面更宽,使用的频率也更高,但2)类处置式的谓语中心 VP 形式较自由。

3)"得+佢+VP+来"处置式,如:

(52)细人哋衫裤得佢着正来!(把小孩的衣服穿好了!)

(53)门得佢锁倒来!(把门锁了!)

(54)田先得佢莳好来!(先把秧插了!)

(55)眠床得佢放正来!(把床摆正了!)

(56)地下得佢扫净来!(把地板扫干净了!)

这类处置式"得"后介引的宾语也由代词"佢"充当,"佢"也是用于复指句子前头出现过的被处置对象(指物),这点与 1)类相同。但是,3)类处置式只能运用于祈使句中,主要表示命令、要求、建议等;而且谓语中心 VP 后一律用助词"来"帮助结句。

4)"得+偃/佢+VP"处置式,如:

(57)你莫得偃急坏啦,咹滴欻饭都食唔落。(你别让我着急了,这么点饭都吃不下。)

(58)你莫得佢气死喽,气死你就无爷欻喽。(你别把他气死了,气死了你就没父亲了。)

(59)唔□mai^{52}偃,你做嘛爱得偃恭下来?(不要我,你干嘛要把我生下来?)

(60)细细欻你莫得偃送分人,偃□kia^{33}保证会孝顺你。(小时候你不把我送给人,我现在肯定会孝敬你。)

在这类处置式中,"得"字介引的受事宾语由"偃"或"佢"充当,用于指代具体的人,这类处置式多出现于否定句中。

5)"得+佢+VP+佢"处置式,如:

(61)赚哋钱得佢分撒佢!(把赚的钱分了!)

（62）草先得佢铲撒佢。（先把草除掉！）

（63）药先得佢食撒佢！（先把药吃了！）

（64）田项吔事先得佢做好佢，爱嬲正来嬲。（先把田里的活干完，想玩再玩。）

（65）这行蛇得佢打死佢！（把这条蛇打死！）

第 5）类处置式比较特殊，句中一定要出现两个代词"佢"，但两个"佢"的作用不同，前一"佢"紧跟于处置标记"得"之后，用于复指句首出现的指物受事，后一个"佢"位于句末或分句末，无具体的所指，主要是起着帮助结句和加强处置语义的作用。

三、"得"的本字和源流关系

在"得"字众多的语义功能中，作动词、助动词和助词的"得"应属同一来源，本字是"得"没有疑问，其发展的轨迹是：由"获得；实现"义动词"得"引申出助动词"得"，再进一步虚化为助词"得"；但用于各种介引和连接功能的"得"是否与此同源，本字是否也是"得"，则很值得推敲。以下就尝试探讨介词和连词用法中"得"的语源问题。

1）根据语义的相关程度，我们先将作介词和连词的"得"分为两类，一类是表所对、所为、索取、协同和比较的介词"得"及连词"得"，另一类是表处置的介词"得"；前一类暂且记作"得$_1$"，后一类记为"得$_2$"。

在"得$_1$"内部，表所对、所为、索取、协同和比较这几个用法联系十分密切，目的都是引入一个相关、伴随的对象，而作为连词的"得$_1$"又和介词的"得$_1$"在语义上相联，由相关、伴随等引申出并列，可见，"得$_1$"相当于现代汉语的介、连兼类词"和、跟、同、与"。而从表层的语义看，用于处置的"得$_2$"似乎与"得₁"关系不大,所以,姑且将其分开,先考察"得₁"的本字,再讨论"得₂"的来源。

2)"得"作介词和连词在汉语史上没有记载,也不见于现代汉语,只运用于一些方言土语中,属于方言自身的创新成分。除了用于永定客家方言外,据吴福祥的调查,还见用于苏州话、上海话及其他南部吴语,也出现在云南境内的西南官话、汝城客语等方言中。①从石汝杰、钱乃荣等的考证看,苏州话、上海话中的介词和连词"得"本字是"搭",现在这些方言仍常用"搭"作介词和连词,"得"及"脱""忒""铁"等则是"搭"的音变形式。②如钱乃荣认为,"得 təʔ"源自"搭 tAʔ",是因为读作轻声后韵母发生中性化而由Aʔ变为了əʔ,现在的苏州话仍用"搭";"搭"和"拉"都从表示复数和聚集的 na 音变而来,从表示"集群"到表示"协同",无论从语音上还是从意义上都说得通,而"脱"又由"得"变来,现在"脱""得"通用;再参看麦高温书中的记载,用作类似的语法功能的介词有记为"忒 tʰuh (tʰAʔ)"的,如"我要侬忒我买两个帽子",也有记作"搭 teh (teʔ)"的,如"闻得第面个官府得贿仔咑搭对头私通拉个",可见当时是"搭""脱"两读,此外,那时的"搭""脱"也兼用作连词,如"若使话做生意。我搭侬无得本钱。若使话做伙计。又无得本事",后来,"脱""得"一直沿用到现在。③

石汝杰也指出,苏州话的"搭"本是动词,又可作介词和连词(相当于普通话的"和");"搭"用作介词时,因为语音的弱

---

① 吴福祥《汉语伴随介词语法化的类型学研究——兼论 SVO 型语言中伴随介词的两种演化模式》,《中国语文》2003 年第 1 期。
② 石汝杰《苏州方言的介词体系》,《中国东南部方言比较研究丛书(第五辑)——介词》,暨南大学出版社 2000 年,第 11 页;钱乃荣《上海方言的介词》,《中国东南部方言比较研究丛书(第五辑)——介词》,暨南大学出版社 2000 年,第 36-45 页。
③ 参见钱乃荣(2000:44-45)。

化，而产生了"脱 $t^hə?^5$""得 $tə?^5$"两个变体，其语义功能表现在[①]：

（1）引出共同进行活动的另一方，如：

我刚刚勒房间里搭弟弟讲闲话。（我刚才在房间里和弟弟说话。）

阿记得我勒学堂里搭耐打相打个日脚？（还记得我在学校里和你打架的日子吗？）

（2）引出说话的对象，如：

哀桩事体晏歇搭耐说。（这件事待会儿跟你说。）

耐再凶末，我索性搭耐吵，看耐捺亨！（你还要凶的话，我干脆跟你吵架，看你怎样！）

（3）引出事物的接受者、受益者，如：

耐来搭大家读一读。（你来给大家读一读。）

到仔北京，搭我打只电话来。（到了北京，给我打个电话来。）

（4）引出提要求的对象，如：

俚要搭我借 100 块洋钿，我身边也呒不。（他要跟我借 100 块钱，我身边也没有。）

（5）引出有关的另一方，如：

耐搭俚笃是啥个称呼？（你跟他们是什么称呼？）

（6）引出比较异同的对象，如：

我年纪轻个辰光，搭耐差勿多，也欢喜游泳个。（我年轻的时候，和你差不多，也是喜欢游泳的。）

"搭"作连词的，如"伲爷搭伲兄弟一淘到苏州来哉（我父亲和我弟弟一起到苏州来了）"。

3）以此看来，苏州、上海等地吴语中兼做介词、连词的

[①] 引自石汝杰（2000:11-12）。

"得""脱"本字是"搭"应没有问题；那么，永定客家话与此相当的"得₁"本字是什么呢？我们认为也是"搭"，理由如下：

第一，上海话、苏州话的"搭/得/脱"语义功能与永定话的"得₁"相当，如以上所引的苏州话"搭"的介词和连词用法基本与永定话的"得₁"对应，而且语音上也极其接近。

第二，在古代，"得"的音韵地位是曾摄、开口、一等、端母、德韵、入声，"搭"属咸摄、开口、一等、端母、合韵、入声，今"得"与"搭"在永定话中读音很相近，"得"读作 $tɛʔ^2$，"搭"读作 $taʔ^2$；而且，现今永定话的"搭"仍用作动词，基本语义是"共同；相通；匹配"等，如"搭伙（合为一伙）""搭人（通奸）""搭界（交界或有联系）""学佬唔搭客（形容语言不通）""靓猪肉搭滴欻肥吔（瘦肉中搭配点肥肉）"，因此，若将"得₁"换用"搭"来表达，语义上也相通。

第三，周边其他客家方言的事实也可印证永定客家话的"得₁"本字是"搭"。如据严修鸿相告，在武平客家话中，与"得₁"相当的用法多用"搭"表达，有时也用"同"；据调查，长汀客家话与武平客家话相似，但"搭"的介词和连词用法更常见，如在以下例句中，永定话用"得"表达的地方，武平、长汀话可用"搭""同"等表示，具体比较如下：

永定话 ………………………… 武平话 ………………………长汀话
表所对：
你得佢打下招呼就好欻。…………………同/搭…………………………同/搭
你得佢商量盲有？…………………………同/搭…………………………同/搭
表所为：
佢阿娓在城项得人带人。…………………同/搭…………………………搭/帮
这柑欻得阿婆送去。………………………同/搭…………………… 搭
表协同：
天光日得你阿娓一下来。…………………同/搭…………………………同/搭/跟

昨日得同学去北京欵。………………… 同/搭…………同/搭/跟
表比较：
这得甲一般般咃，唔使□tʰɔʔ⁵。………… 同………………… 同/搭
佢得佢阿叔一般般，脾气几唔□mou⁵²。…同…………………… 同/搭/跟
表并列：
青菜得猪肉一下煮。………………………同/搭…………………同/搭
佢得俚你爱蛮。……………………………同/搭…………………同/搭

据此也可推测，永定客家话"得₁"的本字也应是"搭"，演变的动因或许是：用作介词的"搭"是一个常用的语法词，在长期的高频使用中，语音发生了一点变化，韵母由 aʔ向比较省力的 εʔ发展，以致最后和作动词、助动词、助词的"得"语音形式相同，都说成 teʔ²，而在长汀、武平等其他方言中仍保留本字"搭"的说法；另一方面，上海、苏州等地吴语也存在"搭"变读为"得"的现象，所以，从这些共时的方言比较看，"搭"也应是"得₁"的本字。另，据吴福祥等人的分析，汉语并列连词共有的语法化模式通常是"动词 > 介词 >连词"，这样，连词"搭"又从介词"搭"发展而来①，但在永定话中后来都变读为"得 teʔ²"。

4）通过以上的论证，我们基本可确认"得₁"的本字应该是"搭"；然而，表处置的"得₂"又是如何形成的呢？

关于"得₂"的来源，在没有发现更有力的证据可证明有其他来源时，初步认为存在这两种可能性：一"得₂"也来源于"搭"，二"得₂"的本字就是"得"。

先看第一种可能。纵观汉语（共同语）处置标记的来源，多由"执持"义动词（如"将""把""捉""拿"）和"给予"义动词（如"以""用"）虚化而来，似未发现有从"伴随"义动词或

---

① 吴福祥《汉语伴随介词语法化的类型学研究——兼论 SVO 型语言中伴随介词的两种演化模式》，《中国语文》2003 第 1 期。

介词（或称"和"类介词）发展而来的例证；而且，在以"搭"作介词和连词的地方，也未见用"搭"来兼表处置，如苏州、上海话用介词"拿"表处置，长汀、武平话则用介词"将""拿""捉"构成处置式，所以，从这点上说，永定客家方言的处置标记"得$_2$"可能不是来源于"搭"。但是，各地方言毕竟纷纭复杂，许多语言现象存在特异或例外的表现；就处置标记而言，也有方言用与"和"类介词（"伴随"义）相当的成分来兼表"处置"，如据林立芳报道，梅县客家方言的"同"是个用途很广的介词，用法与普通话的"和"类介词相当，可表示共同、协同，用于引进动作或比较的对象，引进动作的受益者或受害者，表示与某事有无关联等，也用作与普通话"和、跟、同"相当的连词，除此之外，"同"还可以用于特定的处置句中，与普通话的"把"字相当，如[①]：

个条死狗同伢裤脚都啮烂哩。（那条该死的狗把我的裤腿都咬破了。）

佢同学堂下个树倒转去做屋。（他把学校的树砍下来拿回家盖房子。）

你去同阿叔个衫袋搜交来。（你去把叔叔的口袋搜一遍。）

可见，梅县客家话的"同"基本上囊括了永定客家话"得$_1$"和"得$_2$"所表达的语法功能，若从这一点看，"搭"似乎也具备作处置标记的可能，也可能是"得$_2$"的源头。

再看第二种可能。在永定话中，"得"（本字）主要用作动词、助动词和助词，作动词时基本语义是"获得"，而"获得"与"给予"是相对的，也是相依的，对某一方来说是"给予"，对另一方来说则是"获得"，因此，从某种程度上说，"得"由表

[①] 林立芳《梅县方言语法论稿》，中华工商出版社1997年，第101-103页；林立芳《梅县方言的"同"字句》，《方言》1997年第3期。

闽西永定客家方言虚词研究

"获得"拓展到表"给予",又由"给予"引申出"处置"义,这是有可能的。而且,如前所言,汉语史上"给予"动词曾向"处置"介词延伸,这种现象至今仍存在于许多方言中,如据王健的考察,北京话中的"给"除了可以表给予和被动外,还可以介引受事,表示处置;其他方言也有类似的情形——表示给予的动词同时也可以表示处置,如[①]:

黎川话　把本书把我。(给我一本书)
　　　　□$\mathrm{\eta}^{22}$个东西拿把我。(把那个东西拿给我)
洛阳话　给我本儿书。|给这碗饭吃咾。
武汉话　把本书我。|莫把杯子跶(摔)了
溆浦话　把么个人情(给什么礼物?)|把我告了。
乐昌土话　a^{212}渠一本书。(给他一本书)
　　　　　a^{212}饭食罢。(把饭吃完)
新洲话　把本书我。|把杯子里头的水喝光了。
长沙话　我把哒一本书他。|把那个东西拿把我。

从上引例看,用表"给予"的动词来表"处置"的方言分布很广,涵盖了中原官话、江淮官话、西南官话、客家话、湘语、粤北土话等南北方言。

另外,黄晓雪发现,在湖北的英山、武汉、阳新、湖南的益阳、浙江的江山等地,"得"可用作引进与事的介词(表"给予"),如"我借一本书得他|她送一支钢笔得他了"。[②]

从这些语言事实来看,永定客家话表处置的"得$_2$"本字也有可能是"得",但也存在疑问,比如,虽然在湖北、湖南等地

[①] 引自王健《"给"字句表处置的来源》,《语文研究》2004年第4期。
[②] 黄晓雪《汉语方言与事介词的三个来源》,《汉语学报》2007年第1期。但我们不赞同其文中"引进与事成分的'得'来源于动态动词'得'的观点,而认为,从虚化的程度上说,助词不太可能引申出介词的功能,而从"获得"义动词"得"引申出"引进与事"的"得"更为合理。

方言中"得"可用作表"给予"的介词，但在永定客家话及周边的其他方言中笔者未见"得"可用作表"给予"的动词或介词，所以，上文所说的"得"由表"获得"扩展为表"给予"，再引申为表"处置"，仅仅是一种推断，并没有很有力的证据。

综上所述，如果对以上两种可能进行比较的话，我们更倾向于认为"得$_2$"也来源于"搭"的语法化，原因：一是"搭"这一本字来源比较清楚，二是能和"得$_1$"联系起来，三是有梅县客家方言的同类语法词"同"佐证。不过，目前我们暂不下绝对的断论，留待以后有更多的资料、更充足的理由时再下定论，这里暂且先提出一管之见，供大家讨论。

第二节 "得"字结构及其性质讨论

永定客家方言的 tɛʔ^2 这一语音形式，可以用作动词、助动词、介词、连词、助词和构词成分，来源未必都相同，先统一写作"得"。本节主要讨论"得"字作助词的用法，但为了便于揭示"得"在不同结构式中语义功能的变化，且能较深入地分析其中"得"字的性质，暂且将助动词"得"与助词"得"联系起来，一并加以考察，所构成的表达式称作"得"字结构[①]，包括能性的和非能性的两大类，然后再分析各个结构式中"得"的具体归属，兼及对一些问题提出商榷。

[①] 黄雪贞先生曾讨论过永定（下洋）方言"得"字的用法（参见《永定（下洋）方言"得"字的用法》，《龙岩师专学报》1986 年第 2 期），因本书的语料是以永定湖坑的客家话为基础，所以文中所涉及的内容或观点可能与其稍有不同。

一、能性"得"字结构

（一）得 V

普通话口语中有一种"得 V"[①]结构，"得"是助动词，读作 tei[214] 时，表示情理上、事实上或意志上的需要、应该或必须等[②]。永定客家方言的"得"也可和谓词性词语组成"得 V"式能性结构，主要表示主观上是否希望某种动作结果或客观情况出现、有没有能力或客观条件是否容许实现某种动作行为，其否定形式都是"唔得 V"。

1）"得 V"用来表达主观愿望时只限于否定句，因此，语义上具有双重性，一方面主观上非常希望某种结果或情况出现，另一方面因主观能力或客观条件的限制而较难实现。如：

（1）别侪唔得倒，你还唔□mai[52]。（别人得不到，你还不要。）

（2）人大家唔得出来，你还入去。（人家巴不得出来，你还进去。）

（3）佢限事唔得好吔时节，你莫去搞吵佢。（他本来就盼着赶快做完，你别去给他添乱。）

（4）子欻唔得爷娘死，天理唔容。（儿子盼着父母死，天理难容。）

能单独出现在"唔得"后的动词或形容词不多，多是谓词性词组。"唔得"前也可以添加一个动词，组成"V'唔得 V"结构，被添加概率最高的是表"盼望"义的动词"望"，这或许与其结构上表主观意愿或"望唔得"已凝固成词（相当于普通话的"巴

[①] 本节 V 指代谓词性词语。
[②] 吕叔湘（1999:166）。

不得")有关,如例(1)除可插入"望"外,还可插入"拿""买"或"弄"等,其他例也都可以插入"望",添加前后所表达的语义相同,但结构不同。

2)表示主观能力能否实现某种动作行为的"得V"既可运用于肯定、否定句,也可运用于反问句和"得唔得V"肯定否定并列提问式,但最常见于一般的是非问句中。回答时肯定式能单说"得"或"得V",否定式较少单用"唔得",多用"唔得V";若仅着眼于表义,也可用等值的"V得"或"V唔得"来回答,但一般不这样说,因这种答语主要用于另一"得"字结构"V得"式,用来回答"得V"式显得拗口。如:

(5)就係无车坐,偓也得去,莫看衰人。(就是没车坐,我也能去,别看不起人。)

(6)这梯欤咹崎,佢可能唔得上。(这楼梯这么陡,他可能上不了。)

(7)这坑你得唔得过?可能得(过),也可能唔得(过)。(这条坑你能不能跳过来?可能可以,也可能不行。)

(8)你得下来无?得(下)/唔得下。(你能下来吗?能/不能。)

虽然这类"得V"结构在句式的选择上更自由,但"得"与V的结合面还是很窄,一般的动作动词和形容词都不能充当V,多限于简单的和复合的趋向动词,否定回答时复合式也略作简单式,如例(8)。

3)"得V"最常用的是表示客观条件是否容许实现某种动作行为,所运用的句式和回答的方式与表主观的"得V"相同,但V的选择范围更大些,除了趋向动词外,一些单音节动词和形容词也能作V成分。如:

(9)大家都有车票,都得转。(大家都有车票,都能回去。)

（10）门分你锁倒欸，偃唔得出来。（门被你锁上了，我出不来。）

（11）佢哋病得好唔？偃看得好，唔怕。（他的病能好吗？我看能好，别担心。）

（12）到甲时节你得唔得闲？（到那时你有没有空？）

4）可见，"得V"的运用有较大的局限性，多出现于否定和疑问句中，并且能充当V成分的只是一些谓词性词组、趋向动词及少数一般动词和形容词。在客家方言中，这些"得V"的语义内容也可以换用其他形式或词汇手段来表达，如表主观愿望的"唔得V"可以前加动词构成"V'唔得V"式，表主观能力和客观条件的可换成"可以/唔可以V""会/唔会V""V得/唔得"或"V得/唔C"式，但一般还是采用"得V"式，这样听感上更自然地道，或许因为它是永定话中较特殊的能性表达式之一。

（二）V得

汉语中的"V得"也是一种能性表达式，普通话的肯定式是"V得"，否定式是"V不得"。肯定式的运用常受限制，而否定式或肯定否定连用时相对自由。[①]主要用于表达主、客观条件或情理上是否许可实现某种动作行为这两种语法意义。[②]相比之下，永定客家话的"V得"式语义较为丰富，运用也更加自由。

1）用于表示是否有能力实现某种动作行为或是否善于做某事。如：

（13）甲个人嘴巴唆好，嘛个都食得。（那个人的嘴这么好，什么都能吃。）

（14）佢阿娓睡得嬲得，有嘛病。（他妈妈能睡能玩，有什

[①] 李晓琪《关于能性补语式中的语素"得"》，《语文研究》1985年第4期。

[②] 刘月华等（2001:592-593）。

么病。)

(15) 佢茶也食唔得,酒也食唔得。(他茶也不能喝,酒也不能喝。)

(16) 左手写唔得,右手写得。(左手不能写,右手能写。)

(17) 咹多东西你一下手拿得?(这么多东西你一下子拿得了?)

由于语义上主要是表达一种主观能力,因此逻辑上的施动者通常是人。这些施动者如果处于主语位置,常作施事主语,如例(14)"佢阿娓";如果施动者外句中还出现其他的事物,那么指物名词或是受事主语,如例(13)"嘛个",或充任前置受事宾语(也可看成主谓谓句中的小主语),如例(15)的"茶""酒"。与句式的语义和施动主体的特点相适应,述语主要是单音节自主动词[①],并且是为数不多的单音节动词,双音节动词或形容词未见能用于此句式的。

这种表主观能力的"V得"式已不见于普通话,主要用于客、粤[①]、湘[②]等方言中。在永定话中,其使用频率也不太高,这或许与语义和句法结构的受限性有关,为了提高表达的自由度,多采用以下几种结构方式:

① "V得"连用式,可以两个、三个甚至四个"V得"叠用。

② "V得"或"V唔得"对举式。

③ "V得"与"V唔得"肯定否定并列式。

④ 疑问句式,且常是主谓谓语句的形式。

2) 用于表示客观条件是否容许实现某种动作行为。如:

[①] 关于"自主动词和非自主动词"参看马庆株《自主动词和非自主动词》,《中国语言学报》1988年第3期。

[①] 彭小川《广州话的"V得(O)"结构》,《方言》1998年第1期。

[②] 张大旗(1985)。

（18）这车开得。（这车可以开。）

（19）大家都来欸，坐得欸。（大家都来了，可以坐了。）

（20）药丸滴苦，吞得嚼唔得。（药丸很苦，可以吞不可以嚼。）

（21）这东西货车载得，细车载唔得。（这东西货车能载，小车载不了。）

（22）爱看脾气，有的侪作好唔得。（要看脾气，有的人开不得玩笑。）

这种"V得"式主要表达一种被动义，主语在句中多表受事，如例（18）的"车"，有时受事主语在小句中被省略，如例（20）的"药丸"。但"V得"也不限于只表被动义，若句中出现指人的施动者，有时表达的是主动义，主语是施事主语，如例（19）的"大家"。

普通话也用表客观条件的"V得"式，但不太普遍，否定式用得多些，肯定式动词一般限于单音节；而在永定话中肯定式和否定式都很常见，都能用双音节动词作述语，只是否定句中以双音节动词为主，这或许也是韵律制约句法的一种表现。双音节动词在疑问句中也比较自由，用于肯定句时，常见于简单的答语中。如：

（23）咹歪吔人打扮得喔？打扮得。（这么难看的人能打扮吗？能打扮。）

述语一般也是自主动词，但一些非自主动词和少数形容词也可以作述语。如：

（24）当家人病唔得，佢病吔话全家食嘛个？（当家人不能生病，他要是病了全家吃什么？）

（25）车无等俺吔啊，会慢得喔？（车子不会等我们的啊，哪能慢吞吞的?）

3）用于表示情理上是否许可或是否准许实现某种动作行

为。如：

（26）花衫老人家也着得。（花衣服老年人也可以穿。）

（27）当官吔人你浪会使唤得？（当官的人你哪能使唤？）

（28）佢都食到九十多岁啰，死得嘞。（他都活到九十多岁了，死也无憾了。）

（29）有票吔人入得，无票吔人入唔得。（有票的人可以进，没票的人不准进。）

（30）公家吔树任何人都拿唔得。（公家的木头任何人都不许拿。）

这种"V得"结构语义上不限于只表主动或被动，但语感上"情理上许可"和"准许"所表达的语义轻重稍有不同，后者多用于某种强制性的规定或提醒、警告等，语气较强，如上例（26）至例（28）倾向于指情理上是否许可，后两例则侧重于表是否"准许"。多以双项名词句①的形式出现，在两个名词性结构中，经常一个 NP 表施事，另一个 NP 表受事，如上例（26）、例（27）。动词不限于单音节，双音节动词能较自由地运用，一些非自主动词也能作述语，如例（28）的"死"，但表准许义时只能用自主动词。

4）永定客家方言的三种"V得"式，分别表达不同的语义内容。其中，表主观能力和准许义的"V得"一般不用于普通话，若要表达同样的意义，常采用词汇手段，即在动词前加"可以""能""不许""不准"等；而表客观条件和情理上许可的"V得"是普通话和永定话共有的格式，只是句法结构有同有异。在永定话中，这些形式都可以运用词汇手段，但实际语言中也是更多地运用"V得"式。

---

① 关于"双项名词句"参看陈平《汉语双项名词句与话题——陈述结构》，《中国语文》2004 年第 6 期。

（三）V 得 O

现代汉语普通话中"V 得"式已基本不具有能产性，一般也不再用带宾的"V 得 O"式。[①]但在客家方言中，述宾结构之间只要插入"得"字都能构成"V 得 O"式[②]，其否定式为"V 唔得 O"，是客家方言又一重要而有特色的能性述补格。

1. 永定话的"V 得 O"所表达的语义与"V 得"基本相当，也有相应的三种用法。述语动词以单音节动词为主，也可以是双音节动词，但非自主动词和形容词不能充当述语。

2. 从句法功能看，"V 得 O"的宾语可以由名词、代词或名词性词组充当，也可以由名量、动量或时量词组构成；从语义关系看，"V 得 O"的宾语主要有以下几类：

1）施事宾语：指能实行某种动作或活动的主体，一般是人。如：

（31）老屋还住得人。（老屋还能住人。）

（32）这门就入得瘦吔人。（这门只能进瘦的人。）

2）受事宾语：指动作所直接支配或施向的对象，一般指物，也可指人。如：

（33）你係佢吔女欸，用得这钱。（你是他的女儿，能用这笔钱。）

（34）会欺负得人喔？欺负唔得人啊。（怎能欺负别人呢？不能欺负别人啊。）

3）工具宾语：表示某种动作所能凭借的工具。如：

（35）佢阿爹晗老欸，还使得犁。（他爷爷这么老了，还会用犁。）

[①] 杨平《"动词+得+宾语"结构的产生和发展》，《中国语文》1989 年第 2 期。

[②] 本书"V 得 O"式都视作带宾的"得"字述补结构。

(36) 细人也食得大碗。(小孩也能用大碗吃。)

4) 处所宾语：表示动作起始、移向或人物活动的地点。如：

(37) 北京係大家嘅,大家都去得北京。(北京是大家的,大家都可以去北京。)

(38) 有钱就住得宾馆。(有钱就能住宾馆。)

5) 数量宾语：说明某种动作所能达到的量。如：

(39) 你保证考得一百分？(你能保证考一百分？)

(40) 偓开车去,一日就行得五趟。(我开车去,一天就能走五趟。)

6) 等同宾语：表示宾语和述语前的主语在某一指向上相同或相近。如：

(41) 甲个人几有力,当得你□kia⁵²个人。(那个人力气很大,抵得上你们几个人。)

(42) 你比唔得偓。(你不能和我比。)

7) 结果宾语：指实施某种动作所产生的结果。如：

(43) 这只牛两日就犁得咹多田。(这头牛两天就能犁这么多田。)

(44) 偓一上昼脱得一担秧。(我一上午能拔一担的秧苗。)

8) 对象宾语：某种动作或行为所指向或关涉的对象。如：

(45) 偓讲得佢,你就讲唔得。(我可以说他,但你不行。)

(46) 任何人改变唔得这个决定。(任何人改变不了这个决定。)

9) 时间宾语：常用于某种动作所持续的时间。如：

(47) 你倚得一日无？(你能站一天吗？)

(48) 热天菜饭过唔得夜。(热天饭菜不能过夜。)

3. "V得O"的否定式也可以变换为"VO唔得",但一般不用肯定式"VO得"。以上例句中的"V唔得O"多数可以转换为

"VO 唔得",但还是以用 "V 唔得 O" 为常。"VO 唔得" 的例子,如:

(49) 佢熬夜唔得。(我不能熬夜。)

(50) 这只碗装菜做得,装汤唔得。(这只碗用来装菜可以,装汤不行。)

(四) V 得 C

永定客家话也可以在动结式或动趋式之间插入 "得",构成 "V 得 C" 能性述补结构,否定式是 "V 唔 C",用以表示实现某种动作结果或趋向的可能性。有时,"V 得 C" 可以变换为 "VC 得",相应的否定式为 "VC 唔得",但这种形式较少用。

1) 在语法意义上,永定客家话的 "V 得 C" 与普通话一样,也可分为主观能力或客观条件是否容许实现某种动作的结果或趋向两类。表示主观能力的,如:

(51) 佢做事几快,肯定做得成。(他做事很快,肯定做得完。)

(52) 得老人家讲唔分相。(跟老年人说不清楚。)

(53) 这头树佢爬得上。(这棵树我爬得上。)

表示客观条件的,如:

(54) 灯好光,看得清楚。(灯很亮,看得清楚。)

(55) 门咹狭,入唔去。(门这么窄,进不去。)

(56) 这个人就在这欸,通知得倒。(这个人就在这儿,通知得到。)

2) 永定话一般也不能用 "V 得 C" 来表示情理上是否许可或是否准许实现某种动作的结果或趋向,而常采用 "V 得 (O)" 或在述补结构前加 "可以/不可以" "准/不准" 等方式来表达。有时也可以用 "VC 得" 及其否定式 "VC 唔得" 来表示这种语法意义,否定式说得多些,肯定式极少单独说,一般是和否定式同时出现。如：

（57）这门打开得，甲门打开唔得。（这门可以打开，那门不能打开来。）

（58）你入去唔得，佢入去做得。（你不可以进去，他可以进去。）

（59）正换吔衫裤，弄龌龊唔得。（才换的衣服，不能弄脏。）

3）动词以单音节为主，双音节动词也可以构成"V得C"式，但无论是单音节动词还是双音节动词，一般应是自主动词，非自主动词、心理动词、关系动词等不能充当"V得C"的述语。个别形容词可以作"V得C"的述语，如"热得死""烫唔死"。

4）普通话"V得C"的补语一般由单个的动词或形容词充当，仅少数"V得C"中间可插入程度副词修饰语，而在永定话中不限于否定式，肯定式补语前也可加修饰语，但只用于由动结式构成的述补结构中。如：

（60）黑板项吔字看唔好清楚。（黑板上的字看不太清楚。）

（61）佢就写得几好。（他就写得很好。）

当补语是受副词修饰的形容词词组时，永定话在补语之前或之后还可以加上"倒"，构成双补式。如：

（62）这件事拿佢做，做得好好倒。（这件事要是他做的话，能够做得非常好。）

此外，永定话"V得C"的补语还可以由其他形式的谓词性词组构成。如：

（63）唱歌偓唱得比佢可好。（唱歌我唱得比他更好。）

这种结构在普通话中一般仅表状态，在永定话中既可表状态，又可表能性，而且多数可以在补语前或后添加"倒"，以构成同义的复杂能性结构。

5)"V得C"在永定话中是一种很富于表现力的能性述补结构，有时也可以换用词汇手段来表达，但一般只有肯定式可换用词汇手段，否定式极少用，因为地道的永定话不用"能够"一词，如果换用"可以"来表达，句子的意思又将改变。此外，"V得C"肯定式还可用"可以"和"得"字结构叠加的形式，以凸显实现某种动作结果或趋向的可能性。

（五）V得CO/OC

永定话和普通话一样，如果动词是及物性的，述补结构都可以带宾语；但普通话的宾语只有一种语序，即在动结式和简单动趋式述补结构中，宾语位于补语后，在复合趋向述补结构中，宾语多置于复合趋向补语之间，也可置于复合趋向补语之后。而永定话的语序较自由，形式也较多样，除了有与普通话相同的"V得 CO"式外，还有普通话所没有的"V得OC"[①]式，否定式也有"V唔CO"和"VO唔C"两种。

1）无论是"V得CO"还是"V得OC"，均可看成带宾式的"V得C"，所表达的语法意义、述语动词的义类与"V得C"相似。

"V得CO"式，如：

（64）佢一只月就剩得下一家人吃饭吔钱。（他一个月只能剩下一家人吃饭的钱。）

（65）一日行得倒县城。（一天能走到县城。）

"V得OC"式，如：

[①] 我们可参照岳俊发（《"得"字句的产生和演变》，《语言研究》1984年第2期）的意见，对于"V 得"后依次出现另一名词性词语和动词性词语的结构，如果名$_2$和动$_2$之间没有很直接的语义关系，就属"V 得 OC"式，名$_2$是宾语，动$_2$是补语；若名$_2$与动$_2$之间存在较直接的语义关系，则认为是名$_2$与动$_2$组成主谓结构作补语。在本书中有主谓词组作补语的述补结构是"V 得 C""V 得 C$_{情状}$"和"V 得 C$_{非情状}$"。

(66) 佢生得牛样般，打得老虎死。(他长得牛一样壮，能打死老虎。)

(67) 这山洞钻得一个人入。(这山洞能钻进一个人。)

"V 唔 CO" 式，如：

(68) 正一间屋，住唔落咹多屋下来哋亲戚。(才一间房，住不下这么多老家来的亲戚。)

(69) 阿坤牯係出纳，可能贪污得倒钱。(阿坤是出纳，可能贪污得到钱。)

"VO 唔 C" 式，如：

(70) 一上昼洗几件衫唔倒。(一上午洗不了几件衣服。)

(71) 滴细欸哋地方，挤咹多人唔落。(这么小的地方，挤不下这么多人。)

2) "V 得 CO" 与 "V 得 OC" 或 "V 唔 CO" 与 "VO 唔 C" 所表达的语义基本相同，当补语不是由趋向动词充当时语序比较自由，采用何种形式一般视宾语的结构而定；如果结构较复杂，多置于补语后，如果结构简单，那么置前置后均无妨。而且，两种肯定式和否定式之间一般不存在严格的对应关系，只要句中成分之间不存在语义上的矛盾，一个肯定句一般可以用两种方式来否定，一个否定句也常有相应的两种肯定式。

但是，当补语由表趋向的动词充当时，采用何种语序似乎更多地遵循习用性原则，有时可自由运用或变换，有时则不行，如例（67）可有以下三个变换式：

a. 这山洞钻得入一个人。

b. 这山洞钻唔入一个人。

c. 这山洞钻一个人唔入。

而下面的例子一般只有一个肯定式和一个否定式：

(72) 这细桥过得去两个人。

*这细桥过得两个人去。

这细桥过唔去两个人。

*这细桥过两个人唔去。

3）个别形容词可以作述语，肯定式"V得CO"和"V得OC"都可用，如"热得人死""热得死人"，但否定式只能用于"V唔CO"，如"热唔死人"，一般不说"热人唔死"。

4）"V得""V得O""V得C"和"V得CO/OC"四类述补结构之间还可互相转化，如"𠊎食得"是"V得"式，加个宾语就成了"V得O"式，如"𠊎食得饭"，但宾语也可提到"得"字前，又变成"V得"式，如"饭𠊎食得"，再加个补语，则成了"V得C"式，如"饭𠊎食得成"，语序稍加变换，就变成"V得OC"式或"V得CO"式，如"𠊎食得饭成"或"𠊎食得成饭"，还可进行其他转化，概括如下图示：

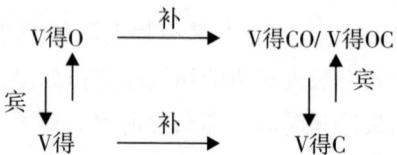

虽然这几类形式之间存在深层语义上的联系，可互相转化，但从语言的事实来看，在什么语境中用什么句式来表达是约定俗成的，况且不同的格式有不同的语用价值。

（六）V得来

赵元任将普通话的能性补语分为四类，其中"V得/不了（liao^{214}）"和"V得/不来"属傀儡可能补语，因其补语成分"了"和"来"没有什么特殊的意义，作用在于构成一种可能式；但"了"和"来"同时也能做一般补语。[①]李宗江将"V得

[①] 赵元任《汉语口语语法》，商务印书馆1979年，第210-211页。

了"分为两个,一是"V得了$_1$",其中的"了"是实义动词,意为"完""尽"等,整个结构表示动作V实现"了"这一结果的可能性;一是"V得了$_2$",其中"了"的意义已经虚化,整个结构表示动作V实现的可能性。[①]

1)永定话土语层没有普通话"V得/不了"的说法,但有与之相当的格式。永定话"V得/唔撇""V得/唔倒""V得/唔成""V得/唔好"可与普通话"V得了$_1$"对应,其中"撇、倒、成、好"的意义较实在,表示完成、结束或实现等,可单独作一般补语,本书将其归入"V得C"式。永定话的"V得/唔来"也分为两种情况,一种"来"是实义,做"V得C"的趋向补语;另一种"来"意义空泛,组成"V得/唔来"结构,可与普通话的"V得/不来"和"V得/不了$_2$"对应,这里所讨论的就是这种意义已虚化的"V得来"。

上述几种结构的对应关系列如下图:

普通话:　　V得/不了$_1$(实义)　　V得/不了$_2$　　V得/不来(虚义)
　　　　　　　↓　　　　　　　　　　↓　　　　　　↙
永定话:　V得/唔撇/倒/成/好(实义)　　V得/唔来"(虚义)

2)永定客家话"V得来"主要表示是否具有实现某种动作的能力。如:

(73)读书佢比俺可读得来。(他比我更会读书。)

(74)跳舞佢跳得来,俺就跳唔来欸。(跳舞她行,咱就不行了。)

有时也用来表示是否敢于实行某种动作行为,是一种主观心理倾向性。如:

[①] 李宗江《"V得(不得)"与"V得了(不了)"》,《中国语文》1994年第5期。

(75) 咹红哋衫爱细妹欸正着得来，俺着唔来。(这么红的衣服只有小姑娘才敢穿，咱不敢穿。)

(76) 肥猪肉㑚老公食得来，㑚食唔来。(肥猪肉我老公敢吃，我不敢吃。)

3) 述语多是肢体类动作动词，如"讲、唱、笑、做"等，其中"得来"和"唔来"已凝固成一体，共同作 V 的可能补语，而单个"来"字可看作"虚补语"[①]。这种"V 得/唔来"能性述补格在句法结构和功能上相当于"V 得/唔得"式，但表义上不完全相同。在用于表达主观能力时两者可互换，但"V 得/唔得"不用于表示是否敢于实行某种动作行为，因此，在这一意义上"V 得/唔来"不能换成"V 得/唔得"；同理，"V 得/唔得"在表达主观能力以外的其他意义时也不能换说为"V 得/唔来"。

二、非能性"得"字结构

(一) V 得 C$_{情状}$

永定客家话的"得"字除了能构成上述表能力、可能、意愿或许可的能性结构外，也可构成表状态或程度的述补结构。为了和表能性的"V 得 C"式区别开来，状态、程度述补式合称"V 得 C$_{情状}$"，分开时，表状态的记作"V 得 C$_{状}$"，表程度的记作"V 得 C$_{程}$"。

1. 表状态的"V 得 C$_{状}$"

"V 得 C$_{状}$"的主要功能是对述语部分所表示的动作或性状进行描述，描状性是其主要特征。述语不限于自主动词，非自主

[①] 关于此"虚补语"参看柯理思《从普通话里跟"得"有关的几个句式去探讨方言类型学》，《语言研究》2001 年第 2 期。

动词和形容词也可以充当。如：

（77）堵堵碰得啱好。（刚好碰得那么巧。）

（78）芋卵灰得好。（芋子好就因为它很面。）

补语很少是单个的性质形容词，多是一些状态形容词、形容词生动式或复杂形式（状态词）以及副词修饰形容词的偏正词组；主谓词组或其他谓词性词组作补语的较少见。

以下分类考察"得"字结构的状态补语。第四章第二节已详细介绍过状态词的结构形式，各种形式的字母代码与其相同。

1）性质形容词单独作补语，可分为单音节的和双音节的两类，构成"V 得 A"或"V 得 AB"式。如：

（79）这只妹欸生得歪。（这个女孩长得丑。）

（80）这件事佢办得公正。（这件事他办得公正。）

无论是单音节的还是双音节的性质形容词，永定话都较少用来单独充当"V 得 C$_{状}$"的补语，若究其原因，或许是这种"V 得 A"或"V 得 AB"在语义强度上处于中间状态，不符合客家人一方面喜用高程度表达褒扬义，另一方面常用低程度委婉地表达贬抑义的语用习惯，如上例的"生得歪"一般说成"生得唔靓"，而"办得公正"则多说"办得好/几公正"。

2）状态形容词构成的补语，有"V 得 AA""V 得 AABB""V 得 ABAB"式等，有的后面要加助词"来"或状态词标记"欸"，以帮助足句。如：

（81）将禾仓哩谷堆得高高米。（把米仓里的谷子堆得高高的。）

（82）事情做得漂漂亮亮来。（事情要做得漂漂亮亮的。）

（83）地下扫得伶伶俐俐。（地板扫得干干净净的。）

（84）俺讨生婢也办得像像样样来。（咱娶媳妇也要办得隆重热闹。）

（85）俺话讲得好势好势欸，莫得佢吵。（咱把话说得好听些,别跟他吵。)

3)永定话的形容词生动式比较丰富,常作"V得C$_{状}$"补语的主要有AXAB式、XA式、AXX式、XXA式、XYA式等,以下各举一例。如:

(86)佢阿娓骂佢屋下弄得龌里龌龊。(他妈妈骂他把家里搞得很肮脏。)

(87)手做事做得巴粗。(手干活干得很粗糙。)

(88)话莫讲得土归归欸。(话别说得那么粗鲁。)

(89)心肝分佢弄得动动乱。(心被他搅得乱糟糟的。)

(90)你眠得笔溜直做嘛?(你笔直躺着干啥?)

4)由副词修饰形容词的偏正结构也是"V得C$_{状}$"补语的主要形式,通常是一个副词单独修饰形容词,但有时为了突出语义,加强语气,也可以两个甚至三个副词叠用作修饰语。如:

(91)房间打叠得几清楚。(房间收拾得很干净。)

(92)佢唱得实在难听。(他唱得实在难听。)

(93)这张画画得真真实在还好,得真人样般。(这张画画得真的非常好,跟真人一样。)

朱德熙先生将形容词担任状态补语的情况分为A、B两类,A类是性质形容词作状态补语,B类是状态形容词或副词修饰形容词的状中结构作状态补语;并且认为这两类格式表示的意义不同,A类是断言,B类是描写;A类不包含量的概念,B类包含量的概念。[①]这些同样符合永定客家话的语言事实,主要是因性质形容词和状态形容词具有不同的特征和功能,从而导致了两类状态补语在语义上的差异。

5)主谓、状中等词组偶尔也可作"V得C$_{状}$"补语。如:

(94)俚阿婆讲起以前吔事,经常讲得目汁嗒嗒跌。(我奶

[①]朱德熙《语法讲义》,商务印书馆1982年,第134页。

奶讲起以前的事,经常讲得眼泪直掉。)

(95)细人欸分电视弄得哇哇笑。(小孩被电视逗得哈哈笑。)

此外,还有一些特殊的形式充当状态补语。如:

(96)这只番瓜生得大嫲牯个。(这个南瓜长得非常大。)

2. 表程度的"V 得 C$_{程}$"

1)永定话表程度的述补结构也有粘合式(无标记)和插入"得"字的组合式(有标记),但永定话述程式"V 得 C"不如状态式"V 得 C"用得多,因永定话的程度补语还有一个标记"去"。普通话带程度补语的形容词仅限于性质形容词,动词主要是心理和感受动词[①],而永定话"V 得 C$_{程}$"的述语还可以是状态动词和动作动词,补语主要由一些表高程度的副词性或形容词性词语充当。如:

(97)这东西酸得会死。(这东西酸得要命。)

(98)佢哋嘴巴狡猾得会死。(他的嘴巴狡猾得要命。)

(99)看倒一只虫欸,佢都惊得半死。(看到一只虫子,他都会吓得半死。)

(100)偓唔好食这,甜得会死。(我不喜欢吃这,甜得要命。)

(101)自家哋人惜得半死,别人侪哋就拿来打。(自己的人就疼惜得很,别人的就拿来打。)

(102)日日做事做得半死,还会读书。(天天干活累得要死,哪还会读书。)

2)在语义的取向上,永定话的述程式多倾向于表达消极义,因此,充任述语的动词或形容词多具有[+消极]语义特征,

---

① 马庆株《含程度补语的述补结构》,《语法研究和探索》,北京大学出版社 1988 年,第 116-129 页。

如例（97）至例（99）；即便是具有[＋积极]义的谓词，若用于充当"V得C程"的述语，整个句式也大多含有贬抑、不满或不屑等语用色彩，如例（100）、例（101）。

3）标记理论认为，语法上有无标记的对立双方大都存在于同义词族之中，而语义上的对立两项却主要存在于反义词族里面。①在考察中，我们发现，永定话同一反义类聚中的一组有无标记形容词在选用何种句法格式来表达高程度语义时具有一定的对立性。如下面是几组反义词，A类是无标记项，具有[＋积极]特征，B类是有标记项，具有[＋消极]特征。

A类		B类	
几乖 ——	*乖得会死	几蛮 ——	蛮得会死
几精 ——	*精得会死	几笨 ——	笨得会死
几高 ——	*高得会死	几矮 ——	矮得会死
几老实 ——	*老实得会死	几狡猾 ——	狡猾得会死
几伶俐 ——	*伶俐得会死	几醒醒 ——	醒醒得会死
几大方 ——	*大方得会死	几小气 ——	小气得会死

从上面的选配情况看，在表达高程度时，无标记项一般选用状中结构，而有标记项虽也可运用状中结构，但更倾向于选用"得"字结构，以便更完满地表达语义和凸显语势。

（二）V得来C状

永定话中"得"和"来"还可以叠加在一起作状态补语的标记，"得来"不能拆分，其作用相当于"得"，记作"V得来C状"。

1）"V得来C状"所表达的语义功能和状态述补格"V得C"

---

① 张国宪《语言单位的有标记与无标记现象》，《语言教学与研究》1995年第4期。

完全相同。如：

（103）这做得来好好，甲做得来唔□mou⁵²。（这做得很好，那做得不好。）

（104）这件羊毛衫打得来好好。（这件毛衣打得很好。）

（105）这字写得来好靓。（这字写得很漂亮。）

（106）这菜炒得来好香。（这菜炒得很香。）

但与"V得C状"相比，永定话的"V得来 C状"使用范围更窄，并且都可以无条件地被换成"V得C状"式，但多数"V得C状"不能换成"V得来C状"。

2）这类状态述补格在结构和功能上具有以下几个特点：

① 在结构上明显受韵律的制约，一般以 5 音步为最和谐音，即以单音节的述语、单音节程度副词修饰单音节形容词补语和标记"得来"组合成"V单得来 X单A单"，这种 5 音节的结构最具有成句性，听感上最自然。

② 述语都是自主动作动词，不能由非自主动词、状态动词或形容词等担任。

③ 补语是"副＋形"偏正结构，且最常见的副词是"好"，补语是对动作完成后的状态进行描述或评价，话语中常带有感叹的语气。

（三）V得C非情状

永定客家话还有一种"得"字结构，既不表能性，也不表情状，用"V得C非情状"表示。

1）这种"V得C非情状"结构，在语义关系上是"得"后成分对"得"前成分进行陈述或补充说明。如：

（107）厓阿叔每只月寄得滴欸钱分佢用。（我爸爸每个月寄点钱给他用。）

（108）打得两张牌分厓食。（打两张好牌给我吧。）

（109）齷齪东西得佢扔得外头去。（脏东西把它扔到外面去。）

2）"V得C_{非情状}"结构用得不多，V以动作动词为主，但"得"后的成分较复杂，多数是主谓词组。可用于祈使句中，如例（108）、例（109），其中的"得"字可省略，若略去"得"，整个句子多变成连谓式或兼语式，但所表达的语义相同。

（四）V得O_{非情状}

"V得O_{非情状}"与"V得C_{非情状}"相似，也是既不表能性，也不表情状。主要表达以下几种语义功能：

1）陈述某一客观事实。如：

（110）你想转屋下无？一年想得回把欸。（你想回家吗？一年想个一两回。）

（111）佢一日打扮得七、八趟。（她一天要打扮七、八趟。）

（112）一袋少得几斤欸极平常。（一袋少几斤很正常。）

2）提出某种要求或建议。如：

（113）分得一块钱佢。（给他一元钱。）

（114）你再肥得滴欸可好看。（你再胖一点更好看。）

3）预告某种打算或将要发生的变化等。如：

（115）再行得两趟就好欸。（再跑两趟就完了。）

（116）食得两碗添就饱欸。（再吃两碗就饱了。）

（117）再寒得几日欸就暖欸。（再冷几天就暖和了。）

这种"得"字结构的V较自由，"得"后成分几乎都表数量义，由名量、动量、时量或数量名结构充当，数量宾语（包括准宾语）后常有"欸""来""添"等帮助足句，偶尔也会出现双NP组合，如例（113）。与"V得C_{非情状}"一样，"V得O_{非情状}"中的"得"也可省去而不影响句义。

以上共考察了永定客家方言十三种"得"字结构（包括一些变式），现整理成表 7-1。

表 7-1 永定客家方言的"得"字结构

结构	肯定式		否定式		语义功能
	形式	例句	形式	例句	
得+谓词性词语	得 V		唔得 V	唔得倒	主观愿望
		楼梯佢得上		楼梯佢唔得上	主观能力
		有票都得转		无票都唔得转	客观条件
动、形+得	V 得	佢食得	V 唔得	佢食唔得	主观能力
		车开得		车开唔得	客观条件
		有票入得		无票入唔得	准许
动+得+宾	V 得 O	阿爹使得犁	V 唔得 O	阿爹使唔得犁	主观能力
		住得人		住唔得人	客观条件
		用得这钱		用唔得这钱	准许
动+宾+得			VO 唔得	读书唔得	同 V 得 O
动、形+得+补	V 得 C	佢做得成	V 唔 C	佢做唔成	主观能力
		门入得去		门入唔去	客观条件
动+补+宾	VC 得	这门打开得	VC 唔得	甲门打开唔得	多用于准许

续上表

结构	肯定式		否定式		语义功能
	形式	例句	形式	例句	
动、形+得+宾补/补宾	V得CO	佢打得死老虎	V唔CO	佢打唔死老虎	主观能力
		热头热得死人		热头热唔死人	客观条件
	V得OC	佢贪污得钱倒	VO唔C	佢贪污钱唔倒	主观能力
		这洞钻得人入		这洞钻人唔入	客观条件
动+得来	V得来	佢读得来	V唔来	俺读唔来	主观能力
		红衫佢着得来		红衫俺着唔来	敢于做某事
动、形+得+补	V得C$_{情状}$	碰得好	V唔C$_{情状}$	碰唔好	表状态
		酸得会死			表程度
动+得来+补	V得来C$_{状}$	炒得来好香			表状态
动+得+补	V得C$_{非情状}$	扔得外头去			陈述、说明
动+得+宾	V得O$_{非情状}$	想得回把欹			陈述、建议等

三、"得"字的性质

关于普通话"得"字结构中"得"的性质问题,前辈时贤已有许多探讨,一般对位于谓词性成分前的"得"为助动词的看法已无异议,但对置于各种谓词性成分后的"得"的认识则仍存有分歧,这或许是因其结构和表义具有一定复杂性的缘故。有的学者未加以细分,将不同结构中的"得"字统称为某一语言成分,如黎锦熙把"得"称作"特别介词",以引领副词表示程度、效果或可能①；王力把"得"看作动词词尾②；吕叔湘的《现代汉语八百词》把连接程度或结果补语的"得"和用于表示可能、可以、允许的"得"都放在助词一类讨论③；岳俊发也说可能补语句中的"得"字同情态补语句中的"得"字是一样的，都来源于动词"得"，同是连接谓语动词与补语的结构助词④。

有的则稍加分类或对不同结构中的"得"进行辨析，从而划分出不同性质的语言成分。如太田辰夫在《中国语历史文法》中将带结果或程度补语的"得"看作后助动词，而把表可能的"得"看作可能后助动词⑤；赵元任在《汉语口语语法》中认为插在动补之间表可能的"得"是中缀，在动词之后读作轻声表可能的（"V得"式）"得"是不纯粹的后缀⑥。朱德熙在《语法讲义》中对"得"字也作过深入的研究，认为表可能的述补结构里的"得"是独立的助词，表状态述补结构里的"得"则是动词后缀；对诸如"说得/不得""看得见"之类同表可能的"得"也进行了区分，得出"看得见"中的"得"是中置的助词，而"说得/不得"中的"得"是动词的论断⑦。还有的对同一结构的肯定和否定式做进一步的分辨，如李晓琪认为普通话"V得"中的"得"是动词，而"V不得"中的"得"是能性助词⑧。

随着对"得"字结构的研究越来越深入，人们也越来越趋向于对"得"字做细致的分析。前文将十三种"得"字结构（包括

---

① 黎锦熙《新著国语文法》，商务印书馆1992年，第178-180页。
② 王力《中国现代语法》，商务印书馆1985年，第304页。
③ 吕叔湘（1999:165）。
④ 岳俊发《"得"字句的产生和演变》，《语言研究》1984年第2期。
⑤ 太田辰夫，蒋绍愚，徐昌华译《中国语历史文法》（修订译本），北京大学出版社2003年，第213-215页。
⑥ 赵元任（1979:210-211）。
⑦ 朱德熙（1982:133）。
⑧ 李晓琪《关于能性补语式中的语素"得"》，《语文研究》1985年第4期。

变式）都放在一起讨论，这里对各种结构中的"得"做进一步的探讨。

在十三种"得"字结构中，"得V"中的"得"和普通话的助动词"得"在语法功能上显然具有同一性，属于助动词。对此，还可以用以下助动词的特点进行验证：

① 只能带谓词宾语，不能带体词宾语。
② 不能重叠。
③ 不能带后缀"了""着""过"。
④ 可以放在～不～的格式里。
⑤ 可以单说。[①]

永定话"得V"中的V只能是谓词性成分，不可能是体词性成分，因此，"得"带的是谓词宾语；"得V"不能重叠，如不能说"得得V"；永定话相当于"了""着""过"的体貌成分主要是"欸""倒""过"也都不能出现在"得V"之间；不过，两个"得"之间可以嵌入否定词"唔"，构成"得唔得V"；"得"还可单说，主要用于作答。

但永定话"得V"所表达的语法意义和普通话不同，永定话只用于表能性，而普通话"得V"已基本不表能性了。因此，为了更恰切地反映永定话"得V"中"得"的语义和功能，我们将其称作"能性助动词"。

另由"得来"构成的"V得来""V得来C$_状$"可分别看作"V得""V得C$_状$"，因为虽然对应的双方在表义、用法或句法结构上不完全相同，但就"得来"而言，其功能完全等同于"得"，且不能拆分。至于"VO唔得""VC得"及其否定式"VC唔得"分别是"V得O"和"V得C"较特殊的变体，其中的"得"字暂不讨论。这里要着重讨论的是另外六种"得"字结构中的"得"，

[①] 朱德熙（1982:61）。

若依性质相同的进行归并,可分为"V得(O)、V得C(O)(包括V得OC)、V得C 情状、V得C/O 非情状"四类,依次以"得₁、得₂、得₃、得₄"代替。在语音形式上,这些"得"都不轻读,以下主要就词汇意义、语法功能、句法结构和韵律格式等方面进行分析。

(一)得₁

普通话和其他方言也有"V得(O)"式,关于普通话"V得"中的"得",如前所言,吕叔湘、赵元任、朱德熙等都有各自独到的见解;而其他方言的情况亦有所不同。陈淑梅认为鄂东方言的"V得得"也可以说成"V得","V得"中的"得"是定位的,不能单说,是个后附性动词[①];张大旗将长沙方言相当于"得V""V得C""V得(O)"结构中的"得"都归入助动词[②],黄雪贞的意见与此相同,也曾将永定客家方言中表能性的"得"字都作助动词看待[③]。

1)永定客家方言"V得(O)"中的"得"到底应归属动词、助动词还是助词?我们先从如下方面分析:

① "V得(O)"中"得"的词汇意义比较实在,既是句子语义的组成部分,也是能性语法义的形式载体,若去掉其中的"得"字,整个句义和语法意义都将改变,如"食得饭"和"食饭"两种结构的语义成分就很不同,前者由[+进食]、[+能够]和[+食物]组成,表能性;后者只有[+进食]和[+食物],不表能性。

② "V得(O)"的韵律格式是"V|得|(O)","得"既不粘附于前,也不粘附于后,是一个较独立的语言成分;对它进行否

---

① 陈淑梅《谈鄂东方言的"V得得"》,《方言》2000年第3期。
② 张大旗(1985)。
③ 黄雪贞(1986)。

定时，就在"得"前加修饰成分"唔"，说成"V｜唔｜得｜(O)"，"唔"在永定话中是一个独立的否定副词。而副词的主要语法功能是作状语，置于动词或形容词前，起修饰或限制作用；助动词可归入真谓宾动词，也能被否定副词"不"修饰，如"不能、不会、不应该"等。可见，"V唔得"也符合"否定副词＋助动词＋动词"的语义格式，只是方言的语序不同而已，这从一个方面反观肯定式"V得(O)"中"得"成分的属性——或是动词或是助动词。

③ 永定话"V得(O)"可独立成句，在分析其句法成分时，V是谓语中心，O为宾语，"得"及其否定式的"唔得"只能作补语。因为这一方面符合补语成分对语义的要求，另一方面，要是将"得"作纯虚成分看而不作补语成分，句式将不完整，句义也会缺损，事实上"得"还有实义。

④ 普通话的动词后可以带体助词"着、了、过"，若要同时表达能性和新情况的出现，只能用"能性助动词＋V＋了"，不能用"V得"式，如可以说"能吃（饭）了"，但不能说"吃得（饭）了"。永定话则两种形式都可用，用词汇手段时说"会食（饭）欸"，"V得"式时说"食得（饭）欸"，这"欸"与普通话的"了"对应，也是表示新情况出现的体助词。虽然永定话与普通话一样，有时两个虚成分可以连用，但一般限于两种形式：一种是"过欸"这两个体助词连用，另一种是结构助词"呃"和语气助词连用，如"食过欸（吃过了）""你呃嚜（你的吗）"。这可说明"V得欸"不是两个助词连用的格式，也可从另一角度排除"得"是助词的可能性，将"得"视作相当于"能"的谓词成分更为合适。

由此看来，永定话"V得(O)""V唔得(O)"中的"得"不应是一个助词，而分析为动词或助动词都有一定的道理。但鉴于其语义不如一般的动词或助动词实在，如不能单用，也不能单独作答，回答时要说"V得"或"V唔得"，述语动词总要出现，肯定和否定并列提问时也只能说"V得V唔得"等；况且只用于表达可能、能够或准许等能性义，体现了汉语助动词的重要语义功能；所以，我们认为视作能性助动词比较妥当，这样，也能和永定话另一能性结构"得V"相互平行。又因这"得"是后置的，与一般的助动词不同，更确切一点，应称为"能性后助动词"。

2）这名称似乎和太田辰夫的可能后助动词雷同，但两者所辖的范围不同，太田的可能后助动词除了指"吃得（V得）"中的"得"外，还指"吃得了（V得了）、写得好（V得C）"结构中的"得"。另一方面，"能性"的含义比"可能"丰富而概括，更适于反映永定话"V得"式所表达的多种语义内容。

（二）得₂

关于"V得C（O）"能性述补格中"得"的性质，概括起来主要有"助动词"说、"结构助词"说、"助词"说、"中缀或中置助词"说；至于如何给永定话中"V得C（O）"的"得"定性，也是要着眼于本方言的事实。

1）在永定话中，"V得C（O）"能性结构主要用于表达主观能力或客观条件的可能性，一般不用于表达情理上是否许可或是否准许的能性义，因此，与"V得（O）"相比，其能性的语义已减弱，使用的范围也已缩小，但仍表能性。但这能性义具体从何体现？有人认为不是由"得"体现的，如岳俊发、吴福祥，他们主张"V得C"中的能性是由整个结构式表达的，不是由其中某个结构体表达的。[①]不管从普通话还是从方言的角度考虑，我们都不赞同这样的观点，理由如下：

[①] 岳俊发（1984）；吴福祥《汉语能性述补结构"V得/不C"的语法化》，《中国语文》2002年第1期。

首先，无论"V得C"从何种形式语法化而来，它所具有的能性义应有一个着落点；如果笼统地归结于整个结构，那么异义同形结构又如何解释？比如普通话的"V得C"既可表能性，也可表情状，而永定话的"V得C"还有既不表能性也不表情状的用法，这些语法意义都归于"V得C"结构吗？如果把这些结构中的"得"等同看待，又以什么来区分这些表义不同的结构？

其次，汉语中表能性义的结构并不限于"V得C"式，还有"得V"式、"V得（O）"式等，"得V"和"V得（O）"中的能性义又从何体现？如果也认为由整个结构式表达，不就完全否认"得"的能性义了吗？

再者，吴文说在语法化过程中发生变化的只是"V得/不C"的结构义，其结构体的语义功能并未改变，这也不合语言事实。我们同意语法化和虚化是两个不同的概念之说①，然而语法化也不是一个孤立的过程，其中常常伴随着语义的虚化。仅就能性结构而言，从"得V"到"V得（O）"再到"V得C"，可以清楚地看到"得"字能性义的线性虚化序列，虽然"V得C"的能性义不如另两个"得"字结构的能性义实在，但还确实存在着。

此外，不论一个语言成分虚化程度如何，只要它是结构中的必须成分，就总要体现一定的意义，或以词汇义为主，或以语法义为主。词汇义是一种具体义、个性义，而语法义却是一种范畴义、类型义，汉语"V得C"结构中"得"所承载的主要是能性的语法义。据此可见，"得"还是"V得C（O）"能性语义的承担者，只是比"V得（O）"中的"得"语义更虚一些。

2）永定话"V得C（O）"的韵律格式和"V得（O）"相同，"得"既不粘附于前面的述语，也不粘附于后面的补语，形成

---

① 吴福祥《南方方言几个状态补语标记的来源（二）》，《方言》2002年第1期。

"V｜得｜C｜（O）"的格式，否定式是"V｜唔｜C｜（O）"，与其相应。在句法功能上，因 C 已作了补语成分，而"得"因语义较虚，不再充当 V 的补语，是作为连接述语和补语、宾语且表达能性的语法成分。另外，在作肯定或否定回答时，不能仅用"V 得"，补语部分 C 一定要出现，即用"V 得/唔 C"回答。基于以上的分析，永定话"V 得 C（O）"中的"得"宜作能性助词看，但它总介于述语和补语之中，故也可称"能性中置助词"；并且，这称谓也同样适用于永定话的"V 得 OC"式和普通话"V 得 C（O）"式中的"得"。

（三）得$_3$

普通话非能性结构"V 得 C"中"得"后的补语有不同的分类和名称，如状态补语、结果补语、程度补语等，永定客家话非能性结构"V 得 C"中"得"后可带状态补语和程度补语，统称为情状补语。

1) 永定话"V 得 C$_{情状}$"与"V 得 C"最大的不同首先是能性义的丢失，除此之外，还有这几方面差异：

① 表能性的"V 得 C"可以和其他能性助动词"可以""可能"共现，表情状的"V 得 C$_{情状}$"则不行，若添加能性助动词则变成能性结构，这可以作为分化"V 得 C"同形歧义结构的一个依据。如：

表能性	表情状
作业佢做得几好。	作业佢做得几好。
↓	↓
作业佢可以做得几好。	*作业佢可以做得几好。

② 在"V 得 C"中，"得"既不属前，也不属后，是三分的；而在"V 得 C$_{情状}$"中，"得"粘附于述语后，是两分的，语音停顿在"V得"后，这点与普通话相同。

③虽然永定话在"V得C"的补语前也可加程度副词修饰语X，但不如"V得C$_{情状}$"用得自由和普遍；并且，在"V得XC"中，X一般不需重读，但在"V得XC$_{情状}$"，重音明显落在X上，以强调事物的情状所达到的程度。

2）因此，永定话"V得C$_{情状}$"中的"得"比"V得C（O）"中的"得"语义又更虚，已完全没有了能性义，只是用在述语和补语之间起连接作用，但又是必须的结构成分，可以称作"情状结构助词"。

（四）得$_4$

汉语中有些词在一定的语境里似乎没有特别的表义作用，也不是句法结构的必须成分，但如果去掉，韵律结构或听感方面又好像会受些影响，鉴于此，我们认为这类词在结构上还是起了一定的作用。

1）永定话"V得C$_{非情状}$"和"V得O$_{非情状}$"结构中的"得"与此相似，在语义上既不表能性，也不表状态或程度，在句法结构中也不起特定的作用，甚至也不是必需的音节，如果去掉其中的"得"，语义和句法结构上没有什么区别。但习惯上还是常嵌入一个"得"字，尤其多见于老年人的交谈中，使话语听起来更有韵律感，更地道自然，所以，可以认为是一种韵律性结构助词。

2）"得"字作韵律性结构助词在典籍文献中可以找到一些用例。如：

虽然与我们只隔得百十里路程，缘分浅薄，闻名不曾相会。（《水浒全传》172页）

邻居说道："娘子在家失盗，等候得观察，不见回来。"（《水浒全传》705页）[①]

[①] 以上例句引自陈洁《水浒全传"得"的词义初探》，《语文研究》1984

那小丫头在窗外说得一声:"是绮大姐姐的。"(《红楼梦》二六回)

将来也不过多费得一副嫁妆罢了,如今也愁不到那里。(《红楼梦》四五回)[①]

由此可见,在客家方言的"得V""V得(O)"(含"V得来")、"V得C(O)"(含"V得OC")、"V得C$_{情状}$"(含"V得来C$_{状}$")、"V得C/O$_{非情状}$"五大类"得"字结构中,"得"的性质各不相同,从能性助动词、能性后助动词、能性中置助词、情状结构助词到韵律性结构助词,无论结构形式还是语义功能都有不同的表现和持点。

据我们前文对结构助词的界定,其中,作能性中置助词、情状结构助词和韵律性结构助词的"得"可归入结构助词的范围,也就是说,在"V得C(O)"(含"V得OC")、"V得C$_{情状}$"(含"V得来 C$_{状}$")、"V得C/O$_{非情状}$"中的"得"算是真正的结构助词,而"得V""V得(O)"等结构中的"得"应归入助动词(表7-2)。

表7-2 "得"字结构及"得"字性质对应关系表

结构:	得V	V得(O)	V得C(O)	V得C$_{情状}$	V得C/O$_{非情状}$
	↓	↓	↓	↓	↓
性质:	能性助动词	能性后助动词	能性中置助词	情状结构助词	韵律性结构助词

年第2期;不过陈列在动态助词下,本书认为应是韵律性结构助词。

[①] 以上例句引自王绍新《"得"的语义、语法作用衍变》,《语文研究》1985年第1期。

第三节　汉语能性"得"字后置试析

关于动词后"得"字能性义的来源存在不同的看法，一种观点认为是从表"获得"义的动词虚化为表实现、结果，再进一步转化为表可能，如王力、杨平、吴福祥等持这"虚化论"[①]；另一种观点则认为是从动词前表可能的助动词"得"后置而来，如杨建国、岳俊发等主张此"后置说"[②]。此外，还有人对"V 得"和"V 不得"的能性来源做进一步的细分，将"V 得"中的"得"看成是表实现的"得"的虚化，而把"V 不得"中的"不得"视作助动词否定式"不得"的后置，如太田辰夫、蒋绍愚、李晓琪等如是说[③]。但不管如何区分，最终都归结为"虚化"和"后置"两种来源，本书对此不做细分。

能性"得"来源于表实现的"得"虽有一定道理，但囿于"得"字内部的语义演变来探讨其功能的变化，必然带有一定的局限性。如不能满地回答这样的问题：先秦时"得""不得"已经用作助动词位于动词前表可能，而据岳俊发等的考察，用于动词后表实现的"得"在汉末才出现[④]，那么表能性的"得"为何舍近求远，不直接从表可能的"得"而从表实现的"得"发展而来？又如何解释表实现的"得"在汉代萌芽时，表可能的"得"和"不得"用于动词后也已出现了[⑤]，和动词前的"得"

[①] 王力（1980:300）；杨平（1989）；吴福祥《能性述补结构琐议》，《语言教学与研究》2002 年第 5 期。
[②] 杨建国《补语式发展初探》，《语法论集》第三集，中华书局 1959 年，第 29—49 页；岳俊发（1984）。
[③] 太田辰夫（2003:213—216）；蒋绍愚《近代汉语研究概况》，北京大学出版社 1994 年，第 192—198 页；李晓琪（1985）。
[④] 岳俊发（1984）。
[⑤] 据杨建国（1959）、岳俊发（1984），表可能的"得"和"不得"用于动词后汉代已出现。

和"不得"平行存在？因而，我们也不赞同"虚化论"。至于"后置说"，无论从语义的源流关系和发展的时间层次来说都比较吻合，但如杨平、赵长才等所言——必须对助动词"得"后置的动因做出合理的解释，否则也仅仅是一种假设[①]。

我们知道，在汉语中述语动词的辅助性句法成分主要有两个，一为前置的助动词，二为后置的补语，而且，这两种成分在以助动词修饰动词的能性状中结构和以"得"字为标记的能性述补结构中表现出十分密切关系，形成了结构和功能上交叉又互补的句法格式。本书因此得到启示，在基于"后置说"的前提下，尝试从汉语助动词的使用和发展以及由此而形成的语言功能转化的角度，并联系汉语方言和少数民族语言事实对能性"得"字后置于动词的机制做一些解说。

一、中古以前能性助动词考察

1）据白晓虹、太田辰夫、刘利等的考察，汉语的助动词系统先秦时就已形成，绝大多数是在动词和形容词意义的基础上虚化而来，如"可""足""能""得""克""敢""肯""欲""愿""见""可以"等，其中，用于表达能性的主要是"能""可""可以""得"。[②]关于这几个能性助动词在古代的语义和用法，也有人做了一定的探讨，一般认为："能"表主动，"可"表被动，如王力[③]；"能"表主观条件的可能，而"得"表客观条件的可能，如

[①] 杨平（1989）；赵长才《能性述补结构否定形式"V（O）不得"与"V 不得（O）"的产生和发展》，《汉语史研究集刊》第五辑，巴蜀书社 2002 年，第 82-94 页。

[②] 白晓虹《先秦汉语助动词系统的形成》，《语言研究论丛》（第七集），语文出版社 1997 年，第 211-229 页；太田辰夫（2003:184-190）；刘利《先秦单音节助动词考辨》，《北京师范大学学报》2000 年第 2 期。

[③] 王力《王力古汉语字典》，中华书局 2000 年，第 102 页。

杨伯峻[①]。不过，这些都只是较粗略的概括，要想了解能性助动词对能性"得"字在汉代后置是否有影响，还须对能性助动词在古代尤其是中古以前的使用和发展有较全面的认识。为此，我们选取了《礼记》、《左传》、《论语》、《孟子》四部先秦典籍和《史记》、《汉书》、《后汉书》、《搜神记》、《世说新语》五部中古文献为依据，具体考察"能""可"（文中讨论的"可"均含"可以"）、"得"从先秦至中古的使用情形。调查情况见表7-3、表7-4。

表7-3　　　　　　　　　　　　（单位：次数）

词	典籍									
	礼记		左传		论语		孟子		合计	
	总	助	总	助	总	助	总	助	助	%
能	225	175	552	421	69	45	135	109	750	77
可（可以）	355	332	813	322	156	131	259	201	986	62
得	166	52	285	74	49	15	177	45	186	27

表7-4　　　　　　　　　　　　（单位：次数）

词	典籍											
	史记		汉书		后汉书		搜神记		世说新语		合计	
	总	助	总	助	总	助	总	助	总	助	助	%
能	619	536	824	685	263	202	122	119	141	136	1678	85
可（可以）	667	506	960	790	279	239	176	155	242	222	1912	83
得	1030	326	1376	520	379	155	294	92	263	118	1211	36

（注：《史记》选取《世家》卷31至卷60和《列传》卷100至卷130，《汉书》选取《列传》卷31至卷60、卷80至卷100，《后汉书》选取《列传》卷11至卷30。）

[①] 杨伯峻《古汉语虚词》，中华书局1981年，第23页。

2)经调查可知,"能"在先秦时可用为名词、动词、助动词、连词等,但出现频率最高的是助动词的用法,约占 77%。在用为助动词时,所表达的语义也很丰富,不仅可以用于表主观条件的可能性,还可用于表客观条件的可能性。具体说来,有:

表示有某种能力或善于做某事,如:

(1)鹦鹉能言,不离飞鸟;猩猩能言,不离禽兽。(《礼记·曲礼上》)

(2)公孙敖闻其能相人也,见其二子焉。(《左传·文公元年》)

表示具有某种主观条件或意愿,如:

(3)事父母,能竭其力;事君,能致其身;与朋友交,言而有信。(《论语·学而》)

(4)父没而不能读父之书,手泽存焉尔。(《礼记·玉藻》)

表示具备实现某种动作行为或结果的客观条件,如:

(5)以此众战,谁能御之?以此攻城,何城不克?(《左传·僖公四年》)

(6)吾闻国家之立也,本大而末小,是以能固。(《左传·桓公二年》)

表示事理或环境上的许可,如:

(7)谁能出不由户?何莫由斯道也?(《论语·雍也》)

(8)虽孝子慈孙,百世不能改也。(《孟子·离娄上》)

用于疑问或反问句中,表示对某种可能性的怀疑,如:

(9)未能事人,焉能事鬼?(《论语·先进》)

(10)从许子之道,相率而为伪者也,恶能治国家?(《孟子·滕文公上》)

到了汉魏六朝,"能"用为名词、动词等的比例减少,而用为助动词的比例上升,已高达 85%。在表能性义方面,由于先秦时已很完备,所以,中古时期"能"除了更明显地倾向于表示主观能力或主观条件的可能性外，未见产生新的能性义。

3）在所检索的典籍中，"可"出现的频率也很高，用为助动词时，先秦的比例略低于"能"，中古时上升到与"能"旗鼓相当。在语法功能上，从先秦至中古除了有动词、形容词、副词等用法外，主要也是用作表可能性的助动词，只是多数用于表示客观条件、事理上的许可，少数用于表示主观条件的可能性。且与"能"一样，"可"在现代汉语中所具有的常用能性义在先秦时都已产生，中古以后几乎没有大的变化。现也举先秦的用例予以说明：

表示具备实现某种动作行为或结果的客观条件，如：

（11）决汝汉、排淮泗而注之江，然后中国可得而食也。（《孟子·滕文公上》）

（12）不得其守，国不可得也。（《左传·僖公二十四年》）

表示事理或环境上的许可，如：

（13）敖不可长，欲不可从，志不可满，乐不可极。（《礼记·曲礼上》）

（14）不可以无主。宗邑无主则民不威，疆场无主则启戎心。（《左传·庄公二十八年》）

用于疑问和反问句中，表示对某种可能性的怀疑，如：

（15）一之谓甚，其可再乎？（《左传·僖公五年》）

（16）管仲且犹不可召，而况不为管仲者乎？（《孟子·公孙丑下》）

表示具有某种主观条件，如：

（17）中人以上，可以语上也；中人以下，不可以语上也。（《论语·雍也》）

（18）蔑也今而后知吾子之信可事也。（《左传·襄公三十一年》）

4）"得"在中古以前主要作动词用，意为"获得""完成"

等，同时也用为表示可能的助动词；在助动词用法方面，从先秦至六朝表现出如下两方面的特点：

其一，使用的频率较低。先秦时约占27%，中古时稍高一些，但与"能"和"可"相比，相差仍较悬殊。而且，如同杨平在"助动词'得'的产生和发展"一文中所提出的——"得"作助动词时在古代并不单纯表示可能，应分为两种情况：一是表示实现、达到某种结果（这时是不表示可能的助动词）；二是用于未然的语境中，表示能实现、达到某种结果（这才是真正表示可能的助动词）。[①]从我们所调查的结果看，这是合乎事实的，"得"置于动词前确有表示实现某种结果的语义，比如：

（19）于崇吾得见于王，退而有去志，不欲变，故不受也。（《孟子·公孙丑下》）

（20）夷吾无礼，余得请于帝矣，将以晋畀秦，秦将祀余。（《左传·僖公十年》）

如果考虑这种情形，将其从"得"的能性用法中排除出去，那么表可能的助动词"得"就更少了。但在本书中除特别指出或专门讨论外，一般不做区分，都放在"得"字里面。

其二，表达的语义较少。"得"在先秦用于表示实现某种结果的可能性时，主要有以下几种用法：

用于表示假设、推论或情理上的可能，如：

（21）终日饮酒而不得醉焉，此先王之所以备酒祸也。（《礼记·乐记》）

（22）若以大夫之灵，得保首领以没，先君若问与夷，其将何辞以对？（《左传·隐公三年》）

（23）君有合族之道，族人不得以其戚戚君位也。（《礼

[①] 杨平《"助动词'得'的产生和发展"》，《语言学论丛》第二十三集，商务印书馆2001年，第122-144页。

记·大传》）

用于疑问或反问句中，表示对某种可能性的怀疑，如：

(24) 择不处仁，焉得知？（《论语·里仁》）

(25) 今也滕有仓廪府库，则是厉民而以自养也，恶得贤？《孟子·滕文公上》

少数用于表示具有某种主观或客观条件，如：

(26) 回也视予犹父也，予不得视犹子也。（《论语·先进》）

(27) 敝邑以侯宣多之难，寡君是以不得与蔡侯偕。（《左传·文公十七年》）

汉魏六朝时期，表示情理上许可的用例增多，常与"不、勿、毋"等连用，如：

(28) 两越俱为藩臣，毋得擅兴兵相攻击。（《史记·南越列传》）

(29) 小不得僭大，贱不得逾贵。（《汉书·货殖传》）

(30) 市井勿得贩卖。（《汉书·王贡两龚鲍传》）

可见，中古以前能性助动词"能"和"可"已发展得相当成熟，不仅出现频率很高，且表义丰富，用法细密；"得"虽然也是同时期的能性助动词之一，但运用远不如"能"和"可"普遍，用法也相对单纯。就其三者内部的语义联系来说，"能"和"可"虽各有侧重，但互有交叉，而"得"所具有的能性用法几乎可以在"能"或"可"中得以体现。

二、能性"得"后置的动因和过程

1) 由此可以说，从先秦至中古"能""可"都是强式助动词，而"得"属弱式助动词，这不仅因为"得"的使用频率较低，功能用法较少，而且还有以下两方面的原因：

一方面，如前所言，"得"置于动词前作助动词时可分为两种情况，通过分析发现，当用于表示实现某种结果时，"得"不仅不表示能性义，而且动词性仍较强，助动词性却较弱，如例（19）、例（20），"得"表示得到实现某种动作行为或结果（的机会或条件）；另一方面，"得"常和"能"或"可"连用，不过先秦时相对较少，中古以后较为普遍，但从先秦至中古"能得""可得"连用时，"得"多作动词用，表示得到某物或实现某种结果，如：

（31）臣能得鲁侯。（《左传·昭公七年》）

（32）千乘之君求与之友而不可得也，而况可召与？（《孟子·万章下》）

（33）乃募天下有能得戎吴将军头者。（《搜神记》卷十四）

（34）非但能言人不可得，正索解人亦不可得。（《世说新语·文学》）

但也有用为助动词的，如：

（35）既能得入，而耀之以大利。（《国语·楚语下》）

（36）愿闻所以行三言之道，可得闻乎？（《礼记·哀公问》）

（37）表不能得至，乃单马入宜城。（《后汉书·袁绍刘表列传》）

（38）嵇公勤著脚，裁可得去耳。（《世说新语·品藻》）

这种连用说明"得"表能性的语义功能也较弱，因为当"能得""可得"中的"得"用为动词时，其能性义完全由"能"或"可"表达；当"得"用为助动词时，因前有"能"或"可"辅以表达能性义，即使"得"属于表可能类的助动词，其能性义也相对减弱。

2）许多语言变化的事实说明，当几个不同的语言成分同时用于表达某一语义功能时，彼此间往往会产生一种竞争的机制，在竞争中强势成员取胜的几率大，迫使弱势成员进行语义功能的转化或偏移。"能""可""得"的情形与此相似，由于同用为能性助动词，内部力量又不均衡，"能""可"处于强势，"得"处于弱势，且"得"所表达的能性语义并非是唯一的或"能"和"可"所无法替代的，在这样的情况下，"能"和"可"容易对"得"的能性助动词功能产生了一种排斥力，迫使它做其他功能的转移。近代至现代"能""可""得"的使用情形也表明，"能""可"向着能性助动词发展，"得"朝着助词的方向前进。但"得"从助动词向助词延伸并不是一蹴而就的，在这过程中，汉语的使成式动补格为其提供了契机，起了桥梁纽带作用。

使成式也叫动结式（包括动趋式），是指单个动词（包括部分形容词）紧置于另一动词（或形容词）之后组成的一种动补结构。余健萍、杨建国、潘允中等对这种格式的形成和发展有专文论述，比较一致地认为使成式当萌芽于先秦时代，并在先秦典籍中找到了一些例证，其中被引用较多的，如[①]：

（39）若火之燎于原，不可向迩，其犹可扑灭。（《尚书·盘庚》）

（40）齐侯伐卫，战败卫师。（《左传·庄公二十八年》）

（41）子之相燕，坐而佯言曰："走出门者何，白马也？"（《韩非子·内储说上·七术》）

秦汉以后，因具有结构简明和表义明确化的优势，使成式在汉语中快速发展，应用日益广泛，在这股趋势的推动下，汉代起，动词"得"也可以置于另一动词之后作补语。不过，在始现之初，仍属表"获得"义的动词[②]，如：

（42）虏得韩将鲠、申差於浊泽。（《史记·韩世家》）

[①] （39）至（55）的例句来源于余健萍《使成式的起源和发展》，《语法论集》第二集，中华书局1957年，第115-126页）、杨建国（1959）、潘允中《《汉语动补结构的发展》，《中国语文》1980年第1期）及笔者本人对语料库的检索。

[②] 杨建国（1959）。

（43）其後有人盗高庙坐前玉环，捕得，文帝怒，下廷尉治。(《史记·张释之冯唐列传》)

（44）尽捕王宾客在国中者，索得反具以闻。(《汉书·淮南衡山济北王传》)

3）随着动词"得"继续往后移位，据杨建国考察，东汉时，助动词"得"开始用于动词后。① 但这时其语义仍实在，是一种后置的能性助动词，在句中充当补语。如：

（45）今壹受诏如此，且使妾摇手不得。(《汉书·孝成许皇后传》)

（46）古制宽，大臣有隐退，今去不得。(《汉书·龚遂传》)

（47）田为王田，卖买不得。(《后汉书·隗嚣传》)

助动词"得"从动词前移至动词后的运动轨迹，也能从汉代一些相关的用例中探察出来，最典型的例证如（47），在《汉书》中是"不得卖买"，但在《后汉书》中变成"卖买不得"，所表达的内容相似，功能相同，只是语序不同，具体见下例：

（48）奴婢曰"私属"，皆不得卖买。(《汉书·王莽传》)

（49）民田奴婢不得卖买。(同上)

其他还有一些"V不得"用例，表示欲实现某种动作行为或结果，但最终没有达到这一目的，可认为是助动词"得"从前置到后置的过渡形式，如：

（50）主父欲出不得，又不得食。(《史记·赵世家》)

（51）出于病得之欲溺不得，因以接内。(《史记·太仓公传》)

（52）姑句数以牛羊赇吏，求出不得。(《汉书·西域传》)

自此，汉语中表能性的"得"字述补结构得以正式确立，并

---

① 杨建国(1959)。

且继续发展,岳俊发认为,到了魏晋南北朝时期,"V(不)得"运用更加广泛,接着出现了带宾语的"V 得 O"式[①],如:

(53)一石谷捣得三斗米。(《搜神记卷三》)

(54)于公争不得理,抱其狱词哭于府而去。(《搜神记卷十一》)

(55)值祥私起,空斫得被。(《世说新语·德行》)

唐代以降,又衍生出"V 得 C""V 得 OC""V 得 CO"等多种形式,岳俊发、杨平、李思明等对此有过细致的考察[②]。当"得"运用于这些结构时,语义进一步虚化,演变为表能性的助词"得"。

4)以此看来,助动词"能""可"的强势排斥是能性"得"字后置的触机,动词的语义功能丰富是"得"的优势,实现弱势功能向强势功能转化是其内在的动力,使成式动补格在汉代的广泛运用又为其提供了条件,在这些因素的合力作用下,终于促成了助动词"得"在汉代后移,成为表能性的后置助动词或称能性后助动词,然后,继续引申为表能性的中置助词。其基本格式的演变过程可图示如下:

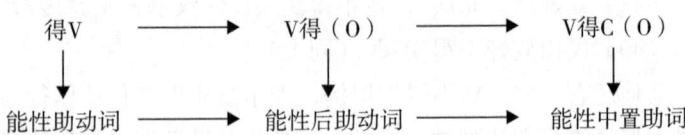

助动词"得"从汉代后置于动词之后,其前置的用法并没马上消失,正如杨平所言,魏晋六朝至唐代时"得 V"结构还很常用,宋元以后"得 V"结构开始萎缩,逐渐被"V 得(O)"所取

[①] 岳俊发(1984)。

[②] 岳俊发(1984);杨平《带"得"的述补结构的产生和发展》,《古汉语研究》1990 年第 1 期;李思明《晚唐以来可能性动补结构中宾语位置的发展变化》,《近代汉语研究》,商务印书馆 1999 年,第 340-350 页。

代[①]。这是可以理解的,因为后置的能性"得"在汉代萌芽后,需要一个发展的过程,历经了魏晋至唐的繁荣滋长期,宋元以后慢慢取得主导地位。到了现代,在普通话中表可能的助动词"得"已基本不用了,而历史上表实现某种结果或事理上许可的"得"常代之以双音词"得以",但这些只是"得"作为能性助动词发展的一面。另一方面刚好相反,后置的能性"得"自确立起,其结构形式、语义功能不断得到丰富和发展,以至可以和"能""可"等能性助动词抗衡;就如刘月华、杉村博文、沈清淮等对"能V"结构和"V得"结构的差异所做的分析那样,现代汉语最终形成了助动词与能性"得"字并存而在结构、语义、功能上交叉又互补的双线能性表达手段[②],从而丰富了汉语灵活而细腻的句法结构和表义功能。

三、方言及少数民族语言佐证

1)世界上的任何一种语言都无时不处于渐变之中,而且这种历时的渐变必然会投射在共时的分布上,汉语发展的历史无疑也证明了这一客观规律,若以此来反观现代汉语的方言事实,也可以看出除"得"之外的其他能性助动词(以下简称"非'得'能性助动词"),如"能""能够""可""可以""会"等的使用与发展和能性助动词"得"之间存在密切的关系,从而佐以说明非"得"能性助动词可对能性"得"字后置产生一种推动作用。

[①] 杨平(2001)。
[②] 刘月华《可能补语用法的研究》,《中国语文》1990 年第 4 期;杉村博文,沙野译《V得C、能VC、能V得C》,《汉语学习》1982 年第 6 期;沈清淮《"V得C"与"能VC"的语义、句法比较》,《四川师范大学学报》1998 年第 3 期。

闽西永定客家方言虚词研究

普通话是以北方方言为基础的共同语,在各种汉语方言中,北方方言发展较快,其他方言相对滞后。在助动词方面,虽然古代可以表达能性的助动词数量上不算少,但多数使用频率很低,常见的就是"可(可以)""能""得"等几个,如刘利、段业辉等对先秦至中古的助动词也做过较全面的调查[①]。经过了近现代的演变发展,如今普通话中强式的非"得"能性助动词更多,有"能""可能""能够""可""可以""会"等,而且运用更加广泛,功能更加强大。除了用助动词这样的词汇手段表达能性外,普通话还用"V得""V得C(O)""V得了"等"得"字述补结构表能性的语义,在这双面夹击下,古代原有的能性助动词"得"丧失了存在的根基。在现代汉语中,助动词"得"已几乎不表能性了,像朱德熙《语法讲义》中所举的表示环境或情理上许可的"得",现一般用"得以"表达,且多见于书面中;而吕叔湘《现代汉语八百词》则将表许可的"得"归入动词一类。

2) 永定客家方言土语层中的能性助动词是"得",只能和谓词性词语组成"得V"结构,主要用于表达以下三种语义:① 用于否定句中,主观上希望某种动作结果或客观情况出现,但因条件限制,总难以达到;② 有能力实现某种动作行为;③ 客观条件容许实现某种动作行为。否定式均为"唔得V",各举一例如下:

(56) 别侪唔得倒,你还唔□mai^{52}。(别人想都得不到,你还不要。)

(57) 就係无车坐,佢也得去,莫看衰人。(就是没车坐,他也能去,别看不起人。)

[①] 刘利《先秦单音节助动词考辨》,《北京师范大学学报》2000 年第 2 期;段业辉《中古汉语助动词句法结构论》,《南京师大学报》2002 年第 3 期。

(58) 两夫妻常在相吵,浪得过日欸?(两夫妻经常吵架,怎么能过日子?)

永定客家方言的"得V"能性结构在使用上受到较大的限制,如多用于否定和疑问句中,能充当"V"成分的只是一些谓词性词组、趋向动词及少数一般动词和形容词等,因而运用也不太广泛。但永定话仍能表达复杂多样的能性语义,一方面是因为在普通话的影响下也用能性助动词"会""可以"和"可能"①;另一方面也有"得"字能性述补格,而且与普通话相比,形式更多样,语义更丰富,运用更自由,如"V得(O)""V得C(O)""V得(O)C""V得来"等。

"得V"式的语义内容也多数可以换用非"得"能性助动词手段或"得"字述补格来表达,如可换成"可以/唔可以 V""会/唔会 V""V得/唔得"或"V得/唔C(O)"等,但是当地人在习惯上该用"得V"式的场合还是沿用"得V"式,这样听感上更自然地道,或许因为是传承于古代汉语的特殊能性结构。

3) 湖南洞口方言中的"得"也是语义功能繁多的一个语法词,除了继承古汉语的能性助动词用法和在述补结构中作能性助词外,还可充任结构助词、完成体助词等;"得"作动词时读为"tiɛ^{44}",否定形式有"没得""n̩^{44}得""不得";和永定客家方言一样,也是后面只能跟谓词性词语,可用于表达客观可能性,相当于普通话的"可能""可以",②如:

(59) 明日得落雨。(明天可能卜雨。)

---

① 关于方言中使用的"可以""可能""会"等非"得"能性助动词,由于老年人或不识字的人很少说"可以""可能",而且听起来较文气,不像地道的方言土语,故认为应是受普通话的影响而来;相对来说,"会"比"可以""可能"说得多些,也地道些,可能来源于近代汉语或现代汉语。

② 洞口方言资料来源于胡云晚《洞口方言能性"得"字研究》,《南昌大学学报》2005年第3期。

(60)日头大,衣衫才得干。(太阳大,衣服才会干。)

也用于表达主观条件和主观意愿,相当于普通话的"会""能""愿""肯",如:

(61)我没得去打球。(我不能/愿去打球。)

(62)其读书,我才得读书。(他读书,我才能/愿读书。)

当用于表达主观条件或主观意愿时构成歧义,具体是指主观条件还是指主观意愿,需靠当时的语境来分化消解。

洞口方言有时也用受近现代汉语影响的助动词"会",仅用于表示主观能力或善于做某事,除此之外,一般只用"得"这一能性助动词,这样就造成洞口方言的能性助动词很欠缺,而作为能性助动词或能性助词"得"的语义功能就特别丰富,用法也比其他方言灵活多变。普通话中用助动词"会""能""可能""可以"等表达能性义的句式,在洞口方言中几乎都要转化成"得"字结构来体现,或者用能性助动词构成的"得 V"式,或者用"得"字能性述补格。

4)以上我们着重分析了三类方言代表点的非"得"能性助动词和能性助动词"得"的使用情形,从中清楚地显见,普通话由于存在丰富的非"得"能性助动词,助动词"得"就基本不表能性了,成功地实现了功能的转化,较彻底地后置于能性述补结构中。永定客家方言由于受普通话的影响也使用一些非"得"能性助动词"会""可以"和"可能",以致能性助动词"得"的功能逐渐减少,完成了部分功能的转化,较常用于后置的能性结构中。而洞口方言除了有时用"会"外,只有一个能性助动词"得",所以它的语义功能更加复杂,较多地保留古代能性助动词"得"的用法,并得以发展。这些语言现象充分说明——非"得"能性助动词和能性助动词"得"之间存在着深层的联系,简单地说,就是"你强我弱,你弱我强,强胜弱负"的竞争关系,用图表示即:

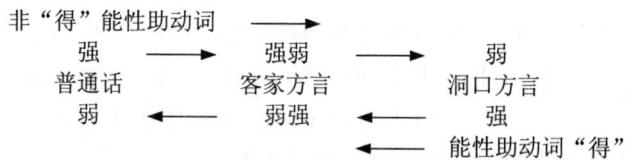

如此,也可从另一角度支持了我们的推测——汉代时强式能性助动词"能""可(可以)"可能对弱式能性助动词"得"产生有力的排斥,促使"得"作功能的转化或偏移,而当时最适宜的方式就是置于动词之后构成动补格。然而,为什么在普通话能性助动词"得"已几乎完全置于动词后作述补格,而永定客家方言和洞口方言中的"得"仍用作能性助动词的情况下,普通话的"得"字能性述补结构反而不如这两类方言形式多样呢?我们认为这样的问题也不难回答,因为汉代能性助动词"得"后置之后,虽然"得"字能性述补结构在唐宋之际繁荣滋长,但非"得"能性助动词也同时在不断地发展,产生了更多的强式非"得"能性助动词,这些助动词的组合功能很强,运用广泛,致使明清后"得"字能性述补格的部分形式萎缩或消失,这种趋势体现于以北方方言为基础的普通话中;而永定客家方言和湖南洞口方言较为保守,发展也较缓慢,在能性助动词"得"后置构成能性述补结构之后,选择或继续保留"得"充当能性助动词并和能性述补格一同发展。

5)非"得"能性助动词和能性助动词"得"之间的这种密切关系也能在其他方言或一些少数民族语言中得以反映,其他汉语方言的情形大体可归入上述三类,现再举壮语和布依语这两个少数民族亲属语言的例子。

壮语里的"$^{?}dai^{55}$"(否定式是"$^{?}bau^{55}$ $^{?}dai^{55}$")与普通话的"得"相当,但具体用法稍有不同。当置于动词前作助动词时,主要表达两种语义,一为表情理上的许可,如①:

---

① 壮语的能性助动词和能性述补形式方面的情况来源于对韦盛年所作的调

（63）çi:n³¹ ʔbau⁵⁵ ʔdai⁵⁵ juŋ³³ sa:t³⁵, va³³ ʔbau⁵⁵ ʔdai⁵⁵ ka:ŋ³³ li:u⁴²。
　　　 钱　不　 能　 用　 完　话　不　 能　说　完
　　　　　（钱不可花光，话不可说绝。）

二为实现某种动作行为或结果，如：
（64）ma⁴² kan⁵⁵ ʔbau⁵⁵ ʔdai⁵⁵ hau⁵⁵ siŋ³¹。
　　　 马　 急　　不　 能　 进　 城
　　　　　（着急的马进不了城。）

用作后一种语义时并不表示可能，而恰好与古代汉语中"得"的用法之一——实现、达到某种结果相应。所以，"ʔdai⁵⁵"除了表许可外，作助动词时没有其他的能性语义，表达能性义时一般都要后置于动词后构成述补结构，如：
（65）pai⁵⁵ pan³¹ mat⁵⁵ hau⁵⁵ ɣep⁵⁵, ŋon³¹ ma³¹ nep³³ ʔdai⁵⁵ ɣan²⁴。
　　　好　 比　 跳蚤　 进了 谷壳堆　天　 哪　 找　得　见
　　　　（好比跳蚤进了谷壳堆，哪天才能找得着。）

壮语除了用"ʔdai⁵⁵"述补结构表能性外，主要用能性助动词"ɣo⁴²"表达能性义，如：
（66）ta⁴² pu²¹ ɣo⁴² tam⁵⁵ kim⁵⁵ ɕu:ŋ³³, tam⁵⁵ dai⁵⁵ kik³³ dei²⁴。
　　　阿　 婆　会　 织　 锦　 壮　　织　 得　 很　好
　　　　　（阿婆会织锦壮，织得很好。）

（67）çi⁵⁵ mi²¹ tak³³ sa:m²⁴ ɕei³⁵ ɣo⁴² li:ŋ³³ me³³。
　　　只　 有　 老　 三　　最　 会　 谅　 妈
　　　　　（只有老三最能体谅妈妈。）

"ɣo⁴²"的语义功能与粤语的助动词"识（ʃek⁵⁵）"[①]基本相

查，"ʔdai⁵⁵"的例句引自《壮侗语族谚语》（中央民族学院少数民族语言研究所第五研究室编，1987 年中央民族学院出版），"ɣo⁴²"的例句引自《壮侗语族语言文字资料集》（中央民族学院少数民族语言研究所第五研究室编，1983 年四川民族出版社）。韦盛年，壮族，广西河池人，文献学博士。

[①] 关于粤语的助动词"识（ʃek⁵⁵）"参见李新魁（1995）。

同，都表示懂得、有能力或善于做某事。粤语的用法，如：

（68）佢又识跳舞，又识开车。（他又会跳舞，又会开车。）

（69）小林好识唱歌嘛！（小林很会唱歌呢！）

由此可见，壮语因常用能性助动词"γo^{42}"，所以"$^{?}dai^{55}$"较少用于表能性，表达能性义时一般要用动词后的"$^{?}dai^{55}$"构成述补结构，这就辅以说明非"得"能性助动词会对"得"的能性助动词功能产生一定的影响，并推动能性"得"字移置于动词后。另外，现代壮语"$^{?}dai^{55}$"在动词前仍表实现某种动作行为或结果而在动词后表达能性义，也恰好可从旁印证古代汉语中助动词"得"兼表实现某种结果和可能实现某种结果两种语义，而表能性的述补结构中的"得"来源于助动词后置这一观点。并且，这种动词前后"得"字非能性与能性的分工在布依语中表现得更为明显，如布依语中的"dai^{31}"[①]是与汉语的"得"、壮语的"$^{?}dai^{55}$"相当的语言成分，在助动词和能性述补结构方面的用法十分相似，但"dai^{31}"放在动词前作助动词时只表示获得或实现某种动作行为，没有情理上的许可等能性义，如：

（70）ku^{35}　$za:i^{11}$　sin^{33}　γau^{13}　$m\mu\eta^{11}$，$m\mu\eta^{11}$　dai^{31}　zo^{31}　vi^{53}。
　　　　我　写　信　给　你　　你　得　知道　未

（我写信给你，你收到（得知）没有？）

而置于动词后构成述补结构时才有能性的语义功能，如：

（71）ti^{35}　pai^{35}　dai^{31}，$m\mu\eta^{11}$　je^{53}　pai^{35}　dai^{31}。
　　　　他　去　得　你　也　去　得

（他能去，你也能去。）

[①] 布依语中的"dai^{31}"参见曹广衢《布依语的dai^{31}和汉语的"得"》，《语言研究》1982年第2期。

(72) muŋ^{11} pa:u^{53} dai^{31} tu^{11} ma^{35} ku^{35} ni^{31} mi^{11}?
　　 你　　保　　得　　只　　狗　　我　　这　　不
　　　（你能保住我这只狗吗？）

以上汉语方言和少数民族亲属语言的情形，也进一步证实了我们前文的推断——非"得"能性助动词与能性助动词"得"之间关系相当密切，并在非"得"能性助动词的强力排挤下，能性助动词"得"可能由动词前移至动词后；而从汉语的历史考察来看，"得"的后置发生于汉代，从此揭开了具有汉语特色的能性述补结构的历史篇章。

四、相关问题讨论

关于"V（O）不得"和"V得（O）"中"得"之能性义的来源，由于有些人着力强调"不得"先于"得"见于动词后，故认为两者的来源不同。具体地说，"V（O）不得"是由能性助动词的否定式"不得"直接后置而来，"V得（O）"是从动词后表实现的"得"发展而成，而从表实现的"得"演变为表能性的"得"中间需要时间。对于这样的区分，我们认为缺乏较充足的理由，而且似乎还应考虑以下几个因素：首先，表能性的"V（O）不得"在汉代也只处于萌芽状态，典型用例不是很多；况且在"V（O）不得"出现的同时，也有个别表能性的"V得（O）"用例，如：

（73）诚如何耳，使诚若申包胥，一人击得。（《论衡·顺鼓篇》）

魏晋之际，用"V得（O）"表能性的用例就更多见了，如上例（53）至例（55）。

其次，"得"和"不得"在先秦时都置于动词前表可能，为什么只有"不得"可能后置，而"得"就不可能后置呢？事实上，据我们前文的考察，它们具备同样的后置条件和动机。再者，文献语言一般滞后于现实口语，文献中没有记录未必在当时的口语中不用，更何况书面语言不同于口头语言，有时为了韵律结构或文体色彩等方面的需要，对语言表达形式有所选择，或许"V 不得"比"V 得"更能满足这方面的要求，以致早期更多用"V（O）不得"结构，而少用"V 得（O）"式。所以，本书不区分这两种形式中的"得"，认为都来源于能性助动词"得"的后置。

第四节　情态标记"可多"及其语法化

情态（modality）是指说话人对所说内容的态度与看法，体现说话人话语的主观性。在汉语中，情态的表达方式除了情态动词、情态副词、语调等语言形式外，还有一个特殊的成分——语气助词。语气助词主要用于表达陈述、疑问、祈使或感叹的语气（mood），但也往往给句子添加一定的主观情态，如委婉、轻视、嘲讽、强调、推测等。

永定客家方言的"可多$k^h ou^{52} tou^{33}$"一般运用于对话中，在句法上总粘附于其他语言成分之后，且多出现于陈述句末（全句或分句末）。在语义功能上，一是表达对某种情况不太确定的看法，相当于表推测的"可能""也许""大概"等情态词（情态动词和情态副词）；二是在否定实现某一动作行为的可能性上增添一种轻讽并稍含提醒的口气（情态），前者记为"可多$_1$"，后者记为"可多$_2$"，统称为情态标记。

Fillmore 曾将句子的语义结构定义为：
S＝P＋M
P＝V＋C_1＋C_2＋…＋C_n
其中，S（sentence）代表句子，P（proposition）代表命

题，M（modality）为情态，命题又由句子的中心动词 V 和一组深层格（semantic role）所构成。[①]具体说来，命题是句子中表述客观事实的部分，这种客观事实具有可示像性，相当于摄影中的被写体，而情态则是说话者将命题传达出去的方式，即说话者的语气或态度。依此分析，客家方言的"可多"恰好对应于 Fillmore 句子模式中的情态 M，"可多"外的其他成分则表达客观命题 P，这样，永定客家方言带"可多"的句式可以改写为：

S＝P＋可多

又可分为：

$S_1 = P_1 + 可多_1$

$S_2 = P_2 + 可多_2$

本节主要在语气和情态的框架下讨论可多$_1$和可多$_2$的句法结构和语义功能，分析两者的差异和联系，并探讨"可多"的语法化过程，以期为汉语语气助词的多维来源做一个补证。

一、"可多$_1$"的句法结构和语义功能

（一）"可多$_1$"的句法结构

1. P_1的构成

在永定客家方言中，"可多$_1$"的使用频率相当高，P_1的成分也很自由，可以是单个的词，也可以是词的自由组合。

1）当 P_1 由单个的词构成时，主要是指实词中的名词和动词，形容词和数词较少单独充当 P_1 成分，而单个的疑问代词和量词一般不能构成P_1。如：

（1）佢手项拿哋嘛个？苹果可多$_1$。（他手上拿的是什么？

[①] 引自吴凌非《论"了$_1$"和"了$_2$"》，《语言研究》2002 年第 1 期。

可能是苹果。)

(2) 你细人欸做嘛唔去读书?怕可多₁。(你小孩怎么不去读书?可能是怕吧。)

(3) 甲个人甘愿去无?甘愿可多₁。(那个人愿意去吗?可能愿意。)

(4) 嫌人嘛个?歪可多₁。(嫌人家什么呢?可能(嫌人)丑吧。)

(5) 你带几多钱?三十也五十?五十可多₁。(你带了多少钱?三十还是五十?可能五十。)

(6) 蛮弄细人欸哭咘?佢可多₁。(是谁把小孩弄哭的?可能是他。)

(7) 俚老公在哪欸?□ka²⁴ 欸可多₁。(我老公在哪?可能(在)那儿。)

虚词除少数副词外均不能充当 P_1 成分。如:

(8) 佢几时到咘?头到可多₁。(他什么时候到的?可能刚才。)

(9) 你阿叔来唔?唔可多₁。(你父亲来不来?可能不。)

(10) 佢昨日有去做事无?无可多₁。(他昨天有没有去干活?可能没有。)

2) 与单个的词相比,词的自由组合充当 P_1 的能力更强,一些原先受到限制的形容词、数量词、疑问代词等构成词组或添加某个辅助成分后也能后附"可多₁"而成句了。如:

(11) 你行几多趟欸?五六趟可多₁。(你走了几趟了?可能五六趟了。)

(12) 放哪欸可多₁。(可能放哪儿了。)

(13) □ka²¹ 个人着嘛个颜色咘衫?红咘可多₁。(那个人穿什么颜色的衣服?可能是红的。)

(14) 菜熟□mang⁵⁵ 有?熟欸可多₁。(菜熟了没有?可能熟

了。)

P₁也可以是较复杂的结构，所谓复杂的结构是指P₁中含有主谓谓语、连动、双宾、兼语、处置、被动等较特殊的成分。如：

（15）这件事佢知收欸可多₁。（这件事他可能知道了。）

（16）你阿叔上山斫柴欸可多₁。（你爸爸可能上山砍柴了。）

（17）佢将这个人打死吔可多₁。（可能是他把这个人打死的。）

（18）甲头树分人倒撇欸可多₁。（那棵树可能被人砍掉了。）

2. 共现的方式

"可多₁"可以和一些语言成分共现，这里主要考察"可多₁"与同义词形和语气助词共现的情形。

1）永定客家方言在表达对某一情况的猜测时，除了用"可多₁"外，还可用"偃看""可能""将问 tɕiaŋ⁵² muən⁵²""敢係 kaŋ⁵² hei²¹"等一些同义词形。"偃看"相当于普通话的弱断言谓词"我想"①，"可能"是情态动词，与普通话的用法相同，"将问"和"敢係"都是表猜测的情态副词。这几个词均可单独运用，也可各自和"可多₁"共现；但"偃看"和"可能"受普通话影响的成分较多，听起来较文气，单用比较自由；而"将问"和"敢係"属方言土语，较少单独使用，通常与"可多₁"共现。如：

（19）偃看这车唔係佢吔可多₁。（我看这车子可能不是他的。）

（20）佢将问天光日来可多₁。（他可能明天才来。）

（21）可能无米欸可多₁。（可能没米了。）

---

① 郭昭军《现代汉语中的弱断言谓语"我想"》，《语言研究》2004年第2期。

（22）敢係赴墟欸可多₁。（或许去赶集了。）

"侄看""可能""将问"或"敢係"与"可多₁"共现时，中间必须隔着其他词语，组成框式结构。

2）"可多₁"一般位于陈述句末，但若与语气助词"欸ei²¹"或"嘞lei²⁴/嘞lei²¹"共现，也可置于这些语气助词之前。"欸"和"嘞"语音形式有异，语义功能相同，都相当于普通话的"了₂"或"了₁₊₂"。如：

（23）佢前两日去看病欸可多₁。（他前两天可能去看病了。）

（24）阿哥去打鱼可多₁欸。（哥哥可能去打鱼了。）

（25）大家都食饱嘞可多₁。（可能大家都吃饱了。）

（26）佢转外家可多₁嘞。（她可能回娘家了。）

（二）"可多₁"的语义功能

1）基本的情态义。从以上考察可知，"可多₁"表达的是对某种情况的主观推测，即为被粘附对象增添一种表推测的情态义，这种情态义的基本特征是[＋可能]。据此，S_1的语义结构可表达为：$P_1 \longrightarrow$ 可能，对应的普通话是：可能（是）$\longrightarrow P_1$。如：

大家都来欸可多₁。⟶ 大家都来了＋可能。⟶ 可能大家都来了。

在"可多₁"和"侄看""可能"等共现的框式结构中，虽然"侄看""可能"等已表达了推测的语义，但"可多₁"在句中仍起着对客观命题的不确定性进行叙补的功用，只是语义和语势比单用时弱一些，也稍弱于同现成分。因此，共现形式在句法上表现为两个情态标记，但在主观信息量上并不羡余，这种叠床架屋的结构增强了话语的主观猜测性；同时，口气上比单用"侄看""可能"等更加委婉。如：

可能无米欸可多₁。──→可能＋没米了＋可能。──→（我想/我猜）可能没米了。

2）在否定式中的表现。在否定句中，否定词否定的都不是"可多₁"，而是P₁自身，如例（19）、例（21）。又如：

（27）𠊎唔去欸可多₁。（我可能不去了。）

（28）你无做作业可多₁，正会分阿叔打。（你可能没做作业，才会被爸爸打。）

永定客家话也可以说"唔/无可多₁"，但否定词"唔/无"不是做"可多₁"的修饰成分，而是"可多₁"粘附于否定词"唔/无"后，表达"可能不/没有"的语义，如例（9）、例（10）。因此，无论是在肯定式还是在否定式中，"可多₁"表达的都是某种不确定性，不会因否定而改变它基本的推测情态义。

3）与"可能"的差别。"可多₁"与情态动词"可能"的语义功能非常相似，但"可能"一般置于谓词之前，"可多₁"却总附于其他成分之后。而且，"可多₁"除了不受否定词修饰外，也不受程度副词修饰；而"可能"不仅可以被否定词修饰，还可以被一些表程度的"比较""很""十分""极""最"等副词修饰。如：

这事很/非常/十分/极可能是他干的。

他去比较/最可能成功，其他人去不行。

以上句子都不能转说成客家话的"可多₁"句，因为"可多₁"句无法表达出其中的"比较""很""十分"等程度级别。所以，尽管"可能"也是表达一种关于可能性程度的连续量，一种变化幅度很广的模糊量①，但"可能"所表达的量幅可大致分段，可以说"有点儿可能""很可能""极可能"等；"可多"则

---

① 郭昭军《从"会₂"与"可能"的比较看能愿动词"会₂"的句法和语义》，《语法研究和探索》（十二），商务印书馆2003年，第382-396页。

不然，它完全不能被分割，不能说"有点儿可多₁""很可多₁""太可多₁"等。因此，如果说"可能"表达的是可能性的相对模糊量，"可多₁"表达的则是可能性的绝对模糊量。

二、"可多₂"的句法结构和语义功能

（一）"可多₂"的句法结构

1. P₂的构成

"可多₂"只用于陈述句末，根据结构成分的特点，P₂可分为P₂ₐ和P₂ᵦ两类，相应地，"可多₂"句式可分为S₂ₐ和S₂ᵦ。

1）P₂ₐ是一些表"照管"义的谓词性结构，这种结构已凝固成习语，数量有限。如：

（29）管你可多₂。（相当于：才不管你。）

（30）打理佢可多₂。（相当于：管他/它呢。）

（31）得佢死臭可多₂。（相当于：管他/它呢。（口气较强））

2）P₂ᵦ由词组构成，结构方式比P₂ₐ自由，也不只限于"照管"义词语，可以表达比较复杂多样的语义内容。如：

（32）佢会理你可多₂。（相当于：他会管你？（不可能的））

（33）佢会来看你可多₂，你甲欸等呀。（相当于：他会来看你？你就等着吧。）

（34）俚会拿钱分佢可多₂，莫想。（相当于：我会拿钱给他？别想。）

（35）像你咹样，人家会嫁你可多₂。（相当于：像你这样，人家会嫁给你？）

（36）天项会跌银欸分你可多₂，你等正来捡呃。（相当于：天上会掉银子给你？你等着捡吧。）

2. 语调与"可多₂"

P₂ₐ 和 P₂ᵦ 后也可不用"可多₂",只附加一定的语调就能成句,附加不同的语调,所表达的语义不同。

1) P₂ₐ 后如果带上升的疑问语调,表达不太确定的疑问;带平缓的陈述语调,表达肯定的陈述;带下降的陈述语调,则表达与 S₂ₐ 相当的否定陈述。P₂ᵦ 也可附加三种语调,附加平缓的陈述语调,表达肯定的陈述;附加上升的疑问语调或下降的陈述语调,表达与 S₂ᵦ 相当的否定陈述。如:

管你↗?　是管你吗?　佢会理你→。　他会管你。

管你→。　管你。　　佢会理你↗?　他会管你?(不可能的)

管你↘。　不会管你。　佢会理你↘。　他不会管你的。

2) 因此, P₂ₐ 可以附加下降的陈述语调或"可多₂"表达否定的语义,而 P₂ᵦ 既可附加上升的疑问语调,也可附加下降的陈述语调或附加"可多₂"以表达否定义;但不论是 P₂ₐ 还是 P₂ᵦ,如果是后附"可多₂"构成否定义,句末都改用高平的陈述语调,并且"多"的字调拖长。不同否定义表达式之间的对应关系如下图示:

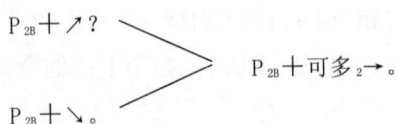

3. 共现的限制

在 S₂ 句式中,没有能与"可多₂"共现的同义词汇形式,"可多₂"也不能与其他语气助词或否定词共现。如果 S₂ 中出现了否定词,则表达"可多₁"的语义,如在例(32)中添加一个否定词,"佢唔会理你可多",全句的语义就变为"他可能不会管你",所以, S₂ 没有否定式,它是一种特殊的表达否定语义的结构式。

（二）"可多₂"的语义功能

1. S₂的基本语义功能

因客观命题 P₂ 在结构和可附加的语调上有所不同，所以分为 P₂A 和 P₂B 两类，但在语义功能上，相应生成的 S₂A 和 S₂B 有着内在的联系，都表示"对实行某一动作行为的可能性的否定"，即"不可能实行某一动作行为"。只是，在义域上，S₂A 比 S₂B 狭窄，仅表达"不可能去照管某人、某物或某事"，故可看成 S₂B 的特例。

2. "可多₂"的语义功能

由于 S₂ 的语义结构比 S₁ 复杂，以致"可多₂"的表义功能不如"可多₁"明晰，要想确认"可多₂"的语义功能，须对 S₂ 进行逐层的分析。

S₂ 的基本语义功能可做如下切分：

[＋客观行为]、[＋可能性]、[＋否定]

在这几个语义成分中，"客观行为"的负载者比较明确，都是由 P₂ 中的谓词性词语充任，如上引例句中的"管你""理你""来看你"。现在着重分析"可能性"和"否定"这两个语义成分的承载者。

1）通过对 P₂B 命题构成的考察，我们发现 P₂B 中必定要蕴含情态动词"会"，否则不能构成 S₂B，如上例（32）至例（36）去掉"会"后都失去了"可能"义，且句式不能成立：

*佢理你可多₂。

*佢来看你可多₂。

*偌拿钱分佢可多₂。

*像你咹样，人家嫁你可多₂。

*天顶会跌银欵分你可多₂。

可见，在 S_{2B} 中，"可能性"是由情态动词"会"承担的，而 S_{2A} 是 S_{2B} 的特例（以下讨论可以 P_{2B} 涵盖 P_2，以 S_{2B} 涵盖 S_2），S_{2A} 中的"会"已省略并隐含。

2）在汉语中，肯定陈述加上疑问语调后，句式就蕴含了疑问的信息，若加重疑问的语调变成反问语调，疑的信息就大于信的信息，句式就表达了否定义，因此，汉语常用反问语调来表达否定义。永定客家方言比较特殊，当反问语调换成加重的陈述语调后，也能表达否定义，这是在特定语境下形成的句式义。这种 P_2 后附语调构成的不同否定式之间应有一定的时间层次，可表达如下：

$P_{2B}+↗?$ ＞ $P_{2B}+↘。$ ＞ $P_{2A}+↘。$

当用于承载否定义的语调被"可多$_2$"和高平的陈述语调替换后，因这两者都不能表达否定的语义，所以，S_2 中的否定义是原有句式的遗留，即命题 P_2 后附语调所构成的否定义继续作用于由 P_2 和"可多$_2$"构成的句式。

3）可见，"可多$_2$"既不表可能性，也不表否定，其表义功能不在 S_2 的基本语义范围之内。我们接着对"$P_{2B}+↗?$"（a 式）、"$P_{2B}+↘。$"（b 式）、"$P_{2B}+可多_2→。$"（c 式）这几个否定式做进一步有关语气和情态方面的比较。如：

a 偓会求你↗？
b 偓会求你↘。
c 偓会求你可多$_2$→。

a 式和 b 式表否定时都带强烈的轻蔑口气，意即"像你这种人，我会求你？"，而 c 式由于语调高平，末尾"多"音调拖长，听起来口气较和缓，轻蔑的语意降低，而且带有些许的提醒之意。以此看来，"可多$_2$"表达的也是一种情态义，是给 S_2 增添一种和缓的轻讽口气，并稍含提醒。这样，S_2 完整的语义功能应表述为"对实现某一动作行为的可能性的否定，并附带轻讽和提醒的口气","轻讽和提醒的口气"就是 S_2 中的情态语义成分。

三、"可多₁"与"可多₂"

"可多₁"和"可多₂"都粘附于其他成分之后,为所在的句式增添某种情态,但在具体的语义功能上存在一定的差异,同时又有内在的联系。下面主要从语义和功能的虚实、相关性等方面讨论"可多₁"和"可多₂"之间的区别与联系。

(一)语义虚化不同

"可多₁"和"可多₂"的词汇义都已虚灵,所表达的主要是语法义,但可通过考察各自的同义(广义的说法,包括相近和相当)表达式来比较它们语义上的虚实情形。

1)"可多₁"与同义形式。如前所言,"可多₁"的同义形式是"偎看""可能""将问""敢係"等,这些词均可用于表达推测的情态;其中,"可能"的语义功能最接近于"可多₁",但"可能"比"可多₁"语义实在。

2)"可多₂"与同义形式。在永定客家话中,除了能用一定的句末语调表达与"可多₂"相同的否定义外,还可用语气助词"喔ou^{33}"替换"可多₂";而且,作为"可多₂"的同义替换形式,"喔ou^{33}"也是仅粘附于陈述句末,附带高平的语调,末尾"喔ou^{33}"的字调拖长。前文所引的"可多₂"句式均可换用语气助词"喔ou^{33}"来表达。如:

(30)′打理佢喔。

(32)′佢会理你喔。

(34)′偓会拿钱分佢喔,莫想。

两种形式所表达的语义基本相同,只是用"喔ou^{33}"时,轻蔑的语意较重,且一般不含提醒的口气。

3)虚化的层次。以上比较说明,"可多$_1$"的同义表达式是一些情态词,这些情态词的语义都较实在;"可多$_2$"的同义表达式或者是句末的语调,或者是语气助词,都没有具体的词汇意义。况且,语气助词"喔ou^{33}"还可能是"可多$_2$"的语音弱化形式或进一步的虚化形式,因为"可多$_2$"总位于句末,有时说话人为了使读音轻便,可能丢掉"可",加上"多tou^{33}"的音调拖长,很容易弱化为"喔ou^{33}";而"可多$_1$"从不发生语音弱化或其他变读现象。此外,"可多$_2$"没有能共现的同义词形,其后也不能再出现任何其他语气助词。所以,尽管"可多$_1$"的语义也已虚灵,不如情态词"可能"等实在,但与"可多$_2$"相比,"可多$_1$"显得稍实一些,"可多$_1$"和"可多$_2$"处于不同的语义虚化层次。

(二)语义功能相关

"可多$_1$"和"可多$_2$"的语义功能具有内在的相关性,而且,这种相关性集中体现在所蕴含的主观情态和"可能"的语义上。

1)主观化的情态。"可多$_1$"表达对某种客观情况的个人推测,其主观情态显而易见。"可多$_2$"的主观情态可有以下两方面的表现:

一是对可能实现某一动作行为的主观否定,包括主观上不情愿实现或主观上认为不可能实现。具体说来,当句法主语是言者本人时,表达主观上不情愿实现某种动作行为,如例(34);当句法主语是言者以外的人时,表达言者主观上认为不可能实现某种动作行为,如例(35)。当然,这种主观情态不是直接由"可多$_2$"来表达,而是通过特定的句式体现出来,但与"可多$_2$"密切相关。

二是轻讽和提醒的口气,这种口气是"可多$_2$"自身直接承负的,本属主观情态的范畴。因此,表达主观情态是"可多$_1$"和"可多$_2$"共同的语义功能。

2)相关的"可能"义。在 S_1 句式中,"可多$_1$"是"可能"义的直接负载者,所表达的可能性与肯定或否定无关。在 S_2 句式中,"可多$_2$"不是"可能"义的直接承负者,其可能性是由句中的情态动词"会"承负的。但是,由于"可多$_2$"所处的特殊语境,比如,S_2 中必定要出现情态动词"会",S_2 仅用于表达对可能性的否定,"可多$_2$"只能运用于 S_2 这样的句式中,因此,"可多$_1$"和"可多$_2$"在"可能"义上具有一定的相关性。只不过"可多$_1$"是直接的、正面地表达,而"可多$_2$"或许因语义的虚化丢失了"可能"义,但在特定的句式中留下了情态义,即为否定的"可能"义增添一种轻讽和提醒的口气。

此外,"可多$_1$"和"可多$_2$"在语用功能上也是相通的,"可多$_1$"具有委婉的交际功能,而"可多$_2$"以轻讽的口吻表达决然的否定,并略带善意的提醒,使人听起来更加轻松柔和。

可见,"可多$_1$"和"可多$_2$"在语义功能上存在深层的联系,都表达一定的主观情态,都与可能性相关,都有一定的委婉功用,但在语义虚化程度上有所不同,表现为从"可多$_1$"到"可多$_2$",即由虚到更虚的变化过程。如果对"可多$_1$"和"可多$_2$"做具体的界定,"可多$_1$"是情态助词,"可多$_2$"为语气助词。

四、"可多"的语法化

在永定客家方言中,"可多"体现为五种语法形式(包括变体)——词组"可多"、准副词"可多"、情态助词"可多$_1$"、语气助词"可多$_2$"及其变体"喔ou^{33}"。鉴于共时的语言形式是历时发展的投射,"可多"的语法化过程可大致分为以下三个阶段:词组的融合、情态助词的形成和语气助词的发展。

(一)准副词:词汇化的过程

1)"可多"+NP。"可"和"多"都能作为一个独立的词使用,"可"是程度副词,用于比较,表示"更""较"等义;"多"与普通话相同,是一个高频形容词,表示数量大,与"少"相对。"可多"组合在一起,用于修饰名词性结构 NP 时,是程度副词修饰形容词的状中词组,表示与原来或某种情况相比,数量更大。如:

(37)□kia³³ 欸比以前还可多人。(现在比以前还更多人。)

(38)煮唉多菜,爱可多油得盐来用。(煮那么多菜,需要更多油和盐。)

(39)俚比佢等可多日。(我比她等更多天。)

(40)佢行可多趟。(她走更多趟。)

2)"可多"+VP。"多"单独修饰动词性结构 VP 时[①],VP 中常出现数量成分,或者是具体的数量组合,或者是表微量的"滴欸""下欸"[②]。此时,"多"的语义并不是指向 VP 中的动词,而是指向其数量成分,"多"是表量大或超出的形容词。如:

(41)多灌□kia⁵² 杯酒。(多喝了好几杯酒。)

(42)佢多行三趟。(他多走三趟。)

(43)多照顾滴欸你老弟。(多照顾点儿你弟弟。)

(44)唔自然,多休息下欸。(不舒服,多休息一下。)

[①] 因"多""可多"一般不修饰形容词,所以称为"动词性结构 VP",且"VP"是指"多"或"可多"直接修饰的那个动词性结构,即如果出现连动结构,"多"或"可多"修饰紧靠其后的动词性结构或其中某个成分,如例(46),"多"修饰"转屋下";例(47),"多"修饰"在屋下"。

[②] "下欸"既可表微量,也可表短时。

如果 VP 中不出现上述的数量成分（有时可出现表短时的"下欻"），"多"的语义指向整个 VP 结构或其中的某个成分，"多"一般不用作表量的形容词，而倾向于作表频度的副词，意思是"常"。如：

（45）爱得你妈多讲话。（要跟你妈多说话。）

（46）多转屋下看看欻。（常回家看看。）

（47）多在屋下食饭，少在外背食饭。（多在家里吃饭，少在外面吃。）

（48）亲戚之间多来往下欻，正会亲。（亲戚之间常来往才会亲。）

如果"可"与"多"组合在一起，共同修饰 VP，VP 中则不能出现任何数量成分，"可多"的语义也指向整个 VP 结构或其中的某个成分，"可多"显然用于表示频度更高，相当于"更常"。如将上引的"多"＋VP 改为合法的"可多"＋VP：

可多灌酒。｜佢可多行路。｜可多照顾你老弟。｜可多休息。｜得你妈可多讲话。｜可多转屋下。｜可多在屋下食饭。｜亲戚之间可多来往。

3）"可多"的融合。以上说明，从"可多"＋NP 到"可多"＋VP，"可多"的结构和语义都有了一定的变化，而"多"＋VP 是过渡的环节。其间，首先是"多"的语义发生了偏移和虚化，由表量的形容词转为表频度的副词；也正因为这语义偏移和虚化的影响，加之和程度副词"可"结合在一起高频使用，以致状中词组"可多"逐渐向词汇形式过渡，两者的词汇边界逐渐模糊，但并没有完全消失，因为"可"的独立性还较强，所以，"可多"在 VP 前融合为一个准副词。

"可"与"多"的词汇化并不是孤立的现象，"可"还和其他词融合，如"可得（更好）""可赢（更好）""可惨（更糟）、""可死（更糟）"；"得""赢""惨"和"死"都可独立成词，但与"可"结合后,就成了不自由的语素,且语义上发生了一定的变化,融合为准词的形式。

(二)情态助词:后置与虚化的实现

情态助词"可多$_1$"的形成,须具备两个条件:一是准副词"可多"的后置;二是"可多"语义的虚化。

1. 平行的后置成分

在现代汉语中,副词是置于谓词之前只作状语的修饰性成分,助词是粘着在词或词组后边表示某种语法意义的虚词。但有的方言存在一些置于谓词之后,换说成普通话则要用副词来表达的修饰性成分,有些人将它们归入"后置性副词"。施其生对此有过较精当的分析,认为这些后置性成分应归属助词一类,这样才能实现副词与助词之间的清楚划界,如广州话的"先":"你食先,唔使客气"(你先吃,甭客气)。[①]项梦冰同样将连城客家方言的类似后置性成分"添"作助词看待,如"买一只添"(再买一只)。[②]

1)永定客家方言也存在一些前修饰成分(不限于副词)后置的语法形式,常形成前置(a式)和后置(b式)并存的现象,如"有"经常位于谓词前作助动词,表示对客观事件现实性的肯定。如:

(49)a 阿姐有在□ka^{24}欻。(姐姐在那儿。)

a 新买吔被有烧无?无烧。(新买的被子暖和吗?不暖和。)

"有"也可置于谓词之后。如:

b 唔试欻,倨昨日买有欻。(不用了,我昨天买了。)

[①] 施其生《论广州方言虚成分的分类》,《方言论稿》,广东人民出版社1996年,第69-83页。
[②] 项梦冰(1997:427)。

　　　　　b 这个比□ka²¹个重有两斤欸。(这个比那个大概重了两斤。)

　　否定副词"无"和增量副词"加"也是既用作谓词的前修饰成分，又用作谓词的后附加成分。如：

（50）a 佢前头日无去上班。(他前天没去上班。)

　　　　　b 行无两步脚，就讲脚疾欸。(没走两步路，就说脚痛了。)

　　　　　b 两个差唔多大，大也大无滴欸。(两个差不多大，即使大，也大不了多少。)

（51）a 要是加写两个字就好欸。(要是多写两个字就好了。)

　　　　　b 天时好寒，爱着加一件衫。(天气很冷，要多穿一件衣服。)

　　　　　b 今日比昨日寒加两度。(今天比昨天冷了两度。)

　　表增量的"添"只能置于谓词性词语后，即只有b式的用法。如：

（52）b 小滴欸添就可合适。(再小一点就更合适。)

　　　　　b 还好早，各/再/再各坐一下添。(还很早，再坐一会儿。)

　　2）这些前修饰成分置于谓词之后，句法功能都发生了变化，不管原来在谓词前充当何种句法成分[①]，在谓词后都作结果补语，相应地，语义上也有一定的虚化，但还没虚化到助词的程度。如谓词后的"有"，虽然换说为普通话时用"了"来表达，但与"了"并不等同，"有"不仅表示动作已完成，而且存在一定的结果。

[①] 助动词"有"既可看作状语，也可看作带真谓宾的谓语，这里暂且归入前修饰成分一起讨论，谓词前的"无""加"只作状语。

2. 后置的语用诠释

客家方言及其他方言修饰性成分后置的现象可从语用上得到一定的解释。

1) 语序是表达信息焦点的主要形式之一，通过语序的变化可以使某个语义成分占据序列中通常为焦点而预设的位置，从而达到强调的语用目的，实现焦点化。[①]汉语的常规语序是形容词、副词等修饰性成分置于谓词之前，如果这些修饰性成分是信息的焦点或语义的重点，可用超常语序以突出强调，将其移至谓词之后。客家方言的"有""无"等放在谓词性成分前时，往往都是语义的重点，如"阿姐有在□ka^{24}欸""佢前头日无去上班"，要着重说明的是"有"或"无"。为了凸显信息的焦点或语义的重点，"有""无"等修饰性成分被置于谓词之后，经过长期的语用沉积，超常语序逐渐成为常规语序，在方言中沿用下来。

2) 另一个可能的语用解释是话语的叙补功用。有时，在交际中把主要的信息传达出来后，说话人还觉得不够完满，紧接着对所说的话进行追加叙补。如上例"今日比昨日寒加两度"，如果只说"今日比昨日寒"，也基本能实现交际的目的，但补上"加两度"后就更为准确具体；而在"还好早，各/再/再各坐一下添"这句话中，频度副词"各/再/再各"已表达了反复或继续的语义，句尾又补了"添"，形成和"各/再/再各"共现的形式，其用意主要是强调"继续'坐'"这一动作。这些补叙的句式，有其特定的语用功能，久而久之，也可能成为一种语序而被传承。

3. "可多"的后置与虚化

与客家方言的上述后置形式平行，"可多"也可向后漂移。

[①] 莫红霞、张学成《汉语焦点研究概观》，《杭州师范学院学报》2001年第2期。

1) 在"可多"＋NP 结构中,"可多"移至 NP 后,语义和结构基本不变,仍是副词修饰形容词的状中词组,且常作谓语中心。如:

(53) 礼拜日人∥可多。(星期天人更多。)

在"可多"＋VP 结构中,"可多"移至 VP 后,由于准副词"可多"在语义功能上所具有的模糊性,导致移位后的"可多"虽仍表示频度更高,但功能上具有两重性,有时倾向于作谓语中心。如:

(54) 佢来∥可多,俚去可少。(他来得更多,我去得更少。)

有时可重新分析为 VP 后的叙补成分。如:

(55) 佢平时∥在食堂食饭／可多。(他平时更常在食堂吃饭。)

这种语义功能的虚实共见是语言成分处于虚化过程中的常有表现。以下主要讨论"可多"在 VP 后的变化。

2) "可多"与"有""无"等平行的后置成分一样,可能由于语用上的焦点凸显或叙补功用而向后漂移,但漂移的终点位置比较特殊。在客家话的平行后置成分中,除了"添"外,"有""无"等多位于句中谓词后,谓词之后还常带着数量成分,而 VP 后的"可多"一般处于句末。这样的句法环境为"可多"语义功能的进一步虚化提供了条件,因依语法化的线性序列原则,右边的成分一般比左边的虚,且句末成分最容易发生虚化。

所以,在移位的同时,"可多"的语义逐渐虚化。VP 后的"可多"与"VP"前的"可多"相比,虽然基本语义未变,但稳固性减弱,模糊性增强;又由于处于句尾叙补的位置,这种趋势不断发展,以致从表频度的"更常"引申为表猜测情态的"可能",而其间因为语义的近似性,也可能经历了"更可能""可能""大概"等过渡阶段。

伴随语义的虚化，"可多"的语法功能也发生了转化，据前文对副词和助词的界定，常处于句末并已虚化为表猜测的"可多$_1$"应归属助词成分，如此，"可多"实现了由句法单位向形态单位的演变，完成了情态助词"可多$_1$"的语法化。

3）显然，VP+"可多"是情态助词"可多$_1$"语法化的过渡形式，也因此在永定客家话中这是一个歧义结构，句中的"可多"既可能是表频度的"更常"，也可能是表猜测情态的"可能"。比如，例（55）也可理解为"他平时可能在食堂吃饭"，但依据上下文的语境，歧义可自动分化，如例（54），由于后面有"可少"对举出现，"可多"一般只能理解为"更常"。

（三）语气助词：语法化的进一步发展

从前文"可多$_1$"和"可多$_2$"在语义功能上的内在联系和所处的不同虚化层次可知，情态助词"可多$_1$"形成之后，"可多"的语法化并没就此停止，而是作语义的进一步虚化和功能的进一步转化，从表推测情态的"可多$_1$"发展为表轻讽和提醒口气的"可多$_2$"；并且，通过语音的弱化形式，"可多$_2$"又继续引申出语义功能相当的语气助词"喔ou^{33}"，至此，"可多"才完成其语法化的全过程。可图示如下：

发展过程：起点　→　虚化　→　后置　→　虚化　→　进一步虚化　→终点

句法结构：可多+NP → 可多+VP → VP+可多 → VP+可多$_1$ → VP+可多$_2$ → VP+喔ou^{33}

语法成分：　词组　→准副词→准副词虚化式→情态助词→语气助词→语气助词弱化式

五、余论

1. 其他方言的表现

其他方言也有"可多$_1$""可多$_2$"或类似的情态标记。如梅州丰顺客家话[①]除了有与永定客家话相同的"可多$_1$"和"可多$_2$"外,还使用"怕会";"怕会"和"可多"的主要区别在于"怕会"可置于谓词前后,而"可多"只能置于句末。当"怕会"置于谓词性词语前时,是一个情态副词,表示可能性的推测。如:

佢怕会识尔。(他可能认识你。)

若用在句末,语义功能相当于"可多",既可用作"可多$_1$",也可用作"可多$_2$"。如:

佢识尔怕会。(他可能认识你。)

佢会嫁分尔怕会。(他会嫁给你?(不可能的))

广东佛山三水的粤语则用"怕"表达"可能"的推测,"怕"可放在谓词性词语前作情态副词,也可放在谓词性词语后作情态助词,相当于"可多$_1$"。如:

佢怕係度等紧你。(他可能正在等你。)

佢唔嚟怕啦。(他可能不来啦。)

2. 汉语语气助词语法化的多维性

汉语(包括方言)语气助词的来源很广,在汉语史上和现代汉语方言中,名词、动词、副词、助词等都有虚化为语气助词的例证。比如,时间名词"时"虚化为表假设的语气助词"时"[②],完成义动词"了"先虚化为表完成的词尾了$_1$,后又发展为表新

[①] 梅州丰顺客家话和广东佛山三水粤语的语料由黄婷婷(梅州丰顺人)和禤健聪(佛山三水人)提供。

[②] 江蓝生《时间词"时"和"後"的语法化》,《中国语文》2002 年第 4 期。

情况出现或即将出现的语气助词了$_2$[①],结构助词"的"进一步虚化为语气助词"的"[②],甚至跨层非短语结构"的话"也可通过词汇化成为语气助词"的话"[③]。另,在一些南部方言中,言说义动词"讲"可语法化为表转述的语气助词"讲"[④],疑问语气助词"无"来源于否定副词"无"的虚化[⑤],语气助词"怕会"则从情态副词"怕会"发展而来。可见,汉语语气助词的语法化具有多维性的特点,而永定客家方言"可多"的特殊语法化途径又为此作了一个补证。

[①] 王力(1980:445-446)。
[②] 孙锡信《近代汉语语气词》,语文出版社 1999 年,第 144-145 页。
[③] 江蓝生《跨层非短语结构"的话"词汇化》,《中国语文》2004 年第 5 期。
[④] 林华勇 (2005:152-165)。
[⑤] 王力(1980:450-452)。

结　语

　　本书在如实调查的基础上对闽西永定客家方言的虚词进行了全面的梳理，对各类虚词——助词、连词、副词和介词做了封闭性的考察，分成七章系统地描写了每类虚词的概况，逐个细致地分析了虚词的语义特征和语法功能，并对相近的虚词或同类的语法现象进行了认真的辨析，兼及对部分虚词的本字、来源或语法化问题做了尝试性的探讨；同时，为了更准确、深入地把握方言的语言事实或进行溯本求源，也将永定客家方言的虚词与普通话、周边的客家方言、闽方言、粤方言及其他方言的同类现象进行了比较，必要时也对古代汉语尤其是近代汉语的相关情况进行了调查，基本上实现了"普—方—古"大三角的检视。

　　通过全面的研究，对永定客家方言的虚词有了一些理性的认识，现概述如下：

　　（1）永定客家方言的虚词是一个自足而完备的系统，有的在表现形式和语义功能上完全与普通话相同，有的虽在表义功能上与普通话的某个虚词对应，但形式上或具体的语义功能方面却存在一定的差异，也有的完全不见于普通话中，是永定客家方言固有的成分，如"从、沿、打、自、自从、顺、藤"这一组表时空的介词，"从、沿、打、自、自从、顺"的用法基本与普通话相同，而"藤"则属于本方言的特殊成分。

　　（2）与普通话和其他一些方言相比，有的语法形式较为复杂，比如，普通话只有一个助词"得"作补语标记，而永定客家方言却有"得""得来""来""倒""去"五种表现形式，其中，

"得"字的用法最广,除了作能性补语的标记外,还可作状态补语、程度补语等非能性补语的标记;"得来"也是既可作能性补语的标记,也可作状态补语的标记;"来"一般仅用于状态补语的标记;"倒"只充当结果补语的标记;"去"也兼用作状态补语和程度补语的标记。这些补语标记有着不同的语法功能,但相互有交叉,有的标记之间可以互相替换而不改变语法功能。

(3)永定客家方言的同义表达形式也比较繁复,尤其是副词和介词,表现得更为突出,比如,同表"总括"这一语义功能,可用"全旁、成下、作下、尽下、一总伙、乍下"这几个副词,表"协同",则有"打秋、作伙、同下、共下、一下",表推测的语气副词也有"将问、将盲、敢、敢怕、敢係"等,在同一组词内每个副词的用法大同小异;而处置式也可用介词"将、将把、拿、得"来构成。

另外,一形多用的现象也较多,常常是同一个形式可兼作几类词,表达多种不同的语义功能(来源未必都相同)。如 te?² (本书写作"得")这一语音形式,可用作动词、助动词、介词、连词和助词等;仅就介词而言,"得"就可用于介引所对者、所为者、索取者和协同者,也可用于构成平比句和处置句,体现了方言虚词多能性的特点,同时,也增强了永定客家方言的表现能力。

(4)永定客家方言的虚词也保留了较多的古汉语成分,有的和普通话一样沿袭于古代汉语,有的曾在汉语史上出现过,后来在现代汉语中消失了,但却被永定客家方言继承了下来,且有不同程度的发展,可谓是活的语言化石,如表程度的副词"忒""好""尽"大约在唐宋时期就已出现;表推测的语气副词"敢、敢怕、敢係"可在近代的一些文献中发现依凭;"稳定"作语气副词也可在近代汉语中找到源头,但如今这些词都基本不用于现代汉语中了。

（5）作为汉语方言的一部分，永定客家方言除了和古代汉语有着密切的传承关系外，也与其他方言紧密相关，因此，借助于方言类型学上的考察，本书考证了一些本字或来源不明的虚词，也辨析了一些混同混用的语法成分。比如，由于永定客家方言的上声字和去声字合流，一些原本不同音的词变得完全同音，造成一些虚词本字不明，如补语标记$k^h i^{52}$不知是"起"还是"去"，持续体助词和补语标记tou^{52}也是"倒""到"难分。

关于"起"和"去"，通过对"起""去"语音和语义功能的分析、对古籍文献的调查以及方言间的比照，得出这一结论：补语标记"去"来源于趋向动词"去"的语法化，补语标记$k^h i^{52}$的本字应写作"去"；至于"倒"和"到"，也是通过对古代汉语、不同方言的调查、考证，初步认为：作结果补语、能性补语和持续体标记的tou^{52}本字应写作"倒"，补语标记tou^{52}则写作"到"，两者都应是来源于动词"到"的语法化。

（6）在这一虚词系统的研究中，也发现了相关的语法形式之间通常存在一个线性的虚化链，如在"得V""V得(O)""V得C(O)""V得$C_{情状}$"等各类"得"字结构中，反映了从能性到非能性这样的虚化过程，而且各类结构中的"得"的性质也不相同，不能一概而论；又如，"可多"可表现为四种语法形式——词组"可多"、准副词"可多"、情态助词"可多$_1$"、语气助词"可多$_2$"，其间也体现了一个线性的语法化链，大致经历了"词组的融合""情态助词的形成"和"语气助词的发展"这三个语法化阶段。

（7）一般认为，北方方言发展较快，南部方言，诸如客家方言、闽方言等相对滞后，在这些方言中，除了能找到一些古老的语言形式外，还能发现一些方言和普通话之间的过渡形式或语法化的中间地带。如反复问句"VP 无"中的"无"与普通话是非问句的"吗"有历史渊源关系是可信的，"吗"在现代汉语中已演变为纯粹的疑问语气助词,但永定客家话"VP 无"中的"无"是否已全部演变为是非问句的疑问语气词"无",则好像不那么容易下定论。从方言的事实看,永定话的"VP 无"结构,一部分仍用作反复问,一部分已发展为是非问;相应地,"无"既是反复问句中的否定词,也用作是非问句中的疑问语气词。

(8)语言的历时演变必然会投射在共时的分布上,各地方言的事实无疑也证明了这一观点,所以,方言研究的重要目的或者说是意义之一便是为汉语的研究提供资料、依据,从而促进整个汉语的研究;本书也力图实现这一目标——在研究永定客家方言虚词时,也尝试探索一些相关的现代汉语问题,以期为汉语的研究提供线索和佐证。比如,关于汉语能性助动词"得"的来源目前仍存在争议,通过对汉语史、方言和少数民族亲属语言的考察,作出如下解释:因为"能""能够""可""会"等非"得"能性助动词与能性助动词"得"之间关系非常密切,在非"得"能性助动词的强力排挤下,能性助动词"得"可能由动词前移至动词后;而从汉语的历史考察来看,"得"的后置发生于汉代,从此揭开了具有汉语特色的能性述补结构的历史篇章。

附　录

附录一　主要发音合作人及语料调查人情况

姓　名	性别	学历	出生年份	住　　址	职　业
李丁祥	男	初中	1938	永定县湖坑镇	农民
李福招	女	初中	1940	永定县湖坑镇	小学教师
李爱凤	女	小学	1940	永定县湖坑镇	工人
李广生	男	初中	1949	永定县湖坑镇	工人
游园英	女	小学	1950	永定县湖坑镇	农民
李广俊	男	初中	1967	永定县湖坑镇	农民
廖茂奎	男	大学	1962	永定县凤城镇	中学教师
严炳坤	男	大专	1966	永定县抚市镇	公务员
陈仲仁	男	大学	1970	永定县抚市镇	技术人员
李瑞涛	男	大专	1969	永定县湖坑镇	小学教师
苏建坤	男	大专	1969	永定县古竹乡	小学教师
林铠芳	男	大学	1968	永定县坎市镇	公务员
蔡春来	男	中专	1958	长汀县南山乡	管理人员
罗红玲	女	大学	1967	连城县城内	中学教师
严修鸿	男	博士	1969	武平县民主乡	大学教授

附录二 永定（湖坑）客家方言音系

1. 声母（17个，包括零声母）

P	杯背布八	p^h	怕批婆倍	^mb	马磨米袜	f	夫红粉法	v	乌闻碗屋
T	多单到答	t^h	拖图吐达					l	拿来怒乐
ts	租做庄张	ts^h	村祠出绝			s	苏薯洗雪	z	阴延厌页
K	家狗鸽夹	k^h	区其技级	$ŋg$	咬年硬日	h	下行女学		
ø	恩吴矮恶								

说明：

（1）^mb、$ŋg$ 有时读为 m^b、$ŋ^g$。

（2）z 来自齐齿呼零声母音节起首 i 的浊化和擦化，浊音明显，如 zi^{52}、$ziəu^{24}$ 有时还可以读为 i^{52}、$iəu^{24}$。

2. 韵母（40个）

		i	飞为体地		
a	花华打夜	ia	斜借谢写	ua	瓜卦夸
ə	资试夫湖补户				

续上表

ai	歪排太坏			uai	乖怪快
ei	杯梅嘴味			uei	哀爱灰来菜害盖
au	包吵靠闹				
əu	偷头走豆	iəu	标桥邮友旧		
ou	多刀禾保道	iou	茄		
ãi	班盘反换	iẽ	冤园远选	uãi	暖寒汉安
ɛ̃i	冰朋凳定烟				
ẽi	兵贫民永任			ũi	蚊门粉论群
aŋ	淡男斩硬	iaŋ	领晴井命	uaŋ	梗
eŋ	吴五唔不				
ɔŋ	帮忙厂项羊	iɔŋ	枪墙姜想		
oŋ	风农总用	ioŋ	胸穷拱共		
aiʔ	袜发滑辣			uaiʔ	刷刮脱
aʔ	法塔白石	iaʔ	壁迹逆席草～		
ɛʔ	北得贼叶	iɛʔ	八血绝月	uiʔ	出国物术
əʔ	笔汁十入				
ɔʔ	桌角学药	iɔʔ	削脚弱略		
uʔ	木福服熟	iəuʔ	六曲局玉		

说明：

（1）没有 u 韵母，只有 a、ə、i 共 3 个单元音韵母。

（2）没有 ɿ 韵母。

（3）ɛʔ、iɛʔ 的主元音接近 æ。

（4）əʔ 的主元音舌位偏前，接近 E。

（5）eŋ 韵的韵尾介于 -n 和 -ŋ 之间，考虑到音系的系统性，统一处理为 -ŋ。

3. 声调（6个）

调类	调类	调值	例字
阴平	$_c\square$	33	加乌资马咬坐
阳平	$_\varsigma\square$	24	查牙词时台肥
阴上去	$^\circ\square$	53	化假富兔脑
阳上去	$^\supset\square$	31	市妇话大万路
阴入	$\square_\circ$	3	客吓笔日抹缺
阳入	$\square_\supset$	5	白直十月弱族

说明：阴入略降，阳入略升，都是短调。

后 记

此书系由我的博士学位论文修改而成。从 2003 年 6 月进入中山大学攻读汉语言文字学博士学位,迄今,此书的调研、撰写和出版已历经十一年。

2000 年 9 月至 2003 年 6 月,我在厦门大学攻读汉语言文字学硕士学位,师从苏新春教授学习汉语词汇学,主要运用数据库进行现代汉语词汇方面的研究。虽然,在厦大求学期间,也学习过方言学、音韵学,但未曾涉及过语法,所以,投于施门前,我对方言语法不甚了解,它对我来说就是一块崭新的处女地,是施先生引导我一步一步走进这片学术圣地,让我一点一滴地领略其中的奥秘。2006 年 6 月,经过三年的辛苦耕耘,终于完成了《闽西永定客家方言虚词研究》博士学位论文,虽谈不上丰厚成熟,但毕竟为此付出了艰辛的努力,其中也凝聚了导师施其生教授无尽的心血。求学三年,课上课下经常请教施老师某个字的来历、某个音的读法或某个词的语义功能,施老师经常就此和我一起苦思瞑想,不断推敲、仔细琢磨方言中各种微妙复杂的词义和用法,并字斟句酌,力求精确无误地表达。施老师严谨、精益求精的治学精神时时鞭策我,激励我前行。

在中大学习三年,还得到了唐钰明先生的许多关心和鼓励。唐老师不仅学问高深,治学有方,而且善于因材施教,他的教导和鼓励激起了我对古汉语研究的兴趣,于是,便学习运用语料库做汉语史方面的考察和研究,后有相关论文发表在《古汉语研究》、《汉语学报》、《学术研究》、《辞书研究》等期刊上,收获颇丰;并以此为基础,把这种理念和方法引入方言语法研究中,比如，考察某个词的演变、某个语法功能的来历和语法化的过程，努力贯彻普—方—古大三角相结合的研究原则。

还要特别感谢李如龙先生，能进入中大学习还得益于李老师的大力推荐，在此由衷地感谢李老师多年来所给予的诚挚教诲和关怀。同时，感谢硕士导师苏新春先生，尽管已出苏门，但苏老师依然给予许多学术上的点拨，继续帮我批阅论文，不断地关心我学术上的成长和进步。

感谢香港中文大学的张双庆先生，张先生为人随和，非常关照内地学子，我只发了一封邮件，就得到他的慷慨赠书，并在博士论文答辩中给予了许多宝贵的建议。还要感谢陆俭明先生、项梦冰教授、麦耘教授、郭熙教授、庄初升教授、严修鸿教授等，感谢他们在我求学期间及之后所给予的学术指导和帮助；尤其是庄初升、严修鸿两位同乡师友，多年来给了我莫大的支持和鼓励。

还有许光烈、王哲、刘翠香、王衍军、林华勇、胡云晚、辛永芬、谷向伟、徐海英、赵敏、徐馥琼、黄婷婷、金键等众多同门师兄弟姐妹，就学期间的友情和毕业之后的师门聚会总让我感受到许多关爱和快乐。

此书的完成还要感谢我的父母、弟妹、姑姑及各位亲朋好友，感谢他们多年的精神支持。尤其是父亲和母亲，经常陪同我下乡调查，帮我收集语料，不仅为我的学业、工作忧虑，更为我的身体担心，三天两头电话不断，他们陪伴着我，和我一起走过一段段艰难的时光。

感谢我的先生商艳涛教授，我们在中大相识，至今已一起走过十个年头。无论是在中大读书期间还是毕业之后，他的陪伴都是我人生苦旅中的强大支撑和动力。多年来，他为我牺牲了许多宝贵的时间，不仅给予我生活上无微不至的照顾，还帮我查阅和整理了大量的文献资料。儿子于2008年出生，自从有了孩子之后，生活增添了许多忙碌，先生为此也付出了许多。为了完成我的博士论文、教育部和省市等科研项目，先生每年都随我回乡调研，陪我一起赴印尼调查，任劳任怨，体贴入微，令我感动。2011年我们双双获资助公派去美国加州大学访学一年，住在加州大学洛杉矶分校的family house，儿子也在那上公立幼儿园，这是我们一生中最幸福快乐的时光。我们如同又回到了浪漫的学生时代，每天两人背着背包，一起乘公车去学校听课，一起去图书馆查阅资料，周末则开车带着孩子去太平洋海滨、环球影城、迪斯尼乐园等地游览，假期我们从美国西部游到东部，一起访问了斯坦福大学、哈佛大学、哥伦比亚大学等名校，走访了一些知名的学者，体验到了学习与生活的快乐。

感谢华南理工大学出版社的吴兆强老师，他是我两本书的责任编辑，工作认真、严谨、一丝不苟，是个非常负责的编辑。

最后，还要说明此书是中央高校基本科研业务费后期资助项目成果，也是本人主持的教育部人文社会科学规划项目"闽粤赣三地客家方言语法比较研究"成果之一，且书中部分内容已在学术期刊上公开发表过。

由于本人才疏学浅，书中肯定存有不少错漏之处，恳请各位方家批评指正。

李小华
2014年6月于华南师范大学寓所

参考文献

1 白维国.近代汉语中表示动态的助词"得"(的).见:胡竹安,等.近代汉语研究.北京:商务印书馆,1992.
2 白晓虹.先秦汉语助动词系统的形成.见:南开大学中文系《语言研究论丛》编委会.语言研究论丛(第七集).北京:语文出版社,1997.
3 蔡日英.说"似的".语言教学与研究,1981(1).
4 曹广衢.布依语的 dai^{31} 和汉语的"得".语言研究,1982(2).
5 曹广顺.《祖堂集》中的"底(地)""却(了)""著".中国语文,1986(3).
6 曹广顺.《祖堂集》中与语气助词"呢"有关的几个助词.语言研究,1986(2).
7 曹广顺.语气词"了"源流浅说.语文研究,1987(2).
8 曹广顺.近代汉语助词.北京:语文出版社,1995.
9 曹志耘.金华汤溪方言的介词.见:李如龙,张双庆.中国东南部方言比较研究丛书(第五辑)——介词.广州:暨南大学出版社,2000.
10 常春."语调""语气"的内涵——兼谈"语调"的量化测试.语文建设,1998(4).
11 陈安平.介词"问"的产生.暨南大学华文学院学报,2001(4).
12 陈昌来.介词与介引功能.合肥:安徽教育出版社,2002.
13 陈昌来.汉语介词的发展历程和虚化机制.柳州职业技术学院学报,2002(3).
14 陈法今.泉州方言的述补结构.方言,1992(3).
15 陈洁.水浒全传"得"的词义初探.语文研究,1984(2).
16 陈妹金.北京话疑问语气词的分布、功能及成因.中国语文,1995(1).
17 陈平.汉语双项名词句与话题——陈述结构.中国语文,2004(6).

18 陈曼君.闽台闽南方言的反复问句.方言,2011（2）.

19 陈山青.湖南汨罗方言的将实现体助词"去".中国语文,2012（2）.

20 陈山青.湖南汨罗方言的"过"字句.方言,2012（3）.

21 陈山青,施其生.湖南汨罗方言的处置句.方言,2011（2）.

22 陈淑梅.谈鄂东方言的"V得得".方言,2000（3）.

23 陈淑梅.汉语方言里一种带虚词的特殊双宾句式.中国语文,2001（5）.

24 陈晓锦.东莞方言说略.广州：广东人民出版社,1993.

25 陈晓锦.缅甸仰光客家话"一"的特殊用法.语言研究,2012（1）.

26 陈泽平.试论完成貌助词"去".中国语文,1992（2）.

27 陈泽平.福州方言动词的体和貌.见：张双庆.中国东南部方言比较研究丛书（第二辑）——动词的体.香港：香港中文大学中国文化研究所吴多泰中国语文研究中心,1996.

28 陈泽平.福州话的否定词与反复疑问句.方言,1998（1）.

29 陈泽平.福州方言的结构助词及其相关的句法结构.语言研究,2001（2）.

30 陈泽平.福州土白"叭"问句的来龙去脉.方言,2005（4）.

31 陈延河.惠东多祝客家话名量词、数词的"A打A"重叠式.暨南学报,1991（4）.

32 陈延河.广东惠东客家方言动态助词"过".见：李如龙,周日健.客家方言研究（第二届客方言研讨会论文集）.广州：暨南大学出版社,1998.

33 储成志.语气词语气意义的分析问题——以"啊"为例.语言教学与研究,1994（4）.

34 戴耀晶.现代汉语时体系统研究.杭州：浙江教育出版社,1997.

35 邓思颖.从南雄珠玑方言看被动句.方言,2004（2）.

36 丁崇明,荣晶.昆明方言的"着"字.方言,1994（4）.

37 丁力.从问句系统看"是不是"问句.中国语文,1999（6）.

38 丁声树,等.现代汉语语法讲话.北京：商务印书馆,1961.

39 董为光.汉语副词的数量主观评价.语言研究,2000（1）.

40 杜克俭.临晋方言的"到"字句.语文研究,2000（2）.

41 段业辉.语气副词的分布及语用功能.汉语学习,1995（4）.

42 段业辉.中古汉语助动词句法结构论.南京师大学报,2002(3).
43 方梅.北京话句中语气词的功能研究.中国语文,1994(2).
44 方平权.岳阳方言介词"尽""驾""得".云梦学刊,1998(2).
45 方小燕.广州话里的动态助词"到".方言,2003(4).
46 方小燕.广州方言句末语气助词.广州:暨南大学出版社,2003.
47 冯春田.试论结构助词"底(的)"的一些问题.中国语文,1990(6).
48 冯春田.近代汉语语法问题研究.济南:山东教育出版社,1991.
49 冯春田.聊斋俚曲里的假设助词"着"及相关问题.中国语文,2004(3).
50 傅惠钧.明清汉语正反问的分布及其发展.古汉语研究,2004(2).
51 甘甲才.中山客家话研究.汕头:汕头大学出版社,2003.
52 高增霞.处所动词、处所介词和未完成体标记——体标记"在"和"着"语法化的类型学研究.中国社会科学院研究生院学报,2005(4).
53 郭熙."放到桌子上""放在桌子上""放桌子上".中国语文,1986(1).
54 郭熙.语言与语言研究论稿.杭州:浙江大学出版社,1987.
55 郭昭军.从"会$_2$"与"可能"的比较看能愿动词"会$_2$"的句法和语义.见:中国语文杂志社.语法研究和探索(十二).北京:商务印书馆,2003.
56 郭昭军.现代汉语中的弱断言谓语"我想".语言研究,2004(2).
57 汉语大字典编辑委员会.汉语大字典(缩印本).成都:四川辞书出版社,1993.
58 汉语大词典编辑委员会.汉语大词典(缩印本).上海:汉语大词典出版社,1997.
59 何耿镛.客家方言语法研究.厦门:厦门大学出版社,1993.
60 何洪峰.试论汉语被动标记产生的语法动因.语言研究,2004(4).
61 何洪峰,程明安.黄冈方言的"把"字句.语言研究,1996(2).
62 何亚南.汉语处置式探源.南京师大学报,2001(5).
63 贺阳.试论汉语书面语的语气系统.中国人民大学学报,1992(5).
64 胡明扬.语言学论文选.北京:中国人民大学出版社,1991.
65 胡明扬.《西游记》的助词.语言研究,1989(1).

66 胡裕树.现代汉语(修订本).上海:上海教育出版社,1979.
67 胡云晚.洞口方言能性"得"字研究.南昌大学学报,2005(3).
68 黄伯荣.汉语方言语法类编.青岛:青岛出版社,1996.
69 黄伯荣,廖序东.现代汉语(增订版).北京:高等教育出版社,1991.
70 黄布凡.藏缅语的情态范畴.民族语文,1991(2).
71 黄国营."吗"字句用法初探.语言研究,1986(2).
72 黄婷婷.广东丰顺客家方言的差比句.方言,2009(4).
73 黄晓雪.汉语方言与事介词的三个来源.汉语学报,2007(1).
74 黄雪贞.永定(下洋)方言形容词的子尾.方言,1982(3).
75 黄雪贞.永定(下洋)方言自成音节的鼻音.方言,1984(1).
76 黄雪贞.福建永定(下洋)方言语音构造的特点.方言,1985(3).
77 黄雪贞.永定(下洋)方言"得"字的用法.龙岩师专学报,1986(2).
78 黄雪贞.客家话的分布与内部异同.方言,1987(2).
79 黄雪贞.客家方言的词汇和语法特点.方言,1994(4).
80 黄雪贞.客家方言声调特点.方言,1998(4).
81 江蓝生.疑问语气词"呢"的来源.语文研究,1986(2).
82 江蓝生.助词"似的"的语法意义及其来源.中国语文,1992(6).
83 江蓝生.说"麽"与"们"同源.中国语文,1995(3).
84 江蓝生.吴语助词"来""得来"溯源.中国语言学报,1995(5).
85 江蓝生.时间词"时"和"後"的语法化.中国语文,2002(4).
86 江蓝生.跨层非短语结构"的话"词汇化.中国语文,2004(5).
87 蒋冀骋,吴福祥.近代汉语纲要.长沙:湖南教育出版社,1997.
88 蒋绍愚.近代汉语研究概况.北京:北京大学出版社,1994.
89 金昌吉.谈动词向介词的虚化.汉语学习,1996(4).
90 景士俊.现代汉语虚词.呼和浩特市:内蒙古人民出版社,1980.
91 竟成.关于动态助词"了"的语法意义问题.语文研究,1993(1).
92 柯理思.北方官话里表示可能的动词词尾"了".中国语文,1995(4).
93 柯理思.从普通话里跟"得"有关的几个句式去探讨方言类型学.语言研究,2001(2).
94 柯理思.客家话里表示"暂时VP吧""先VP再说"的句末形式"正".见:谢栋元.客家方言研究(第四届客家方言研讨会论文集).暨南大学出版社,

2002.
95 孔令达.关于动态助词"过$_1$"和"过$_2$".中国语文,1986(4)
96 兰玉英.成都客家方言基本词汇的演变方式初探.西南民族大学学报,2011(2).
97 雷文治.近代汉语虚词词典.保定:河北教育出版社,2002.
98 黎锦熙.新著国语文法.北京:商务印书馆,1992.
99 李蓝.贵州大方话中的"到"和"起".中国语文,1998(2).
100 李蓝.现代汉语差比句的语序类型.方言,2003(3).
101 李蓝,曹茜蕾.汉语方言中的处置式和"把"字句(上).方言,2013(1).
102 李立成.《醒世姻缘传》里的句末语气词"可".中国语文,1998(4).
103 李临定.动补格句式.中国语文,1980(2).
104 李临定.动词分类研究说略.中国语文,1990(4).
105 李媚乐.副词重叠与重叠式副词.辽宁大学学报,2005(2).
106 李讷,石毓智.论汉语体标记诞生的机制.中国语文,1997(2).
107 李讷,石毓智.汉语比较句嬗变的动因.世界汉语教学,1998(3).
108 李泉.汉语语法考察与分析.北京:北京语言文化大学出版社,2001.
109 李如龙.两种少见的声调演变模式.语文研究,1992(2).
110 李如龙.动词的体(前言).见:张双庆.中国东南部方言比较研究丛书(第二辑)——动词的体.香港:香港中文大学中国文化研究所吴多泰中国语文研究中心,1996.
111 李如龙.泉州方言的体.见:张双庆.中国东南部方言比较研究丛书(第二辑)——动词的体.香港:香港中文大学中国文化研究所吴多泰中国语文研究中心,1996.
112 李如龙.闽南方言的结构助词.语言研究,2001(2).
113 李守秀.榆次方言的助词.语文研究,1982(1).
114 李思明.《水浒全传》"得"字的初步考察.见:北京大学汉语语言学研究中心《语言学论丛》编委会.语言学论丛(第十五辑).北京:商务印书馆,1988.
115 李思明.晚唐以来的比拟助词体系.语言研究,1998(2).
116 李思明.晚唐以来可能性动补结构中宾语位置的发展变化.见:蒋绍

愚,江蓝生.近代汉语研究.北京:商务印书馆,1999.

117 李文泽.宋代语言研究.北京:线装书局,2001.

118 李小凡.苏州方言中的持续貌,见:北京大学汉语语言学研究中心《语言学论丛》编委会.语言学论丛(第十九辑).北京:商务印书馆,1997.

119 李晓琪.关于能性补语式中的语素"得".语文研究,1985(4).

120 李晓琪.说说动词"到".汉语学习,1982(1).

121 李晓云."形容词+过"句式刍议.青海民族学院学报,2005(1).

122 李新魁,等.广州方言研究.广州:广东人民出版社,1995.

123 李兴亚.试说动态助词"了"的自由隐现.中国语文,1989(5).

124 李宗江."V得(不得)"与"V得了(不了).中国语文,1994(5).

125 李作南.客家话的几个语法特点.语文知识,1957(1).

126 李作南.五华方言形容词的几种形态.中国语文,1981(5).

127 李小华.《汉语大词典》"坐"字条义项分析——兼谈辞书义项的真实性.辞书研究,2005(4).

128 梁银峰.汉语事态助词"来"的产生时代及其来源.中国语文,2004(4).

129 梁银峰.时间方位词"来"对事态助词"来"形成的影响及相关问题.语言研究,2004(6).

130 梁玉璋.福州话的"给"字.中国语文,1990(4).

131 廖秋忠.《语气与情态》评介.国外语言学,1989(4).

132 林华勇.广东廉江方言助词研究.广州:中山大学博士学位论文,2005.

133 林立芳.梅县话形容词词缀.韶关大学学报,1992(3).

134 林立芳.梅县方言动词的体.见:张双庆.中国东南部方言比较研究丛书(第二辑)——动词的体.香港:香港中文大学中国文化研究所吴多泰中国语文研究中心,1996.

135 林立芳.梅县方言语法论稿.北京:中华工商出版社,1997.

136 林立芳.梅县方言的"同"字句.方言,1997(3).

137 林立芳.梅县方言的结构助词.语文研究,1999(3).

138 林清书.武平方言研究.海峡文艺出版社,2004.

139 林雨新.平远话的名词构词法.中国语文,1957(11).

140 林裕文.谈疑问句.中国语文,1985(2).

141 蓝小玲.闽西客家方言.厦门:厦门大学出版社,1999.

142 蓝小玲.长汀客话动词与形容词的构形法.龙岩师专学报,1984(2).

143 蓝小玲.长汀客话的时间副词.龙岩师专学报,1986(2).

144 蔺璜,郭姝慧.程度副词的范围特点与分类.山西大学学报,2003(4).

145 凌慈房.客家方言里的一些语法现象.中国语文,1957(11).

146 刘翠香.山东栖霞方言中表处所/时间的介词.方言,2004(2).

147 刘翠香.山东栖霞方言.广州:中山大学博士论文,2005.

148 刘丹青.东南方言的体貌标记.见:张双庆.中国东南部方言比较研究丛书(第二辑)——动词的体.香港:香港中文大学中国文化研究所吴多泰中国语文研究中心,1996.

149 刘坚,江蓝生,等.近代汉语虚词研究.语文出版社,1992.

150 刘利.先秦助动词"得"字用法的考察.见:郭锡良.古代汉语语法论集(第二届国际古汉语语法研讨会论文选编).北京:语文出版社,1986.

151 刘利.先秦单音节助动词考辨.北京师范大学学报,2000(2).

152 刘纶鑫.江西客家方言概况.南昌:江西人民出版社,2001.

153 刘纶鑫.江西上犹社溪方言的"子"尾.中国语文,1991(2).

154 刘宁生.论"着"及其相关的两个动态范畴.语言研究,1985(2).

155 刘晓梅.汉语贬义"很"类程度副词的历时更替.语文学刊,2004(3).

156 刘勋宁.现代汉语句尾"了"的来源.方言,1985(2).

157 刘月华.动态助词"过$_2$过$_1$了$_1$"用法比较.语文研究,1988(1).

158 刘月华.可能补语用法的研究.中国语文,1990(4).

159 刘月华,潘文娱,等.实用现代汉语语法(增订本).北京:商务印书馆,2001.

160 刘子瑜.唐五代时期的处置式.语言研究,1995(2).

161 刘子瑜.也谈结构助词"得"的来源及"V得C"述补结构的形成.中国语文,2003(4).

162 刘玄恩.客家话名词后缀的音变和义变.惠阳师专学报,1985(1).

163 卢顺英.谈谈"了$_1$"和"了$_2$"的区别方法.中国语文,1991(4).

164 鲁川.语言的主观信息和汉语的情态标记.见:中国语文杂志社.语法研究和探索(十二).北京:商务印书馆,2003.

165 陆俭明，马真.现代汉语虚词散论（修订版）.北京：语文出版社，1999.

166 陆镜光.粤语"得"字的用法.方言，1999（3）.

167 吕叔湘.中国文法要略.北京：商务印书馆，1956.

168 吕叔湘.现代汉语八百词（增订本）.北京：商务印书馆，1999.

169 吕晓玲.近代泉州方言"使"字动词义的演变.方言，2013（1）.

170 吕晓玲.福建南安方言结构助词"其"的连用格式.中国语文，2012（1）.

171 罗肇锦.客语语法.台北：学生书局（台北），1984.

172 罗美珍.长汀话与普通话不同的几个虚化词.韶关大学学报，2000（增刊）.

173 罗自群.现代汉语方言持续标记的类型.语言研究，2004（1）.

174 马贝加.近代汉语介词研究.北京：中华书局，2002.

175 马启红.太谷方言副词说略.语文研究，2003（1）.

176 马清华.汉语语法化问题的研究.语言研究，2003（2）.

177 马庆株.自主动词和非自主动词.中国语言学报，1988（3）.

178 马庆株.含程度补语的述补结构.见：中国语文杂志社.语法研究和探索（四）.北京：北京大学出版社，1988.

179 马真.简明实用汉语语法.北京：北京大学出版社，1981.

180 马真.南充话里的反复问句与"没得"和"没有".见：北京大学汉语语言学研究中心《语言学论丛》编委会.语言学论丛（第十六辑）.北京：商务印书馆，1991.

181 马重奇.漳州方言研究.香港：纵横出版社，1994.

182 梅祖麟.现代汉语完成貌句式和语尾的来源.语言研究，1981（1）.

183 梅祖麟.汉语方言里虚词"著"字三种用法的来源.中国语言学报，1989（3）.

184 梅祖麟.否定词"不""弗"在汉语方言里的分布及其演变.方言，2013（1）.

185 孟琮.关于主语的语义类.语法研究和探索（四）.北京：北京大学出版社，1988.

186 孟琮.汉语动词用法词典.北京：商务印书馆，1999.

187 孟维智.西安话中的语气词"些".语文研究,1982(2).

188 莫红霞,张学成.汉语焦点研究概观.杭州师范学院学报,2001(2).

189 木村英树.关于补语性词尾"着/zhe/"和"了/le/".语文研究,1983(2).

190 聂志平.黑龙江方言口语中的介词.佳木斯大学社会科学学报,2003(2).

191 潘家懿.临汾方言里的"来"和"去".语文研究,1984(1).

192 潘允中.汉语动补结构的发展.中国语文,1980(1).

193 彭兰玉.衡阳方言的语气词.方言,2003(2).

194 彭小川.广州话的"V得(O)"结构.方言,1998(1).

195 彭小川.广州方言表"持续"义的几种形式及其意义的对比分析.语文研究,2003(4).

196 齐沪扬.语气词与语气系统.合肥:安徽教育出版社,2002.

197 齐沪扬.语气副词的语用功能分析.语言教学与研究,2003(1).

198 钱乃荣.上海方言的介词.见:李如龙,张双庆.中国东南部方言比较研究丛书(第五辑)——介词.广州:暨南大学出版社,2000.

199 钱乃荣.北部吴语研究.上海:上海大学出版社,2003.

200 乔全生.洪洞话的"去""来".语文研究,1983(3).

201 乔全生.洪洞话的"VX着"结构.语文研究,1989(2).

202 乔全生.从洪洞方言看唐宋以来助词"着"的性质.方言,1998(2).

203 邱震强.宁乡话"起"字研究.长沙电力学院学报,2002(1).

204 邱锡凤.上杭客家话研究.福州:福建人民出版社,2012.

205 饶长溶.长汀方言的代词.中国语文,1989(3).

206 饶长溶.长汀方言助词"嚛"和"唎".语文研究,1996(2).

207 饶长溶.福建长汀方言动词的体貌.中国语文,1996(6).

208 饶长溶.长汀话的"拿"字句.韶关大学学报,2000(增刊).

209 饶秉才.兴宁市客家话特殊的程度副词.见:谢栋元.客家方言研究(第四届客方言研讨会论文集).广州:暨南大学出版社,2002.

210 杉村博文.V得C、能VC、能V得C.沙野译.汉语学习,1982(6).

211 邵敬敏,王鹏翔.陕北方言的正反是非问句——一个类型学的过渡格式研究.方言,2003(1).

212 沈家煊. "有界"与"无界". 中国语文, 1995 (5).

213 沈清淮. "V 得 C"与"能 VC"的语义、句法比较. 四川师范大学学报, 1998 (3).

214 施其生. 闽南方言的比较句. 方言, 2012 (1).

215 施其生. 汕头方言的持续情貌. 中山大学学报, 1984 (3).

216 施其生. 汕头方言的反复问句. 中国语文, 1990 (3).

217 施其生. 论广州方言虚成分的分类. 语言研究, 1995 (1).

218 施其生. 汕头方言的体. 见: 张双庆. 中国东南部方言比较研究丛书(第二辑)——动词的体. 香港: 香港中文大学中国文化研究所吴多泰中国语文研究中心, 1996.

219 施其生. 论"有"字句. 语言研究, 1996 (1).

220 施其生. 汕头方言表示"在"的介词. 中山大学学报, 1996 (6).

221 施其生. 方言论稿. 广州: 广东人民出版社, 1996.

222 石汝杰. 苏州方言的介词体系. 见: 李如龙, 张双庆. 中国东南部方言比较研究丛书(第五辑)——介词. 广州: 暨南大学出版社, 2000.

223 石毓智, 刘春卉. 汉语方言处置式的代词回指现象及其历史来源. 语文研究, 2008 (3).

224 石毓智. "V 得 C"和"V 不 C"使用频率差别的解释. 语言研究, 1990 (2).

225 石毓智. 时间的一维性对介词衍生的影响. 中国语文, 1995 (1).

226 石毓智, 李讷. 汉语发展史上结构助词的兴替——论"的"的语法化历程. 中国社会科学, 1998 (6).

227 石毓智. 兼表被动和处置的"给"的语法化. 世界汉语教学, 2004 (3).

228 石毓智. 被动式标记的语法化认知基础. 民族语文, 2005 (3).

229 史金生. 语气副词的范围、类别和共现顺序. 中国语文, 2003 (1).

230 史有为. 关于"动+有". 见: 北京大学汉语语言学研究中心《语言学论丛》编委会. 语言学论丛(第十三辑). 北京: 商务印书馆, 1984.

231 史有为. 汉语方言"达成"貌的类型学考察. 语言研究, 2003 (3).

232 宋金兰. 汉语方言持续貌助词语源新探——兼与梅祖麟先生商榷. 玉溪师专学报(社科版), 1994 (1—2).

233 孙朝奋. 再论助词"着"的用法及其来源. 中国语文, 1997 (2).

234 孙锡信.近代汉语语气词.北京:语文出版社,1999.
235 太田辰夫.中国语历史文法(修订译本).蒋绍愚,徐昌华译.北京:北京大学出版社,2003.
236 覃远雄.南宁平话的介词.广西民族学院学报,1999(2).
237 覃远雄.汉语方言否定词的读音.方言,2003(2).
238 唐雪凝,张金圈.从山东北部方言看定语标记的类型与演变.语言教学与研究,2013(1).
239 王晖.汉语共同语处置句与方言处置句句型比较——兼谈汉语方言语法的价值.东方论坛,1997(3).
240 王健."给"字句表处置的来源.语文研究,2004(4).
241 王健.汉语共同语处置句与方言处置句句型比较——兼谈汉语方言语法的价值.东方论坛,2004(3).
242 王力.中国语法理论.北京:中华书局,1954.
243 王力.汉语史稿.北京:中华书局,1980.
244 王力.中国现代语法.北京:商务印书馆,1985.
245 王力.王力古汉语字典.北京:中华书局,2000.
246 王绍新."得"的语义、语法作用衍变.语文研究,1985(1).
247 王学奇."释去".河北师范大学学报,1999(2).
248 王双成.西宁方言的介词类型.中国语文,2012(5).
249 温美姬.客家方言几个与动物有关的古语词本字考辨.农业考古,2007(3).
250 温美姬.江西吉安方言的"来+NP/VP+来"与"去+NP/VP+去".方言,2012(3).
251 吴波.中古汉语表示"沿着"的介词"寻".黔南民族师范学院学报,2003(5).
252 吴凤华.武汉话的程度副词"几".华中师范大学学报,1995(5).
253 吴福祥.从"VP-neg"式反复问句的分化谈语气词"麼"的产生.中国语文,1997(1).
254 吴福祥.重谈"动+了+宾"格式的来源和完成体助词"了"的产生.中国语文,1998(6).
255 吴福祥.南方方言几个状态补语标记的来源(一).方言,2001(4).

256 吴福祥.汉语能性述补结构"V 得/不 C"的语法化.中国语文,2002（1）.

257 吴福祥.南方方言几个状态补语标记的来源（二）.方言,2002（1）.

258 吴福祥.能性述补结构琐议.语言教学与研究,2002（5）.

259 吴福祥.关于语法化的单向性问题.当代语言学,2003（4）.

260 吴福祥.汉语伴随介词语法化的类型学研究——兼论 SVO 型语言中伴随介词的两种演化模式.中国语文,2003（1）.

261 吴福祥.南方方言能性述补结构"V 得/不 C"带宾语的语序类型.方言,2003（3）.

262 吴建生.万荣方言的程度副词.语文研究,1999（2）.

263 吴金花.处所介词"到"的产生.福建师范大学学报,2005（4）.

264 吴金花.汉语动词介词化动因考察.福建师范大学学报,2005（5）.

265 吴凌非.论"了$_1$"和"了$_2$".语言研究,2002（1）.

266 吴振国.关于正反问句和"可"问句分合的一些理论方法问题.语言研究,1990（2）.

267 伍巍,蒋尊国.湘南蓝山土市话的处置式.方言,2005（3）.

268 向熹.简明汉语史.北京：高等教育出版社,1993.

269 项梦冰.连城（新泉）话的反复问句.方言,1990（2）.

270 项梦冰. 1996 连城（新泉）方言的体.见：张双庆.中国东南部方言比较研究丛书（第二辑）——动词的体.香港：香港中文大学中国文化研究所吴多泰中国语文研究中心,1996.

271 项梦冰.连城客家话语法研究.北京：语文出版社,1997.

272 项梦冰.连城方言的介词"着".见：李如龙,张双庆.中国东南部方言比较研究丛书（第五辑）——介词.广州：暨南大学出版社,2000.

273 项梦冰.连城客家话完成貌句式的历史层次.见：北京大学汉语语言学研究中心《语言学论丛》编委会.语言学论丛（第二十六辑）.北京：商务印书馆,2002.

274 项菊.湖北英山方言"在"的用法及相关问题.方言,2012（3）.

275 肖奚强.非曲型模态副词句法语义分析.语言研究,2003（4）.

276 谢留文.客家方言的一种反复问句.方言,1995（3）.

277 谢永昌.梅县客家方言志.广州：暨南大学出版社,1994.

278 邢福义. 从"似X似的"看"像X似的". 语言研究, 1993 (1).

279 邢福义. 汉语语法学. 长春：东北师范大学出版社, 1997.

280 邢向东. 神木话的结构助词"得来/来". 中国语文, 1994 (3).

281 邢向东. 陕北神木话的助词"着". 中国语文, 1997 (4).

282 邢向东. 神木方言的副词. 内蒙古师大学报, 2000 (6).

283 邢向东. 陕北神木话的助词"得". 中国语文, 2001 (5).

284 邢向东. 神木方言研究. 北京：中华书局, 2002.

285 邢向东. 论现代汉语方言祈使语气词"着"的形成. 方言, 2004 (4).

286 徐丹. 从北京话"V 着"与西北方言"V 的"的平行现象看"的"的来源. 方言, 1995 (4).

287 徐复岭. 也说"似的". 语言教学与研究, 1982 (3).

288 徐晶凝. 汉语语气表达方式及语气系统的归纳. 北京大学学报, 2000 (3).

289 徐晶凝. 语气助词"吧"的情态解释. 北京大学学报, 2003 (4).

290 徐烈炯, 邵敬敏. "阿 V"及其相关疑问句式比较研究. 中国语文, 1999 (3).

291 徐盛桓. 疑问句探询功能的迁移. 中国语文, 1999 (1).

292 熊金丰. 永定客家话语法特点撮要. 龙岩师专学报, 1986 (2).

293 薛生民. 吴堡话"来"的特殊用法. 中国语文, 1980 (5).

294 严修鸿. 平远客家话的结构助词. 语言研究, 2001 (2).

295 杨伯峻. 古汉语虚词. 北京：中华书局, 1981.

296 杨建国. 补语式发展初探. 见：中国语文杂志社. 语法论集（第三集）. 北京：中华书局, 1959.

297 杨平. "动词十得十宾语"结构的产生和发展. 中国语文, 1989 (2).

298 杨平. 带"得"的述补结构的产生和发展. 古汉语研究, 1990 (1).

299 杨平. "助动词'得'的产生和发展". 见：北京大学汉语语言学研究中心《语言学论丛》编委会. 语言学论丛（第二十三辑）. 北京：商务印书馆, 2001.

300 杨荣祥. 近代汉语否定副词及相关语法现象略论. 语言研究, 1999 (1).

301 杨荣祥. 近代汉语副词简论. 北京大学学报, 1999 (3).

302 杨绍林. 四川彭州方言副词研究. 西华大学学报, 2005 (2).

303 杨淑敏.元明时期新兴副词探析.山东社会科学,1994(4).
304 尹世超.东北官话的介词.方言,2004(2).
305 于红岩.浅析"拿"字处置式.语文研究,2001(3).
306 于江.虚词"与、及、并、和"的历史发展.上海大学学报,1996(1).
307 余健萍.使成式的起源和发展.见:中国语文杂志社.语法论集(第二集).北京:中华书局,1957.
308 俞扬.泰州方言的两种述补组合.中国语文,1991(4).
309 喻翠容.说傣语的 ma^2(来)和 pai^1(去).语言研究,1984(1).
310 喻遂生.重庆方言的"倒"和"起".方言,1990(3).
311 袁毓林.祈使句式和动词的类.中国语文,1991(1).
312 岳俊发."得"字句的产生和演变.语言研究.1984(2).
313 曾毅平.石城(龙岗)方言的介词.见:李如龙,张双庆.中国东南部方言比较研究丛书(第五辑)——介词.广州:暨南大学出版社,2000.
314 张安生.宁夏同心话的选择性问句——兼论西北方言"X 吗 Y"句式的来历.方言,2003(1).
315 张斌.现代汉语虚词词典.北京:商务印书馆,2001.
316 张斌,范开泰.现代汉语虚词研究综述.合肥:安徽教育出版社,2002.
317 张赪.从汉语比较句看历时演变与共时地理分布的关系.语文研究,2005(1).
318 张崇.也谈吴堡话"来"的特殊用法.中国语文,1982(2).
319 张大旗.长沙话"得"字研究.方言,1985(1).
320 张桂宾.相对程度副词与绝对程度副词.华东师范大学学报,1997(2).
321 张国宪.语言单位的有标记与无标记现象.语言教学与研究,1995(4).
322 张清源.成都话的动态助词"倒"和"起".中国语言学报,1991(4).
323 张双庆.香港粤语动词的体.见:张双庆.中国东南部方言比较研究丛书(第二辑)——动词的体.香港:香港中文大学中国文化研究所吴多泰中国语文研究中心,1996.
324 张桃.宁化客家方言语法研究.厦门:厦门大学博士学位论文,2004.
325 张旺熹.汉语介词衍生的语义机制.汉语学习,2004(1).
326 张小克.长沙方言的介词.方言,2002(4).
327 张秀.汉语动词的"语气"系统.见:中国语文杂志社.语法论集(第三

集）.北京：中华书局，1959.

328　张亚军.副词与限定描状功能.合肥：安徽教育出版社，2002.

329　张谊生."白"类副词的表义特点及其潜在内涵.徐州师范学院学报，1994（3）.

330　张谊生.副词的重叠形式与基础形式.世界汉语教学，1997（4）.

331　张谊生.论与汉语副词相关的虚化机制——兼论现代汉语副词的性质、分类与范围.中国语文，2000（1）.

332　张谊生.现代汉语副词研究.上海：学林出版社，2000.

333　张谊生.助词与相关格式.合肥：安徽教育出版社，2002.

334　赵长才.能性述补结构否定形式"V（O）不得"与"V 不得（O）"的产生和发展.四川大学汉语史研究所.汉语史研究集刊（第五辑）.成都：巴蜀书社，2002.

335　赵长才.结构助词"得"的来源与"V 得 C"述补结构的形成.中国语文，2002（2）.

336　赵克诚.近代汉语语法.西安：陕西师范大学出版社，1987.

337　赵日新.绩溪方言的结构助词.语言研究，2001（2）.

338　赵元任.汉语口语语法.北京：商务印书馆，1979.

339　赵元任.北京助词.方言，1992（2）.

340　郑杰.现代汉语"把"字句研究综述.语言教学与研究，2002（5）.

341　中国社会科学院语言研究所词编辑室.现代汉语词典（修订本）.北京：商务印书馆，2003.

342　中央民族学院少数民族语言研究所第五研究室.壮侗语族语言文字资料集.成都：四川民族出版社，1983.

343　中央民族学院少数民族语言研究所第五研究室.壮侗语族谚语.北京：中央民族学院出版，1987.

344　钟兆华.语气助词"呀"的形成及其历史渊源.中国语文，1997（5）.

345　周长楫.闽南话与普通话.北京：语文出版社，1991.

346　周刚.连词与相关问题.合肥：安徽教育出版社，2002.

347　周刚.连词产生和发展的历史要略.安徽大学学报，2003（1）.

348　周士宏.汉语被动句标志的类型学考察.语言与翻译，2004（3）.

349　周日健.广东省惠东客家方言的语缀.方言，1994（2）.

350 朱德熙.现代汉语语法研究.北京：商务印书馆，1980.

351 朱德熙.北京话、广州话、文水话和福州话里的"的"字.方言，1980（3）.

352 朱德熙.语法讲义.北京：商务印书馆，1982.

353 朱德熙.自指和转指——汉语名词化标记"的、者、所、之"的语法功能和语义功能.方言，1983（1）.

354 朱德熙.汉语方言的两种反复问句.中国语文，1985（1）.

355 朱德熙."V-neg-VO"与"VO-neg-V"两种反复问句在汉语方言里的分布——为纪念季羡林先生八十寿辰作.中国语文，1991（5）.

356 庄初升.闽语平和方言的介词.韶关大学学报，1998（4）.

357 庄初升.闽语平和方言的介词.见：李如龙，张双庆.中国东南部方言比较研究丛书（第五辑）——介词.广州：暨南大学出版社，2000.

358 庄初升.一百多年前新界客家方言的体标记"开"和"里".暨南学报，2007（3）.

359 庄义友.潮州话的否定副词.语文研究，2001（3）.

360 宗福邦，陈世铙，萧海波.故训汇纂.北京：商务印书馆，2003.

361 M.A.K.Halliday, An Introduction to Functional Grammer. 北京：外语教学与研究出版社，1994.

362 Ere Sweetser. From Etymology to Pragmatics. Cambridge: Cambridge University Press, 1990.

363 本书所用的语料库有台湾中央研究院汉籍电子文献中的《十三经》《二十五史》《小说戏曲暨其他》部分、国学宝典和文渊阁《四库全书》电子版。